U0142674

圖解系列

圖解

五南圖書出版公司 印行

避難系統消防安全設備

作者 **盧守謙**

協同作者 **陳承聖**

閱讀文字

理解內容

觀看圖表

圖解讓

避難系統

更簡單

推薦序

　　爲培育出國家消防安全設備之設計、監造、裝置、檢修及防火防災實務型人才，本校特創立消防安全學士學位學程之獨立系所，建置了水系統、警報系統及氣體滅火系統專業教室等軟硬體設備，擁有全方位師資團隊，跨消防、工程科技、機械工程、電機、資訊等完整博士群組成，每年消防設日間部四技班、進修部四技班及進修學院二技班等，目前也刻正籌備規劃消防系（所），爲未來消防人力注入所需的充分能量。

　　本校經營主軸爲一核心之提升人的生命品質；三主軸之健康促進、環境保育、關懷服務；四志業之健康、管理、休閒、社會福利等完整理念目標。在消防學程發展上，重視實務學習與經驗獲得，促進學生能儘快了解就業方向；並整合相關科系資源，創造發展出綜合性消防專業課程模組，不僅能整合並加強教學資源，使課程更爲專業及專精，還能順應新世紀社會高度分工發展，提升學生消防就業市場之競爭能力。在課程規劃上，含消防、土木建築、機械、化工、電機電子、資訊等基礎知 與專業技能，培育學生具備公共安全、災害防救、職業安全衛生管 等市場所需之專業 域知 ；並使學生在校期間，取得救護技術員 、防火管理人、保安監督人、CAD 2D、CAD 3D 或 Pro/E 等相關證照，及能考取消防設備士、消防四等特考、職業安全／衛生（甲級）或職業安全／衛生管理師（員）等公職及專業證照之取得。

　　本書作者盧守謙博士在消防機關服務期間累積豐富之現場救災經歷，也奉派至英國及美國消防學院進階深造，擁有消防設備師，也熟稔英日文能力，教學經驗及消防書籍著作相當豐富。本書再版完整結合理論面與實務面內涵，相信能使讀者在學習上有系統式貫通了解，本人身爲作者任教大學之校長，也深感與有榮焉，非常樂意爲本書推薦給所有之有志消防朋友們，並敬祝各位身心健康快樂！

郭代璣　教授

大仁科技大學校長

自序

於民國 84 年消防法大修改，其中納入日本防火管理，要求一定規模以上供公眾使用建築物，應設置防火管理人並製定消防防護計畫（消防法第 13 條），且場所為能自衛消防，至少應編組滅火班、通報班與避難班；此三個班別與四大系統之水／化學系統（滅火）、警報（通報）及避難系統是同樣宗旨的。亦即，火災應變行動應有上揭三項，且通報為優先之實施順位（如同警報是帶動消防設備之火車頭一樣）。然而，揆之國內建築物火災死亡案例，許多是歸究於火災發現人員，未優先實施通報，特別是小規模場所在通風控制燃燒之火勢下，人員逃出後未關閉房門情況，導致火勢擴大致內部人員仍不知情下快速葬身火窟。

在排煙設備方面，作者一直無法理解，於「樓地板面積在一百平方公尺以上之居室，其天花板下方八十公分範圍內之有效通風面積未達該居室樓地板面積百分之二者，應檢討消防排煙設備」之理。此款低門檻之嚴厲法規，查遍日本消防法規並無此規定，這可能源自國內建築技術規則：樓地板面積超過五十平方公尺之居室，其天花板或天花板下方八十公分範圍以內之有效通風面積未達樓地板面積百分之二者，係屬無窗戶居室，應設置排煙設備。如是設自然排煙，這影響深度尚可接受，人民在經濟上也還可接受，但如要求機械排煙，則需排煙機或排煙風管及緊急電源等顯著經濟成本。反觀日本消防排煙應設場所，法規要求除舞臺 $\geq 500 \ m^2$ 外，在指定場所（特定防火對象物）之地下層或無開口樓層$\geq 1000 \ m^2$ 者，始有檢討之必要。事實上，消防設備之設計宗旨，應以經濟有效為主要原則，畢竟一棟建築物在其 50 年使用期間，可能會發生火災機率算是低的（不嚴謹算法約 4.7/1000）。

此外，於消防搶救上必要設施方面，有些列入避難系統國家考試範圍，如排煙設備（搶救之消防法規上居室排煙、避難之建築法規上梯間排煙）、緊急電源插座及無線電通信輔助設備、緊急供電系統、防災中心等設備設施。因此，在避難系統編輯重心係以消防設備師（士）國家考試及教學用書方式來撰寫，在火災學原理、結構力學、避難理論等基礎，將設備之構造、動作原理、系統組成，以圖示進行解說，納入各類場所消防安全設備設置標準、公共危險物品場所消防設計

設備、檢修申報作業基準、消防安全設備認可基準、消防安全設備測試報告書測試方法及判定要領等命題爲範圍,文末也納入消防設備師(士)近 9 年完整歷屆考題,非常適宜參加報考之讀者;也能作爲消防設備從業人員在職進修之工具用書。

　　從事消防教育工作者,無不思索如何以個別單元或彼此整合單元,使資料具體呈現圖解空間有機形態,以讓學生或讀者更有興趣來探究發掘。欲透澈消防安全設備需熟稔四大系統,也需瞭解設備檢修作業基準、認可基準及測試報告書,這爲本次出版全系列用書(六本)。而國內消防設備法規參考自日本,本書以其第一手資料,從學理面、法規面及實務面來進行解析,並花相當時間於電腦繪圖上,無不希望以圖解使讀者從複雜條文中,來暢通法規脈胳及掌握條理之思路。倘若本書對教學與實務上有此微貢獻,自甚感榮幸,這也是筆者孳孳不倦之動力來源。

盧守謙 博士

大仁科技大學火災鑑識中心主任

第1章　避難系統火災學理　19

第2章　設置標準消防設計（110年6月修正）　37

第3章　公共危險物品場所消防設計及附則　177

第4章　檢修申報作業基準　189

第5章 認可基準 263

第6章 測試方法及判定要領 289

第7章　消防設備師避難系統歷屆考題詳解　323

第8章　消防設備士避難系統歷屆考題詳解　389

消防設備師考試命題大綱

中華民國 101 年 9 月 24 日考選部選專五字第 1013302056 號公告修正
中華民國 108 年 12 月 31 日考選部選專五字第 1083302163 號公告修正
（修正「消防法規」命題大綱）

專門職業及技術人員高等考試消防設備師考試各應試科目命題大綱		
應試科目數	共計 6 科目	
業務範圍及核心能力	有關各類場所消防安全設備之設計、監造、裝置、檢修業務	
編號	**科目名稱**	**命題大綱內容**
一	消防法規	一、消防法規總論 （一）消防法。 （二）消防法施行細則。 （三）消防設備師及消防設備士管理辦法。 （四）消防安全設備檢修專業機構管理辦法。 （五）防焰性能認證實施要點。 （六）公共危險物品及可燃性高壓氣體製造儲存處理場所設置標準暨安全管理辦法。 （七）公共危險物品試驗方法及判定基準。 （八）防火牆及防火水幕設置基準。 （九）可燃性高壓氣體儲存場所防爆牆（防護牆）設置基準。 （十）消防安全設備檢修及申報辦法。 （十一）消防機具器材及設備認可實施辦法。 （十二）消防機關受理集合住宅消防安全設備檢修申報作業處理原則。 二、消防安全設備相關法規 （一）各類場所消防安全設備設置標準。 （二）消防機關辦理建築物消防安全設備審查及查驗作業基準。 （三）各類場所消防安全設備檢修及申報作業基準。 （四）複合用途建築物判斷基準。 （五）二氧化碳及乾粉滅火設備各種標示規格。 （六）消防幫浦加壓送水裝置等及配管摩擦損失計算基準。 （七）緊急電源容量計算基準。 （八）避難器具支固器具及固定部之結構、強度計算及施工方法。 （九）各項消防安全設備認可基準。 （十）消防安全設備測試報告書測試方法及判定要領。 （十一）滅火器藥劑更換及充填作業規定。 （十二）潔淨區消防安全設備設置要點。 （十三）住宅用火災警報器設置辦法。 （十四）119 火災通報裝置設置及維護注意事項。 （十五）水道連結型自動撒水設備設置基準。

		三、建築相關消防法規 （一）建築法。 （二）建築技術規則：包括建築設計施工篇第一章、第三章、第四章 （第一、四、五、六節）、第十一章（第一、三節）、第十二 章（第一、三、四節）。 （三）原有合法建築物防火避難設施及消防設備改善辦法。 （四）工程倫理。
二	火災學	一、火災燃燒基本理論 （一）燃燒理論：包括可燃物、氧氣、熱源、連鎖反應及滅火原理 等。 （二）熱傳理論：包括熱傳導、對流、輻射等。 （三）火災理論：包括火災概念特性等。 （四）火災分類：包括 A、B、C、D 類等火災之介紹。 （五）火災化學特性。 （六）爆炸工學：包括高壓氣體爆炸、分解爆炸、粉塵爆炸、蒸氣爆 炸等。 二、火災類型 （一）建築物火災。 （二）電氣火災。 （三）化學火災。 （四）儲槽火災。 （五）工業火災分析。 （六）特殊場所火災。 三、預防與搶救 （一）防火及滅火：包括火災防阻與搶救等理論之論述。 （二）滅火劑與滅火效果：包括各種滅火藥劑及效果之介紹與評析。 （三）火災生成物（煙、熱、火焰）之分析與處理。 四、火災工學 （一）可燃物的燃燒種類、特性和過程。 （二）火災過程中之熱傳導、熱對流、熱輻射。 （三）浮升火羽（柱）的結構及其在火災發展過程中的熱流變化。 （四）影響火災煙氣的產生、蔓延和控制的相關因素。 （五）區劃空間火災特性。
三	避難系統消防 安全設備	一、設備之構造與機能 （一）包括基本原理、設備系統構造機能。 （二）構件元件之檢定、認可、檢驗測試原理。 二、設備法規 國內相關法規及解釋令：包括各類場所消防安全設備設置標準、審 勘作業規定、各類場所消防安全設備檢修及申報作業基準及相關實 務。 三、設計實務 包括設計步驟、設計公式、繪圖及其實務應用。 四、設備竣工測試 含審勘作業規定。 五、設備檢修要領（含檢修作業規定） （一）設備機能之檢測。 （二）檢測儀器之操作使用。
四	水系統消防安 全設備	一、設備之構造與機能（含消防專用蓄水池等消防安全設備） （一）包括基本原理、設備系統構造機能。 （二）構件元件之檢定、認可、檢驗測試原理。

		二、設備法規 國內相關法規及解釋令：包括各類場所消防安全設備設置標準、審勘作業規定、各類場所消防安全設備檢修及申報作業基準及相關實務。 三、設計實務 包括設計步驟、設計公式、繪圖及其實務應用。 四、設備竣工測試 含審勘作業規定。 五、設備檢修要領（含檢修作業規定） （一）設備機能之檢測。 （二）檢測儀器之操作使用。
五	化學系統消防安全設備	一、設備之構造與機能（含海龍替代品等滅火設備） （一）包括基本原理、設備系統構造機能。 （二）構件元件之檢定、認可、檢驗測試原理。 二、設備法規 國內相關法規及解釋令：包括各類場所消防安全設備設置標準、審勘作業規定、各類場所消防安全設備檢修及申報作業基準及相關實務。 三、設計實務 包括設計步驟、設計公式、繪圖及其實務應用。 四、設備竣工測試 含審勘作業規定。 五、設備檢修要領（含檢修作業規定） （一）設備機能之檢測。 （二）檢測儀器之操作使用。
六	警報系統消防安全設備	一、設備之構造與機能 （一）包括基本原理、設備系統構造機能。 （二）構件元件之檢定、認可、檢驗測試原理。 二、設備法規 國內相關法規及解釋令：包括各類場所消防安全設備設置標準、審勘作業規定、各類場所消防安全設備檢修及申報作業基準及相關實務。 三、設計實務 包括設計步驟、設計公式、繪圖及其實務應用。 四、設備竣工測試 含審勘作業規定。 五、設備檢修要領（含檢修作業規定） （一）設備機能之檢測。 （二）檢測儀器之操作使用。
備註		表列各應試科目命題大綱為考試命題範圍之例示，惟實際試題並不完全以此為限，仍可命擬相關之綜合性試題。

消防設備師四大系統考試型式與規定

考試時間：2 小時

考試型式：四題申論題，每一題占 25 分

※ 注意：

一）禁止使用電子計算器。

二）不必抄題，作答時請將試題題號及答案依照順序寫在申論試卷上，於本試題上作答者，不予計分。

三）請以黑色鋼筆或原子筆在申論試卷上作答。

消防設備士考試命題大綱

中華民國 101 年 9 月 24 日考選部選專五字第 1013302056 號公告修正

專門職業及技術人員普通考試消防設備士考試各應試科目命題大綱		
應試科目數	共計 4 科目	
業務範圍及核心能力	有關各類場所消防安全設備之裝置、檢修業務	
編號	科目名稱	命題大綱內容
一	消防法規概要	一、消防法規總論 （一）消防法。 （二）消防法施行細則。 （三）消防設備師及消防設備士管理辦法。 （四）消防安全設備檢修專業機構管理辦法。 （五）公共危險物品及可燃性高壓氣體設置標準暨安全管理辦法。 （六）防火牆及防火水幕設置基準。 （七）可燃性高壓氣體儲存場所防爆牆（防護牆）設置基準。 二、消防安全設備相關法規 （一）各類場所消防安全設備設置標準。 （二）消防機關辦理建築物消防安全設備審查及查驗作業基準。 （三）各類場所消防安全設備檢修及申報作業基準。 （四）二氧化碳及乾粉滅火設備各種標示規格。 （五）消防幫浦加壓送水裝置等及配管摩擦損失計算基準。 （六）避難器具支固器具及固定部之結構、強度計算及施工方法。 三、建築相關消防法規 （一）建築技術規則：建築設計施工篇第一章。 （二）工程倫理。
二	火災學概要	一、火災燃燒基本理論 （一）燃燒理論：包括可燃物、氧氣、熱源、連鎖反應及滅火原理等。 （二）熱傳理論：包括熱傳導、對流、輻射等。 （三）火災理論：包括火災概念特性等。 （四）火災分類：包括 A、B、C、D 類等火災之介紹。 二、火災類型 （一）建築物火災。 （二）電氣火災。 （三）化學火災。 （四）儲槽火災。 （五）工業火災分析。 （六）特殊場所火災。 三、預防與搶救 （一）防火及滅火：包括火災防阻與搶救等理論之論述。 （二）滅火劑與滅火效果：包括各種滅火藥劑及效果之介紹與評析。 （三）火災生成物（煙、熱、火焰）之分析與處理。

三	水與化學系統消防安全設備概要	一、設備設置標準 　　包括相關法令規定及解釋令。 二、設備之構造與機能 　　包括基本原理、設備系統構造機能。 三、設備竣工測試 　　含審勘作業規定。 四、設備檢修要領（含檢修作業規定） 　　（一）設備機能之檢修。 　　（二）檢測儀器之操作使用。
四	警報與避難系統消防安全設備概要	一、設備設置標準 　　包括相關法令規定及解釋令。 二、設備之構造與機能 　　包括基本原理、設備系統構造機能。 三、設備竣工測試 　　含審勘作業規定。 四、設備檢修要領（含檢修作業規定） 　　（一）設備機能之檢修。 　　（二）檢測儀器之操作使用。
備　　　　　註		表列各應試科目命題大綱為考試命題範圍之例示，惟實際試題並不完全以此為限，仍可命擬相關之綜合性試題。

消防設備士四大系統考試型式與規定

考試時間：1 小時 30 分

※ 注意：禁止使用電子計算器。

甲、申論題部分：（50 分）

 一) 一般有二題，一題（25 分）

 二) 不必抄題，作答時請將試題題號及答案依照順序寫在申論試卷上，於本試題上作答者，不予計分。

 三) 請以黑色鋼筆或原子筆在申論試卷上作答。

乙、測驗題部分：（50 分）

 一) 本測驗試題為單一選擇題，請選出一個正確或最適當的答案，複選作答者，該題不予計分。

 二) 共 40 題，每題 1.25 分，需用 2B 鉛筆在試卡上依題號清楚劃記，於本試題或申論試卷上作答者，不予計分。

消防設備師避難系統考題趨勢分析

申論題依命題大綱內容之出題年份（101 年～110 年）

命題大綱內容
一、設備之構造與機能（含消防專用蓄水池等消防安全設備） 　　（一）包括基本原理、設備系統構造機能 　　（二）構件元件之檢定、認可、檢驗測試原理 　　【認可基準】 　　107 年（緩降機認可時下降速度試驗） 　　106 年（救助袋審核認可須知之動作試驗內容及合格基準） 　　104 年（緊急照明設備及標示設備認可基準熾熱線試驗／試驗溫度） 　　103 年（音聲引導依出口標示燈及避難方向指示燈認可基準）（緊急照明設備性能試驗）（排煙規劃採空調兼用審核認可／確保有效排煙考量／注意事項） 　　102 年（緩降機竣工下降試驗） 二、設備法規 　　國內相關法規及解釋令 　　各類場所消防安全設備設置標準 　　【設置標準條文及應用計算】 　　110 年（排煙設備之防煙區劃／排煙口位置／排煙量） 　　110 年（標示設備之有效範圍／適用長期機構規定） 　　110 年（長期機構避難器具選設／免設規定） 　　109 年（出口標示燈設置規定／醫療院所設置方式）（免設法定避難器具）（火警探測發信避難方向指示燈與出口標示燈及時有效導引作用） 　　108 年（免設避難器具規定及原由）（出口標示燈及避難方向指示燈場所使用型態得予減光或消燈）（居室及排煙室規定）（使用耐燃一級得否設置排煙設備） 　　107 年（緊急照明設備／標示設備比較緊急電源） 　　106 年（各項消防安全設備與緊急電源連接方式） 　　105 年（排煙設備設計規定）（緩降機規定／開口面積／操作面積／下降空間／下降空地）（免設標示設備及免設緊急照明設備處所規定） 　　104 年（出口標示燈設於主要出入口規定）（集合住宅設置避難器具規定／安全梯減免設條件）（排煙設備與空調通風設備風管防火閘門之異同） 　　103 年（避難器具裝設處所／減免條件／應設數量） 　　102 年（緊急照明設備與標示設備競合得擇一設置規定／二者緊急電源容量差異）（出口標示燈級別及標示面光度設置規定／閃滅或音聲引導功能規定）（機間排煙與室內排煙之窗戶規定異同／其他可採用排煙方式） 　　101 年（出口標示燈避難方向指示燈之縱向尺度／有效步行距離）（避難器具設置規定／收容人數計算） 　　審勘作業規定 　　各類場所消防安全設備檢修及申報作業基準 三、設計實務 　　包括設計步驟、設計公式、繪圖及其實務應用 四、設備竣工測試 　　審勘作業規定

五、設備檢修要領（含檢修作業規定）
　　（一）設備機能之檢測（檢修申報）
　　　　【檢修基準】
　　　　110 年（斜降式救助袋綜合檢查）
　　　　101 年（救助袋綜合檢查）
　　（二）檢測儀器之操作使用

| 備註 | 表列各應試科目命題大綱為考試命題範圍之例示，惟實際試題並不完全以此為限，仍可命擬相關之綜合性試題。 |

【綜合性試題】
109 年（地鐵車站月台區排煙設計）
108 年（自然排煙設計的原理）（護理之家煙控措施）
107 年（防火區劃型式／避難路徑之安全規劃）（避難器具設計流程與考慮因素）
106 年（特殊場合天花板排煙口設置範圍）（潔淨區標示設備／排煙設備設置及免設規定）
105 年（特別安全梯影響樓梯間壓力原因）
104 年（建築技術規則安全梯最大重複步行距離規定）
104 年（有關有效引導避難處繪製示意圖）
101 年（一般防火避難用排煙設備或消防搶救用排煙設備設計目的）

消防設備士警報與避難系統考題趨勢分析

申論題依命題大綱內容之出題年份（101 年～110 年）

命題大綱內容
一、設備設置標準（各類場所）：包括相關法令規定及解釋 　　【設置標準條文】 　　110 年【火警受信總機位置規定／P 型受信總機公用線供應分區數／探測器回路電阻／緊急電源】 　　110 年【火警分區，火警發信機設置規定／標示燈裝置面】 　　109 年【揚聲器配線斷線】【排煙窗設備的排煙口設置規定／排煙窗面積計算】 　　108 年【石化廠應設置火警自動警報設備】 　　107 年【共危險物品製造場所、一般處理場所、室內儲存場所及室內儲槽場所應設火警自動警報設備】 　　106 年【火警配線須要何種等級防護措施】【重症病房空間避難器具及減免設置】 　　105 年【標示設備光度與照度】【擴音機及操作裝置設置】 　　104 年【地下層避難逃生設備：有效範圍／蓄電池容量／避難器具／收容人數／開口面積／開口部與下降空間／避難器具標示尺寸、顏色／緊急照明燈在地面之水平面照度】 　　103 年【應設置瓦斯漏氣火警自動警報設備／瓦斯漏氣檢知器裝置】【火焰式探測器之高度限制及裝置位置】 　　102 年【特別安全梯機械排煙及居室排煙風量規定／自然排煙規定】 二、設備之構造與機能：包括基本原理、設備系統構造機能 三、設備竣工測試：含審勘作業規定 四、設備檢修要領（含檢修作業規定） 　　（一）設備機能之檢修 　　　　【檢修基準條文】 　　　　109 年【緊急廣播設備啟動裝置性能檢查之檢查方法與判定方法】 　　　　108 年【排煙機性能檢查之檢查方法、判定方法與注意事項】 　　　　107 年【各類避難器具外觀檢查開口部時之檢查方法、判定方法及注意事項】 　　　　105 年【擴音機及操作裝置綜合檢查之檢查方法與判定方法】 　　　　103 年【瓦斯漏氣火警自動警報設備之受信機及中繼器性能檢查檢查及判定方法】 　　　　102 年【受信總機之火災表示試驗之檢查方法及判定方法／裝設何種探測器／動作時間及性能檢查規定】 　　　　101 年【空氣管性能檢查相關試驗】 　　（二）檢測儀器之操作使用
備註　表列各應試科目命題大綱為考試命題範圍之例示，惟實際試題並不完全以此為限，仍可命擬相關之綜合性試題。
【綜合性試題】 109 年【視覺型火災偵測系統動作原理】 108 年【緊急昇降機間排煙主要組成構件並繪出其昇位圖例】 106 年【火警配線穿套金屬管或外覆混凝土保護影響】 105 年【出口標示燈及避難方向指示燈認可基準，平均亮度與亮度比】 104 年【P 型及 R 型受信總機原理差異／回路規模、定址、配線量、維修成本優缺點】 101 年【強化老人長期照顧機構及避難弱者場所 101 年修正重點】

第1章
避難系統火災學理

1-1 避難系統火災學理（一）

建築物防火避難安全策略

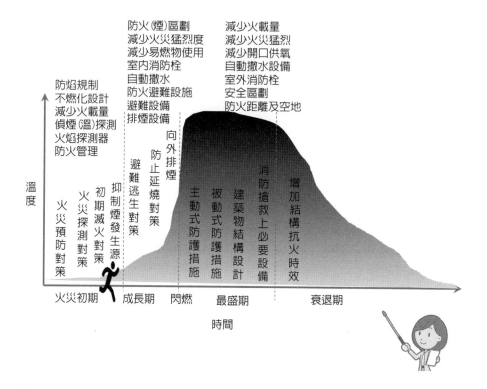

在火災過程中對人命造成危害之主要因子，主要為火災煙及熱氣。由此，於火災成長過程各時期的防火對策如次：

火災初期

可燃物與足夠熱能靠近或接觸，產生氧化熱傳能量流動至起火現象，此時對策如次：

1. 火災預防對策
   (1) 防火管理，尤其用火用電管理等。
   (2) 不燃化設計及防焰物品之使用。
   (3) 限制火載量。
   (4) 內裝耐燃化。
   (5) 使用煙載量低傢俱。
2. 火災通報對策
   設置偵煙及偵溫火警探測器，通報火災發生並早期及時因應。

3. 初期滅火對策

採取主動式防護，設置手提滅火器及室內消防栓等滅火設備。

火災成長期

火焰成長能在可燃物供應上與時間平方成正比擴大，此時對策如次：

1. 防止延燒對策
   (1) 採取主動式防護如自動撒水設備、消防栓、排煙設備。
   (2) 採取被動式防護如建築物防火設施，耐燃裝修、防火材料、防煙（火）區劃、蓄煙頂（井）。
2. 避難逃生對策
   (1) 建築物避難設施，如室內（特別）安全梯、防火門、陽臺等。
   (2) 消防設備如標示設備、避難器具、緊急照明設備及避難動線暢通化。
   (3) 使用排煙設備向外排煙。

火災最盛期及衰退期

在燃料與氧氣持續供應下，耐火構造建築物火災會進入到最盛期，但不一定會經過閃燃現象，室內溫度以線性上升成長（如下圖）：如有閃燃出現，室內溫度會成非線性跳躍至 800～900℃時，之後進入通風控制燃燒階段，並形成一種近似穩定燃燒之最盛期狀態。近似穩定燃燒時期過後，火載量衰減，燃料質量損失率越緩進入衰退期，火勢又再回到燃料控制燃燒階段，但室內高溫仍可保留一段相當長時間。此時對策如次：

1. 主動式防護：自動撒水設備及排煙設備、室外消防栓。
2. 被動式防護：建築結構抗火時效、防火區劃。
3. 消防搶救上必要設備。
4. 位置：防火距離與防火空地。
5. 限制火載量與火災猛烈度物品使用。

此外，防火對策是要防止建築物從點狀起火點擴大到面規模燃燒，以致建築物全面規模燒毀。避難對策係由避難設施及逃生設施二個體系構成，避難設施目的在確保建築物內部人員能安全至另一相對安全區域先行避難，等待消防人員拯救或火勢控制，如防火區劃、安全區劃、排煙室等；逃生設施是在火災發生時，可以確保人員從建築物任何一點到絕對安全地面之間有一逃生通路，藉由良好避難動線設計並保持順暢，如室內安全梯、避難器具等。

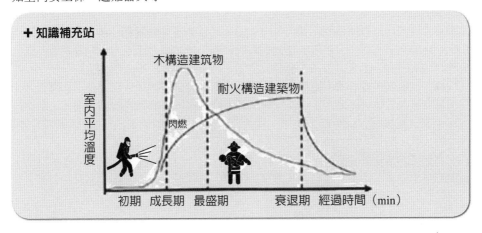

1-2 避難系統火災學理（二）

建築物防火避難安全設計

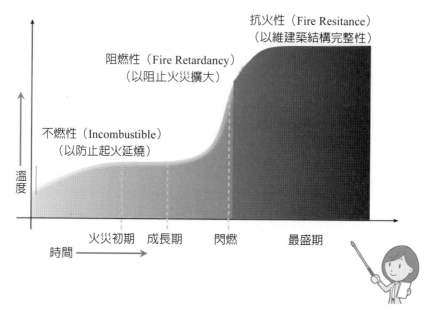

一場建築結構火災生命週期，在避難安全上，於火災初期儘量不燃化，使其不會發生起火，縱使第一起火物形成也不會延燒至第二可燃物，這是防火避難安全之治本措施。而於火災成長期階段，儘量以防焰材質或阻燃性（Fire Retardancy）進行使用設計，使火勢縱有可燃物供應但其成長也能緩慢化，以致能增加人員初期滅火及避難逃生之安全時間。

一旦火勢進入最盛期達到火災室全面發展，則建築結構需具有防火時效，以抗火性能之防火構造進行安全分隔設計，以保持建築結構不因高溫而崩塌，而防火區劃也能保有完整性，致內部使用人員能進行水平不同空間之避難逃生，及垂直空間逃生行為。

基本上，防止火災的延燒擴大有滅火、延遲、限制等 3 種方法。滅火法即使用滅火設備，火災初期進行撲滅壓制如自動撒水頭。延遲法即不燃性及阻燃性，利用內裝不燃化、防焰物品及減少火載量，達到抑制燃燒的手段如防火間隔。至於限制法，即抗火性藉防火區劃來阻止火災擴大至另一空間，如防火時效、防火門（窗）。

從建築的觀點，較著重於建築物防火特性，即被動式防護：建築本身之不燃材料、防火區劃設計、防火時效規定、防火設施及避難設施。從消防的觀點，則著重於消防安全設備設置維護，即主動式防護，在火災一發生能立即偵知，使用自動警報通報建築物人員，考量各層空間人員分布特性，避免人數過多或逃生路徑不明延誤逃生時間，在建築物適當處設置標示設備、避難器具、緊急照明設備及排煙設備等，協助人員判斷逃生路徑，並配合被動式防護措施，以能避難至相對安全區或絕對安全區。

建築物火災中氣相燃燒事件

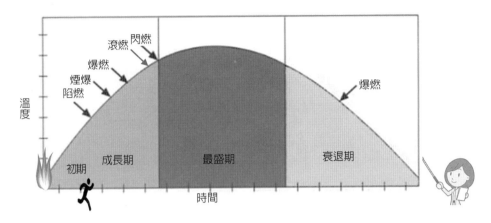

一場建築物火災在燃料與氧氣供應下，沒有受到人為干擾下，一個完整火災生命週期會有火勢初期（含起火醞釀期）、成長期、最盛期及衰退期，這個發展過程中在環境條件配合下可能會出現特定之氣相燃燒現象，如陷燃（Flameover）、煙爆（Smoke Explosion）、爆燃（Backdraft）、滾燃（Rollover）甚至閃燃（Flashover）等事件，而造成火災空間之人員死亡或擴大延燒情況。

基本上，這些現象發生需有其一定氣相燃料源，也是一種能量釋放，這些共同點就是所需燃料源為室內所累積熱煙氣體層，這包含各種燃燒裂解及分解可燃物質如 CO、H_2 等。在這些特定燃燒威力而言，最低是焰燃（Flameover），其為某一區域局部氣相燃燒狀態；而爆燃威力是最強的，相對地潛藏燃料量是最多的，因其有相當一段累積長時間之醞存。

煙爆（Smoke Explosion）是指當在一個房間或其他區劃空間火災氣體層形成起火事件。由於火災氣體層受到輻射加熱，熱煙層已達一定高溫情況下，一旦與外來空氣如透過開口（窗戶／門）混合時，其能點燃並足夠快，而與爆炸相比，係產生較低階危害，很多文獻將煙爆與爆燃（Backdraft）是一致相同的，如要區別，則煙爆是局部空間，沒有像爆燃在整個區劃空間內爆燃現象；因此，煙爆威力比爆燃要低得多。

滾燃（Rollover）依 Ben（2007）指出，當火災室或相鄰空間火災氣體層起火。由於火災氣體受到輻射加熱，熱裂解（Pyrolysis）產物持續上升到天花板，一旦在視覺上看見這層火焰「滾動」越過天花板面，並向外擴散程度之現象。如與「閃燃」相比，最主要區別是滾燃為一種熱煙層流之表面積火焰，而閃燃則是室內空間之容積火焰，而且其往往是閃燃前之危險徵兆。

焰燃（Flameover）依 NFPA 921 指出焰燃為天花板下方熱煙層已在燃燒下限，產生起燃現象。當燃料在一個房間進行燃燒，過熱煤粒、濃煙、氣體和部分燃燒熱解產物上升到室內的頂部。這一層富含燃料氣體，如溫度足夠熱，其中一種或更多成分將達到其自燃溫度，點燃這一燃料層。此現象穿過天花板的氣體層點燃的物理表現，大部分是與滾燃（Rollover）現象是一樣的，如要區別是指其較沒有火焰「滾動」現象。因燃燒時在天花板下方，大多有翻滾現象，又稱 Rollover。

1-3 避難系統火災學理（三）

建築物火災發展中火三要素變化

1. 初期

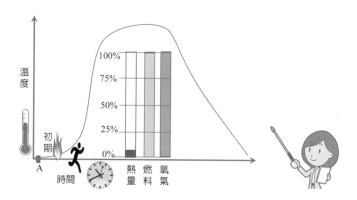

　　初期火災發展取決於所涉及的燃料結構和特性，即燃料控制火災。如圖 A 點顯示熱量 2%、燃料 98% 和氧氣 99.5%；此階段在室內熱氣體和火羽流從火焰上升並混合房間內較冷的空氣。這種轉移的能量開始慢慢增加房間的溫度，但對人命威脅是有毒煙之安全問題，故安裝偵煙探測器是使用人避難安全之重要措施。

2. 成長期

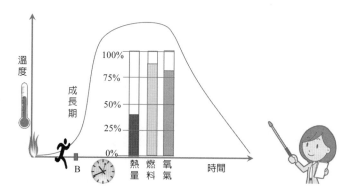

　　由於火勢增長，能量釋放的速率透過燃燒熱繼續增加；如圖 B 點顯示熱量 30%、燃料 90% 和氧氣 80%。火勢發展至此，此情況會變得有點複雜，一般室內熱煙氣體層會成上下兩層：一熱煙氣體層沿著天花而向下延伸，和較低溫氣體層朝向地板面延伸。由於體積和熱煙氣體層溫度升高，形成某種程度壓力。在熱煙氣體層中較高的壓力，會流向開口往外出，而外面空氣從開口向內移動。此時這 2 層的冷熱氣體壓力，在室內開口處形成平衡，產生一中性層。此時撒水頭安裝，能有效阻止火勢擴大發展，對人員避難安全極具意義！

3. 最盛期

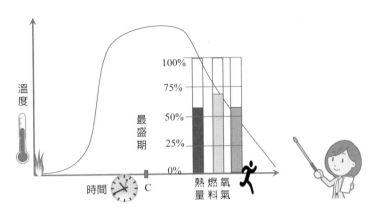

　　火勢進入充分發展階段，至此能量釋放在火災生命週期是最大的，開口玻璃可能會高溫破裂，但大量燃燒仍通常受限於通風量。未燃燒氣體層積聚在天花板面，造成室內火焰從門或窗口向外燃燒出；圖中 C 點顯示熱量 55%、燃料 70% 和氧氣 55%。此階段是起火室向其他空間擴展之階段，對位於火點上方空間之建築物使用人之避難極具威脅。

4. 衰退期

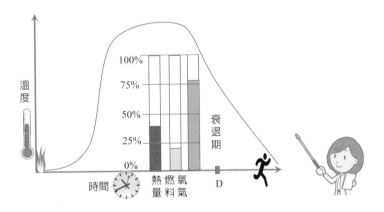

　　火勢發展至此已到了衰退期，由於可用的燃料持續被消耗，熱釋放率會下降且火勢會返回到燃料控制燃燒狀態，燃燒的速率所需的氧氣又回到供給足夠之情況；圖中 D 點顯示熱量 35%、燃料 23% 和氧氣 77%，因深層火災及悶燒之現象，造成此階段燃燒時間在整個火災生命週期是最久的，並考驗建築結構之抗火時效能力。

1-4 標示設備火災學理

項目		內容
可見光	紅、橙、黃、綠、藍、靛、紫	7 種光譜是電磁波譜中人眼可以看見（感受得到）的部分，此波長範圍一般於 390～700 nm。
	伽傌　X射線　紫外線　　紅外線　雷達　FM TV 短波 AM 交流電波 波長 (m) 10^{-12}　10^{-8}　可見光　10^{-4}　1　10^4　10^8 紫　靛　藍　綠　黃　橙　　　紅 400 nm　　500 nm　　600 nm　　700 nm 人類可看見波長範圍於 390～700 nm	
火災煙	人類行為能力受限	煙為空氣捲入燃燒過程伴隨未燃燒分解、冷凝物或其他方式混入質量體數量，所產生熱揮發之混合物，對於內部人員逃生避難行為造成某種程度影響。
標示引導	發光性燈源　出口標示燈及避難方向指示燈 反光性非燈源　避難指標	在濃煙遮蔽視線環境下，能提供某種程度之能見度及辨識性，在視覺上發光或反光性，導引內部人員進行避難及消防搶救之輔助裝置。
火場逃生	視覺能見度受限	在明視覺下，人眼對綠色波段較為敏感；在介視覺與暗視覺下，人眼則對藍光較為敏感。
逃生極限	火場安全疏散 3 個極限值	1. 逃生視距的極限值； 2. 人能承受煙濃度極限值； 3. 煙濃度人員逃生視覺光強度的最低極限值。

＋ 知識補充站

◇ 總樓地板面積：樓地板面積合計 ＋ 屋頂突出物、閣樓及夾層等樓地板面積之總和。但不包括昇降機、法定騎樓、花台及陽臺（未超過建築面積 1/8）、屋簷、雨遮或遮陽板等。

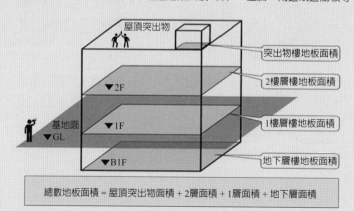

有效開口與緊急進口之比較

	有效開口	緊急進口
用途	避難搶救用	搶救用
設置樓層	地面層以上樓層	2F~10F
開口面積	≥ 11F 具內切直徑≥ 50cm 圓孔合計為樓地板面積≥ 1/30 ≤ 10F 具內切直徑≥ 50cm 圓孔合計為樓地板面積≥ 1/30，且具二個內切直徑≥ 1m 圓孔或寬≥ 75cm、高≥ 120cm 之開口（未達開口面積為無開口）	寬≥ 75cm、高≥ 120cm 之開口
開口下端	距樓地板面≤ 120cm	距樓地板面≤ 80cm
面臨道路	或寬≥ 1m 通路	或寬≥ 4m 通路
開口	無柵欄且內部未設妨礙避難構造或阻礙物，如採玻璃門窗厚≤ 6mm	可自外面開啟或輕易破壞得以進入室內構造
標示	無	紅色燈
間隔	合計為樓地板面積≥ 1/30	≤ 40m
陽台	無	設寬≥ 1m、長≥ 4m

緊急進口

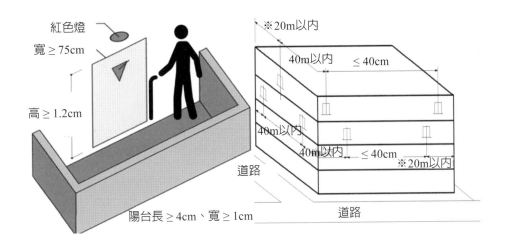

1-5 排煙設備火災學理（一）

建築物火災煙量與熱量變化

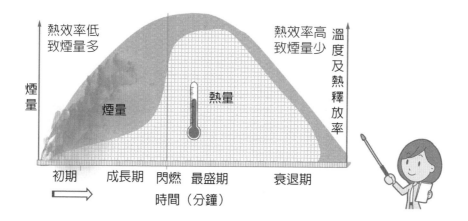

以煙量與熱量而言，在一場區劃空間火勢發展動態情境作比較。

建築物火災生成物之煙量，是以火災成長期階段為最多，這些生成煙量中可能含有大量碳粒子，如二氧化碳、一氧化碳等，這也是室內人員尚未避難至安全處所之死亡主因（死於煙而非死於熱）。因此，偵煙式感知設備比偵溫式（如差動式／定溫式探測器或撒水頭）更為重要，有時建築物火災撒水頭尚未啟動，內部使用人已死於煙量之中毒現象；尤其是護理之家或是長照機構之避難弱者場所。

因此，室內空間一開始起火前即有煙量生成，於火勢生成熱量進行放熱，但煙量也逐漸累積，並隨著火勢浮力流產生不穩定態之火羽流（Fire Plume），成放射狀蔓延著天花板面，形成一相對薄天花板噴流，但此時室內已充滿相當多煙量。

熱煙流

熱煙流氣體會一直沿著整個天花板面，作混合重新分配，並逐漸合併後累積向下延伸。稍後，熱煙氣體之高溫也回饋至火勢本身。而起火室溫度也再持續緩慢增加，但室內煙氣量已大量累積，此時火勢狀態已轉變成通風控制狀態。一旦有閃燃發生，熱煙層所含燃料氣體，已轉變閃燃火焰燃燒掉，此時室內開口玻璃受到閃燃膨脹壓力及高溫破裂，也使一部分熱煙流向外擴散，室內煙量已大幅瞬間銳減，此時火勢又轉變燃料控制燃燒狀態；直到火勢因燃料供應減少，呈現衰退現象，但因室內仍然保持相當高溫，有些未完全燒燬仍然會釋出一些有毒生成物質，繼續累積在室內空間。

火災煙流動力除來自於火羽流或天花板噴流外，主要來自於火災溫度，於每上升$1°C$，空氣膨脹$1/273$，這種火災室空氣體積膨脹，使燃燒生成物產生往上特性，這就如透天厝火災，如是發生在頂樓，一般是沒有人命死亡之問題，如是在客廳或廚房（大多在一樓），往往使二樓以上居室如門未關上，將面臨大量從樓梯間上來煙流。

建築物火災熱傳遞演變

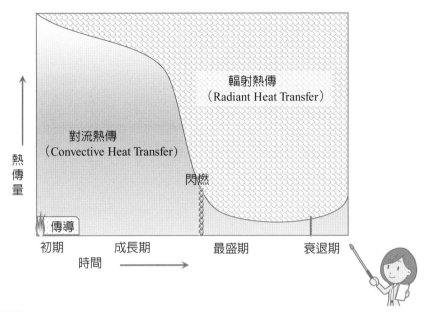

火羽流

以一場建築物火災週期，通常熱傳導至單一起火物後，產生一浮力火羽流（Buoyant Fire Plume），透過火羽流開始對流熱傳。熱煙氣體開始累積在天花板下方，並進行橫向擴散，熱煙層繼續累積更厚，包含更多的熱能，輻射熱傳占總熱傳量比例開始增加，而對流熱傳比率則降低。一旦閃燃發生，輻射熱變成火災主要的熱傳機制，而其他相鄰區劃空間，則保持以對流熱傳為主要機制。

而自然排煙設備即利用火災煙熱膨脹形成熱對流狀態，由空間內溫度差轉為密度差，再轉變為壓力差異，煙氣自然往室外開口排出。而機械排煙則利用機械強制對流之理，在建築空間差生負壓狀態，將火災煙排出至室外之現象。

當區劃空間火災發展至一定程度時，室內火災熱傳機制將由原先對流熱，轉變為輻射熱在主導空間之溫度發展，這是輻射受到溫度之 4 次方成長關係，所以熱傳將全面由輻射接管，並主導空間熱傳現象。

熱對流

所以，消防設備中各種自動感知設備，如偵煙式及偵溫式探測器、撒水頭及排煙設備之感知原理，都是利用火災對流熱來形成快速偵知，也就是在建築物火災初期及成長期之階段。倘若是在輻射段才偵知啓動，可能不具人命安全之效果，因其已是火災成長之中後期階段。（盧守謙，火災學第 2 版）

1-6 排煙設備火災學理（二）

排煙設備是在一定防煙區劃空間內產生負壓，利用強制對流的原理，使火災受熱浮升煙流加以排出。依各類場所消防安全設備設置標準第一百八十八條規定及其火災學原理如下：

條文	火災學理
每層樓地板面積每 500 m² 內，以防煙壁區劃。但戲院、電影院、歌廳、集會堂等場所觀眾席，及工廠等類似建築物，其天花板高度在 5 m 以上，且天花板及室內牆面以耐燃一級材料裝修者，不在此限。	防煙壁區劃是增加排煙有效性，所進行一定面積之區劃。戲院等建築物天花板高度達 5 m 以上，會有較大蓄煙量空間，假使牆面也是不燃材質者，則不受此限。
地下建築物之地下通道每 300 m² 應以防煙壁區劃。	地下通道因開口有限，燃燒供氧問題致火災時會形成大量不完全燃燒，及濃煙瀰漫問題；因此，防煙區劃縮小以能使排煙較有效率之快速排煙。
任一位置至排煙口之水平距離在 30 m 以下，排煙口設於天花板或其下方 80 cm 範圍內。 	排煙口有其排煙能力之限制，距離過遠勢必難以有效排出；因此，需在天花板或其下方 80 cm 範圍內。基本上，天花板面設置排煙口，排煙效率是最好的，比天花板下方任何處，皆更有效果。假使設在距天花板面下方過大，需待火災規模已相當大，方能將煙流排出，屆時對人命安全而言，已沒有多大意義。
排煙設備之排煙口、風管及其他與煙接觸部分應使用不燃材料。	室內火災熱煙層煙流皆含有大量碳粒子，碳粒子及電磁波能造成輻射能回饋效應；因此，與煙接觸部分應使用不燃材料，以絕對避免其熱裂解變形或熔融問題，造成結構失敗情況。
排煙風管貫穿防火區劃時，應在貫穿處設防火閘門。 	防火閘門（Fire Dampers）係設置在排煙設備風管上，火災時風管內氣體溫度達到設定點（121℃～177℃）時閘門自動關閉。因此，貫穿防火區劃處設防火閘門，以確保另一防火區劃之完整性，一旦熱煙流超過上述額定溫度時，應即關閉使高溫熱煙流不經過該區劃，避免高溫失敗或高溫風管壁造成熱傳導可燃物質之起火。
排煙口設手動開關裝置及探測器連動自動開關裝置；以該等裝置或遠隔操作開關裝置開啟，平時保持關閉狀態，開口葉片之構造應不受開啟時所生氣流之影響而關閉。手動開關裝置用手操作部分應設於距離樓地板面 80 cm～150 cm 之牆面。	所有消防設備有自動就需有手動裝置，這是確保可靠度問題。而開口葉片之構造需具一定強度不受較大氣流影響。在手動開關裝置高度，所有消防設備手動操作皆在 150 cm 以下，這是東方人體位問題；而距樓地板面 80 cm 以上，這是人類眼睛高度視覺性問題，方便視覺可見度及操作便利性考量。

條文	火災學理
排煙口之開口面積在防煙區劃面積之 2% 以上，且以自然方式直接排至戶外。排煙口無法以自然方式直接排至戶外時，應設排煙機。	排煙口之開口需有一定面積，以使其快速有效排煙，過小開口會有較大摩擦損失問題；如果能以熱膨脹及火災室形成正壓形成自然方式排煙，則具無機械故障之設備可靠度優勢，也較沒有檢修申報問題；假使無法，就需以機械負壓排煙方式進行。
排煙機之排煙量在 120 m³/min 以上；且在一防煙區劃時，在該防煙區劃面積每平方公尺 1 m³/min 以上；在二區以上之防煙區劃時，在最大防煙區劃面積每平方公尺 2 m³/min 以上。但地下建築物之地下通道，其總排煙量應在 600 m³/min 以上。	火災生成煙量，以建築物火災之 4 個階段（初期、成長期、最盛期及衰退期），顯然是不同的，基本上仍以成長期火災最受矚目，這也是建築物使用人逃離火場重要之時機。法規以樓地板面積來設計排煙量，因條文係屬規格式條文，而非性能式，因此僅能假設樓地板越大，火載量也會隨之增多。此外，排煙量在 120 m³/min 以上或每平方公尺 1 m³/min 以上，這種排煙量是大的，不但排煙也能排出火災熱，使內部人員或消防人員較沒有熱煙、發生閃燃或爆燃之問題。而地下通道火災常常是濃煙瀰漫環境，能見度相當差，其發煙量勢必比一般空間大，相對地排煙能力要相對更大。
連接緊急電源，其供電容量應供其有效動作 30 min 以上。	機械排煙有效動作 30 min 以上，此段期間可確保內部人員能有效採取避難逃生，及消防單位也能到達現場進行滅火控制。
防煙壁以不燃材料建造，自天花板下垂 50 cm 以上之垂壁或具有同等以上阻止煙流動構造者。但地下建築物之地下通道，防煙壁應自天花板下垂 80 cm 以上。	防煙壁係阻止煙流通過之障礙體，因熱煙流有其一定溫度，需為不燃材料建造，且在天花板下方 50 cm 以上，以防止火災初期與成長期濃煙迅速擴散問題。事實上，整個火災生命週期也以成長期濃煙最多，進入火災最盛期已不是煙，而是火之問題。

防煙區劃

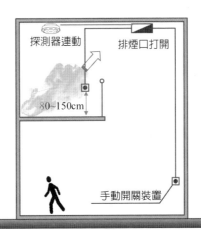

　　防煙區劃不應跨 2 樓層（圖左設二個），但無避難上或消防搶救上障礙得以一個防煙區劃（圖右）。（日本 Saitama 市消防用設備等審查基準，2016）

自然排煙與機械排煙

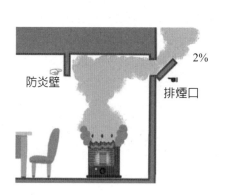

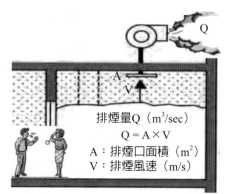

排煙量Q（m³/sec）

$$Q = A \times V$$

A：排煙口面積（m²）
V：排煙風速（m/s）

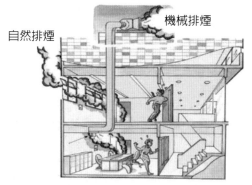

問題與討論

　　比較機械排煙問題，依法規消防排煙設備需有 2.0 m³/s 之排煙量，如此大負壓強制對流，雖會造成外面大量送氧進入火災室，但卻能快速將火災生成熱與氣體大量排出，火災熱量也就無法輻射回饋，並使火災室一直處於燃料控制燃燒，如同室外火災一樣，溫度難以有效提升，閃燃發生能量之一氧化碳等可燃氣體，皆排出室外，閃燃發生三要素中燃料，以及閃燃所需熱量也不足，所以大量排煙在消防上是有其效果與意義，並列入在消防人員搶救必要設備之一。

　　但如果排煙量受阻礙或排煙量減少為 6 m³/min（0.10 m³/s），此時會造成外部給氧，火災生成熱及氣體也無法有效排出，火災室溫度會達到 522℃，這已是閃燃所需溫度了，這對內部尚未逃出者而言，已是致命之潛在閃燃情境。

✚ 知識補充站

每一防火區劃排煙設計

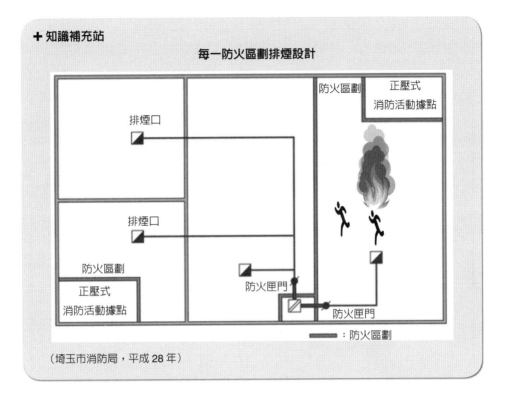

（埼玉市消防局，平成 28 年）

✚ 知識補充站

日本消防設備檢修申報期限

款目		防火對象物	檢修申報期限
1	(1)	戲院、電影院、娛樂場所、展覽中心	一年一次
	(2)	公民館、集會場	
2	(1)	歌舞表演、咖啡館、夜總會	
	(2)	遊藝場、舞廳	
	(3)	海關業務銷售場所	
	(4)	卡拉 OK、為客戶提供服務房間	
3	(1)	會議室、餐廳類似場所	
	(2)	飲食店	
4		百貨商店、超級市場、商場或展覽廳	
5	(1)	旅館、汽車旅館、有客房招待所	
	(2)	集合住宅、寄宿舍	三年一次

款目		防火對象物	檢修申報期限
6	(1)	醫院、診所或有／無床診所	一年一次
	(2)	老年短期住宿設施，老人養老院等（自力避難困難者）	
	(3)	老人日服務中心，幼兒保育類似場所	
	(4)	幼兒園或特殊學校	
7		小學、中學、高中、大學類似場所	三年一次
8		圖書館，博物館，美術館等類似場所	
9	(1)	公共浴池之外部蒸汽浴室、熱氣浴室類似特定場所	一年一次
	(2)	9(1) 以外等一般公共浴場	三年一次
10		候車場或船舶／飛機起飛／到達地點（僅乘客上下車或等候場所）	
11		神社、寺廟、教會	
12	(1)	工廠、作業場	
	(2)	電影攝影場、電視播送場	
13	(1)	車庫、停車場	
	(2)	飛機或旋翼飛機機庫	
14		倉庫	
15		不適用上述之商業場所	
16	(1)	複合用途建築物中供第 1 至 4、5、6 或 9 款特定用途者	一年一次
	(2)	16(1) 以外之複合用途非特定建築物	三年一次
16-2		地下街	一年一次
16-3		16-2 以外地下層接合連續性地下通路（準地下街）	
17		古蹟歷史建築、重要民俗資料、史跡等建築物（文化財）	三年一次
18		³50m 拱廊	

註：1. 底色者為特定防火對象物，非底色者為一般防火特定物
　　2. 國內係以場所為名稱，日本以防火對象物（分特定及一般防火對象物）為名稱。

（設置於地板面之避難方向指示
燈，應具不因荷重而破壞之強度，
攝於日本大阪梅田車站 2019/08）

控煙方式：建築及消防法規（日本）

方式	方法	圖示	機能	原理
閉煙	自然密閉	防火區劃　火災室　走廊　居室等	防止煙流入非火災室	以防火區劃密閉煙流
蓄煙	自然挑高	火災室　走廊　居室等	煙流下降遲緩	利用大空間、挑高天花板之室內上部空間
排煙	自然	火災室　走廊　居室等	煙流下降遲緩及稀釋煙流	利用煙流熱浮力排出
	機械負壓	火災室　走廊　居室等	煙流下降遲緩及強制煙流排出	利用機械力負壓使煙流排出
	加壓押出	火災室　走廊　居室等	煙流下降遲緩及正壓擠出煙流排出	強制供給新鮮之正壓迫使煙流向外排出
遮煙	加壓防煙	火災室　走廊　居室等	防止煙流入非火災室	利用壓力差防止煙流侵入非火災室

（日本消防設備安全中心，平成 24 年）

（B 級出口標示燈，保持不熄滅，標示
面光度 ≥ 20cd，攝於日本大阪 2019/08）

居室定義

居住　　　　工作　　　　集會

娛樂　　　　烹飪

居室：係供居住、工作、集會、娛樂、烹飪等使用之房間。以不燃材料所區隔之最小空間單位；而不是以整個樓層為一居室之範圍。居室與非居室以常開式開口連通或未予實體分隔者,應視為一居室;假使居室與非居室之間,是以常開式防火門區劃分隔者,應認定為具有實體分隔,而不能視為一居室;惟該常開式防火門不得為防火捲門。

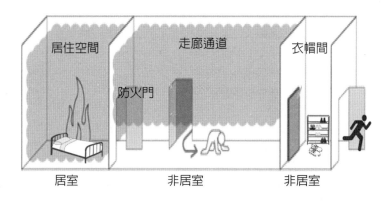

居住空間　　　　　走廊通道　　　　衣帽間

防火門

居室　　　　　　　　非居室　　　　　　非居室

第2章
設置標準消防設計
（110年6月修正）

2-1 授權命令

第 1 條
本標準依消防法（以下簡稱本法）第六條第一項規定訂定之。

【解說】

消防法第六條如次：

> 第 6 條　本法所定各類場所之管理權人對其實際支配管理之場所，應設置並維護其消防安全設備；場所之分類及消防安全設備設置之標準，由中央主管機關定之。
>
> 消防機關得依前項所定各類場所之危險程度，分類列管檢查及複查。
>
> 第一項所定各類場所因用途、構造特殊，或引用與依第一項所定標準同等以上效能之技術、工法或設備者，得檢附具體證明，經中央主管機關核准，不適用依第一項所定標準之全部或一部。
>
> 不屬於第一項所定標準應設置火警自動警報設備之旅館、老人福利機構場所及中央主管機關公告場所之管理權人，應設置住宅用火災警報器並維護之；其安裝位置、方式、改善期限及其他應遵行事項之辦法，由中央主管機關定之。
>
> 不屬於第一項所定標準應設置火警自動警報設備住宅場所之管理權人，應設置住宅用火災警報器並維護之；其安裝位置、方式、改善期限及其他應遵行事項之辦法，由中央主管機關定之。

　　「各類場所消防安全設備設置標準」係依據消防法製定，在法律位階層次上，係屬第三階段之法規命令，行政機關必須基於法律直接授權依據，如右圖所示。所以在本辦法第一條需開宗明義講出，係依消防法第六條第一項之法律授權來訂定。

　　基本上，「法規命令」與「行政規則」皆屬「行政命令」，第四位階之行政規則以行政體系內部事項為內容，原則上無需法律授權，行政機關得依職權訂定習稱之「行政規定」，而第三位階法規命令需要法律明確授權，有規範上的拘束力，需於行政院發布後即送立法院備查。目前在消防體系上有法制化法律，有消防法、災害防救法及爆竹煙火管理條例，惟獨法制化之第二位階，始能訂定罰則，因罰則會嚴重影響人民權利義務，需送由人民選舉出之立法委員，進行三讀立法審查。因此，人民假使違反本標準規定，只能引用消防法相關罰則進行處分。

　　應設置消防安全設備之各類場所予以分類列管檢查，另依同法第九條規定前揭場所管理權人應委託消防設備師、士，定期檢修消防安全設備（滅火設備、警報設備、避難逃生設備、消防搶救上之必要設備等），以維護各項設備功能之正常；次查「建築物公共安全檢查簽證及申報辦法」規定之檢查內容係針對建築物之防火避難設施（防火區劃、內部裝修材料、避難層出入口、走廊、安全梯第十一項）及設備安全（升降設備、緊急供電系統、燃氣設備等六項）等項目由建築專業檢查人為之。

金字塔型法律位階架構

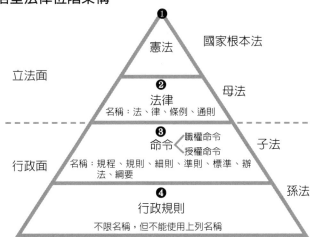

中華民國法律位階明細圖

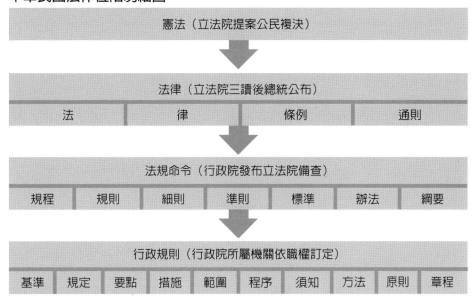

日本消防法體系

2-2 標準化用語（一）

第 4 條

本標準用語定義如下：

一、複合用途建築物：一棟建築物中有供第十二條第一款至第四款各目所列用途二種以上，且該不同用途，在管理及使用形態上，未構成從屬於其中一主用途者；其判斷基準，由中央消防機關另定之。

二、無開口樓層：建築物之各樓層供避難及消防搶救用之有效開口面積未達下列規定者：

（一）十一層以上之樓層，具可內切直徑五十公分以上圓孔之開口，合計面積為該樓地板面積三十分之一以上者。

（二）十層以下之樓層，具可內切直徑五十公分以上圓孔之開口，合計面積為該樓地板面積三十分之一以上者。但其中至少應具有二個內切直徑一公尺以上圓孔或寬七十五公分以上、高一百二十公分以上之開口。

三、高度危險工作場所：儲存一般可燃性固體物質倉庫之高度超過五點五公尺者，或易燃性液體物質之閃火點未超過攝氏六十度與攝氏溫度為三十七點八度時，其蒸氣壓未超過每平方公分二點八公斤或 0.28 百萬帕斯卡（以下簡稱 MPa）者，或可燃性高壓氣體製造、儲存、處理場所或石化作業場所，木材加工業作業場所及油漆作業場所等。

四、中度危險工作場所：儲存一般可燃性固體物質倉庫之高度未超過五點五公尺者，或易燃性液體物質之閃火點超過攝氏六十度之作業場所或輕工業場所。

五、低度危險工作場所：有可燃性物質存在。但其存量少，延燒範圍小，延燒速度慢，僅形成小型火災者。

六、避難指標：標示避難出口或方向之指標。

（續）

【解說】

基本上，本條定義主要是標準化用語，在複合用途建築物在消防上考量，主要係用途多元，在防火管理上不易整合，平時自衛消防編組不易實施訓練，增加火災預防及應變上難度。而無開口樓層可分避難面及消防搶救面作考量，二者造成使用人員或消防搶救人員，因濃煙瀰漫造成呼吸困難及視線受阻之現象，在行為上產生一定之難度。

本條有效開口用途係主要作為消防人員搶救為主，而供人員避難通行使用輔，與第一百八十九條有效開口面積是不同的，其為一種淨通風量面積，用途供通風排煙使用，有其完全不同目的。(1) 在開口下端距樓地板面高度考量，係人員通行不能有太大阻礙，以一點二公尺約為一般建築物女兒牆高度，超過此高度則存在某種程度之一定障礙。(2) 開口面臨道路或寬度一公尺以上之通路，係供消防車輛能進入通行，以進行消防活動。(3) 開口無柵欄且內部未設妨礙避難之構造或阻礙物，以供人員能順利出入通行。(4) 開口為可自外面開啓或輕易破壞得以進入室內之構造。如採一般玻璃門窗時，厚度應在六毫米以下。這是防盜與消防搶救二種之間權衡考量。

供避難及消防搶救用之有效開口

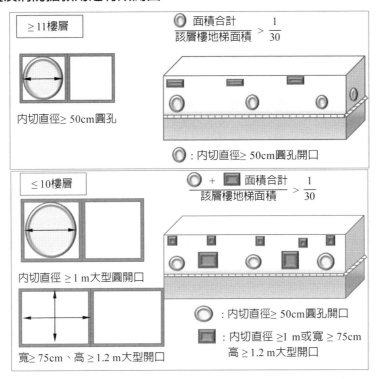

高度危險工作場所

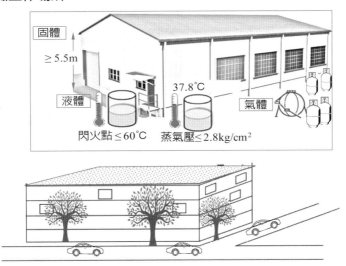

「開口面臨道路或寬度一公尺以上之通路」，所稱通路如有植栽、矮屏或其他工作物時，應不得造成避難及消防搶救障礙。

2-3 標準化用語（二）

第4條（續）

前項第二款所稱有效開口，指符合下列規定者：

一、開口下端距樓地板面一百二十公分以內。

二、開口面臨道路或寬度一公尺以上之通路。

三、開口無柵欄且內部未設妨礙避難之構造或阻礙物。

四、開口為可自外面開啟或輕易破壞得以進入室內之構造。如採一般玻璃門窗時，厚度應在六毫米以下。

本標準所列有關建築技術、公共危險物品及可燃性高壓氣體用語，適用建築技術規則、公共危險物品及可燃性高壓氣體製造儲存處理場所設置標準暨安全管理辦法用語定義之規定。

【解說】

亦即以人民防盜用途可能喪失，所造成人民財產權利的侵害和所欲達成之消防人命搶救目的間，應該有相當的平衡（兩者不能顯失均衡），亦即不能為了達成很小的目的而使人民蒙受過大的損失。此種消防搶救人命之目的，顯然大於人民防盜功能減低可能之損失。此外，無開口樓層與無窗戶居室定義不同，後者係具有下列情形之一之居室：(1) 依建築技術規則建築設計施工編第四十二條規定有效採光面積未達該居室樓地板面積百分之五者。(2) 可直接開向戶外或可通達戶外之有效防火避難構造開口，其高度未達一點二公尺，寬度未達七十五公分；如為圓型時直徑未達一公尺者。(3) 樓地板面積超過五十平方公尺之居室，其天花板或天花板下方八十公分範圍以內之有效通風面積未達樓地板面積百分之二者。

上述人員不易出入，且火災時因外來氧氣供應及排出煙困難，易造成室內火災生成煙量多，此種在火災學上，火勢延燒變得減緩，但內部人員會受到濃煙中一氧化碳毒性增大。而高中低度工作場所，此指工業廠房，如倉庫高度≥ 5.5m，會造成垂直可燃物立體火災及消防瞄子有效射水（6m）問題，而液體閃火點 <60℃為引火性液體，無論在火災預防與滅火上危險性較高，而液體蒸氣壓為物質於一密閉容器中蒸氣粒子的運動範圍受到容器的限制開始撞擊器壁，蒸氣粒子撞擊器壁所產生的壓力，以 ≤ 2.8kg/cm^2(37.8℃)，這與可燃液體沸點，NFPA 30 將閃火點低於攝氏溫度 37.8 時，其蒸氣壓未超過 0.28 Mpa 定義為易燃性液體，而這組數據未超過就已算高度危險，那大於就更危險了。

複合用途建築物依「複合用途建築物判斷基準」，如專用於停車之停車位，不問名為「自用停車位」、「自設停車位」、「法定停車位」、「獎勵停車位」或其他名稱，皆屬「複合用途建築物判斷基準」。依內政部消防法令函釋及公告（以下同），依「複合用途建築物判斷基準」規定，判斷是否具從屬關係，如認定非屬複合用途建築物時，則以其建築物申請名稱據以認定用途歸類及檢討消防安全設備設置，尚無單獨僅就建築物樓層內個別場所檢討之適用。

在「一棟建築物中有供各類場所第十二條第一款至第四款所列用途二種以上，在符合下列規定之一者，得判定為在管理及使用型態上構成從屬關係」，如「教具儲藏室」應為「學校教室」之從屬用途，即得適用之。

供避難及消防搶救有效開口認定

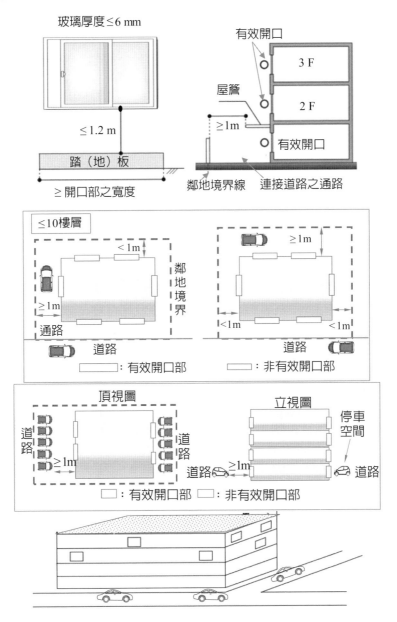

無開口樓層，固以建築物之各樓層供避難及消防搶救用之有效開口面積是否達到規定值爲判斷依據，惟其規範意旨，係作爲檢討消防安全設備設置之準據；各類場所如屬無開口樓層，則其應設之消防安全設備趨嚴，以補避難及消防搶救用有效開口之不足；與供搶救人員進入建築物內部用緊急入口之構造標準，二者規範意旨有別。

2-4 標準化用語（三）

【解說】

按「一棟建築物中有二種以上用途，在符合複合用途建築物判斷基準第二點任一款之規定時，得免視為複合用途建築物。上揭國民小學案例依同基準第二點第二款規定，應視為複合用途建築物，惟有同基準第二點第一款『管理權相同，使用者一致或密切關係，使用時間大致相同』之適用時，則得免視為複合用途建築物。」

在無開口樓層方面，以建築物之各樓層供避難及消防搶救用之有效開口面積，是否達到規定值為判斷依據，惟其規範意旨，係作為檢討消防安全設備設置之準據；各類場所如屬無開口樓層，則其應設之消防安全設備趨嚴，以補避難及消防搶救用有效開口之不足。建築技術規則建築設計施工編第一百零八條及第一百零九條則規範供搶救人員進入建築物內部用緊急進口，二者規範意旨有別。

檢討有效開口時，鐵捲門開口不符有效開口規定，不得計入面積計算。建築物之各樓層供避難及消防搶救用有效開口構造之認定，按「開口應為可自外面開啟或輕易破壞得以進入室內之構造」、「如需上鎖時需符合下列規定之一：一般玻璃門窗，需為可輕易破壞者（厚度不得超過六公厘）；對於無法輕易破壞但可自外面開啟之窗戶有效開口面積之核算，應依開口型式分別檢討。開口面臨道路或寬度一公尺以上之通路」，所稱通路如有植栽、矮屏或其他工作物時，應不得造成避難及消防搶救障礙。

各類場所位於避難層，且該層樓地板面積未達五百平方公尺時，基於易於避難逃生，消防救災人員利用破壞器材即得以開啟或破壞進入搶救，免依無開口樓層檢討消防安全設備之設置。「開口為可自外面開啟或輕易破壞得以進入室內之構造，如採一般玻璃門窗時，厚度應在六公厘以下。」對開窗或上下窗如認定「可輕易破壞得以進入室內之構造」，自得以該窗整體作為有效開口檢討範圍；惟如該窗非屬「可輕易破壞得以進入室內之構造」，但符合「可自外面開啟得以進入室內之構造」要件，則以該窗二分之一作為有效開口檢討範圍。在室外走廊護欄上方之開口不予納入有效開口之檢討，而以面向走廊之居室為檢討該有效開口之對象。如具室外走廊之建築物，檢討各樓層有效開口面積時，均以室內臨接走廊之窗戶來核算其面積。如某建築物因採綠建築規劃，為考量節能和外觀需求，於室外走廊外側設置金屬格柵。室外走廊之護欄上方設有格柵者，依各類場所消防安全設備設置標準第 4 條核算該層有效開口面積時，其樓地板面積不得扣除走廊部分，並以格柵之開口為有效開口檢討範圍。

建築技術規則建築設計施工編第 109 條 緊急進口之構造應依下列規定：

1. 進口應設地面臨道路或寬度在四公尺以上通路之各層外牆面。
2. 進口之間隔不得大於四十公尺。
3. 進口之寬度應在七十五公分以上，高度應在一‧二公尺以上。其開口之下端應距離樓地板面八十公分範圍以內。
4. 進口應為可自外面開啟或輕易破壞得以進入室內之構造。
5. 進口外應設置陽台，其寬度應為一公尺以上，長度四公尺以上。
6. 進口位置應於其附近以紅色燈作為標幟，並使人明白其為緊急進口之標示。

複合用途建築物判斷

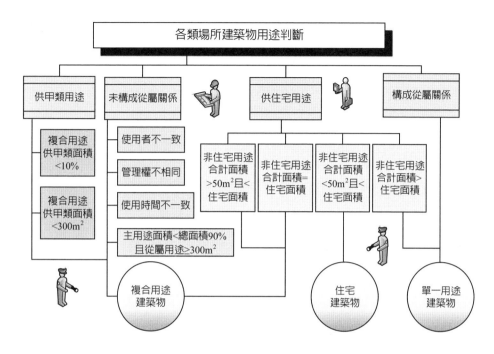

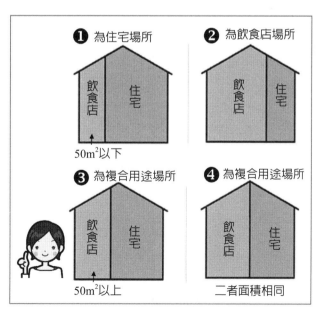

2-5 另一場所（一）

第 5 條

各類場所符合建築技術規則以無開口且具有一小時以上防火時效之牆壁、樓地板區劃分隔者，適用本標準各編規定，視為另一場所。

建築物間設有過廊，其符合下列規定時，適用前項規定，視為另一場所：

一、過廊僅供通行或搬運用途使用，且無通行之障礙。

二、過廊有效寬度應在六公尺以下。

三、連接建築物之間距，一樓應超過六公尺，二樓以上應超過十公尺。但符合下列規定者，不在此限：

（一）連接建築物之外牆及屋頂（限與過廊連接相距三公尺以內者），應為防火構造或不燃材料。

（二）前目之外牆及屋頂不得設有開口。但開口面積在四平方公尺以下，且設有甲種或乙種防火門窗者，不在此限。

（三）過廊應為開放式或符合下列規定者：

1. 應為防火構造或不燃材料建造。

2. 過廊與兩側建築物相連接處之開口面積應在四平方公尺以下，且設有甲種或乙種防火門。

3. 應依下列規定設置直接開向室外之開口或機械排煙設備。但設有自動撒水設備者，得免設。

(1) 直接開向室外之開口面積合計應在一平方公尺以上，且符合下列規定：

A. 開口設在屋頂或天花板時，應設有寬度在過廊寬度三分之一以上，長度在一公尺以上之開口。

B. 開口設在外牆時，在過廊兩側應設有寬度在過廊長度三分之一以上，高度在一公尺以上之開口。

(2) 機械排煙設備應能將過廊內部煙量安全有效地排至室外，排煙機應連接緊急電源。

【解說】

　　各場所如以無開口且具一小時以上防火時效之牆壁區劃分隔，代表火災延燒性減小，且該牆壁所區劃各場所之主要出入口，即為避難層出入口，可分別直接通達道路或私設通路，人命危險低，自得依另一場所認定，分別核算各該場所之樓地板面積。

　　室外消防栓之主要功能，在防護及阻止往鄰棟建築物延燒，且室外消防栓設備檢討以建築物之第 1 層及第 2 層樓地板面積合併計算規定，及上開標準第五條視為另一場所意旨與第十五條第二項但書規定設置室外消防栓設備時之有效滅火範圍內，僅限於第 1 層、第 2 層免設室內消防栓，綜上，衡量室外消防栓設備之功能、射水防護範圍與能力，其檢討「建築物及儲存面積」之認定，應以上開標準第十二條第四款場所（丁類場所）之第 1 層及第 2 層計算其樓地板面積之和，至各棟建築物應分別檢討之。

視為另一場所分別計算面積

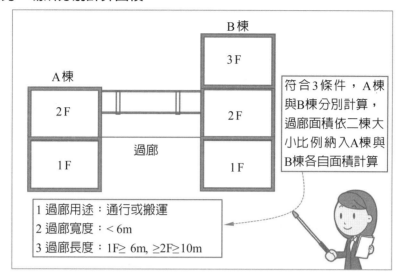

符合3條件，A棟與B棟分別計算，過廊面積依二棟大小比例納入A棟與B棟各自面積計算

1 過廊用途：通行或搬運
2 過廊寬度：＜6m
3 過廊長度：1F≥ 6m, ≥2F≥10m

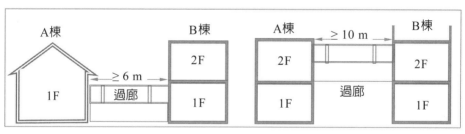

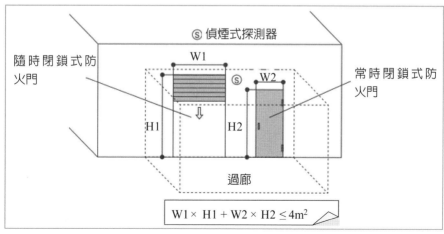

$$W1 \times H1 + W2 \times H2 \leq 4m^2$$

（埼玉市消防局，平成28年）

2-6 另一場所（二）

【解說】

「無開口防火牆」，係指防火牆上不得有開口。假使兩棟建築物間以加裝防火鐵捲門加以區劃，並不符以無開口防火牆區劃或防火樓板分隔之規定，這是因為防火捲門雖為不燃材料，但金屬易於熱傳導，如同國內連棟式鐵皮屋易於火災延燒一樣，無阻火之可能，不得視為他棟建築物或另一場所。

假使新建店舖、商場、餐廳等建築物，其各店舖間皆以防火牆及防火樓板區劃分隔，惟以符合建築技術規則建築設計施工編第八十五條之風管貫穿防火牆面，是否符合另一場所？查建築技術規則建築設計施工編第八十九條：「……。但建築物以無開口且具有一小時以上防火時效之牆壁及樓地板所區劃分隔者，適用本章各節規定，視為他棟建築物：……。」以建築技術規則建築設計施工編第八十五條規定之風管貫穿各店舖之防火牆面者，與上開無開口之規定有違，故各店舖不得視為他棟建築物，此與上開無開口之立法意旨及規定有違，無另一場所之適用。

於四層樓透天集合住宅建築物，地下層為供停車空間使用，其各棟與地下層間分別以防火門區劃分隔時，因各棟仍可經由地下層間相互連通，倘若地下層火災，大量火煙往上至各棟，並未符合以無開口防火牆及防火樓板區劃分隔」之規定，不得視為另一場所。如同達十六層或五十公尺以上高層建築物，地下室連通開挖時，其系統式消防安全設備為其共用，整體功能維護，因達一定相當規模以上，應委託專業機構辦理檢修申報，始為勝任檢修工作。若同一基地內有多棟建築物，地下室未連通開挖者，其消防安全設備檢修申報依各棟建築物之高度或樓層數檢討後，分別適用消防法第九條委託消防設備師、消防設備士或專業機構辦理。此外，對於五層以下集合住宅會請消防隊審查消防安全設備，基於維護公共安全之考量，仍以配合審查為宜；至其消防安全設備仍依「各類場所消防安全設備設置標準」相關規定辦理。

在過廊方面，在用途上僅供搬運與通行使用，此是防止囤積雜物在過廊走道上，造成可燃物延燒，而過廊寬度是考量人員避難通路問題，而長度則是考量火災對流與輻射熱曝露問題，避免二棟建築物延燒，如同國內建築物大多為鋼筋混凝土構造，規定建築物間距需各自從境界線退縮一點五，以合計三公尺作為防火間距之意旨相同。

過廊構造可分為開放式及密閉式兩種，且需有開向室外之一定開口，無論是在屋頂或在外牆上（高度 1/2 以上、寬度大於過廊長度 1/3 以上、面積大於一平方公尺），這是考量有效開口無論從避難或消防搶救觀點上之排煙及人員進出考量。而過廊開放式，主要指過廊兩側具有距樓地板至天花板高度二分之一或一公尺以上及過廊全長直通外氣之開口，且能釋出一端建築物高溫火煙，得未延燒至另一端；或一側具有距樓地板至天花板高度二分之一或一公尺以上及過廊全長直通外氣之開口，且中央應設有效阻隔火或煙蔓延之垂壁構造，使熱煙得以排放至外氣，因二端建築物間距至少六公尺，因火災輻射熱傳與距離平方成反比，已無輻射熱延燒，而一端火煙傳導與對流熱也因釋出，可確保另一端建築物安全，得不受設置消防安全設備之限制。所以在過廊構造及開口位置規範，係主要為避免火災延燒，自得視為另一場所來檢討樓地板面積。

不受建築物間距（1F-6m, 2F-10m）限制及面積計算

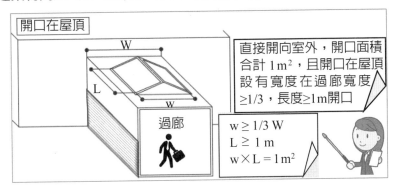

開口在屋頂

直接開向室外，開口面積合計 1 m²，且開口在屋頂設有寬度在過廊寬度 ≥1/3，長度≥1m開口

$w \geq 1/3\ W$
$L \geq 1\ m$
$w \times L = 1\ m^2$

過廊

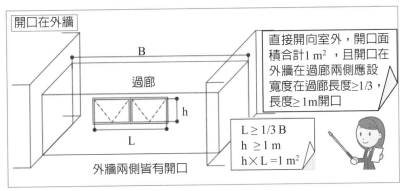

開口在外牆

直接開向室外，開口面積合計1 m²，且開口在外牆在過廊兩側應設寬度在過廊長度≥1/3，長度≥1m開口

過廊

$L \geq 1/3\ B$
$h \geq 1\ m$
$h \times L = 1\ m^2$

外牆兩側皆有開口

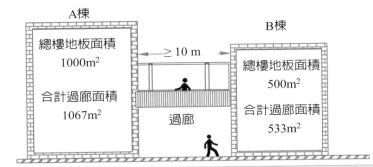

A棟

總樓地板面積
1000m²

合計過廊面積
1067m²

≥ 10 m

過廊

B棟

總樓地板面積
500m²

合計過廊面積
533m²

區分	總樓地板面積	過廊佔AB棟比例	加入過廊面積合計(m²)
A棟	1000 m²	1000/1500＝0.67	1000+(100×0.67)＝1067
B棟	500 m²	500/1500＝0.33	500+(100×0.33)＝533
過廊	100 m²		

（埼玉市消防局，平成28年）

不受建築物間距（1F-6m, 2F-10m）限制

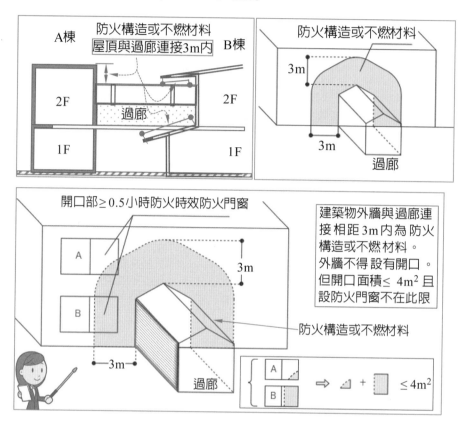

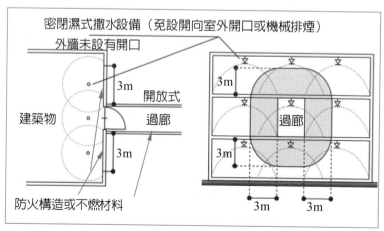

（埼玉市消防局，平成28年）

不得視為另一場所

四層樓透天集合住宅建築物，地下層為供停車空間使用，其各棟與地下層間分別以防火門區劃分隔時，因各棟仍可經由地下層間相互連通，並未符合上揭標準第五條「各類場所符合建築技術規則以無開口防火牆及防火樓板區劃分隔」之規定，不得視為另一場所。

複合用途建築物檢討

檢討複合用途建築物是否有分屬同條其他各款目用途，以各目為單元，按各目所列不同用途，合計其樓地板面積，視為單一場所，再檢討是否達到相關設備之設置標準；依內政部函釋，複合用途建築物檢討消防安全設備之設置，係參照日本消防法規訂定，其著眼點在避免業者以逐次變更使用為手段，使建築物將低強度用途，大部分變更為高強度用途。

2-7 單一場所

> **第6條**
> 供本編第十二條第五款使用之複合用途建築物,有分屬同條其他各款目用途時,適用本標準各編規定(第十七條第一項第四款、第五款、第十九條第一項第四款、第五款、第二十一條第二款、第一百四十九條第二款、第三款、第一百五十二條第二款及第一百五十七條除外),以各目為單元,按各目所列不同用途,合計其樓地板面積,視為單一場所。

【解說】

　　在各類場所消防安全設備設置標準之規定,主要以人命危險性之用途(第十二條)、多數人及火載量之面積及避難搶救難易之空間樓層來作考量,設計上係以規格為主、同等性能以上替代之方式,來辦理規劃消防安全設備;亦即亦能允許性能化設計。事實上,同樣規格建築物在使用及管理上也不一,尤其是火載量與開口氧氣量大相逕庭,一旦起火後火災行為迥異,難僅以規格來作法規之規範。

　　在各類場所區劃上,依建築規則可分面積區劃、樓層區劃、豎穴區劃、用途區劃。此主要旨意係在控制及圍限火勢行為在一定範圍,避免波及整棟建築物,如同船舶設計一樣,劃分數個船艙區隔,船艙間人員來往,以水密門作控制,避免船舶哪一部位被魚雷攻擊,而圍限船舶進水波及整艘,而難以挽救,這與建築物火災是一樣趣旨。

　　於複合用途建築物如檢討室內消防栓設備,依內政部消防法令函釋及公告,依第六條檢討該複合用途建築物是否有分屬同條其他各款目用途,以各目為單元,按各目所列不同用途,合計其樓地板面積,視為單一場所,再檢討是否達到第十五條之標準;有關複合用途建築物檢討消防安全設備之設置,係參照日本消防法規訂定,其著眼點在避免業者以逐次變更使用為手段,使建築物將低強度用途,大部分變更為高強度用途,而免設有關消防安全設備;在高危險程度免設,而低危險程度應設之情況,係屬特例,且在樓地板面積較小之建築物方有之情形。

　　消防法之場所用途分類與建築法之建築物使用分類方式殊異,且二者各有配套之使用管理措施;各類場所於變更用途時,應依消防法第十條第三項及各類場所消防安全設備設置標準第十三條檢討設置。如建築物辦理變更供托嬰中心及課後托育中心、第六目、第十二目使用時,因火載量有限且用途單純,建築使用強度未大幅提升,適用第六條時,以變更用途範圍樓地板面積,單獨檢討消防安全設備之設置即可。

　　視為另一場所規定,是與單一場所為相對性條文,進行標準化之定義解釋,基本上視為另一場所在建築物法築視為他棟之條件幾乎一樣,建築技術規則建築設計施工編第89條規定略以,建築物以無開口且具有一小時以上防火時效之牆壁及樓地板所區劃分隔者,適用本章各節規定,視為他棟建築物。於防火構造建築物一基地內二棟建築物間之防火間隔未達三公尺範圍內之外牆部分,應具有一小時以上防火時效,其牆上之開口應裝設具同等以上防火時效之防火門或固定式防火窗等防火設備。於非防火構造建築物一基地內兩棟建築物間應留設淨寬三公尺以上之防火間隔。

單一用途建築物

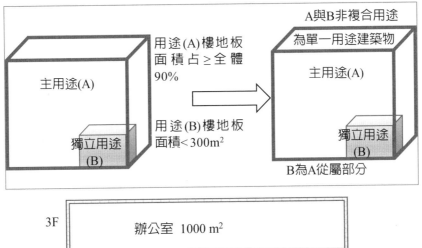

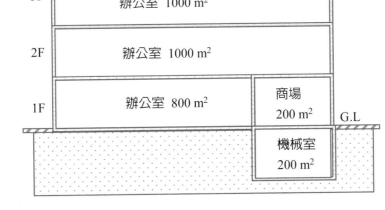

區別	用途	主及獨立用途所佔比例	加入共用面積合計(m²)
主用途部分	辦公室	（1000+1000+800）/3000=0.93	2800+(200×0.93)=2986
獨立用途部分	商場	200/3000=0.07	200+(200×0.07)= 214
共用部分	機械室		

1 供主用途部分樓地板面積合計占該棟總樓地板面積≥90%。
2 供獨立用途部分樓地板面積合計< 300 m²。

2-8 消防安全設備種類

第 7 條
各類場所消防安全設備如下：
一、滅火設備：指以水或其他滅火藥劑滅火之器具或設備。
二、警報設備：指報知火災發生之器具或設備。
三、避難逃生設備：指火災發生時爲避難而使用之器具或設備。
四、消防搶救上之必要設備：指火警發生時，消防人員從事搶救活動上必需之器具或設備。
五、其他經中央主管機關認定之消防安全設備。

【解說】

消防安全設備種類如同防火管理制度之自衛消防編組一樣，發生火災時需有滅火班（滅火設備），第一時間建築物使用人能知悉火災發生之通報班（警報設備），及建築物主要避難動線爲濃煙所阻之避難班（避難逃生設備）；上述是建築物使用人員遇到危險時，所採取自力防衛行爲，倘若火勢失控或是建築物規模較大，則有仰賴專業裝備及專業人員之公部門消防單位前來應變，並提供消防搶救上之必要設備，如水源、排煙、供電、通信輔助等，以進行有效及安全之消防活動。

消防安全設備應用之各種材料與規格，係關係到建築物使用安全，有人命與財產保障之意；至其品質應符合國家相關標準，以確保其性能與使用壽命及設備可靠度。依內政部消防法令函釋及公告（以下同），至消防類產品是否與國家標準之規定一致，係由經濟部標準檢驗局依商品檢驗法據以公告，並依國家標準實施檢驗，目前經標準檢驗局公告爲應施檢驗品目；對於未公告爲應施檢驗品目，現階段由「內政部消防技術審議委員會」擇定消防安全設備、器材進行審核認可。

取得使用執照之建築物，爲分租或分售辦理分戶使用，其各分戶之消防安全設備，仍應依原核准圖說維持各項消防安全設備之功能。又工商單位會辦一般營業（如飲食店、網咖、KTV 等）現場勘查案件，倘無法檢附核准消防安全設備圖說，得依建築令核准圖面之面積或現場實際勘查認定，惟涉火警自動警報設備、室內消防栓設備、自動撒水設備……等系統式設備之設置者，仍應檢附消防設備師設計，並經審查通過之消防圖說。而違規使用場所（未申領使用執照），以其實際用途以新法規要求設置消防安全設備，並予分類列管檢查。

有關防火建材含括防火構造材料及耐燃裝修材料等，因防火建材之包裝材多屬可燃物質，因故起火時，該等物料散發之煙毒仍將危及人命，故防火建材倉庫仍應依各類場所消防安全設備設置標準檢討其消防安全設備之設置。

消防安全設備種類結構

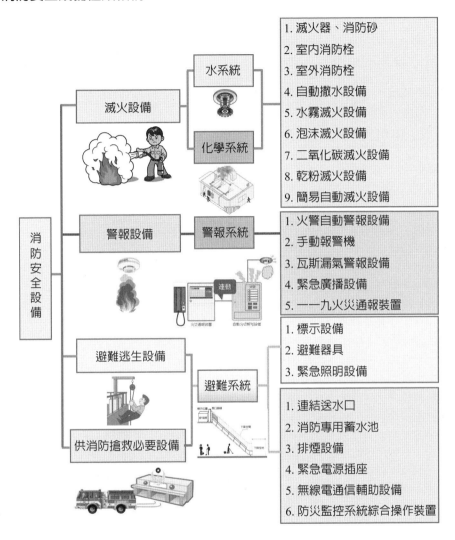

2-9 避難逃生設備種類

第 10 條
避難逃生設備種類如下：
一、標示設備：出口標示燈、避難方向指示燈、觀眾席引導燈、避難指標。
二、避難器具：指滑臺、避難梯、避難橋、救助袋、緩降機、避難繩索、滑杆及其他避難器具。
三、緊急照明設備。

【解說】

在標示設備上，可見光為紅、橙、黃、綠、藍、靛、紫之 7 種光譜是電磁波譜中人眼可以看見（感受得到）的部分，此波長範圍一般於 390～700 nm。火場逃生視覺能見度受限，在明視覺下，人眼對綠色波段較為敏感；在介視覺與暗視覺下，人眼則對藍光較為敏感。

火災煙為一種空氣捲入燃燒過程伴隨未燃燒分解、冷凝物或其他方式混入質量體數量，所產生熱揮發之混合物，對於內部人員逃生避難行為能力造成某種程度影響。

在標示引導上，可分發光性燈源如出口標示燈及避難方向指示燈及反光性非燈源如避難指標，二者在濃煙遮蔽視線環境下，能提供某種程度之能見度及辨識性，在視覺上發光或反光性，導引內部人員進行避難及消防搶救之輔助裝置。在建築物使用逃生極限上，火場安全疏散 3 個極限值，為 A. 逃生視距的極限值；B. 人能承受煙濃度極限值；C. 煙濃度人員逃生視覺光強度的最低極限值。

基於建築物之避難逃生應以建築物本身防火避難設施為主，如安全梯即是，當其主要避難動線受阻時，始考量避難器具，因此其使用是為避難輔助之定位。法規規定防火對象建築物在第 2 層至第 10 層，需設置法定避難器具（7 種以上），但實務上建設公司大多設計以緩降機作為避難器具，此種考量當然是以經濟方面，而非以使用安全性為觀點。但自從民國 85 年本設置標準施行迄今以後，已有使用緩降機不當或設計不良，造成數次人命死亡案例，可見其仍具一定安全風險。

在緊急照明設備方面，在日本避難設備上是沒有此項設備，以緊急照明設備宗旨，係停電時能提供建築物初期活動之必要照明，以利避難人員採取有效應變，但出口標示燈及避難方向指示燈已有一定燈源可引導內部人員行動指南；因此，在日本其並未計入消防安全設備之一種，亦免日後檢修申報對象。

避難逃生設備分類原理及可見光譜

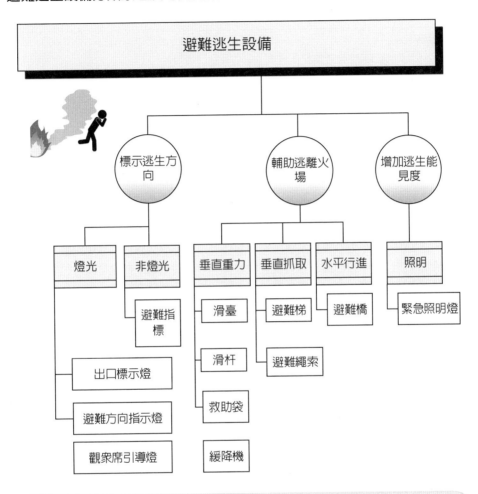

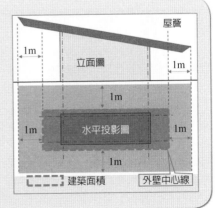

2-10 消防搶救上之必要設備種類

> **第 11 條**
> 消防搶救上之必要設備種類如下：
> 一、連結送水管。
> 二、消防專用蓄水池。
> 三、排煙設備（緊急昇降機間、特別安全梯間排煙設備、室內排煙設備）。
> 四、緊急電源插座。
> 五、無線電通信輔助設備。
> 六、防災監控系統綜合操作裝置。

【解說】

在建築物防火避難設施方面，建築物高度超過十層樓以上部分之最大一層樓地板面積，在一千五百平方公尺以下者，至少應設置一座緊急升降機，並應有緊急電源之照明設備及設置消防栓、出水口、緊急電源插座等消防設備。而建築物在二層以上，第十層以下之各樓層，應設置緊急進口。顯然此二者設施係爲消防人員救災活動作考量，然而其並未列入本條消防設備種類，避免其爲建築物公共安全檢查簽證對象，也同時爲消防安全設備檢修申報對象。

在連結送水管方面，在一定樓層以上建築物設置之，以利消防人員在較高樓層火災進行消防活動，避免逐層延伸消防水帶（每條長度二十公尺）部署，以爭取救災時效及減少水帶摩擦之水壓損失。

在消防專用蓄水池上，在一定大規模建築物，如果發生火災，在火場控制上可能需要長時間消防活動，需有大量水源作爲後勤補給，爲免水源產生供應問題，及使用者付費原則，此種防火對象物管理權人必須自備水源，以控制自身建築物火災，方免使用大眾免費水源。

在排煙設備上，可分避難用及消防人員搶救用，在樓地板面積在一百平方公尺以上之居室，其天花板下方八十公分範圍內之有效通風面積未達該居室樓地板面積百分之二者居室，即應檢討排煙設備，此條應以採取自然排煙爲主。在消防人員搶救上，除梯間排煙有利消防活動之展，另一將火場進入成長期可能閃燃或爆燃所需之燃料源，予以排出室外，自然就不會發生如此致命危險現象，使消防人員殉職於火場上。

緊急電源插座在國內實務上，消防人員救災時用到機率低，一般會使用此插座大多以破壞器材爲主，但其使用卻是以燃油爲動力。

消防搶救必要設備除了排煙設備外，大多使用於高樓層、大規模基地或地下空間。而排煙設備分避難用（188 條居室）及消防搶救用（189 條梯間排煙之搶救據點）。於民 110 年 6 月 25 日新增防災監控系統綜合操作裝置，係爲因應建築物之複雜化及大規模化，實務上針對火警受信總機、緊急廣播、通話連絡、緊急發電機、探測器、滅火設備及排煙設備等之操作或監控介面，整合於單一系統介面，稱之防災監控系統綜合操作裝置；其中號能透過圖像化顯示方式，強化消防指揮之系統監控及操作功能。

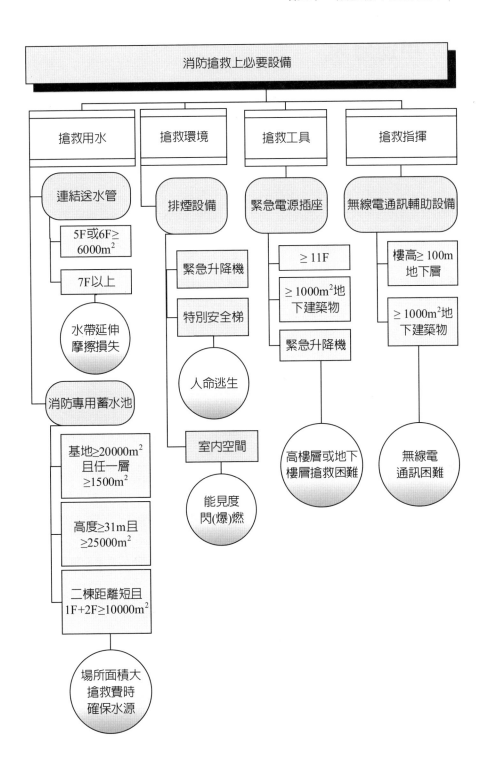

2-11 **用途分類**

> 第 12 條　各類場所按用途分類如下：
>
> 一、甲類場所：
>
> （一）電影片映演場所（戲院、電影院）、歌廳、舞廳、夜總會、俱樂部、理容院（觀光理髮、視聽理容等）、指壓按摩場所、錄影節目帶播映場所（MTV 等）、視聽歌唱場所（KTV 等）、酒家、酒吧、酒店（廊）。
>
> （二）保齡球館、撞球場、集會堂、健身休閒中心（含提供指壓、三溫暖等設施之美容瘦身場所）、室內螢幕式高爾夫練習場、遊藝場所、電子遊戲場、資訊休閒場所。
>
> （三）觀光旅館、飯店、旅館、招待所（限有寢室客房者）。
>
> （四）商場、市場、百貨商場、超級市場、零售市場、展覽場。
>
> （五）餐廳、飲食店、咖啡廳、茶藝館。
>
> （六）醫院、療養院、榮譽國民之家、長期照顧服務機構（限機構住宿式、社區式之建築物使用類組非屬 H-2 之日間照顧、團體家屋及小規模多機能）、老人福利機構（限長期照護型、養護型、失智照顧型之長期照顧機構、安養機構）、兒童及少年福利機構（限托嬰中心、早期療育機構、有收容未滿二歲兒童之安置及教養機構）、護理機構（限一般護理之家、精神護理之家、產後護理機構）、身心障礙福利機構（限供住宿養護、日間服務、臨時及短期照顧者）、身心障礙者職業訓練機構（限提供住宿或使用特殊機具者）、啓明、啓智、啓聰等特殊學校。
>
> （七）三溫暖、公共浴室。
>
> （續）

【解說】

　　本條用途分類消防設計，關係到後續消防設備篇之相關規定。讀者應熟讀本條之場所分類，以利後續條文之研讀。在甲類場所主要是以建築物使用之人命危險度為主要分類，本款為不特定多數人聚集場所及避難弱者，而形成火災時，會有大量人員疏散時間之急迫感。

　　有些場所依內政部消防法令函釋及公告（以下同），如藝文展演空間（Live House），比照第十二條第一款第一目之場所；演藝場所比照夜總會或戲院。大賣場在營業時間內出入者眾，其經營型態比照商場、超級市場，要求消防安全設備。

　　古蹟、歷史建築及聚落方面，於古蹟、歷史建築、聚落適用消防法令有困難時，基於文化資產保存目標，所有人、使用人或管理人應提出因應計畫，經主管文化機關核准，不適用消防法全部或一部之限制。經認定為古蹟、歷史建築、聚落者，不論有無提因應計畫，不宜依消防法逕以列管檢查，並要求設置消防安全設備而減損古蹟等之原貌。主管文化機關於修復再利用工程竣工查驗、日常管理維護及查核時，必要時得會同消防機關辦理。另強化古蹟及歷史建築火災預防自主管理指導綱領，其目的在保護抗災性遠較現代建築薄弱之古蹟、歷史建築，依指導綱領，宣導平時火源管理、用電管理等防火事項，規劃適當的輔導措施與救災動線。

各類場所消防安全設備設置考量因子

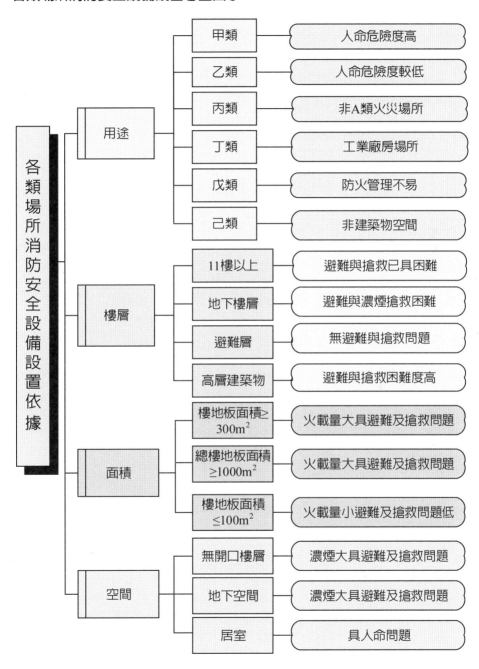

2-12 甲類場所

【解說】

表演館（場）（觀眾席面積未達二百平方公尺，不提供餐飲及飲酒服務），適用第十二條第二款第四目用途。音樂展演場（觀眾席面積未達二百平方公尺，供輕食、提供非酒精飲料服務），適用第十二條第一款第五目、第二款第四目、第八目等用途。音樂展演場（觀眾席面積未達二百平方公尺，供餐飲及含酒精飲料服務），如屬音樂展演，而非提供表演節目等娛樂服務，適用第十二條第一款第五目。藝文音樂展演活動屬短期、與其他用途併用時，消防安全管理原則以其主要用途或危險度高者為適用原則，如於集會堂表演，適用第十二條第一款第二目用途；於訓練場所進行舞蹈訓練及偶爾表演，適用第十二條第二款第三目用途。

就營業行為、有無包廂（區隔）等情形，依第十二條第一款第一目（理容院、指壓按摩場所等）、第二目（美容瘦身場所等）或第二款第六目（辦公室等）檢討之。在按摩場所用途分類方面，以包廂式或非包廂式作為區分標準，該場所如屬包廂式，歸為第十二條第一款第一目之場所，如屬非包廂式，歸為同條第二款第六目之場所。又餐館、小吃店等行業附設視聽歌唱設備供消費者免費使用，應視業者以何者為經常性、營利性且屬商業性質之營業行為為斷。

護理機構包括居家護理機構、護理之家機構及產後護理機構等，其中居家護理機構未設任何病房設施，屬家庭式照護，危險性低，不列入本條規範。在民宿方面，指利用自用住宅空閒房間，以家庭副業方式經營，提供旅客鄉野生活之住宿處所。另「民宿消防安全設備之設置應依民宿管理辦法第八條規定辦理，惟民宿經營之規模（面積、客房數）如逾越該辦法第六條之規定，而具旅（賓）館之使用性質時，則應依第十二條第一款第三目有關旅（賓）館之規定設置消防安全設備，並應依消防法相關規定辦理檢修申報、防火管理及防焰等事項」。故民宿實際經營之規模，逾申請核准登記面積、客房數、用途，如具旅（賓）館之使用性質時，則應依第十二條第一款第三目有關旅（賓）館之規定設置消防安全設備。

在面積三百平方公尺以下餐廳，雖非「供公眾使用建築物之範圍」，但仍屬「各類場所消防安全設備設置標準」第十二條第一款第五目規定之場所，應依消防法第六條規定列管檢查該場所消防安全設備，且其消防安全設備經檢查如不符規定者，並應依同法第三十七條規定予以處罰。

第十二條第一款第四目之市場、商場分類列管，而消防法施行細則第十三條第四款未針對商場、零售市場之場所加以界定一節，查上開設置標準第十二條就建築物使用、收容人員、空間特性等因素，分類檢討設置消防安全設備；而消防法施行細則就一定規模之建築物、收容不特定人數多、營業時間長或複雜等特性，要求施行防火管理，強化火災初期應變之能力，二者之目的、範圍及效益不同。

此外，公路係指供車輛通行之道路及其用地範圍內之各項設施；因此公路隧道消防設備之設置係由交通部主政。

各類場所分類結構

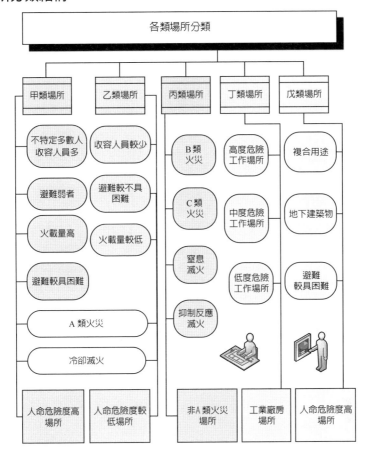

營業使用場所認定

供營業使用場所，其立法意旨係指各類場所消防安全設備設置標準第十二條所列用途場所中，其有營業行為，提供不特定第三人服務，為供公眾出入之處所，因潛伏火災危險性較高，可能造成人員傷亡較嚴重，基於公共安全之考量，去於其管理權人應作為而不作為時，特別課予加重刑責規定，基此，公立醫院或市立醫院等醫院機構皆屬上開條文規範範圍（內政部函釋）。

2-13 乙類場所

【解說】

　　各類場所應以實際使用用途及性質，依各類場所消防安全設備設置標準第十二條檢討場所用途分類。按租賃之套房得比照第十二條第二款第七目集合住宅、寄宿舍檢討其消防安全設備之設置。在臺鐵駕駛模擬室之機械設備如為提供員工模擬駕駛列車之教育訓練使用，而非屬電信設備之機器，得以實際使用用途適用上開設置標準第十二條第二款第三目之場所。有關婚紗攝影及美容瘦身場所，應比照「辦公室」用途，檢討設置消防安全設備。按「煤礦儲存倉庫」係屬第十二條第二款第十一目之倉庫用途場所。而補習班於實施都市計畫地區總樓地板面積在二百平方公尺以上；於非實施都市計畫地區總樓地板面積在五百平方公尺以上者；及供學童使用之補習班，均屬供公眾使用建築物。非供學童使用且未達上開規模之補習班，則非屬供公眾使用建築物。至所稱「學童」之範圍，應包括學齡前兒童及國小學童。而郵件工作室與婚紗攝影場所皆比照辦公室之用分類。

　　有關運動訓練班場所具備下列條件者，歸屬建築物使用類組 D-5 組：一、訓練場所使用面積在三百平方公尺以下。二、未附設鍋爐、水療、三溫暖、蒸氣浴、烤箱設備。三、未附設按摩服務及設備。四、未有明火設備及餐飲供應。業已將部分規模小、風險較低及使用單純運動訓練業之建築管理，移列於低密度管制，為求公共安全管理一致性，因此運動訓練班適用「訓練班」用途檢討消防安全管理事項，至未符上開條件者，適用同標準第十二條第一款第二目「健身休閒中心」。

各類場所用途分類檢討消防安全設備設置

凡設置病房≥10張病床收治病人，醫師≥2人者為醫院，僅應門診者為診所。
醫院類（實施都市計畫地區第12項）得不包括診所。

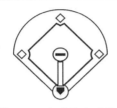

在棒球場方面，以鋼構、具一小時防火時效屋頂、四周開放無牆及無觀眾臺與看臺方式建構，且僅供運動打球使用者，考量上開建築為開放空間，火載量低、起火與火災擴大危險性低，及容易避難逃生之特性，且非屬各類場所消防安全設備設置標準第十二條第二款第八目之場所，得免設消防安全設備。

租賃之套房得比照各類場所消防安全設備設置標準第十二條第二款第七目集合住宅、寄宿舍檢討其消防安全設備之設置。

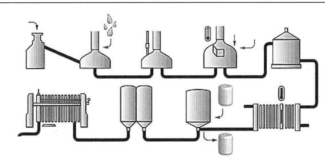

酒廠生產之米酒頭、黃酒、花雕酒、米酒，其閃火點均超過三十度，唯依各類場所消防安全設備設置標準第四條第一項第三款規定，上揭物質閃火點未超過攝氏六十度時，仍屬高度危險工作場所。至原料米、麥雖已去殼，仍屬各類場所消防安全設備設置標準第四款第一項第三款所稱之一般可燃性固體物質。

2-14 丙丁類場所

第 12 條（續）
三、丙類場所：
　　（一）電信機器室。
　　（二）汽車修護廠、飛機修理廠、飛機庫。
　　（三）室內停車場、建築物依法附設之室內停車空間。
四、丁類場所：
　　（一）高度危險工作場所。
　　（二）中度危險工作場所。
　　（三）低度危險工作場所。
　　（續）

【解說】

　　總樓地板面積包括建築物各層樓地板面積的總和，並包括地下室各層樓地板面積，以及屋頂突出物及夾層、閣樓等樓地板面積之總和，但不計入法定騎樓、依法設置的陽台、花台、雨遮或遮陽板等之面積。

　　有關應設置消防安全設備之場所，乃係指定著於土地上或地面下具有頂蓋、樑柱或牆壁，供個人或公眾使用之建築物或構造物而言。對於場所用途分類之認定係依申請人所附申請資料中之建築物使用用途或登記行業類別為準，經對照第十二條之用途歸類後，據以檢討其消防安全設備之設置。

　　高鐵列車「檢驗修理場」得比照第十二條第三款第二目之場所分類檢討其消防安全設備之設置，惟該場所停放之車輛係以電力而非易燃性液體作為動力來源，如參酌美國 NFPA 相關規定規劃設計自動撒水設備作為防護。

　　提供通信使用之「電信機房」，雖有交換機房、集線機房及集線室等之區分，惟仍屬第十二條第三款第一目規定之用途場所。「電信機器室應檢討其消防安全設備，並應視同電信機械室檢討自動滅火設備之設置」之規定辦理。有關液化石油氣汽車改裝廠之消防安全設備，依照汽車修護廠規定辦理。

　　對於工廠用途場所業依作業環境危險程度，予歸類區分為高、中、低度危險工作場所，並參酌其規模、面積大小予規範消防安全設備之設置。高度危險工作場所之倉庫，其儲存一般可燃性固體物質應採實質認定，不宜以包裝材料為認定對象。

　　釣蝦場營業範圍內無電子遊戲設備或視聽歌唱設備，僅單純經營釣蝦之釣蝦場，尚非「各類場所消防安全設備設置標準」第十二條規範之範疇，惟如為有電子遊戲、資訊休閒、視聽歌唱…等複合用途，應依使用強度及危險性高之用途檢討消防安全設備。至釣蝦場之水池是否計入樓地板面積部分，惟釣蝦場之型態有密閉之鐵皮屋、水池上方開放或牆面開放等諸多型式，依個案衡酌室內、室外等因素認定。

中度危險工作場所

冰水機房如以主用途場所申請建築執照，依中度危險工作場所檢討其消防安全設備之設置。

有關供「開放式漁市場」、「漁、肉、蔬果臨時攤販集中使用之黃昏市場」等類似場所，三面無外牆開放式一層樓，考量建築物為一層樓，僅部分時段使用、無間隔，具二方向避難路徑、煙熱易於散失，危險度較低，比照中度危險工作場所。

酒類產品未達公共危險物品及可燃性高壓氣體設置標準暨安全管理辦法之製酒場所，比照中度危險工作場所，在農牧用地以農業設施自產農產品加工室名義申設之農村酒莊，屬製酒場所，依中度危險工作場所檢討。

低度危險工作場所

供漁、肉、蔬果臨時攤販集中場使用黃昏市場，考量其內部可燃性物質存量少，且為四周均無外牆之開放式一層樓建築物，原則得適用低度危險工作場所。

動植物檢疫中心之動物舍，平時為供牛、羊、豬等動物棲息，除餵食、清潔及防疫時間外，皆無人駐守，比照低度危險工作場所用途檢討消防安全設備，其中室內消防栓以室外消防栓替代。火警自動警報設備及緊急廣播設備如為四面無牆外器流通時得免議。

六層以上集合住宅係屬集合住宅用途，應依設置標準就建築物整體檢討各項消防安全設備，並無排除專用部分之適用，故基於建築物整體建築、消防安全管理考量，不宜僅就集合住宅之專有部分排除於供公眾使用建築物之範圍。

此外，地下層是否認定為無開口樓層；於法規上，無開口樓層係針對地面層以上之樓層作檢討並不包含地下層，因此，於無開口樓層與地下層需要檢討設置設備時，法規是分開寫的，目的是不同樓層之地下層或無開口樓層，不必合計其樓地板面積來作檢討的。

2-15 戊類場所

第 12 條（續）
五、戊類場所：
　　（一）複合用途建築物中，有供第一款用途者。
　　（二）前目以外供第二款至前款用途之複合用途建築物。
　　（三）地下建築物。
六、其他經中央主管機關公告之場所。

【解說】

　　己類場所已刪除原先之林場及大眾運輸工具，其中因林場內之建築物則依其用途分類要求設置消防安全設備並列管檢查，已無就此類用途另行規範之必要。另一方面，交通運輸工具之車用滅火器設置係屬交通部權責，及 99 年 12 月 3 日修正發布之消防法施行細則，業刪除第四條及第五條有關大眾運輸工具消防安全設備檢查之規定，為避免民眾混淆並明確權管責任，爰刪除第六款己類場所。

　　釣蝦場營業範圍內無電子遊戲設備或視聽歌唱設備，僅單純經營釣蝦之釣蝦場，尚非第十二條規範之範疇，惟如為有電子遊戲、資訊休閒、視聽歌唱等複合用途，應依使用強度及危險性高之用途檢討消防安全設備。至釣蝦場之水池是否計入樓地板面積部分，查建築物樓地板面積之計算，應依建築技術規則建築設計施工編第一條第五款規定檢討。而公園申請供觀景台或涼亭使用、鋼構、挑高、開放空間、四周無可燃物之地上建築物，非第十二條規範之場所，得予免檢討消防安全設備之設置。而地下道機房非屬第十二條，得免辦理消防安全設備圖說審查及竣工查驗事宜。

　　適用建築法第九十八條規定視為特種建築物，其地下發電廠房及廠房通道兩側空間係屬無人電廠、非地下建築物、無供個人或公眾使用，非屬各類場所消防安全設備設置標準第十二條規範之場所。惟如涉公共危險物品及可燃性高壓氣體，則仍應依公共危險物品及可燃性高壓氣體設置標準暨安全管理辦法相關規定辦理。

　　按地下建築物係指主要構造物定著於地面下之建築物，包括地下使用單元、地下通道、地下通道之直通樓梯、專用直通樓梯、地下公共設施等，及附設於地面上出入口、通風採光口、機電房等類似必要之構造物。另公路係指供車輛通行之道路及其用地範圍內之各項設施；是公路隧道非屬地下建築物，自不適用設置標準之規範，亦非消防署權管範圍。有關公路設計、施工、養護及交通工程之各項技術規範，故公路隧道消防設備之設置係由交通部主政。

　　複合用途建築物中，甲類場所樓地板面積合計小於該建築物總樓地板面積 10% 或是甲類場所樓地板面積合計未滿三百平方公尺者，則視為設置標準第十二條第五款第二目之複合用途建築物。

各類場所用途分類檢討消防安全設備設置

軍事用途建築物如屬「供公眾使用建築物」，雖經地方政府同意免辦建築執照，仍應檢具消防安全圖說向當地消防機關申請辦理審（勘），並由消防機關分類列管檢查。

經國防部核定具機密性者，基於國防機密安全及消防安全之衡平考量，採自行列管方式，並依消防法規定辦理消防安全設備審（檢）查、檢修申報、防火管理等，俾強化場所消防安全。

集合住宅係具有共同基地及共同空間或設備，並≥3個住宅單位，如同一建照內之透天住宅，並未開挖地下層如認定非屬集合住宅，即無第12條第2款第6目適用。

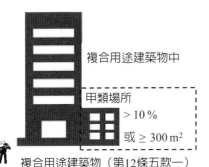

地下一層整體開挖之透天住宅，經建築機關認定屬集合住宅，惟地上層各棟均屬獨立門戶，使用性質單純，且依規定區劃分隔者，其與地下層間以建築設計施工編第七十六條防火門窗區隔者，得僅就地下一層停車空間檢討消防設備。

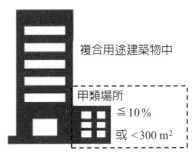

複合用途建築物中

甲類場所
> 10 %
或 ≥ 300 m²

複合用途建築物（第12條五款一）

複合用途建築物中

甲類場所
≦ 10 %
或 < 300 m²

複合用途建築物（第12條五款二）

2-16 增改建或變更用途（一）

第 13 條
各類場所於增建、改建或變更用途時，其消防安全設備之設置，適用增建、改建或用途變更前之標準。但有下列情形之一者，適用增建、改建或變更用途後之標準：
一、其消防安全設備爲滅火器、火警自動警報設備、手動報警設備、緊急廣播設備、標示設備、避難輔助器具及緊急照明設備者。
二、增建或改建部分，以本標準中華民國八十五年七月一日修正條文施行日起，樓地板面積合計逾一千平方公尺或占原建築物總樓地板面積二分之一以上時，該建築物之消防安全設備。
三、用途變更爲甲類場所使用時，該變更後用途之消防安全設備。
四、用途變更前，未符合變更前規定之消防安全設備。

【解說】

用途變更爲補習班之新設立補習班，則依第十三條第一款規定，其消防安全設備爲滅火器、火警自動警報設備、手動報警設備、緊急廣播設備、標示設備、避難器具及緊急照明設備者，該等設備之設置，適用變更用途後之標準。

依內政部消防法令函釋及公告（以下同），幼兒園申請兼辦國民小學兒童課後照顧服務時，如未涉及建築物使用執照之變更時，考量幼兒園兼辦國民小學兒童課後照顧服務，係以幼兒園爲主要用途，其使用強度及消防安全設備之檢討以幼兒園較爲嚴格，在一定招收（國民小學兒童）人數及建築一定規模條件（幼兒園原核定空間範圍二分之一），免辦理變更使用執照下，得免辦理消防安全設備之檢討。惟如有使用用途變更時，仍依第十三條規定辦理。

領有使用執照之建築物用途變更，應依建築法第七十三條執行要點檢討，並申請變更使用執照；建築物增建、改建之部分應依建築技術規則檢討，並申請建造執照。按各場所消防安全設備設置標準第十三條係規定消防設備之檢討，而防火門係屬建築技術規則規定之防火設備，非屬消防設備。

用途變更爲甲類場所使用時，該變更後用途之消防安全設備，適用變更後之標準規定，係指原爲非甲類用途場所變更爲甲類用途場所或原爲甲類場所變更爲他種甲類用途場所時均應適用之。

又領有使用執照之地下 3 層地上 15 層建築物因屋突層違規擴建達一定規模，執行消防安全檢查疑義，發現屋突 1、2 層原用途分別爲樓梯間與水塔、機械室與廣告塔，現分別爲健身運動空間、桌球室使用，且樓地板面積擴大與使用執照不合，依各級消防主管機關辦理消防安全檢查違法案件處理注意事項二、（二）相關規定處理。又高層建築物專章定於建築技術規則建築設計施工編中，爲建築主管機關權管，防災中心之位置、面積、防火區劃、防災設備等，有涉建築結構相關規定，仍宜由建築主管機關認定爲宜。

不同行為消防法規適用

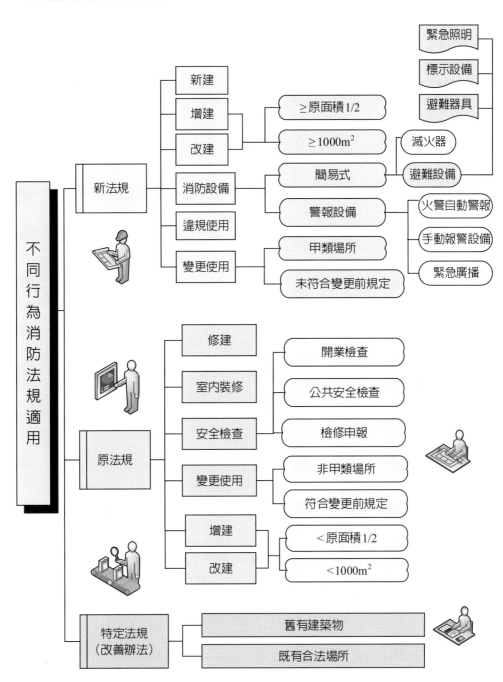

2-17 增改建或變更用途（二）

【解說】

消防安全設備審查，其法規適用之原則，係以申請建造執照掛號之日期爲準，其消防安全設備之設置，得依申請建造執照當時之法規設計。

於建築法第七十三條執行要點規定，辦理建築物變更使用執照有關項目免檢討，消防安全設備之檢討仍應依消防法規處理。如建築物三、四層原供醫院用途使用，辦理變更用途爲護理之家，依建築法第七十三條執行要點規定辦理變更使用時，雖屬同類組使用項目變更，有關項目免檢討，惟仍應依規定重新檢討消防安全設備設置。

在古蹟方面，按「古蹟依其主管機關，區分爲國定、直轄市定、縣（市）定三類，分別由內政部、直轄市政府及縣（市）政府審查指定及公告之，並報內政部備查。」、「古蹟應保存原有形貌及文化風貌，不得變更，如因故損毀應依照原有形貌及文化風貌修復，並得依其性質，報經古蹟主管機關許可後，採取不同之保存、維護或再利用方式。」供玻璃工藝博物館使用之市定古蹟，如涉及消防設備之改善，且基於文化資產保護考量難依現行法規改善時，仍應依規定報經古蹟當地主管機關審查許可後始得辦理。

假使原使用執照用途爲一般零售業（甲類第四目）變更爲酒吧（甲類第1目）時，業構成上開規定「變更用途之條件」，爰應依消防法第六條第二項：「消防機關得依前項所定各類場所之危險程度，分類列管檢查及複查。」、各級消防主管機關辦理消防安全檢查違法案件處理注意事項規定，以其實際用途分類列管檢查，並依現行規定要求設置消防安全設備。

原建築物總樓地板面積的計算，增建後各棟未能視爲另一場所，該總面積應爲各棟樓地板面積之合計；增建棟場所用途歸類認定，得單就該棟之場所檢討；其消防安全設備之設置，以增建棟整體建築物依第十三條規定，就應適用增建前之標準或增建後之標準檢討，於增建部分設置該消防安全設備。

按實施都市計畫地區總樓地板面積在二百平方公尺以上之補習班，或非實施都市計畫地區總樓地板面積在五百平方公尺以上之補習班均屬供公眾使用建築物範圍。又建築物使用應按其使用強度及危險指標分類分組，在變更使用檢討項目及標準，與該變更使用範圍是否爲供公眾使用建築物無涉。至其變更使用涉及消防設備之檢討，仍應依規定檢討消防安全設備之設置。

防火門係屬建築技術規則規定之防火設備，非屬消防設備。依第十三條辦理用途變更或增建、改建，其原設置甲、乙種防火門是否得繼續沿用之認定，涉屬建築主管機關權責。此外，工程隧道之緊急逃生豎井結構及相關設置規定，係屬建築相關法規範疇，未涉各類場所消防安全設備設置標準相關規定之適用。

各類場所用途分類檢討消防安全設備設置

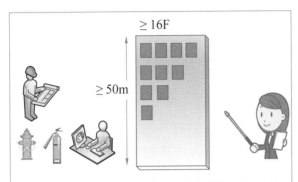

消防法第 1 條後段明定，本法未規定者，適用其他法律規定。如屬高層建築物應依建築設計施工編高層建築物第 243 條，就燃氣設備設置處所，要求設置瓦斯漏氣火警自動警報設備。假使高層建築物部分樓層變更使用，依第 13 條檢討。至連結送水管之設置，業有完整規範，應依設置標準規定辦理。

申請使用執照

　　已設置之公共危險物品或可燃性高壓氣體儲槽，申請使用執照時，如能檢具儲槽設置時之相關證明文件，則其消防安全設備得依設置時之相關法規辦理。此外，一般建築物於新建、增建、改建或修建時，必須依照建築法規取得建築執照及使用執照，但古蹟建築常因必須維持原貌等種種原因，是無法按照現行建築及消防法規來辦理。如文化資產保存法 22 條明定：「為利古蹟、歷史建築及聚落之修復及再利用，有關其建築管理、土地使用及消防安全等事項，不受都市計畫法、建築法、消防法及其相關法令全部或一部之限制。」

面積三百平方公尺以下餐廳，雖非「供公眾使用建築物之範圍」，不須設防火管理人，但仍屬「各類場所消防安全設備設置標準」第十二條第一款第五目規定之場所，檢討消防安全設備之設置。

2-18 應設置標示設備

第 23 條
下列場所應設置標示設備：
一、供第十二條第一款、第二款第十二目、第五款第一目、第三目使用之場所，或
　　地下層、無開口樓層、十一層以上之樓層供同條其他各款目所列場所使用，應
　　設置出口標示燈。
二、供第十二條第一款、第二款第十二目、第五款第一目、第三目使用之場所，或
　　地下層、無開口樓層、十一層以上之樓層供同條其他各款目所列場所使用，應
　　設置避難方向指示燈。
三、戲院、電影院、歌廳、集會堂及類似場所，應設置觀眾席引導燈。
四、各類場所均應設置避難指標。但設有避難方向指示燈或出口標示燈時，在其有
　　效範圍內，得免設置避難指標。

【解說】

　　建築物使用一旦發生火災，在消防安全設備上有滅火設備（自動或人員手動滅
火）、有警報設備及避難逃生設備，一旦滅火失敗，建築物必須提供內部使用人員有
安全逃至相對安全區（屋頂避難平台或另一防火區劃）或絕對安全區（避難層之戶外
處）之防火避難設施或消防安全設備。

　　於防火避難設施上，建置有直通樓梯或安全梯，能直接通達避難層。當然，建築物
發生火災，內部人員主要逃生路徑仍以建築物本身設施為主，如果生路徑受困，始退
而求其次，考慮消防之避難器具之使用。而標示設備正是引導內部使用人之正確避難
方向。

　　標示設備，可分發光性燈源如出口標示燈及避難方向指示燈，及反光性非燈源如避
難指標等二種，有燈源之標示當然在火場濃煙中有較遠人類可視距離，惟其需仰賴電
源，因此在每年至少一次檢修申報中，皆必須維護或維修換新，較具有一定成本；而
避難指標無需電源，因此設備使用可靠度高，且具低成本高效益，於各類場所均應設
置避難指標；惟其易受火場濃煙遮蔽，致人類可視距離短之憾，當然目前也正在研發
改善其較佳可視性，如螢光性或夜光性。

　　應設置標示設備之場所，其居室適用同標準第一百四十六條免設規定者，非居室
部分（由居室通往避難層之走廊及樓梯間除外）亦得免設該設備。但設有避難方向指
示燈或出口標示燈時，在其有效範圍內，得免設置避難指標，這是同等性能以上之替
代。

應設置標示設備場所

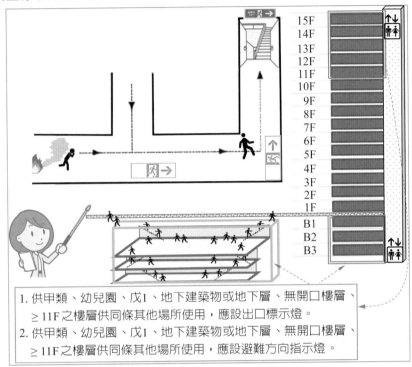

1. 供甲類、幼兒園、戊1、地下建築物或地下層、無開口樓層、≥11F之樓層供同條其他場所使用，應設出口標示燈。
2. 供甲類、幼兒園、戊1、地下建築物或地下層、無開口樓層、≥11F之樓層供同條其他場所使用，應設避難方向指示燈。

應設置標示設備設備場所

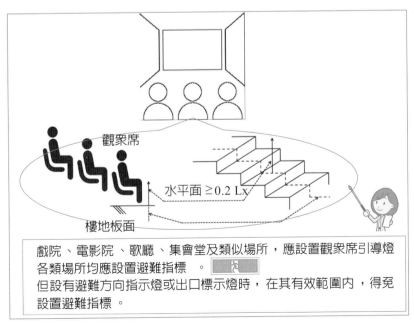

戲院、電影院、歌廳、集會堂及類似場所，應設置觀眾席引導燈
各類場所均應設置避難指標 。
但設有避難方向指示燈或出口標示燈時，在其有效範圍內，得免
設置避難指標 。

類別	目別	應設置標示設備設備場所	出口標示燈 (A)	避難方向指示燈 (B)	A+B	觀眾席引導燈
甲	1	電影片映演場所（**戲院、電影院**）、歌廳、舞廳、夜總會、俱樂部、理容院（觀光理髮、視聽理容等）、指壓按摩場所、錄影節目帶播映場所（MTV 等）、視聽歌唱場所（KTV 等）、酒家、酒吧、酒店（廊）	應設	應設	左列場所之地下層、無開口樓層、十一層以上之樓層應設	左列場所劃有底線者
	2	保齡球館、撞球場、**集會堂**、健身休閒中心（含提供指壓、三溫暖等設施之美容瘦身場所）、室內螢幕式高爾夫練習場、遊藝場所、電子遊戲場、資訊休閒場所				
	3	觀光旅館、飯店、旅館、招待所（限有寢室客房者）				
	4	商場、市場、百貨商場、超級市場、零售市場、展覽場				
	5	餐廳、飲食店、咖啡廳、茶藝館				
	6	醫院、療養院、榮譽國民之家、長期照顧服務機構（限機構住宿式、社區式之建築物使用類組非屬 H-2 之日間照顧、團體家屋及小規模多機能）、老人福利機構（限長期照護型、養護型、失智照顧型之長期照顧機構、安養機構）、兒童及少年福利機構（限托嬰中心、早期療育機構、有收容未滿二歲兒童之安置及教養機構）、護理機構（限一般護理之家、精神護理之家、產後護理機構）、身心障礙福利機構（限供住宿養護、日間服務、臨時及短期照顧者）、身心障礙者職業訓練機構（限提供住宿或使用特殊機具者）、啓明、啓智、啓聰等特殊學校				
	7	三溫暖、公共浴室				
乙	1	車站、飛機場大廈、候船室	—	—		
	2	期貨經紀業、證券交易所、金融機構				
	3	學校教室、兒童課後照顧服務中心、補習班、訓練班、K書中心、前款第六目以外兒童及少年福利機構（限安置及教養機構）及身心障礙者職業訓練機構				
	4	圖書館、博物館、美術館、陳列館、史蹟資料館、紀念館及其他類似場所				
	5	寺廟、宗祠、教堂、供存放骨灰（骸）之納骨堂（塔）及其他類似場所				
	6	辦公室、靶場、診所、長期照顧服務機構（限社區式建築物使用類組屬 H-2 之日間照顧、團體家屋及小規模多機能）、日間型精神復健機構、兒童及少年心理輔導或家庭諮詢機構、身心障礙者就業服務機構、老人文康機構、前款第六目以外之老人福利機構及身心障礙福利機構				
	7	集合住宅、寄宿舍、住宿型精神復健機構				

類別	目別	應設置標示設備設備場所	出口標示燈(A)	避難方向指示燈(B)	A+B	觀眾席引導燈
乙	8	體育館、活動中心			左列場所之地下層、無開口樓層、十一層以上之樓層應設	
	9	室內溜冰場、室內游泳池				
	10	電影攝影場、電視播送場				
	11	倉庫、傢俱展示販售場				
	12	幼兒園	應設	應設		
丙	1	電信機器室				
	2	汽車修護廠、飛機修理廠、飛機庫				
	3	室內停車場、建築物依法附設之室內停車空間	—	—		—
丁	1	高度危險工作場所				
	2	中度危險工作場所				
	3	低度危險工作場所				
戊	1	複合用途建築物中,有供甲類用途者	應設	應設		
	2	前目以外供乙至丁類用途之複合用途建築物	—	—		
	3	地下建築物	應設	應設		
其他		經中央主管機關公告之場所				

各類場所均應設置避難指標。但設有避難方向指示燈或出口標示燈時,在其有效範圍內,得免設置避難指標。

標示設備:自居室任一點易於觀察識別該居室出入口

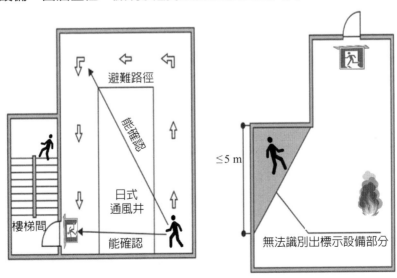

（埼玉市消防局,埼玉市消防用設備等審查基準,2016年）

2-19 應設置緊急照明設備

第 24 條

下列場所應設置緊急照明設備：
一、供第十二條第一款、第三款及第五款所列場所使用之居室。
二、供第十二條第二款第一目、第二目、第三目（學校教室除外）、第四目至第六目、第七目所定住宿型精神復健機構、第八目、第九目及第十二目所列場所使用之居室。
三、總樓地板面積在一千平方公尺以上建築物之居室（學校教室除外）。
四、有效採光面積未達該居室樓地板面積百分之五者。
五、供前四款使用之場所，自居室通達避難層所須經過之走廊、樓梯間、通道及其他平時依賴人工照明部分。
經中央主管機關認可爲容易避難逃生或具有效採光之場所，得免設緊急照明設備。

【解說】

緊急照明設備在日本消防用設備，並無此項設備。因緊急照明一般係供停電使用，而發生火災如火勢燒至電氣用品，造成停電，已有標示設備之出口標示燈及避難方向指示燈，因此，依日本邏輯是不需將緊急照明設備列入消防用設備，是有其道理。

十一層以上場所消防設備檢討是以整棟建築物，於設置緊急照明設備時，每一樓層之居室及自居室通達避難層所必須經過之走廊、樓梯間、通道及其他平時依賴人工照明之部分，均應設置緊急照明。

學校教室定有除外規定，其立法理由係學校教室危險度低，除上課時間外未收容人員。基於同一理由，該場所無需依同條項第四款檢討該設備之設置。又內政部消防法令函釋及公告規定指出，鑑於目前學校教室建築及使用型態之多樣化，爲保障校園消防安全，上開條文所稱學校教室，以具室外走廊者爲限；意謂學校教室內仍需有緊急照明燈之配置。事實上，教室內設置緊急照明燈其意義不大，因學校教室多爲日間使用，除非高中職以上學校設有夜間部。如果縱使停電，因教室寬敞且有二方向避難出口，也多爲特定人使用，熟悉空間環境，也不致引起恐慌。

緊急照明燈供人員使用，必須設在有人常駐場所，始有意義，因此，以居室爲主，而居室定義爲供居住、工作、集會、娛樂、烹飪等使用之房間。而門廳、走廊、樓梯間、衣帽間、廁所盥洗室、浴室、儲藏室、機械室、車庫等不視爲居室。但旅館、住宅、集合住宅、寄宿舍等建築物其衣帽間與儲藏室面積之合計，以不超過該層樓地板面積八分之一爲原則。此外，其他平時依賴人工照明之避難路徑，應設置緊急照明。

應設置緊急照明設備場所

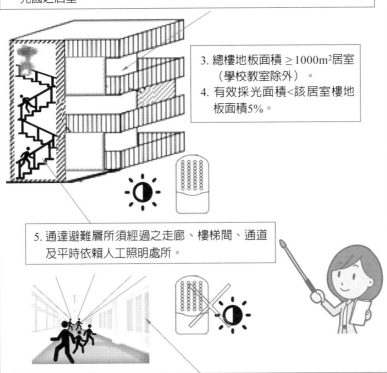

1. 供甲類、丙類及戊類之居室。
2. 供乙1～3（教室除外）、乙4～6、住宿型精神復健機構、乙8～9及幼兒園之居室。

3. 總樓地板面積 ≥ 1000m² 居室（學校教室除外）。
4. 有效採光面積<該居室樓地板面積5%。

5. 通達避難層所須經過之走廊、樓梯間、通道及平時依賴人工照明處所。

經中央主管機關認可為容易避難逃生或具有效採光之場所，得免設緊急照明設備。

➕ 知識補充站

發火點

著火點

閃火點

可燃液體危險屬性

應設置緊急照明設備場所

類別	目別	應設置緊急照明設備場所		居室		
甲	1	電影片映演場所（戲院、電影院）、歌廳、舞廳、夜總會、俱樂部、理容院（觀光理髮、視聽理容等）、指壓按摩場所、錄影節目帶播映場所（MTV等）、視聽歌唱場所（KTV等）、酒家、酒吧、酒店（廊）	應設	總樓地板面積在1000m²者應設	有效採光面積未達該居室樓地板面積5%者應設	自居室通達避難層所需經過走廊、樓梯間、通道及其他平時依賴人工照明部分者應設
	2	保齡球館、撞球場、集會堂、健身休閒中心（含提供指壓、三溫暖等設施之美容瘦身場所）、室內螢幕式高爾夫練習場、遊藝場所、電子遊戲場、資訊休閒場所				
	3	觀光旅館、飯店、旅館、招待所（限有寢室客房者）				
	4	商場、市場、百貨商場、超級市場、零售市場、展覽場				
	5	餐廳、飲食店、咖啡廳、茶藝館				
	6	醫院、療養院、榮譽國民之家、長期照顧服務機構（限機構住宿式、社區式之建築物使用類組非屬H-2之日間照顧、團體家屋及小規模多機能）、老人福利機構（限長期照護型、養護型、失智照顧型長期照顧機構、安養機構）、兒童及少年福利機構（限托嬰中心、早期療育機構、有收容未滿二歲兒童之安置及教養機構）、護理機構（限一般護理之家、精神護理之家、產後護理機構）、身心障礙福利機構（限供住宿養護、日間服務、臨時及短期照顧者）、身心障礙者職業訓練機構（限提供住宿或使用特殊機具者）、啟明、啟智、啟聰等特殊學校				
	7	三溫暖、公共浴室				
乙	1	車站、飛機場大廈、候船室	應設，學校教室除外			
	2	期貨經紀業、證券交易所、金融機構				
	3	學校教室、兒童課後照顧服務中心、補習班、訓練班、K書中心、前款第六目以外兒童及少年福利機構（限安置及教養機構）及身心障礙者職業訓練機構				
	4	圖書館、博物館、美術館、陳列館、史蹟資料館、紀念館及其他類似場所				
	5	寺廟、宗祠、教堂、供存放骨灰（骸）之納骨堂（塔）及其他類似場所				
	6	辦公室、靶場、診所、長期照顧服務機構（限社區式建築物使用類組屬H-2之日間照顧、團體家屋及小規模多機能）、日間型精神復健機構、兒童及少年心理輔導或家庭諮詢機構、身心障礙者就業服務機構、老人文康機構、前款第六目以外之老人福利機構及身心障礙福利機構				

類別	目別	應設置緊急照明設備場所	居室			
			總樓地板面積在1000 m²者應設	有效採光面積未達該居室樓地板面積5%者應設	自居室通達避難層所需經過走廊、樓梯間、通道及其他	平時依賴人工照明部分者應設
	7	集合住宅、寄宿舍、住宿型精神復健機構	左述劃底線應設			
	8	體育館、活動中心	應設			
	9	室內溜冰場、室內游泳池				
	10	電影攝影場、電視播送場				
	11	倉庫、傢俱展示販售場				
	12	幼兒園				
丙	1	電信機器室	應設			
	2	汽車修護廠、飛機修理廠、飛機庫				
	3	室內停車場、建築物依法附設之室內停車空間				
丁	1	高度危險工作場所	-			
	2	中度危險工作場所				
	3	低度危險工作場所				
戊	1	複合用途建築物中，有供甲類用途者	應設			
	2	前目以外供乙至丁類用途之複合用途建築物				
	3	地下建築物				
其他		經中央主管機關公告之場所				

標示設備 / 緊急照明燈電池壽命（日本）

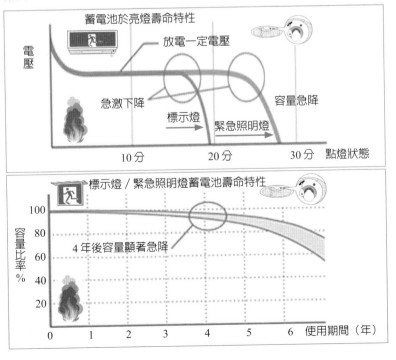

蓄電池於亮燈壽命特性

電壓

放電一定電壓

急激下降　　　　容量急降

標示燈　　緊急照明燈

10分　　　20分　　　30分　點燈狀態

標示燈 / 緊急照明燈蓄電池壽命特性

容量比率 %

100 80 60 40 20

4年後容量顯著急降

0　1　2　3　4　5　6　使用期間（年）

2-20 應設避難器具及連結送水管場所

> **第 25 條**
> 建築物除十一層以上樓層及避難層外，各樓層應選設滑臺、避難梯、避難橋、救助袋、緩降機、避難繩索、滑杆或經中央主管機關認可具同等性能之避難器具。但建築物在構造及設施上，並無避難逃生障礙，經中央主管機關認可者，不在此限。

【解說】

　　避難器具係作為輔助用，火場逃生仍以建築物本身直通樓梯為主，因避難輔助器具皆以建築物外部大多採取重力方式為之，因此十一層以上有高樓風效應及人員懼高等影響，使用有其一定風險。

　　避難器具以「各樓層」為設置單位，如以整個樓層為單位檢討設置尚無不可。經中央主管機關認可具同等性能之避難器具，目前有高運量自走避難梯，其規定依內政部消防法令函釋及公告：

（一）新建建築物設置之高運量自走式避難梯，其水平投影面積應計入計算建蔽率之建築面積，其樓地板面積得不計入計算容積率之總樓地板面積。

（二）舊有建築物增設高運量自走式避難梯應依法申請雜項執照，其水平投影面積與依舊有建築物防火避難設施及消防設備改善辦法增設之直通樓梯面積，合計未超過原有建築面積十分之一部分，得不計入計算建蔽率之建築面積；其樓地板面積得不計入計算容積率之總樓地板面積。

> **第 26 條**
> 下列場所應設置連結送水管：
> 一、五層或六層建築物總樓地板面積在六千平方公尺以上者及七層以上建築物。
> 二、總樓地板面積在一千平方公尺以上之地下建築物。

【解說】

　　本條規定與日本規定幾乎相同；連結送水管在一定樓層消防搶救上有其必要性，以提供本身消防車可控制之穩定水壓，減少水帶延伸之時效性及水壓摩擦損失。亦即連結送水管是供消防搶救人員使用的，從建築物外部如消防車供水，配合火災層之室內消防栓，拉出二條水進行消防人員射水，於室內消防栓設置口徑六十三公厘快速出水口。因此，連結送水管設備非提供建築物本身內部人員火災時進行滅火之設施，係屬消防搶救上必要設備之一。

　　而地下建築物火災往往是濃煙瀰漫火場，入內搶救消防人員有其危險性，參照日本消防搶救必要設備在地下層（樓地板面積合計超過七百平方公尺者）要求設置『連結散水設備』（臺灣無此項消防設備項目），消防人員得不必冒險進入地下空間火災，從外部供給水源至地下層開放式撒水頭（分區），針對火源處進行直接撒水滅火動作，能大幅冷卻地下空間燃燒溫度，這是一種相當安全有效作法，不知消防署當初立法時為何將其遺漏。

　　有關機械式停車塔屬密閉式鋼骨結構建築物，且其供停車部分並無樓地板，亦無法提供連結送水管設備之操作使用空間，依內政部函釋，本件尚非前揭標準第二十六條第一款規定規範之範疇，自無該規定之適用，故得檢討免設連結送水管設備。

應設避難器具及連結送水管場所

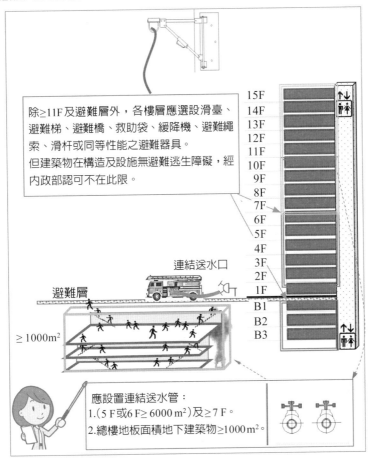

除≥11F及避難層外，各樓層應選設滑臺、避難梯、避難橋、救助袋、緩降機、避難繩索、滑杆或同等性能之避難器具。
但建築物在構造及設施無避難逃生障礙，經內政部認可不在此限。

連結送水口

避難層

≥ 1000m²

應設置連結送水管：
1.(5 F或6 F≥ 6000 m²)及≥7 F。
2.總樓地板面積地下建築物≥1000m²。

日本連結撒水設備（適用地下層≥ 700m²）

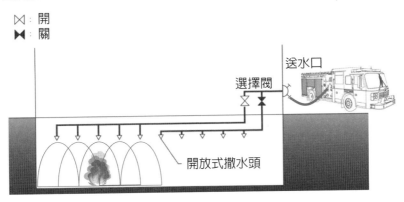

⋈：開
◢◣：關

送水口

選擇閥

開放式撒水頭

2-21 應設置消防專用蓄水池及排煙設備場所

第27條　下列場所應設置消防專用蓄水池：
一、各類場所其建築基地面積在二萬平方公尺以上，且任何一層樓地板面積在一千五百平方公尺以上者。
二、各類場所其高度超過三十一公尺，且總樓地板面積在二萬五千平方公尺以上者。
三、同一建築基地內有二棟以上建築物時，建築物間外牆與中心線水平距離第一層在三公尺以下，第二層在五公尺以下，且合計各棟該第一層及第二層樓地板面積在一萬平方公尺以上者。

【解說】

　　依內政部函釋，應設消防專用蓄水池者，該蓄水池依同標準第一百八十五條第一項第一款第一目及同條同項第二款核算有效水量及檢討其至建築物各部分之水平距離，得就該新建、增建或改建之場所爲之，不及於該建築基地內其他建築物。

第28條　下列場所應設置排煙設備：
一、供第十二條第一款及第五款第三目所列場所使用，樓地板面積合計在五百平方公尺以上。
二、樓地板面積在一百平方公尺以上之居室，其天花板下方八十公分範圍內之有效通風面積未達該居室樓地板面積百分之二者。
三、樓地板面積在一千平方公尺以上之無開口樓層。
四、供第十二條第一款第一目所列場所及第二目之集會堂使用，舞臺部分之樓地板面積在五百平方公尺以上者。
五、依建築技術規則應設置之特別安全梯或緊急昇降機間。
前項場所之樓地板面積，在建築物以具有一小時以上防火時效之牆壁、平時保持關閉之防火門窗等防火設備及各該樓層防火構造之樓地板區劃，且防火設備具一小時以上之阻熱性者，增建、改建或變更用途部分得分別計算。

【解說】

　　本條排煙設置場所與日本規定（下二頁顯示）相差甚多，顯然是過於嚴謹，尤其是第二款之規定，使各類場所≥ 100m² 居室有效通風面積不足，即會檢討到排煙設備。然而是機械排煙設備所費經濟成本不菲，在經濟合理安全上衡量，似有相當大之檢討及爭議空間。

　　排煙可分居室排煙及梯道排煙，各有其目的及動作時間要求，前者是有人使用之居室，於初期火災生成物即予大量快速排出，不致對內部使用人造成濃煙與能見度之避難上困難，以及從外部來消防人員對滅火工作能更加順遂。

　　特別安全梯排煙設備進風風管與停車場通風換氣共用，依內政部函釋規定，各類場所消防安全設備設置標準並無禁止之規定，於符合設置標準有關規定且無礙各設備性能下，應屬可行。有關數個樓層間設置直通樓梯或自動樓梯（電扶梯）貫穿樓板之挑高空間場所，將上下樓層間設計爲同一防煙區劃，並於該區劃之最上層設置排煙設備（排煙口），使區劃內下面樓層產生之煙，經由挑高之直通樓梯或電扶梯從最上層排煙口排出之設計，並符合各類場所消防安全設備設置標準有關規定時，原則應屬可行。

應設消防專用蓄水池場所

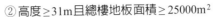

② 高度≥31m且總樓地板面積≥25000m²

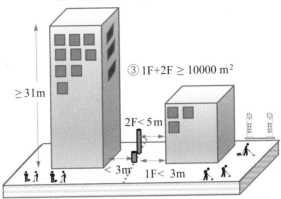

③ 1F+2F ≥ 10000 m²

≥31m

2F<5m

< 3m 　 1F< 3m

① 建築基地面積≥20000 m²且任何一層≥1500m²

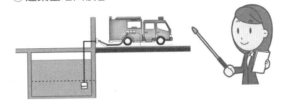

項目	場所規模	有效水量
面積	建築基地面積 ≥ 20000m²，且任何一層樓地板面積 ≥ 1500m²	有效水量於 1F 及 2F 合計 < 7500m²，≥ 20m³
高度	建築物高度 ≥ 31m，且總樓地板面積 ≥ 25000m²	有效水量於總樓地板面積 < 12500m²，≥ 20m³
2棟	同一建築基地 ≥ 2 棟時，建築物間外牆與中心線水平距離 1F < 3m、2F < 5m，且合計各棟該 1F 及 2F 樓地板面積在 ≥ 10000m²	有效水量於 1F 及 2F 合計 < 7500m²，≥ 20m³

應設排煙設備場所

類別	目別	應設排煙設備場所	總樓地板面積（m²）	居室	無開口樓層	舞臺	排煙室
				樓地板面積（m²）			
甲	1	電影片映演場所（戲院、電影院）、歌廳、舞廳、夜總會、俱樂部、理容院（觀光理髮、視聽理容等）、指壓按摩場所、錄影節目帶播映場所（MTV等）、視聽歌唱場所（KTV等）、酒家、酒吧、酒店（廊）	≥ 500 應設	≥ 100m² 居室，天花板下方 ≤ 80 cm 通風面積未達該面積 2% 者	≥ 1000	≥ 500 應設	依建築技術規則應設置特別安全梯或緊急升降機間
	2	保齡球館、撞球場、集會堂、健身休閒中心（含提供指壓、三溫暖等設施之美容瘦身場所）、室內螢幕式高爾夫練習場、遊藝場所、電子遊戲場、資訊休閒場所				集會堂舞臺 ≥ 500 應設	
	3	觀光旅館、飯店、旅館、招待所（限有寢室客房者）					
	4	商場、市場、百貨商場、超級市場、零售市場、展覽場					
	5	餐廳、飲食店、咖啡廳、茶藝館					
	6	醫院、療養院、榮譽國民之家、長期照顧服務機構（限機構住宿式、社區式之建築物使用類組非屬 H-2 之日間照顧、團體家屋及小規模多機能）、老人福利機構（限長期照護型、養護型、失智照顧型長期照顧機構、安養機構）、兒童及少年福利機構（限托嬰中心、早期療育機構、有收容未滿二歲兒童之安置及教養機構）、護理機構（限一般護理之家、精神護理之家、產後護理機構）、身心障礙福利機構（限供住宿養護、日間服務、臨時及短期照顧者）、身心障礙者職業訓練機構（限提供住宿或使用特殊機具者）、啓明、啓智、啓聰等特殊學校				—	
	7	三溫暖、公共浴室					
乙	1	車站、飛機場大廈、候船室					
	2	期貨經紀業、證券交易所、金融機構					
	3	學校教室、兒童課後照顧服務中心、補習班、訓練班、K 書中心、前款第六目以外兒童及少年福利機構（限安置及教養機構）及身心障礙者職業訓練機構					

類別	目別	應設排煙設備場所	總樓地板面積（m²）	樓地板面積（m²） 居室	無開口樓層	舞臺	排煙室
	4	圖書館、博物館、美術館、陳列館、史蹟資料館、紀念館及其他類似場所		≥ 100m² 居室，天花板下方 ≤ 80 cm 通風面積未達該面積 2% 者	≥ 1000		依建築技術規則應設置特別安全梯或緊急升降機間
	5	寺廟、宗祠、教堂、供存放骨灰（骸）之納骨堂（塔）及其他類似場所					
	6	辦公室、靶場、診所、長期照顧服務機構（限社區式建築物使用類組屬 H-2 之日間照顧、團體家屋及小規模多機能）、日間型精神復健機構、兒童及少年心理輔導或家庭諮詢機構、身心障礙者就業服務機構、老人文康機構、前款第六目以外之老人福利機構及身心障礙福利機構					
	7	集合住宅、寄宿舍、住宿型精神復健機構	―				
	8	體育館、活動中心					
	9	室內溜冰場、室內游泳池					
	10	電影攝影場、電視播送場				―	
	11	倉庫、傢俱展示販售場					
	12	幼兒園					
丙	1	電信機器室					
	2	汽車修護廠、飛機修理廠、飛機庫					
	3	室內停車場、建築物依法附設之室內停車空間					
丁	1	高度危險工作場所					
	2	中度危險工作場所					
	3	低度危險工作場所					
戊	1	複合用途建築物中，有供甲類用途者					
	2	前目以外供乙至丁類用途之複合用途建築物					
	3	地下建築物	≥ 500m² 應設				
其他		經中央主管機關公告之場所					

前項以具有 ≥ 1hr 防火時效之牆壁、平時保持關閉之防火門窗等防火設備及各該樓層防火構造之樓地板區劃，且防火設備具 ≥ 1hr 之阻熱性者，增建、改建或變更用途部分得分別計算面積。

日本應設排煙設備場所

款目		防火對象物	一般（m^2）
1	(1)	戲院、電影院、娛樂場所、展覽中心	舞台≥ 500
	(2)	公民館、集會場	
2	(1)	歌舞表演、咖啡館、夜總會	地下層或無開口樓層 ≥ 1000
	(2)	遊藝場、舞廳、	
	(3)	海關業務銷售場所	
	(4)	卡拉 OK、為客戶提供服務房間	
3	(1)	會議室、餐廳類似場所	―
	(2)	飲食店	
4		百貨商店、超級市場、商場或展覽廳	地下層或無開口樓層 ≥ 1000
5	(1)	旅館、汽車旅館、有客房招待所	―
	(2)	集合住宅、寄宿舍	
6	(1)	醫院、診所或有 / 無床診所	
	(2)	老年短期住宿設施、老人養老院等（自力避難困難者）	
	(3)	老人日服務中心、幼兒保育類似場所	
	(4)	幼兒園或特殊學校	
7		小學、中學、高中、大學類似場所	
8		圖書館、博物館、美術館等類似場所	
9	(1)	公共浴池之外部蒸汽浴室、熱氣浴室類似特定場所	
	(2)	9(1) 以外之一般公共浴池	
10		候車場或船舶 / 飛機起飛 / 到達地點（僅限乘客上下車或等候場所）	地下層或無開口樓層 ≥ 1000
11		神社、寺廟、教會	―
12	(1)	工廠、作業場	
	(2)	電影攝影場、電視播送場	
13	(1)	車庫、停車場	地下層或無開口樓層 ≥ 1000
	(2)	飛機或旋翼飛機機庫	
14		倉庫	―
15		不適用上述之商業場所	
16	(1)	複合用途建築物中供第 1 至 4、5、6 或 9 款特定用途者	
	(2)	16(1) 以外之複合非特定用途建築物	
16-2		地下街	總樓地板面積≥ 1000
16-3		16-2 以外地下層接合連續性地下通路（準地下街）	―
17		古蹟歷史建築、重要民俗資料、史跡等建築物（文化財）	

款目	防火對象物	一般（m²）
18	≥ 50m 拱廊	—
19	鄉鎮市長指定山林	
20	總務省指定用車	

註：上述有底色者為特定防火對象物，其餘為一般防火對象物
　　1. 能提供排煙上有效開口時（規則 29）免設排煙設備。
　　2. 排煙風管是不可燃材料。
　　3. 設緊急電源。
　　4. 設手動或自動啓動裝置。
　　5. 設置排煙上有效開口部，對滅火活動上產生障礙時得免設排煙設備。

（可見，日本應設排煙設備僅針對舞台（布幕垂直燃燒生成物多）、無開口或地下層／街（濃煙瀰漫），來檢討排煙設備，但其設置會造成搶救上問題，則消防局得認定不應設置。顯然，臺灣對排煙設備的要求過於粗糙且不經濟。）

消防活動據點附近不設排煙口（避免負壓排煙，吸引火煙流）

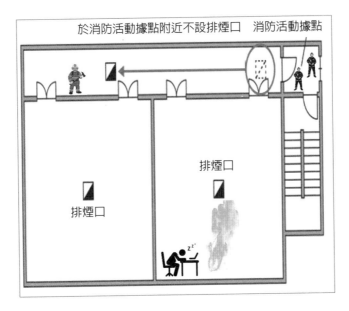

自然排煙口有效開口面積

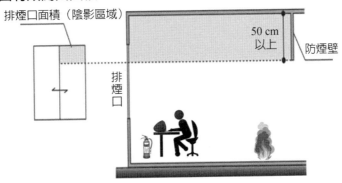

2-22 排煙設備場所

（續）

【解說】

於梯道排煙即是設在特別安全梯或緊急升降機間排煙室，設排煙口（室內高度 1/2 以上位置）與進風口（室內高度 1/2 以下位置），自成一獨立區劃空間，以防止該樓層火災煙竄入梯間或機間管道，確保該使用人（消防人員與建築物內部人員）安全性。而居室排煙設備，在國內是在一定防煙區劃空間內產生負壓，利用強制對流的原理，使火災受熱浮升煙流加以排出。而防煙壁區劃作用則是增加排煙有效性，所進行一定面積之區劃。戲院等建築物天花板高度達五公尺以上，會有較大蓄煙量空間，假使牆面也是不燃材質者，則不受此限。

地下空間

在地下通道因開口有限，燃燒供氧問題致火災時會形成大量不完全燃燒，及濃煙瀰漫問題；因此，防煙區劃縮小以能使排煙較有效率之快速排煙。而排煙口有其排煙能力之限制，距離過遠勢必難以有效排出；因此，需在天花板或其下方八十公分範圍內。基本上，天花板面設置排煙口，排煙效率是最好的，比天花板下方任何處，皆更有效果。假使設在距天花板面下方過大，需待火災規模已相當大，方能將煙流排出，屆時對人命安全而言，已沒有多大意義。

以室內火災熱煙層煙流皆含有大量碳粒子，碳粒子及電磁波能造成輻射能回饋效應；因此，與煙接觸部分應使用不燃材料，以絕對避免其熱裂解變形或熔融問題，造成結構失敗情況。而防火閘門（Fire Dampers）作用係設置在排煙設備風管上，火災時風管內氣體溫度達到設定點（121℃～177℃）時閘門自動關閉。因此，貫穿防火區劃處設防火閘門，以確保另一防火區劃之完整性，一旦熱煙流超過上述額定溫度時，應即關閉使高溫熱煙流不經過該區劃，避免高溫失敗或高溫風管壁造成熱傳導可燃物質之起火。

居室

居室係指以不燃材料所區隔之最小空間單位，尚非以整個樓層為一居室之範圍。該空間單位固應以不燃材料建造，惟其牆上之門窗不在此限。又居室與非居室以常開式開口連通或未予實體分隔者，應視為一居室，據以檢討排煙設備之設置。又居室與非居室之間以常開式防火門區劃分隔者，認定為具有實體分隔，無視為一居室之適用；惟該常開式防火門依內政部消防法令函釋及公告（以下同），是不得為防火捲門。因此，門廳、走廊、樓梯間、衣帽間、廁所鹽洗室、浴室、儲藏室、機械室、車庫等不視為居室，設置排煙是在保護內部使用人，假使該空間無常駐人員，設置排煙則失其意義，當然無第二十八條第一項第二款規定之適用。

供第十二條第一款及第五款第三目所列場所使用，樓地板面積合計在五百平方公尺以上之場所，應設置排煙設備，此係甲類及地下建築物場所，前者是不特定多數人使用易生火災喪命可能，後者僅要一起火，火災生成物難以釋出，勢必迅速充滿地下空間環境，使內部人員很快陷入一氧化碳等毒煙危機；而該條款所定樓地板面積合計，係指當層樓地板面積合計，而非跨層合計。

有效通風

　　有關「有效通風開口」採用徒手直接開啓操作方式時，其通風窗口下緣距離樓地板面之高度並無限制之規定，唯其有效通風面積之計算，需以天花板下方八十公分範圍爲限，而「有效通風面積」，係指經簡易操作、自動啓動或開放式之窗戶或開口，煙量得以流通之實際斷面積；以氣窗設計之方式，應扣除其隔板及木條等構造，僅計算實際流通之斷面積。對斜屋建築物，其天花板下方八十公分範圍，係指斜屋簷與牆壁連接處起算八十公分之範圍，非指鋼樑下起算八十公分範圍。另如鋼樑跨距較大、主樑超過八十公分等樓層高度較高之建築物，有效通風面積仍以天花板下方八十公分爲範圍。

　　基本上，按開口設置位置愈高，排煙效果愈佳，最好是屋頂位置，而斜屋頂與牆壁交接處上方之開口，屬天花板之開口，符合第二十八條第一項第二款「天花板下方80公分範圍內」之規定，得計入有效通風面積核算範圍。有效通風窗與排煙設備之功能不同，尚非屬消防安全設備，無緊急電源之設置規範。

　　在檢討有效通風面積係在於居室內有人時，簡易操作後開啓有效通風，增加避難時間，確保安全，基於避難逃生應於火災初期進行，爰採自動啓動、電動推桿方式等開啓有效通風面積時，不需連接緊急電源。

　　此外，建築物在第十層以下之各樓層，「供集合住宅使用，其住戶樓地板面積在二百平方公尺以下者，得免設排煙設備。」之規定，檢討免設排煙設備。至依第一百八十八條第二款第一目「樓地板面積每一百平方公尺內，以防火牆、防火樓板及甲、乙種防火門窗區劃間隔，且天花板及室內牆面，以不燃材料或耐燃材料裝修者。」規定檢討免設排煙設備時，並未要求其區劃內之隔間門窗應使用甲、乙種防火門窗。

　　而地下建築物之排煙設備與空氣調節及通風設備，二者功能及特性均有不同，且現行建築及消防法規並無設置排煙設備可免設空氣調節及通風設備之規定，不宜准予免依建築技術規則建築設計施工篇第十一章第五節設空氣調節及通風設備。

進風與排煙

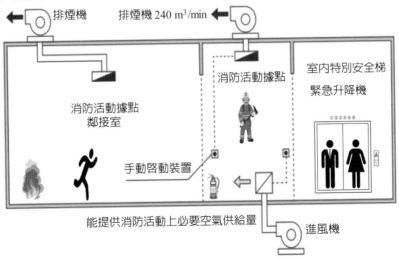

（埼玉市消防局，平成28年）

2-23 應設置緊急電源插座及無線電通信輔助設備

第 29 條
下列場所應設置緊急電源插座：
一、十一層以上建築物之各樓層。
二、總樓地板面積在一千平方公尺以上之地下建築物。
三、依建築技術規則應設置之緊急昇降機間。

【解說】

本條除了緊急升降機間外，內容設置基準是與日本一樣的。緊急電源插座構成組件，係由緊急電源插座、紅色標示燈、保護箱及緊急供電系統組成。緊急電源插座設置目的，係在高樓層或地下建築物火災時，消防人員可能使用圓盤切割器或撐開器等插電式救災機具時，由於此等場所係屬搶救不易之場所，為利於搶救之目的，於消防人員可能搭乘緊急升降機之機間或地下空間位置，提供必要電源，來進行破壞或其他用途，為消防人員搶救必要設備之一種。此設備與無線電通信輔助設備皆與日本消防搶救上必要設備一樣。

緊急電源插座需設有保護箱，為方便尋找插座位置，其上方設紅色表示燈，且箱內為消防人員救災活動，防止插頭脫落之適當裝置（L 型或 C 型護鉤），而消防射水時易產生水源四濺，插座專用回路不得設漏電斷路器，而產生斷電之虞；設備為安全起見，各插座設十五安培以上之無熔絲斷路器。

第 30 條
下列場所應設置無線電通信輔助設備：
一、樓高在一百公尺以上建築物之地下層。
二、總樓地板面積在一千平方公尺以上之地下建築物。
三、地下層在四層以上，且地下層樓地板面積合計在三千平方公尺以上建築物之地下層。

【解說】

民 110 年 6 月 25 日新增第三款，係建築物之地下層使用空間隨著人口分配狀態而有深層化、大規模化之趨勢。通信連絡在災害現場活動中，是一項重要戰術活動。而無線電通信輔助設備是因應地下空間環境，造成通訊不良，而以增幅器強化無線電信號，使消防人員在進行消防活動之指揮連絡，及入內人員時間管制之安全事宜，所設置消防搶救上必要設備之一種。

為方便尋找無線電通信輔助之無線電接頭，其設於消防人員便於取用處及值日室等平時有人之處所，而設置高度因消防人員穿著全套式消防衣及穿載空氣吸面罩，行動及視線較差，因此其設於地面高度零點八到一點五公尺，箱內設長度二公尺以上之射頻電纜，保護箱應構造堅固，有防水及防塵措施並標明消防隊專用無線電接頭字樣。

無線電輔助設備使用方式可分類如次：
(1) 洩波同軸電纜方式：適用於隧道等狹長之通路內。
(2) 洩波同軸電纜與天線併用：適用於地下街等複雜通路。
(3) 天線方式：適用於寬廣場所。

應設緊急電源插座與無線電通信輔助設備場所

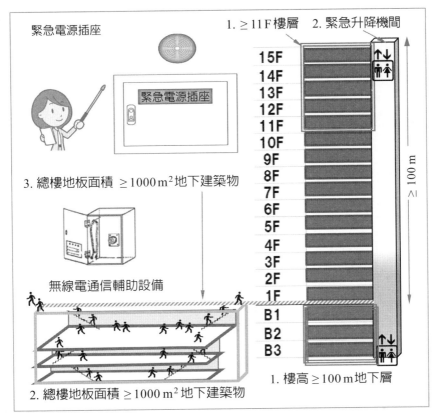

無線電通信輔助設備	
項目	內容
設置目的	一般在難以救災且通信不良之場所，如隧道、地下車站或地下建築（街）進行消防活動，因這些場所往往火災濃煙大及通信困難問題，且需深入災害現場，救災人員能攜帶無線電通訊輔助行動台等搶救設備進入，確保救災與指揮人員間能進行有效通信連絡，為一種消防救災活動之必要設備。
構成組件	由洩波同軸電纜、分配器、混合器、分波器、增輻器、無線電之接頭及洩波同軸電纜所連接之天線所組成。

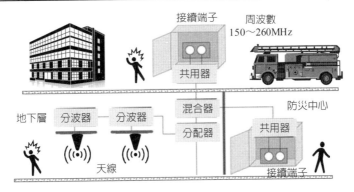

日本應設漏電火災警報裝置場所

款目		防火對象物	總樓地板面積（m²）	電流容量
1	(1)	戲院、電影院、娛樂場所、展覽中心	≥ 300	≥ 50A
	(2)	公民館、集會場		
2	(1)	歌舞表演、咖啡館、夜總會		
	(2)	遊藝場、舞廳		
	(3)	海關業務銷售場所		
	(4)	卡拉 OK、為客戶提供服務房間		
3	(1)	會議室、餐廳類似場所		
	(2)	飲食店		
4		百貨商店、超級市場、商場或展覽廳		
5	(1)	旅館、汽車旅館、有客房招待所	≥ 150	
	(2)	集合住宅、寄宿舍		
6	(1)	醫院、診所或有 / 無床診所	≥ 300	
	(2)	老年短期住宿設施、老人養老院等（自力避難困難者）		
	(3)	老人日服務中心、幼兒保育類似場所		
	(4)	幼兒園或特殊學校		
7		小學、中學、高中、大學類似場所	≥ 500	
8		圖書館、博物館、美術館等類似場所		
9	(1)	公共浴池之外部蒸汽浴室、熱氣浴室類似特定場所	≥ 150	
	(2)	9(1) 以外之一般公共浴池		
10		候車場或船舶 / 飛機起飛 / 到達地點（僅限乘客上下車或等候場所）	≥ 500	—
11		神社、寺廟、教會		
12	(1)	工廠、作業場	≥ 300	
	(2)	電影攝影場、電視播送場		
13	(1)	車庫、停車場	—	
	(2)	飛機或旋翼飛機機庫		
14		倉庫	≥ 1000	
15		不適用上述之商業場所		≥ 50A
16	(1)	複合用途建築物中供第 1 至 4、5、6 或 9 款特定用途者	總樓地板 ≥ 500 且特定防火對象物合計 ≥ 300	—
	(2)	16(1) 以外之複合非特定用途建築物	—	
16-2		地下街	≥ 300	
16-3		16-2 以外地下層接合連續性地下通路（準地下街）	—	

款目	防火對象物	總樓地板面積（m²）	電流容量
17	古蹟歷史建築、重要民俗資料、史跡等建築物（文化財）	全部	
18	≥ 50m 拱廊	—	—
19	鄉鎮市長指定山林	—	
20	總務省指定舟車		

註：
1. 上述有底色者為特定防火對象物，其他則為一般防火對象物。
2. 場所總樓地板面積或規約電流容量超過者應設。
3. 漏電火災警報裝置應能有效檢測建築物屋內電氣配線相關火災發生。

漏電火災警報器（日本法定消防設備）

變壓器設在靠近電力引入口之室內電路（在建築結構中難以在室外電路中設置情況下）

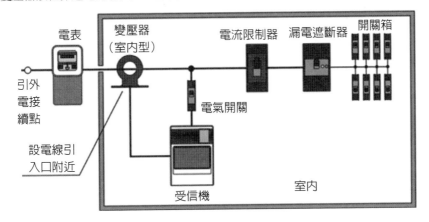

室外電路中安裝設變壓器供建築物電力

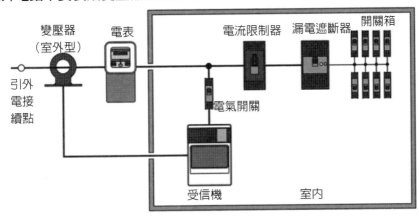

（埼玉市消防局，平成28年）

應設防災監控系統綜合操作裝置場所

第 30 條之 1
下列場所應設置防災監控系統綜合操作裝置：
一、高層建築物。
二、總樓地板面積在五萬平方公尺以上之建築物。
三、總樓地板面積在一千平方公尺以上之地下建築物。
四、其他經中央主管機關公告之供公眾使用之場所。

【解說】
　民 110 年 6 月 25 日新增本條，參考日本為因應建築物之複雜化及大規模化，實務上針對消防安全設備之監控或操作介面有整合於防災監控系統綜合操作裝置之需求，以利即時監控、操作及蒐集救災資訊。依民 108 年 12 月發布「防災監控系統綜合操作裝置認定基準」之綜合試驗：
（一）將綜合操作裝置與其試驗用軟體或設備組合成一台。
（二）輸入火災訊號6點及排煙端末訊號1點、滅火設備訊號1點，依下列程序進行，並將檢查結果記入型式認定試驗紀錄表。
　　1. 輸入火災訊號第 1 點來開啓畫面，確認火災以閃滅表示動作。
　　2. 繼續輸入火災訊號第 2 點（同一層）、第 3 點（起火層直上層）、第 4 點（直上二層）、第 5 點（起火層直下層）、第 6 點以降（地下層各層），使用滑鼠等，於畫面中確認火災資訊狀況。
　　3. 使用滑鼠等，切換畫面至起火層、直上層、直上二層、直下層、地下層各層，確認依火災訊號表示火災區域。
　　4. 輸入排煙端末訊號 1 點，確認亮燈表示。
　　5. 輸入自動撒水設備等滅火設備動作訊號，確認於畫面上表示。
　　6. 使所有訊號復歸，確認畫面回到平常狀態。

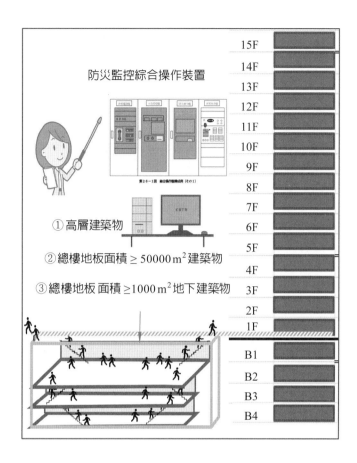

2-24 免設標示設備處所

第 146 條
下列處所得免設出口標示燈、避難方向指示燈或避難指標：
一、自居室任一點易於觀察識別其主要出入口，且與主要出入口之步行距離符合下
　　列規定者。但位於地下建築物、地下層或無開口樓層者不適用之：
　　（一）該步行距離在避難層為二十公尺以下，在避難層以外之樓層為十公尺以
　　　　　下者，得免設出口標示燈。
　　（二）該步行距離在避難層為四十公尺以下，在避難層以外之樓層為三十公尺
　　　　　以下者，得免設避難方向指示燈。
　　（三）該步行距離在三十公尺以下者，得免設避難指標。
二、居室符合下列規定者：
　　（一）自居室任一點易於觀察識別該居室出入口，且依用途別，其樓地板面積
　　　　　符合下表規定。

用途別	第十二條第一款第一目至第三目	第十二條第一款第四目、第五目、第七目、第二款第十目	第十二條第一款第六目、第二款第一目至第九目、第十一目、第十二目、第三款、第四款
居室樓地板面積	一百平方公尺以下	二百平方公尺以下	四百平方公尺以下

　　（二）供集合住宅使用之居室。
三、通往主要出入口之走廊或通道出入口，設有探測器連動自動關閉裝置之防火門，
　　並設有避難指標及緊急照明設備確保該指標明顯易見者，得免設出口標示燈。
四、樓梯或坡道，設有緊急照明設備及供確認避難方向之樓層標示者，得免設避難
　　方向指示燈。
前項第一款及第三款所定主要出入口，在避難層，指通往戶外之出入口，設有排煙
室者，為該室之出入口；在避難層以外之樓層，指通往直通樓梯之出入口，設有排
煙室者，為該室之出入口。

【解說】
　　無設置出口標示燈，得檢討免避難方向指示燈之規定。惟出口標示燈得視為避難方
向指示燈。而地下層類似場所有濃煙及通風等人命危險度高之特別考量問題。
　　處所得免設出口標示燈、避難方向指示燈或避難指標，這三者免設距離最短為出口
標示燈（20m），依次為避難指標（30m）、避難方向指示燈（40m）。出口標示燈
是較重要之設備，因其是指示往絕對安全區（避難層外）或相對安全區（另一防火區
劃、排煙室等）。而避難方向指示燈比避難指標，具較大指示效果，卻比避難指標更
具法規鬆綁，這是考量成本效益（設置及日後檢修成本）問題，亦即二者比較效益比
差異不顯著，但成本差異顯著，會以成本為導向來作法規要求。

免設標示設備之處所

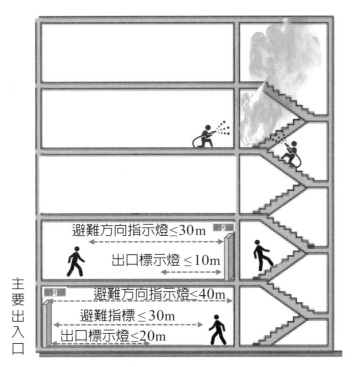

避難方向指示燈≤30m
出口標示燈 ≤10m
避難方向指示燈<40m
避難指標 ≤30m
出口標示燈≤20m
主要出入口

地下建築物、地下層或無開口不適用

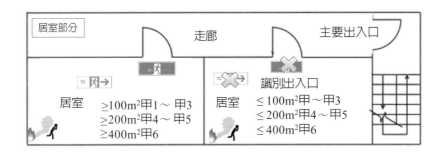

居室部分
走廊
主要出入口
識別出入口
居室　　≥100m²甲1～ 甲3
　　　　≥200m²甲4～ 甲5
　　　　≥400m²甲6
居室　　≤100m²甲～甲3
　　　　≤200m²甲4～甲5
　　　　≤400m²甲6

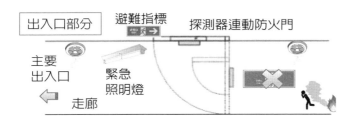

出入口部分
避難指標
探測器連動防火門
主要
出入口
緊急
照明燈
走廊

2-25 標示面等級及有效範圍

第 146-1 條
出口標示燈及非設於樓梯或坡道之避難方向指示燈,其標示面縱向尺度及光度依等級區分如下表。

區分		標示面縱向尺度（m）	標示面光度（cd）
出口標示燈	A 級	0.4 以上	50 以上
	B 級	0.2～0.4	10 以上
	C 級	0.1～0.2	1.5 以上
避難方向指示燈	A 級	0.4 以上	60 以上
	B 級	0.2～0.4	13 以上
	C 級	0.1～0.2	5 以上

【解說】

本條未規定橫向尺度,由標示面之光度來作決定。即縱向尺度係指橫式的出口標示燈或避難方向指示燈標示面的短邊長度(長邊爲橫向,短邊爲縱向)。

第 146-2 條
出口標示燈及避難方向指示燈之有效範圍,指至該燈之步行距離,在下列二款之一規定步行距離以下之範圍。但有不易看清或識別該燈情形者,該有效範圍爲十公尺:
一、依右上表之規定:
二、依下列計算值:

$$D = k \times h$$

式中 D：步行距離（公尺）
　　　h：出口標示燈或避難方向指示燈標示面之縱向尺度（公尺）
　　　k：依右次上表左欄所列區分,採右欄對應之 k 值

【解說】

縱向尺度是標示燈之短邊長度(在橫式標示面之長邊爲橫向,短邊爲縱向,標示面光度單位爲燭光(CD)。於本條第一款爲規格式法規(尺寸),第二款爲性能式法規(依實際計算);如題目上有縱向尺度,即應使用第二款法規。有不易看清或識別是指①該燈爲防煙壁或四十公分以上樑所遮蔽、②該燈爲一點五公尺以上高度之隔間或展示櫃等所遮蔽、③該燈爲懸吊廣告或垂幕等所遮蔽者之情況。

出口標示燈及避難方向指示燈裝置規定

區分			步行距離（公尺）
出口標示燈	A 級	未顯示避難方向符號者	六十
		顯示避難方向符號者	四十
	B 級	未顯示避難方向符號者	三十
		顯示避難方向符號者	二十
	C 級		十五
避難方向指示燈	A 級		二十
	B 級		十五
	C 級		十

區分		k 值
出口標示燈	未顯示避難方向符號者	一百五十
	顯示避難方向符號者	一百
避難方向指示燈		五十

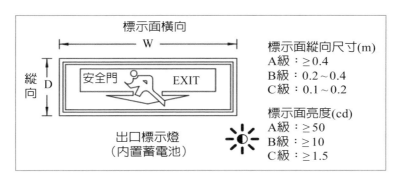

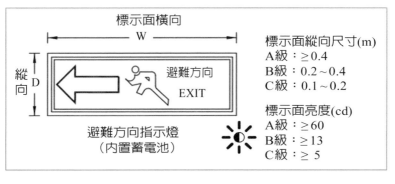

2-26 出口標示燈裝設位置

第 146-3 條

出口標示燈應設於下列出入口上方或其緊鄰之有效引導避難處:

一、通往戶外之出入口;設有排煙室者,為該室之出入口。

二、通往直通樓梯之出入口;設有排煙室者,為該室之出入口。

三、通往前二款出入口,由室內往走廊或通道之出入口。

四、通往第一款及第二款出入口,走廊或通道上所設跨防火區劃之防火門。

避難方向指示燈,應裝設於設置場所之走廊、樓梯及通道,並符合下列規定:

一、優先設於轉彎處。

二、設於依前項第一款及第二款所設出口標示燈之有效範圍內。

三、設於前二款規定者外,把走廊或通道各部分包含在避難方向指示燈有效範圍內,必要之地點。

【解說】

出口標示燈本質上也具有避難方向指示之效果,為引導內部使用人之正確引導,引導至相對安全區之排煙室或另一區劃之防火門上方,或是絕對安全區之室外出入口。基本上,避難引導的照明器具,分成出口標示燈、避難方向指示燈,平日以常用電源點燈,停電時自動切換成緊急電源點燈。依構造形式及動作功能區分如下:

1. 內置型:內藏蓄電池作為緊急電源之引導燈具。
2. 外置型:藉由燈具外的蓄電池設備作為緊急電源供電之引導燈具。
3. 具閃滅功能者:藉由動作信號使燈閃滅或連續閃光之引導燈具。
4. 具音聲引導功能者:設有音聲引導裝置之引導燈具。
5. 具閃滅及音聲引導功能者:設有音聲引導裝置及閃滅裝置之引導燈具。
6. 複合顯示型:引導燈具其標示板及其他標示板於同一器具同一面上區分並置者。

依內政部消防法令函釋及公告指出,各類場所消防安全設備設置標準規定設置之滅火器、室內消防栓設備、自動撒水設備、水霧滅火設備、二氧化碳滅火設備、乾粉滅火設備、避難器具、連結送水管、消防專用蓄水池及緊急電源插座設備等所需之中文標示(識)字樣,除滅火器、二氧化碳及乾粉滅火設備、出口標示燈及避難方向指示燈標示之顏色,應依相關規定辦理外,其他並無限制各項設備中文標示之顏色及是否應採直式書寫之規定。此外,安全門、安全梯、逃生門等之中英文標示等,屬建築法規範疇。

在非防火區劃中逃生避難路徑所經之走廊、通道,基於空間使用需要,設有常閉狀態之防火門時,其上方是否依規定設置出口標示燈即可,免再避難方向指示燈乙節,依內政部函釋,避難方向指示燈之檢討免設,並無設置出口標示燈,得檢討免避難方向指示燈之規定。惟出口標示燈視為避難方向指示燈之建議應屬可行。

出口標示燈有效步行距離

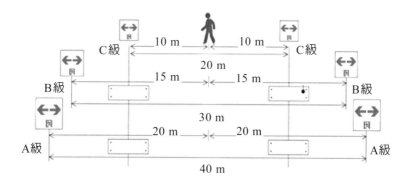

出口標示燈設於有效引導避難出入口上方

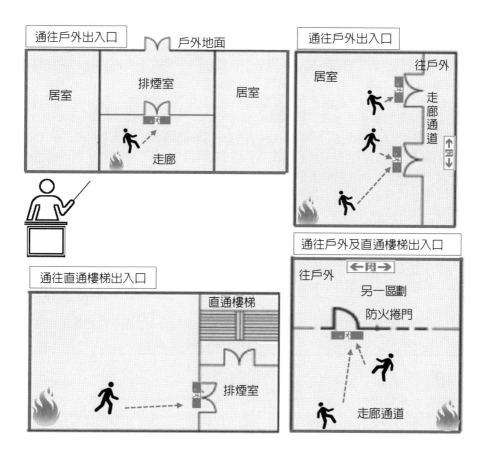

2-27 標口標示燈等裝設及音聲引導

第 146-4 條

出口標示燈及避難方向指示燈之裝設,應符合下列規定:

一、設置位置應不妨礙通行。

二、周圍不得設有影響視線之裝潢及廣告招牌。

三、設於地板面之指示燈,應具不因荷重而破壞之強度。

四、設於可能遭受雨淋或溼氣滯留之處所者,應具防水構造。

【解說】

　　裝設應不妨礙通行及周圍不得有影響視線之位置。此燈源應為保持不熄滅之燈具;惟在設置場所無人期間或設置位置可利用自然採光辨識出入口或避難方向期間,配合其設置場所使用型態採取適當亮燈方式,得予減光或消燈。

第 146-5 條

出口標示燈及非設於樓梯或坡道之避難方向指示燈,設於下列場所時,應使用 A 級或 B 級;出口標示燈標示面光度應在二十燭光 (cd) 以上,或具閃滅功能;避難方向指示燈標示面光度應在二十五燭光 (cd) 以上。

但設於走廊,其有效範圍內各部分容易識別該燈者,不在此限:

一、供第十二條第二款第一目、第三款第三目或第五款第三目使用者。

二、供第十二條第一款第一目至第五目、第七目或第五款第一目使用,該層樓地板面積在一千平方公尺以上者。

三、供第十二條第一款第六目使用者。其出口標示燈並應採具閃滅功能,或兼具音聲引導功能者。

前項出口標示燈具閃滅或音聲引導功能者,應符合下列規定:

一、設於主要出入口。

二、與火警自動警報設備連動。

三、由主要出入口往避難方向所設探測器動作時,該出入口之出口標示燈應停止閃滅及音聲引導。

避難方向指示燈設於樓梯或坡道者,在樓梯級面或坡道表面之照度,應在一勒克司 (lx) 以上。

【解說】

　　避難弱者場所應採具閃滅 (耳聾人士) 或音聲引導 (失明人士) 功能。假使由主要出入口往避難方向所設探測器動作時,表示火煙已達一定濃度,應停止閃滅及音聲引導,避免吸引人員到此位置。出口標示燈具閃滅或音聲引導功能者僅設置於主要出入口,不然各出入口皆設,會有聲音共鳴,使用人無法辨識方向。

避難方向指示燈裝設於走廊、樓梯及通道

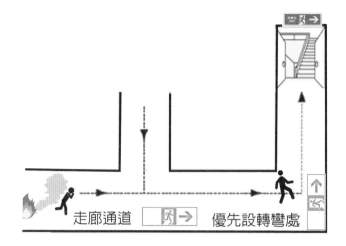

出口標示燈及避難方向指示燈之裝設

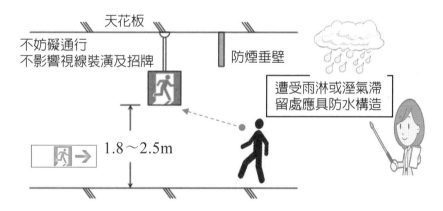

避難方向指示燈設於樓梯或坡道者在地面之照度

2-28 觀眾席引導燈及出口標示燈等減光消燈

> **第 146-6 條**
> 觀眾席引導燈之照度，在觀眾席通道地面之水平面上測得之值，在零點二勒克司（lx）以上。

【解說】

於樓梯或坡道之避難方向指示燈，其光度重點照射位置係於地板面，考量人員至此處所地面，容易踩空或滑倒，因此法規要求重點係落於地板面，額外照度需在一勒克司（lx）以上，而光度要求僅需 C 級以上即可。而表演場所為表演效果，得與火警自動警報設備連動或三線式配線方式，予以減光或消燈。而額外在觀眾席引導燈之照度，在觀眾席通道地面之水平面上測得之值，在零點二勒克司（lx）以上，為影響表演亮度，但重點仍為防人員腳步不穩而跌倒受傷，造成人群踐踏之可能。

> **第 146-7 條**
> 出口標示燈及避難方向指示燈，應保持不熄滅。
> 出口標示燈及非設於樓梯或坡道之避難方向指示燈，與火警自動警報設備之探測器連動亮燈，且配合其設置場所使用型態採取適當亮燈方式，並符合下列規定之一者，得予減光或消燈。
> 一、設置場所無人期間。
> 二、設置位置可利用自然採光辨識出入口或避難方向期間。
> 三、設置在因其使用型態而特別需要較暗處所，於使用上較暗期間。
> 四、設置在主要供設置場所管理權人、其雇用之人或其他固定使用之人使用之處所。
> 設於樓梯或坡道之避難方向指示燈，與火警自動警報設備之探測器連動亮燈，且配合其設置場所使用型態採取適當亮燈方式，並符合前項第一款或第二款規定者，得予減光或消燈。

【解說】

建築物發生火災時，其火煙生成物會遮蔽人員視線，在濃煙中易產生空間迷失感，以燈源方式來提高能見度，引導至相對安全區或絕對安全區，進行避難逃生行為。法規要求出口標示燈及避難方向指示燈，應保持不熄滅，這對節能及燈具壽命具有影響，如此要求邏輯令人費解，或是設備確定能亮燈之可靠度問題？相信不久將來這會改善，改由智慧型於火災時始亮燈或日本已研發具相當亮度之螢光型材質來取代。而場所無人期間、自然採光、使用型態需要較暗或固定使用人等，得予減光或消燈。而樓梯等處所同等性能自然採光，得予減光或消燈，其消燈開關位於值日室經常有人處所。

觀眾席引導燈之照度

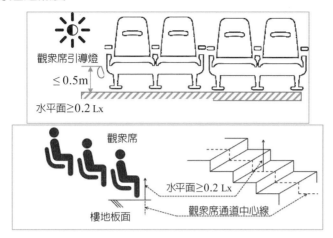

音聲引導及閃滅之啓動

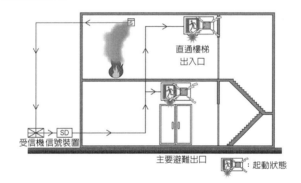

閃滅及音聲引導停止專用偵煙探測器

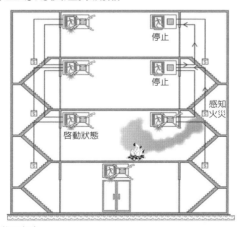

（琦玉市消防局，平成28年）

2-29 避難指標等

第 147 條～第 152 條 （刪除）
第 153 條 避難指標，依下列規定設置： 一、設於出入口時，裝設高度距樓地板面一點五公尺以下。 二、設於走廊或通道時，自走廊或通道任一點至指標之步行距離在七點五公尺以下。且優先設於走廊或通道之轉彎處。 三、周圍不得設有影響視線之裝潢及廣告招牌。 四、設於易見且採光良好處。

【解說】

　　避難指標設置位置主要有出入口及走廊通道等二種，前者有規定需設在一定高度以下，而後者並未規定，這種考量係火災室附近或上方出入口，必然成為大量煙流匯集之釋壓口，因釋壓口有限，於空間上方會有煙流累積並遮蔽視線，因此裝設高度距樓地板面≤ 1.5m。

第 154 條 出口標示燈及避難方向指示燈，應符合出口標示燈及避難方向指示燈認可基準規定。避難指標之構造，應符合 CNS 一○二○八之規定。

【解說】

　　出口標示燈為經濟部公告為應施檢驗品目，非經檢驗合格並領有合格標識者不得設置使用。而緊急照明燈雖亦屬標準檢驗局公告應施檢驗消防品目之一，惟對於採用構造符合設置標準規定之白熾燈、日光燈或水銀燈等型式者，雖非國家標準規範範圍，惟亦屬緊急照明設備種類範疇。故有關緊急照明燈、出口標示燈之設置標準現行商品檢驗法及消防法皆有相關規定，且緊急照明燈並無強制應使用符合國家標準並經標準檢驗局檢驗合格之產品為限。依內政部消防法令函釋及公告，現行消防法規申請辦理消防審查時，並無應於消防圖說上註記廠牌之規定，設計人僅需於消防圖說上檢討依法應設之設備種類即可，消防機關不得涉有指定廠牌之商業圖利行為。

　　標示面等透光性燈罩材料應為耐久性玻璃或合成樹脂，標示面為長方形之引導燈具，其最小輝度與平均亮度之比，應在 1/7 以上。亮度比 = Lmax/Lmin，式中 Lmax 為在白色部分或綠色部分之最大亮度，Lmin：在白色部分或綠色部分之最小亮度。

　　於精神科醫院消防安全設備設置，因場所容留人員及用途屬性特殊，適用確有困難，爰依第二條但書規定，就患者活動區域得依下列原則設置：（一）滅火器：得集中設置管理。（二）室內消防栓設備：得設置在該區域外，其出入口附近，不受水平距離之限制；惟應加設水帶俾防護範圍含括區域內。（三）警報設備：其探測器得加護具，惟該護具不得造成火災探測障礙；設置緊急廣播設備者，得免設手動報警設備。（四）避難器具：得免設，惟該區域需能朝二不同方向避難，且設置自動撒水設備，並設置火警自動警報設備。（五）標示設備：避難方向指示燈，裝設高度得不受上開標準第一百五十條第一款之限制，或依第一百五十三條及第一百五十四條規定設置避難指標替代之。

標示設備─得減光或消燈

出口標示燈及非設於樓梯或坡道之避難方向指示燈	設於樓梯或坡道之避難方向指示燈
與火警自動警報設備之探測器連動亮燈，且配合其設置場所使用型態採取適當亮燈方式，並符合下列規定之一者，得予減光或消燈。	
1. 設置場所無人期間。 2. 設置位置可利用自然採光辨識出入口或避難方向期間。 3. 設置在因其使用型態而特別需要較暗處所，於使用上較暗期間。 4. 設置在主要供設置場所管理權人、其雇用之人或其他固定使用之人使用之處所。	1. 設置場所無人期間。 2. 設置位置可利用自然採光辨識出入口或避難方向期間。

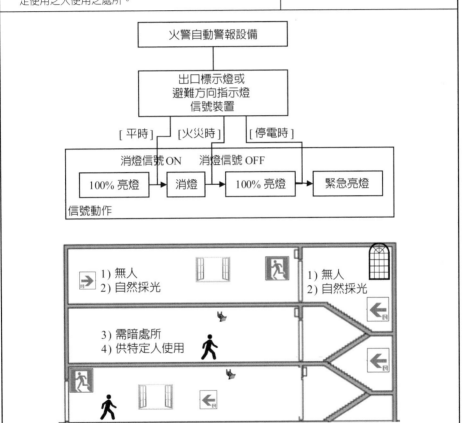

2-30 出口標示燈及避難方向指示燈緊急電源

第 155 條

出口標示燈及避難方向指示燈之緊急電源應使用蓄電池設備，其容量應能使其有效動作二十分鐘以上。但設於下列場所之主要避難路徑者，該容量應在六十分鐘以上，並得採蓄電池設備及緊急發電機併設方式：

一、總樓地板面積在五萬平方公尺以上。

二、高層建築物，其總樓地板面積在三萬平方公尺以上。

三、地下建築物，其總樓地板面積在一千平方公尺以上。

前項之主要避難路徑，指符合下列規定者：

一、通往戶外之出入口；設有排煙室者，為該室之出入口。

二、通往直通樓梯之出入口；設有排煙室者，為該室之出入口。

三、通往第一款出入口之走廊或通道。

四、直通樓梯。

【解說】

　　緊急電源容量有效動作≥二十分鐘，這是一般建築物火災使用人必須最遲離開避難之時間，因火勢成長已二十分鐘表示具某種程度。但在大規模場所各個空間可能無法在這段時間，完全離開，因此有必要延長至≥六十分鐘，這麼長時間是蓄電池無法辦到，而改以發電機來提供，但發電機接收啟動信號至發動，可能有其秒差或供應電壓不穩之現象，此問題可藉由直流 24V 蓄電池來解決，所以二者以併設方式。有關標示設備及緊急照明設備所採之緊急電源，如屬鎳鎘蓄電池等需定時將蓄電池完全放電後再充電俾保持正常使用狀態者，為防範該等蓄電池在放電充電期間形成標示設備及緊急照明設備無法發揮功能之空窗期，消防專技人員在例行檢修時，應以另備蓄電池替代放電充電期間之緊急電源，以避免影響該等設備之緊急避難引導功能。「標示設備」雖無蓄電池容量測試之規定，惟如檢修結果該容量不符規定，消防專技人員仍應將之註記於備註欄。「緊急照明設備」所定檢查緊急電源容量能否持續三十分鐘之檢查數量，係指應檢查數量之下限值。

第 156 條

出口標示燈及避難方向指示燈之配線，依用戶用電設備裝置規則外，並應符合下列規定：

一、蓄電池設備集中設置時，直接連接於分路配線，不得裝置插座或開關等。

二、電源回路不得設開關。但以三線式配線使經常充電或燈具內置蓄電池設備者，不在此限。

【解說】

　　內置蓄電池之主要作用，非緊急供電用，係為平時充電用，故得設置插座或開關等。而緊急供電用之緊急電源配線，如設插座開關等，一拔掉關關而不知，則緊急時無法供電之窘境。因此，連接於分路配線至 UPS、集中型蓄電池設備或發電機之緊急電源，不得裝置插座或開關等。

出口標示燈及避難方向指示燈緊急電源容量

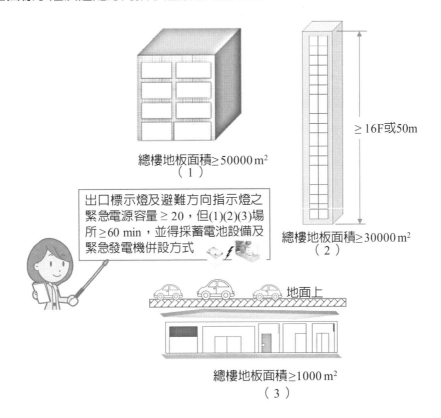

總樓地板面積≥50000 m²
（1）

≥16F或50m

總樓地板面積≥30000 m²
（2）

出口標示燈及避難方向指示燈之緊急電源容量 ≥ 20，但(1)(2)(3)場所 ≥60 min，並得採蓄電池設備及緊急發電機併設方式

地面上

總樓地板面積≥1000 m²
（3）

出口中標示燈及避難方向指示燈之配線

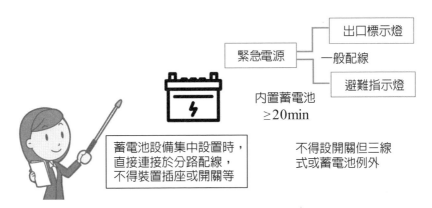

緊急電源 — 一般配線 — 出口標示燈／避難指示燈

內置蓄電池
≥20min

蓄電池設備集中設置時，直接連接於分路配線，不得裝置插座或開關等

不得設開關但三線式或蓄電池例外

2-31 避難器具選擇設置

第 157 條

避難器具，依下表選擇設置之：

設置場所應設數量	地下層	第二層	第三層、第四層或第五層	第六層以上之樓層
1 第二層以上之樓層或地下層供第十二條第一款第六目、第二款第十二目使用，其收容人員在二十人（其下面樓層供第十二條第一款第一目至第五目、第七目、第二款第二目、第六目、第七目、第三款第三目或第四款所列場所使用，應為十人）以上一百人以下設一具，超過一百人每增加（含未滿）增設一具。	避難梯	避難梯、避難橋、緩降機、救助袋、滑臺	避難橋、救助袋、滑臺	避難橋、救助袋、滑臺
2 第二層以上之樓層或地下層供第十二條第一款第三目、第二款第七目使用，其收容人員在三十人（其下面樓層供第十二條第一款第一目、第二目、第四目、第五目、第七目之康復之家或第四款所列場所使用時，應為十人）以上一百人以下時，設置一具。超過一百人時，每增加（包含未滿）一百人增設一具。	避難梯	避難梯、避難橋、避難繩索、緩降機、救助袋、滑臺、滑竿	避難梯、避難橋、緩降機、救助袋、滑臺	避難梯、避難橋、緩降機、救助袋、滑臺
3 第二層以上之樓層或地下層供第十二條第一款第一目、第二目、第四目、第五目、第七目或第二款第一目至第五目、第八目、第九目所列場所使用，其收容人員在五十人以上兩百人以下時，設一具；超過二百人時，每增加兩百人（包括未滿）增設一具。	避難梯	同上	同上	同上
4 第三層以上之樓層或地下層供第十二條第二款第六目、第十目或第四款所列場所使用，其收容人員在一百人以上三百人以下時，設一具；超過三百人，每增加三百人（包括未滿）增設一具。	避難梯		同上	同上
5 第十二條所列各類場所第三層（供第十二條第一款第一目至第三目所列場所使用，或供同條第五款第一目使用之二樓有第一款第一目至第三目所列場所使用時，應為二樓）以上之樓層，其直通避難層或地面之樓梯僅一座，且收容人員在十人以上一百人以下時，應設一具，超過一百人時，每增加（包括未滿）一百人增設一具。		同上	同上	同上
註：設置場所各樓層得選設之器具，除依本表規定外，亦得選設經中央消防主管機關認可之避難器具。				

【解說】

設置場所各樓層得選設之器具，除依本表規定外，亦得選設經中央消防主管機關認可之避難器具，目前自走式避難梯業經內政部消防安全設備審核認可；又非屬建管法規應設之樓梯，且設置後不違反建管相關法規前提下，亦符合各類場所消防安全設備設置標準有關避難梯相關規定之鐵製樓梯，因其具有提供緊急避難逃生之功能，且符合相關法令之規定，故得替代「避難梯」。

設置避難器具，當然由建築物內部使用人數即收容人員多寡來決定，而設置數量就需考慮該避難器具所提供人數流量。再者，選設必須考慮距地面之樓層高度，不同避難器具畢竟非建築物本身設施，有其使用上人員傷亡風險。

避難器具設置在地面二樓至十樓各樓層，採取人員本身質量之重力方式下降，而地下層選設僅避難梯乙種，人員以反重力之腳踩梯桿方式至避難層。基本上，本條為避難輔助器具，人員從事避難時，仍應以安全梯逃生為主，意即其使用時機係建築物本身防火避難設施，已遭火煙大量侵入而無法使用時，始考慮避難器具。

在國內普遍選用之緩降機，必須考量二方向避難原則來決定之緩降機設置位置，有時建商為成本考量致各樓層未留設公共空間之設計，而將緩降機設於住戶專有部分，造成該住戶困擾之情形，考量集合住宅之住戶皆熟悉居住環境，且使用情形單純之集合住宅其火災危險性相對較低；緩降機係為輔助之避難器具，所以消防署放寬其應設避難器具之收容人數。針對旅館、集合住宅場所收容人數達三十人規定應設置一具，而下面樓層有供括弧內場所用途時，檢討為複合用途建築物，危險性度較高，其下限為十人；然其樓下供集合住宅、停車場場所使用者，危險度尚無增高之虞。

避難器具設置例：與主要出口 / 樓梯保持適當距離

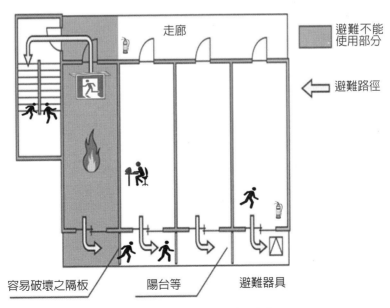

（埼玉市消防局，埼玉市消防用設備等審查基準，平成28年）

類別	目別	場所	收容人員	應設數量	應設樓層	編號
甲	1	電影片映演場所（戲院、電影院）、歌廳、舞廳、夜總會、俱樂部、理容院（觀光理髮、視聽理容等）、指壓按摩場所、錄影節目帶播映場所（MTV等）、視聽歌唱場所（KTV等）、酒家、酒吧、酒店（廊）	≥50人	50～200人1具，每200人加1具	2～10F BF	III
	2	保齡球館、撞球場、集會堂、健身休閒中心（含提供指壓、三溫暖等設施之美容瘦身場所）、室內螢幕式高爾夫練習場、遊藝場所、電子遊戲場、資訊休閒場所				
	3	觀光旅館、飯店、旅館、招待所（限有寢室客房者）	≥30人（其下層供甲1.甲2.甲4.甲5.甲7康復之家或丁類為10人）	≤100人1具，每100人加1具	2～10F BF	II
	4	商場、市場、百貨商場、超級市場、零售市場、展覽場	≥50人	50～200人1具，每200人加1具	2～10F BF	III
	5	餐廳、飲食店、咖啡廳、茶藝館				
	6	醫院、療養院、榮譽國民之家、長期照顧服務機構（限機構住宿式、社區式之建築物使用類組非屬H-2之日間照顧、團體家屋及小規模多機能）、安養機構、老人服務機構（限供日間照顧、臨時照顧、短期保護及安置者）、托嬰中心、早期療育機構、安置及教養機構（限收容未滿二歲兒童者）、護理之家機構、產後護理機構、身心障礙福利機構（限供住宿養護、日間服務、臨時及短期照顧者）、身心障礙者職業訓練機構（限提供住宿或使用特殊機具者）、啟明、啟智、啟聰等特殊學校	≥20人（其下層供甲1～甲5.甲7.乙2.乙6.乙7.丙3或丁類為10人）	≤100人1具，每100人加1具	2～10F BF	I
	7	三溫暖、公共浴室	≥50人	50～200人1具，每200人加1具	2～10F BF	III
乙	1	車站、飛機場大廈、候船室				
	2	期貨經紀業、證券交易所、金融機構				
	3	學校教室、兒童課後照顧服務中心、補習班、訓練班、K書中心、前款第六目以外之安置及教養機構及身心障礙者職業訓練機構				
	4	圖書館、博物館、美術館、陳列館、史蹟資料館、紀念館及其他類似場所				
	5	寺廟、宗祠、教堂、供存放骨灰（骸）之納骨堂（塔）及其他類似場所				

類別	目別	場所	收容人員	應設數量	應設樓層	編號
乙	6	辦公室、靶場、診所、長期照顧服務機構（限社區式之建築物使用類組屬 H-2 之日間照顧、團體家屋及小規模多機能）、日間型精神復健機構、兒童及少年心理輔導或家庭諮詢機構、身心障礙者就業服務機構、老人文康機構、前款（甲類）第六目以外之老人服務機構及身心障礙福利機構	≥ 100 人	100～300 人 1 具，每 300 人加 1 具	3～10F BF	IV
	7	集合住宅、寄宿舍、住宿型精神復健機構	≥ 30（其下層供甲 1. 甲 2. 甲 4. 甲 5. 甲 7 康復之家或丁類為 10 人）	≤ 100 人 1 具，每 100 人加 1 具	2～10F BF	II
	8	體育館、活動中心	≥ 50 人	50～200 人 1 具，每 200 人加 1 具	2～10F BF	III
	9	室內溜冰場、室內游泳池				
	10	電影攝影場、電視播送場	≥ 100 人	100～200 人 1 具，每 300 人加 1 具	3～10F BF	IV
	11	倉庫、傢俱展示販售場	—			
	12	幼兒園	≥ 20 人（其下層供甲 1～甲 5. 甲 7. 乙 2. 乙 6. 乙 7. 丙 3 或丁類為 10 人）	≤ 100 人 1 具，每 100 人加 1 具	2～10F BF	I
丙	1	電信機器室		—		
	2	汽車修護廠、飛機修理廠、飛機庫				
	3	室內停車場、建築物依法附設之室內停車空間				
丁	1	高度危險工作場所	≥ 100 人	10～100 人 1 具，每 300 人加 1 具	BF	IV
	2	中度危險工作場所				
	3	低度危險工作場所				
戊	1	複合用途建築物中，有供甲類用途者		—		
	2	前目以外供乙至丁類用途之複合用途建築物				
	3	地下建築物				
供甲 1～甲 3 與戊 1（含甲 1～甲 3）≥ 2F 直通避難層或地面之樓梯僅一座			≥ 10 人	10～100 人 1 具，每 10 人加 1 具	2～10F	V
上述以外場所≥ 3F 直通避難層或地面之樓梯僅一座					3～10F	

場所編號 （依上表）	BF	2F	3F～5F	6F～10F
I	A	ABCDE	BCD	BCD
II	A	ABCDEFG	ABCDE	ABCDE
III	A	ABCDEFG	ABCDE	ABCDE
IV	A	─	ABCDE	ABCDE
V	─	─	ABCDE	ABCDE
A 避難梯、B 避難橋、C 救助袋、D 滑臺、E 緩降機、F 避難繩索、G 滑杆				

救助袋（斜降式）

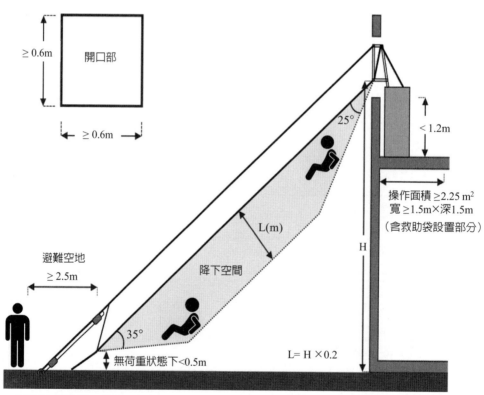

（福岡市消防局，平成26年）

日本應設避難輔助器具場所

款目		防火對象物	收容人員	應設數量
1	(1)	戲院、電影院、娛樂場所、展覽中心	≥ 2F 或地下層 ≥ 50 人	50～200 人 1 具，每 200 人加 1 具
	(2)	公民館、集會場		
2	(1)	歌舞表演、咖啡館、夜總會		
	(2)	遊藝場、舞廳		
	(3)	海關業務銷售場所		
	(4)	卡拉 OK、為客戶提供服務房間		
3	(1)	會議室、餐廳類似場所		
	(2)	飲食店		
4		百貨商店、超級市場、商場或展覽廳		
5	(1)	旅館、汽車旅館、有客房招待所	≥ 2F 或地下層 ≥ 30 人	30～100 人 1 具，每 100 人加 1 具
	(2)	集合住宅、寄宿舍		
6	(1)	醫院、診所或有 / 無床診所	≥ 2F 或地下層 ≥ 20 人	20～100 人 1 具，每 100 人加 1 具
	(2)	老年短期住宿設施、老人養老院等		
	(3)	老人日服務中心、幼兒保育類似場所		
	(4)	幼兒園或特殊學校		
7		小學、中學、高中、大學類似場所	≥ 2F 或地下層 ≥ 50 人	50～200 人 1 具，每 200 人加 1 具
8		圖書館、博物館、美術館等類似場所		
9	(1)	公共浴池之外部蒸汽浴室、熱氣浴室類似場所		
	(2)	9(1) 以外之公共浴池		
10		候車場或船舶 / 飛機起飛 / 到達地點（僅限乘客上下車或等候場所）		
11		神社、寺廟、教會		
12	(1)	工廠、作業場	≥ 3F 無開口樓層或地下層 ≥ 100 人，其他 ≥ 3F ≥ 150 人	100(150)～300 人 1 具，每 300 人加 1 具
	(2)	電影攝影場、電視播送場		
13	(1)	車庫、停車場		
	(2)	飛機或旋翼飛機機庫		
14		倉庫		
15		不適用上述之商業場所	≥ 3F 無開口樓層或地下層 ≥ 100 人，其他 ≥ 3F ≥ 150 人	100(150)～300 人 1 具，每 300 人加 1 具
16	(1)	複合用途建築物中供第 1 至 4、5、6 或 9 款用途者		
	(2)	16(1) 以外之複合用途建築物		
16-2		地下街		

款目	防火對象物	收容人員	應設數量
16-3	16-2 以外地下層接合連續性地下通路		
17	古蹟歷史建築、重要民俗資料、史跡等建築物		
18	≥ 50m 拱廊		
19	鄉鎮市長指定山林		
20	總務省指定舟車		
註：上述有底色者為特定防火對象物			

＋ 知識補充站

平時空調與火災時排煙兼用

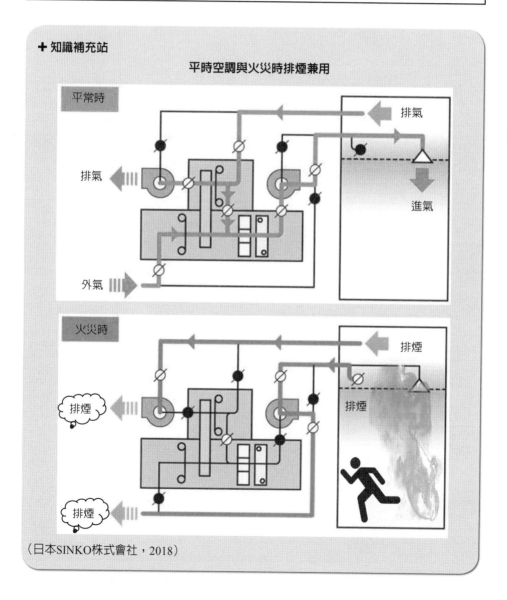

（日本SINKO株式會社，2018）

避難輔助器具

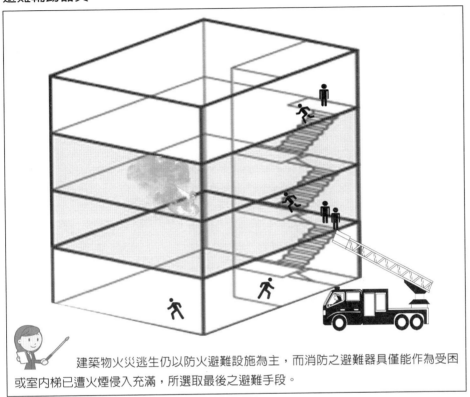

建築物火災逃生仍以防火避難設施為主，而消防之避難器具僅能作為受困或室內梯已遭火煙侵入充滿，所選取最後之避難手段。

避難器具設置

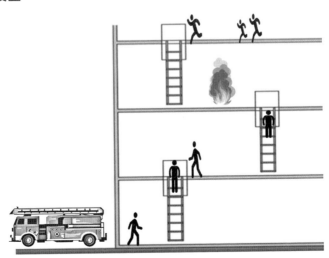

開口部不得在同一垂直線上（滑杆、避難繩索及避難橋除外）

2-32 避難器具減設

第 158 條
各類場所之各樓層，其應設避難器具得分別依下列規定減設之：
一、前條附表 1 至 5 所列場所，符合下列規定者，其設置場所應設數量欄所列收容
　　人員一百人、二百人及三百人，得分別以其加倍數值，重新核算其應設避難器
　　具數：
　　（一）建築物主要構造為防火構造者。
　　（二）設有二座以上不同避難方向之安全梯者。但剪刀式樓梯視為一座。
二、設有避難橋之屋頂平臺，其直下層設有二座以上安全梯可通達，且屋頂平臺合
　　於下列規定時，其直下層每一座避難橋可減設二具：
　　（一）屋頂平臺淨空間面積在一百平方公尺以上。
　　（二）臨屋頂平臺出入口設具半小時以上防火時效之防火門窗，且無避難逃生
　　　　　障礙。
　　（三）通往避難橋必須經過之出入口，具容易開關之構造。
三、設有架空走廊之樓層，其架空走廊合於下列規定者，該樓層每一座架空走廊可
　　減設二具：
　　（一）為防火構造。
　　（二）架空走廊二側出入口設有能自動關閉之具一小時以上防火時效之防火門
　　　　　（不含防火鐵捲門）。
　　（三）不得供避難、通行及搬運以外之用途使用。

【解說】

　　如果建築物本身構造或設施，如具防火構造、二座以上不同避難方向之安全梯或連結二棟之間避難橋或架空走廊，是可減設避難輔助器具。但剪刀式樓梯視為一座，這是因為其為一種挑高斜坡式往上延伸空間，一旦有火煙侵入，勢必其上方空間會很快陷入濃煙環境，而無法供作上方人員之避難路徑使用。

　　建築物主要構造能提供半小時以上防火時效之防火構造，自然能耐火防止延燒，可提供內部人員有較安全之相當時間進行避難，而二棟以上建築物之間，以某種建築結構進行連接互通，在屋頂上稱作避難橋，在非屋頂地面二層以上，稱作架空走廊，且其本身及物品不提供火載量，並設有阻隔延燒之防火門，當然也可減設避難輔助器具。

　　有關「殘障福利服務中心」，比照醫院、療養院、養老院，其設計地面層至第九層設計一處直通避難層之「殘障坡道」，依內政部消防法令函釋及公告得視同設有一具避難器具。

避難器具減設規定

主要構造：防火構造，二座以上不同避難方向安全梯

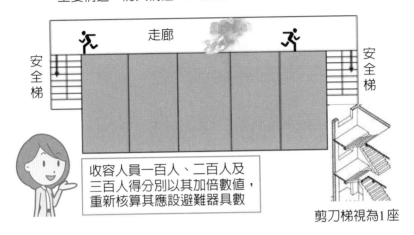

安全梯

走廊

安全梯

收容人員一百人、二百人及三百人得分別以其加倍數值，重新核算其應設避難器具數

剪刀梯視為1座

通往避難橋出入口具開關構造

避難橋

直下層設有≥2座安全梯

屋頂平臺100m²

≥0.5小時防火門

設有避難橋之屋頂平臺及≥2座安全梯，其直下層每一座避難橋可減設2具

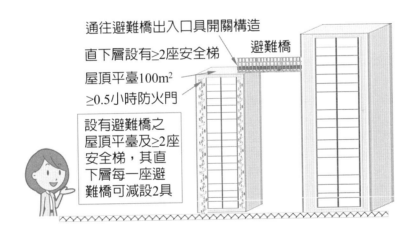

二側出入口設自動關閉≥1小時防火門（不含防火鐵捲門）

不得供避難通行及搬運以外使用

設有架空走廊之樓層每座架空走廊可減設2具

架空走廊防火構造

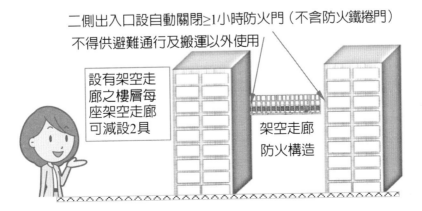

2-33 避難器具免設（一）

第 159 條

各類場所之各樓層符合下列規定之一者，其應設之避難器具得免設：

一、主要構造為防火構造，居室面向戶外部分，設有陽臺等有效避難設施，且該陽臺等設施設有可通往地面之樓梯或通往他棟建築物之設施。

二、主要構造為防火構造，由居室或住戶可直接通往直通樓梯，且該居室或住戶所面向之直通樓梯，設有隨時可自動關閉之具一小時以上防火時效之防火門（不含防火鐵捲門），且收容人員未滿三十人。

三、供第十二條第二款第六目、第十目或第四款所列場所使用之樓層，符合下列規定者：

（一）主要構造為防火構造。

（二）設有二座以上安全梯，且該樓層各部分均有二個以上不同避難逃生路徑能通達安全梯。

四、供第十二條第二款第一目、第二目、第五目、第八目或第九目所列場所使用之樓層，除符合前款規定外，且設有自動撒水設備或內部裝修符合建築技術規則建築設計施工篇第八十八條規定者。

五、供第十二條第一款第六目之榮譽國民之家、長期照顧服務機構（限機構住宿式、社區式之建築物使用類組非屬 H-2 之日間照顧、團體家屋及小規模多機能）、老人福利機構（限長期照護型、養護型、失智照顧型之長期照顧機構、安養機構）、兒童及少年福利機構（限托嬰中心、早期療育機構、有收容未滿二歲兒童之安置及教養機構）、護理機構（限一般護理之家、精神護理之家、產後護理機構）、身心障礙福利機構（限供住宿養護、日間服務、臨時及短期照顧者）場所使用之樓層，符合下列規定者：

（一）各樓層以具一小時以上防火時效之牆壁及防火設備分隔為二個以上之區劃，各區劃均以走廊連接安全梯，或分別連接不同安全梯。

（二）裝修材料以耐燃一級材料裝修。

（三）設有火警自動警報設備及自動撒水設備（含同等以上效能之滅火設備）。

【解說】

依消防署修正說明，避難弱勢場所就場所特殊需求，應優先依本條第一款規定檢討免設避難器具，即檢討建築構造設置連續性之陽臺或走廊及設有可通往地面之樓梯或通往他棟建築物之設施；如無法檢討免設避難器具，應優先選設避難橋或滑臺或選設中央主管機關認可之避難器具。

避難器具免設規定

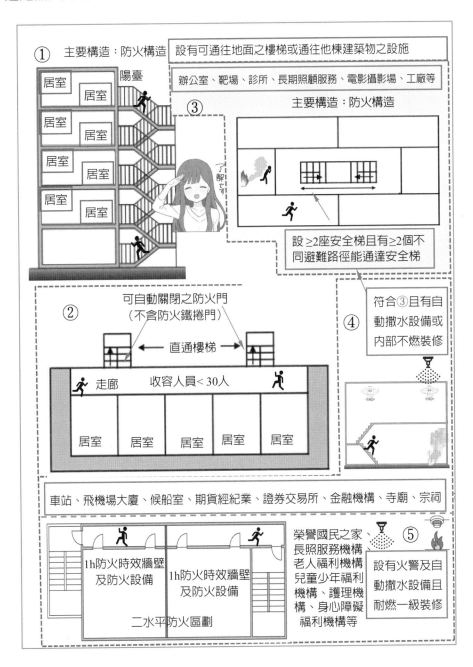

2-34 避難器具免設（二）

免設避難器具

為增加場所檢討設置避難器具之彈性，並維護其公共安全，參考內政部建築研究所一百零五年十二月針對長照服務機構防火避難安全改善之調查研究，場所如符合「火災居室離室避難；非火災居室初期就地避難」之條件（略述如下：1. 居室構造：各居室構造具半小時防火時效以上之防火性能且應具遮煙性，以有效控制火煙的擴散及入侵。2. 室內裝修材料：天花板及牆面等室內裝修材料符合法規，採難燃一級或二級之材料。3. 主動式火災控制機制：各居室設有自動撒水系統滅火設備等可有效控制火災成長之設備。），可區隔火煙之侵襲，及配合建築技術規則建築設計施工編第九十九條之一第一項規定：「供下列各款使用之樓層，除避難層外，各樓層應以具一小時以上防火時效之牆壁及防火設備分隔為二個以上之區劃，各區劃均應以走廊連接安全梯，或分別連接不同安全梯：一、建築物使用類組 F-2 組之機構、學校。二、建築物使用類組 F-1 或 H-1 組之護理之家、產後護理機構、老人福利機構及住宿型精神復健機構。」應可免設避難器具，爰增訂第五款得免設避難器具之場所及其條件。

而本條是避難輔助器具得免設與上一條是得減設，二條可供相互比較，當然設計消防安全設備，是因應建築物火災而設置，假使設計脫離火災學原理，就失去其真正義。

火災學理

因此，二條之間皆從火災學原理，顯示出在防火及避難安全上有其程度上差別，本條建築物不但具防火構造，且設有陽臺即可通達避難層或他棟建築物，或是通往直通避難層之樓梯且不會使避難人員產生擁擠，並有防火門阻隔火煙之安全避難路徑。另外較單純且火載量不多使用人之辦公室、診所或老人服務機構等、電影攝影場或電視播送場、工廠等特定使用人之場所，知悉避難路徑，較不會遇上避難空間混淆問題，其主要構造為防火構造或是各樓層有二個以上不同避難逃生安全路徑者得免設；又火載量有限之車站等、金融機構等、寺廟等或體育館或室內游泳池等場所，除有防火構造或二座安全梯外，又設自動撒水或是內部裝修以不燃或耐燃材料者，得免設。事實上，自動撒水設備是所有消防設備中全球公認最具成本效益之設備，其使用迄今已超過一百歷史；在許多統計中，以密閉式撒水頭一般是不會破裂到三顆，就可控制住火勢發展。

避難器具消防設計流程

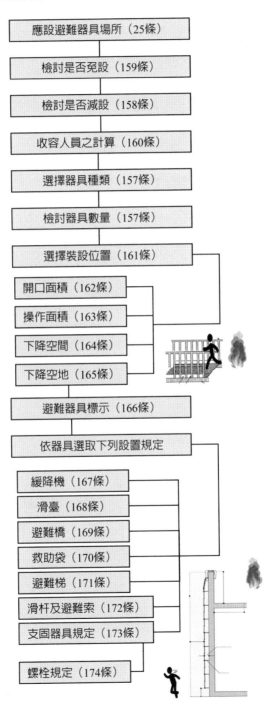

2-35 收容人員計算

第 160 條
第一百五十七條表列收容人員之計算，依右表規定：

【解說】

避難器具是以樓層個別計算的，於集合住宅、寄宿舍：合計其居住人數，每戶以三人計算。依內政部消防法令函釋及公告，考量其意旨係以其實際居住人數為認定，倘於消防安全設備設計階段無法確認其實際人數時，原則以每戶 3 人計算之。爰寄宿舍收容人數計算方式則由地方消防機關考量其實際使用情形個案實質認定。

因此，收容人數之計算應以樓層為單位所稱「樓層」之認定，按建物如為連棟式建築物，則上開「樓層」係指以無開口、具一小時以上防火時效之牆壁區劃部分。建築物各層避難器具之核算涉「收容人數之計算應以樓層為單位」，所稱「樓層」之認定，按建物如為連棟式建築物，則「樓層」係指以無開口、具一小時以上防火時效之牆壁區劃部分。而從業員工數以平時在勤人數最多時計算之。

總樓地板面積在五百平方公尺以上，且設有香客大樓或類似住宿、休息空間，收容人數在一百人以上之寺廟、宗祠、教堂及其他類似場所。其指一定規模以上之寺廟、宗祠或教堂等場所，平時供香客、信徒、教友進行祭祀、拜拜、禮拜等宗教儀式，若建築物內設有香客大樓或類似住宿、休息空間，於節慶或大型活動時，大量進香、建醮等用火敬神行為及不特定人員駐留，增加該建築物發生火災之人命危險程度，故有實施防火管理之必要。該場所態樣及收容人數計算如下：

1. 寺廟、宗祠或教堂等場所基地內設有香客大樓或類似住宿、休息空間，應合計其收容人數檢討實施防火管理。
2. 寺廟、宗祠或教堂等場所與香客大樓或類似住宿、休息空間，分屬於不同一基地內之不同建築物，應依各自用途檢討實施防火管理。
3. 該場所收容人數之計算，依本條規定辦理。

收容人員計算

場所	歌廳、電影院等	舞廳、夜總會等
員工	從業員工數	從業員工數
固定席	座椅數	座椅數
連續式	座椅寬度 /0.4m	座椅寬度 /0.5m
立位	樓地板面積 /0.2m^2	—
其他	樓地板面積 /0.5m^2	樓地板面積 /3m^2

編號	各類場所	收容人員計算方式
1	電影片映演場所（戲院、電影院）、歌廳、集會堂、體育館、活動中心	其收容人員人數，為下列各款合計之數額： 一、從業員工數。 二、各觀眾席部分以下列數額合計之。 　　（一）設固定席位部分以該部分座椅數計之。如為連續式席位，$\dfrac{座椅正面寬度}{0.4m}$（<1不計）。 　　（二）立位，$\dfrac{樓地板面積}{0.2m^2}$。 　　（三）其他，$\dfrac{樓地板面積}{0.5m^2}$。
2	遊藝場所、電子遊戲場、資訊休閒場所	其收容人員人數，為下列各款合計之數額： 一、從業員工數。 二、遊樂用機械器具能供進行遊樂之人數。 三、供觀覽、飲食或休息使用設固定席位者，以該座椅數計之。如為連續式席位，$\dfrac{座椅正面寬度}{0.5m}$（<1不計）。
3	舞廳、舞場、夜總會、俱樂部、酒家、酒吧、酒店（廊）、理容院、指壓按摩場所、節目錄影帶播映場所、視聽歌唱場所、保齡球館、室內溜冰場、撞球場、健身休閒中心（含提供指壓、三溫暖等設施之美容瘦身場所）、室內螢幕式高爾夫練習場、餐廳、飲食店、咖啡廳、茶藝館及其他類似場所	其收容人員人數，為下列各款合計之數額： 一、從業員工數。 二、各客人席部分以下列數額合計之： 　　（一）設固定席位部分，以該部分座椅數計之。如為連續式席位，$\dfrac{座椅正面寬度}{0.5m}$（<1不計）。 　　（二）其他，$\dfrac{樓地板面積}{3m^2}$。 三、保齡球館之球場以附屬於球道之座椅數為準。 四、視聽歌唱場所之包廂，以其固定座椅數及麥克風數之合計為準。
4	商場、市場、百貨商場、超級市場、零售市場、展覽場	其收容人員人數，為下列各款合計之數額： 一、從業員工數。 二、供從業人員以外者使用部分，以下列數額合計： 　　（一）供飲食或休息用部分，$\dfrac{樓地板面積}{3m^2}$。 　　（二）其他（含百貨商場之櫥窗部分），$\dfrac{樓地板面積}{4m^2}$。
5	觀光飯店、飯店、旅館、招待所（限有寢室客房者）	其收容人員人數，為下列各款合計之數額： 一、從業員工數。 二、各客房部分，以下列數額合計： 　　（一）西式客房之床位數。 　　（二）日式客房，$\dfrac{樓地板面積}{6m^2}$（團體，$\dfrac{樓地板面積}{3m^2}$）所得之數。

編號	各類場所	收容人員計算方式
		三、供集會、飲食或休息用部分，以下列數額合計： （一）設固定席位部分，以該座椅數計之。如為 連續式席位，$\dfrac{座椅正面寬度}{0.5m}$（<1 不計）。 （二）其他，$\dfrac{樓地板面積}{3m^2}$。
6	集合住宅、寄宿舍	合計其居住人數，每戶以三人計算。
7	醫療機構（醫院、診所）、療養院	其收容人員人數，為下列各款合計之數額： 一、從業員工數。 二、病房內病床數。 三、各候診室，$\dfrac{樓地板面積}{3m^2}$。 四、醫院等場所育嬰室之嬰兒，應列為收容人員計算。
8	長期照護機構、養護機構、安養機構、老人服務機構（限供日間照顧、臨時照顧、短期保護及安置使用者）、兒童福利設施、托兒所、育嬰中心、幼稚園、護理之家機構、產後護理機構	從業員工數與老人、幼兒、身體障礙者、精神耗弱者及其他需保護者之人數合計之。
9	學校、啟明、啟聰、啟智等特殊學校、補習班、訓練班、兒童與少年福利機構、K書中心、安親（才藝）班	教職員工數與學生數合計之。
10	圖書館、博物館、美術館、紀念館、史蹟資料館及其他類似場所	從業員工數與閱覽室、展示室、展覽室、會議室及休息室，$\dfrac{樓地板面積}{3m^2}$。
11	三溫暖、公共浴室	從業員工數與供浴室、更衣室、按摩室及休息室，$\dfrac{樓地板面積}{3m^2}$。
12	寺廟、宗祠、教堂、靈骨塔及其他類似場所	神職人員及其他從業員工數與供禮拜、集會或休息用部分之樓地板面積和除三平方公尺所得之數，合計之。
13	車站、候機室、室內停車場、室內停車空間、電影攝影場、電視播送場、倉庫、傢俱展示販售場等工作場所	從業員工數之合計。
14	其他場所	從業員工數與供從業員以外者所使用，$\dfrac{樓地板面積}{3m^2}$。

編號	各類場所	收容人員計算方式

註：
一、收容人數之計算應以樓層為單位。
二、依「複合用途建築物判斷基準」判定該場所不同用途，在管理及使用型態上，構成從屬於主用途時，以主用途來核算其收容人數。
三、從業員工數之計算，依下列規定：
　　（一）從業員工，不分正式或臨時，以平時最多服勤人數計算。但雇用人員屬短期、臨時性質者，得免計入。
　　（二）勤務制度採輪班制時，以服勤人員最多時段之從業員工數計算。但交班時，不同時段從業員工重複在勤時，該重複時段之從業員工數不列入計算。
　　（三）外勤員工有固定桌椅者，應計入從業員工數。
四、計算收容人員之樓地板面積，依下列規定：
　　（一）樓地板面積除單位面積所得之數，未滿一之零數不計。
　　（二）走廊、樓梯及廁所，原則上不列入計算收容人員之樓地板面積。
五、固定席位，指構造上固定，或設在一定場所固定使用且不易移動者。下列情形均應視為固定席位：
　　（一）沙發等座椅。
　　（二）座椅相互連接者。
　　（三）平時在同一場所，固定使用，且不易移動之座椅。

金屬製避難梯

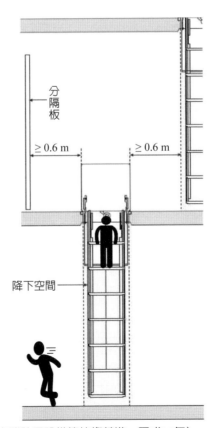

（明石市消防局，明石市消防用設備等技術基準，平成31年）

2-36 避難器具裝設及開口面積

> **第 161 條**
> 避難器具，依下列規定裝設：
> 一、設在避難時易於接近處。
> 二、與安全梯等避難逃生設施保持適當距離。
> 三、供避難器具使用之開口部，具有安全之構造。
> 四、避難器具平時裝設於開口部或必要時能迅即裝設於該開口部。
> 五、設置避難器具（滑杆、避難繩索及避難橋除外）之開口部，上下層應交錯配
> 　　置，不得在同一垂直線上。但在避難上無障礙者不在此限。

【解說】

　　避難時易於接近處，且設有設置位置之標示，以引導人員及時使用。如就近有安全梯，當然是人員避難首選，設在其附近避難器具是沒有意義的。而開口部因使用人需抓取抬起上身重量，其需具有安全構造，不因施力而結構失效。避難器具能迅即裝設於該開口部，因為火災應變有其時間上迫切性。

　　緩降機、避難梯、救助袋及滑臺之開口部，上下層應交錯配置，不得在同一垂直線上。因其設在其下降之正上方或正下方空間應淨空，避免產生垂直空間重疊現象。

> **第 162 條**
> 避難器具，依下表規定，於開口部保有必要開口面積：
>
> | 種類 | 開口面積 |
> | --- | --- |
> | 緩降機、避難梯、避難繩索及滑杆 | 高八十公分以上，寬五十公分以上或高一百公分以上，寬四十五公分以上 |
> | 救助袋 | 高六十公分以上，寬六十公分以上 |
> | 滑臺 | 高八十公分以上，寬為滑臺最大寬度以上 |
> | 避難橋 | 高一百八十公分以上，寬為避難橋最大寬 |

【解說】

　　對於避難器具之使用，民眾仍缺乏信心，包括連消防設備師（士）也會有所牽掛。基本上消防設備可靠度是一重大課題，設備品質當然在製造端，可藉由認可基準之型式及個別認可來作提升，在施工端由監造及消防單位來會勘，在檢修端由消防設備師（士）進行點檢，以及在使用端由民眾教育訓練及日常管理，來全面提升設備可靠度。

　　本條所規定緩降機、避難梯、避難繩索及滑杆之開口部保有必要開口面積，係高八十公分以上、寬五十公分以上或高一百公分以上，寬四十五公分以上，其指開口部設於壁面者。就開口部設於地面者，該必要開口面積為可內切直徑五十公分以上圓之開口面積。到此，避難並非站立狀態，僅為半身抬起以上之空間；但其避難橋係以人員站立狀態行進，故其開口尺寸高一百八十公分以上。

避難器具裝設規定

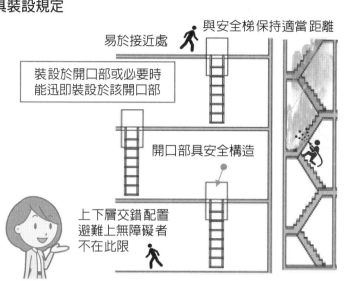

與安全梯保持適當距離

易於接近處

裝設於開口部或必要時
能迅即裝設於該開口部

開口部具安全構造

上下層交錯配置
避難上無障礙者
不在此限

避難器具必要開口面積

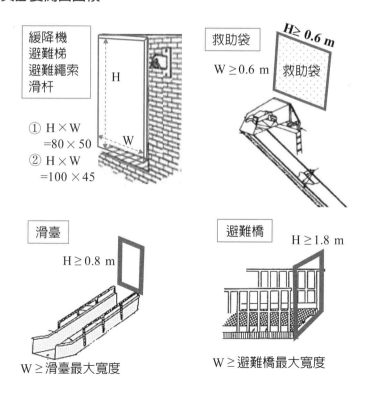

緩降機
避難梯
避難繩索
滑杆

① H×W
　=80×50
② H×W
　=100×45

救助袋

H≥ 0.6 m

W ≥0.6 m　救助袋

滑臺

H≥0.8 m

W ≥滑臺最大寬度

避難橋

H ≥1.8 m

W ≥避難橋最大寬度

2-37 避難器具操作面積

第 163 條
避難器具，依下表規定，於設置周圍無操作障礙，並保有必要操作面積：

種類	操作面積
緩降機、避難梯、避難繩索及滑杆	零點五平方公尺以上（不含避難器具所佔面積）。但邊長應為六十公分以上。
救助袋	寬一百五十公分以上，長一百五十公分以上（含器具所占面積）。但無操作障礙，且操作面積在二點二五平方公尺以上時，不在此限。
滑臺、避難橋	依避難器具大小及形狀留置之。

【解說】

本條避難梯操作面積零點五平方公尺以上（不含避難梯所占面積），但邊長應為六十公分以上，至其必要操作面積核算，仍應就避難梯設置周圍是否有無操作障礙考量認定之，故避難梯之選設及操作面積設計，事屬個案地方消防機關之實質審查。在所有避難輔助器具中，救助袋之使用，會耗費較多時間，因其平時不會拿出懸掛，待火警發生時，始取出並進行固定，一般以二人操作為原則，故其操作面積是最大的（長寬各 ≧ 一百五十公分，並含器材本身體所占面積，使用時整個器材有一定質量，會往下放而延伸下去）。

在對避難輔助器具進行性能試驗時，支固器具（需完全伸展並於架設完成之狀態）應依以下方法施加荷重，確認支固器具及固定部分的狀況。

1. 對支固器具和避難器具的連結部分應以垂直方向施加荷重。但如為斜降式救助袋，則應對下降方向予以施加荷重。
2. 關於載重之大小，如為救助袋，應為三百公斤以上；如為緩降機（多人數用以外者），為一百九十五公斤以上；如為其他種類，則應有合適之載重。

基本上，避難輔助器具是當建築物火災時本身防火避難設施，已難以靠近取用，才考量使用避難輔助器具，這是給來不及逃生人員使用；事實上，在法定避難輔助器具上，如避難橋（架空走廊）、滑臺或救助袋之使用安全性較高，而緩降機、避難繩索及滑杆之使用安全性，顯然相對較低，當然也要考慮使用人員之狀況，此非避難弱者所能選取避難輔助器具。

在緩降機方面，有些設於專有之住宅內，致使妨礙其他住戶逃生安全權益一事，查緩降機係依消防單位會審勘程序及規定衡酌其空間配置、兩方向逃生避難等因素選擇適當位置設置，往往因建築物空間而受極大之限制，除非各戶均設計設置，否則即有部分設、部分無設之情形，且人員於避難時，應以直通樓梯、安全梯、特別安全梯等固定構造之設施進行逃生，緩降機係為輔助之避難器具，故平時仍請保持走廊、出入口等公共通道安全梯之暢通為要，以作為避難逃生之使用。

避難器具必要操作面積

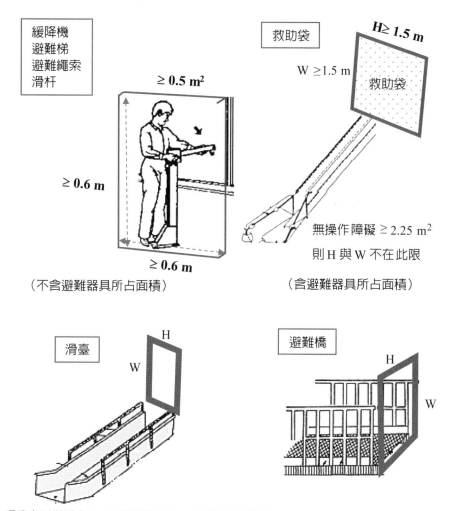

緩降機
避難梯
避難繩索
滑杆

≥ 0.5 m²

≥ 0.6 m

≥ 0.6 m

（不含避難器具所占面積）

救助袋

H≥ 1.5 m

W ≥1.5 m

救助袋

無操作障礙 ≥ 2.25 m²

則 H 與 W 不在此限

（含避難器具所占面積）

滑臺

H

W

避難橋

H

W

滑臺與避難橋之H、W依避難器具大小及形狀留置之

2-38 避難器具下降空間

第 164 條

避難器具，依下表規定，於開口部與地面之間保有必要下降空間：

種類	下降空間
緩降機	以器具中心半徑零點五公尺圓柱形範圍內。但突出物在十公分以內，且無避難障礙者，或超過十公分時，能採取不損繩索措施者，該突出物得在下降空間範圍內。
避難梯	自避難梯二側豎桿中心線向外二十公分以上及其前方六十五公分以上之範圍內。
避難繩索及滑杆	應無避難障礙之空間。
救助袋（斜降式）	救助袋下方及側面，在上端二十五度，下端三十五度方向依下圖所圍範圍內。但沿牆面使用時，牆面側不在此限。
救助袋（直降式）	一、救助袋與牆壁之間隔為三十公分以上。但外牆有突出物，且突出物距救助袋支固器具裝設處在三公尺以上時，應距突出物前端五十公分以上。二、以救助袋中心，半徑一公尺圓柱形範圍內。
滑臺	滑面上方一公尺以上及滑臺兩端向外二十公分以上所圍範圍內。
避難橋	避難橋之寬度以上及橋面上方二公尺以上所圍範圍內。

【解說】

上揭救助袋可分斜降式與直降式，於直降式救助袋除了斜降式的下部支持裝置及固定環之項目外，關於操作展開、下降、拉上及收藏，應比照斜降式。而直降式之下部出口距基地面之高度，應依救助袋之種類，確認各別必要適當之距離。而斜降式要下降時，下降者需先與地上檢查者打信號，然後再下降。下降者先把腳放在階梯上，使腳先進入袋安裝框，調整好姿勢再下降。下降姿勢應依照使用方法下降；因為下降時的初速愈快，下降速度會愈大而危險，因此絕對不可以加反作用而下降。

避難器具空間設計因素

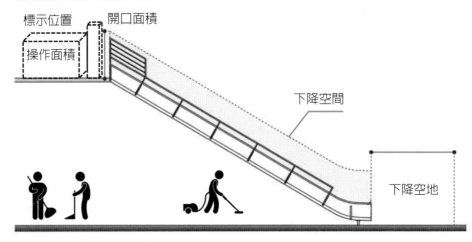

避難器具必要下降空間

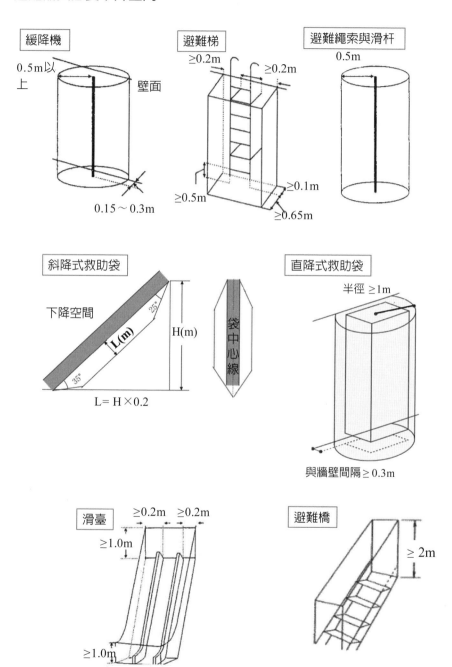

2-39 避難器具下降空間及標示

第 165 條

避難器具依下表規定，於下降空間下方保有必要下降空地：

種類	下降空間
緩降機	下降空間之投影面積。
避難梯	下降空間之投影面積。
避難繩索及滑杆	應無避難障礙之空地。
救助袋（斜降式）	救助袋最下端起二點五公尺及其中心線左右一公尺以上所圍範圍。
救助袋（直降式）	下降空間之投影面積。
滑臺	滑臺前端起一點五公尺及其中心線左右零點五公尺所圍範圍。
避難橋	無避難障礙空地。

【解說】

　若爲垂直式下降，則下降空地取其下降空間之投影面積。

第 166 條

設置避難器具時，依下表標示其設置位置、使用方法並設置指標：

避難器具標示種類	設置處所	尺　寸	顏色	標示方法
設置位置	避難器具或其附近明顯易見處。	長三十六公分以上、寬十二公分以上。	白底黑字	字樣爲「避難器具」，每字五平方公分以上。但避難梯等較普及之用語，得直接使用其名稱爲字樣。
使用方法		長六十公分以上、寬三十公分以上。		標示易懂之使用方法，每字一平方公分以上。
避難器具指標	通往設置位置之走廊、通道或居室之入口。	長三十六公分以上、寬十二公分以上。		字樣爲「避難器具」，每字五平方公分以上。

【解說】

　避難器具標示等不能援引「出口標示燈及避難方向指示燈認可基準」之適用。因上述二者，有其細節上之不同。基本上，避難行爲特性分爲心理特性與生理特性，火災時人類心理產生恐慌狀態，使得避難行動多樣；而生理部分，人在避難逃生的移動過程中會因爲空間規模、性質、性別、年齡、身體機能等生理，會受到心理特性變化，而造成逃生行爲差異性。而標示即「方向」和「位置」二者的總稱，於「方位性標示」即爲提供逃生需求的資訊來源，使用者經由其內容對空間「概念化」，並依「識別性標示」確認位置，進行避難安全行爲。

避難器具必要下降空地

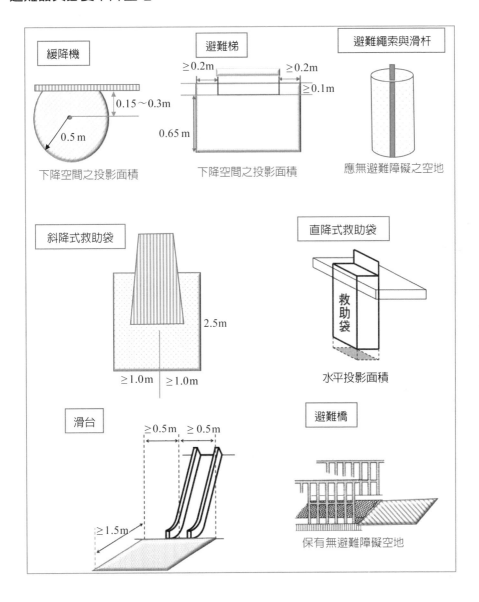

緩降機

0.15～0.3m

0.5m

下降空間之投影面積

避難梯

≥0.2m　≥0.2m

≥0.1m

0.65 m

下降空間之投影面積

避難繩索與滑杆

應無避難障礙之空地

斜降式救助袋

2.5m

≥1.0m　≥1.0m

直降式救助袋

救助袋

水平投影面積

滑台

≥0.5m　≥0.5m

≥1.5m

避難橋

保有無避難障礙空地

2-40 緩降機、滑臺及避難橋設置

第 167 條　緩降機應依下列規定設置：
一、緩降機之設置，在下降時，所使用繩子應避免與使用場所牆面或突出物接觸。
二、緩降機所使用繩子之長度，以其裝置位置至地面或其他下降地點之等距離長度
　　為準。
三、緩降機支固器具之裝置，依下列規定：
　　（一）設在使用場所之柱、地板、樑或其他構造上較堅固及容易裝設場所。
　　（二）以螺栓、熔接或其他堅固方法裝置。

【解說】

　　內政部於九十年公告「緩降機」為應實施認可品目，並依緩降機認可基準辦理認可。有關既設合法集合住宅每戶專有部分設置壁掛式緩降機，因設於住戶專有位置，難進入確認是否妥善，且日曬雨淋有年久失修，造成人員傷亡之虞，得依現行設置標準規定，重新檢討避難器具之設置。而收容之精神病患具暴力傾向如醫院場所，為維護其安全，得將緩降機集中放置於各層護理站。而緩降機固定在該繩索最長使用限度之高處（如繩索長度超過十五公尺者則以十五公尺之高度為準），有關其下降時試驗，依緩降機認可基準所示如次：（一）常溫下降試驗：施予最大使用人數分別乘以250nt 及 650nt 之載重及以相當於最大使用載重之負載等三種載重，左右交互加載且左右連續各下降一次時，其速度應在 16cm/sec 以上 150cm/sec 以下之範圍內。（二）二十次連續下降試驗：施予相當於最大使用人數乘以 650nt 之載重，左右交互加載且左右連續各下降十次之下降速度，任一次均應在二十次之平均下降速度值之 80％以上 120％以下，且不得發生性能及構造上之異常現象。

第 168 條　滑臺，依下列規定設置：
一、安裝在使用場所之柱、地板、樑或其他構造上較堅固或加強部分。
二、以螺栓、埋入、熔接或其他堅固方法裝置。
三、設計上無使用障礙，且下降時保持一定之安全速度。
四、有防止掉落之適當措施。
五、滑臺之構造、材質、強度及標示符合 CNS 一三二三一之規定。

【解說】

　　滑臺材質為鐵製或鋼筋混凝土，並具一定厚度以負荷每公尺一百三十公斤之載量。

第 169 條　避難橋，依下列規定設置：
一、裝置在使用場所之柱、地板或其他構造上較堅固或加強部分。
二、一邊以螺栓、熔接或其他堅固方法裝置。
三、避難橋之構造、材質、強度及標示符合 CNS 一三二三一之規定。

【解說】

　　二棟大樓之間，平時為防盜考量，有時避難橋並非固定式而沒有架設，一旦有狀況發生，始以移動式延伸出去，所以一邊以螺栓、熔接或其他堅固方法裝置。

避難器具標示設置位置、使用方法

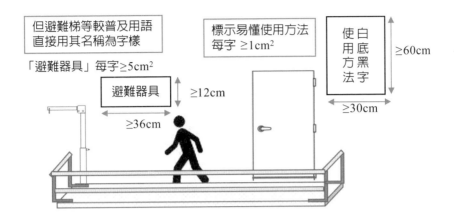

但避難梯等較普及用語直接用其名稱為字樣

「避難器具」每字≥5cm²

避難器具

≥12cm

≥36cm

標示易懂使用方法每字 ≥1cm²

使用方法

白底黑字

≥60cm

≥30cm

緩降機設置及螺栓、熔接堅固方法裝置

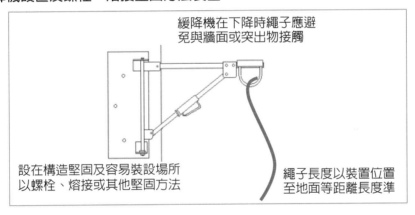

緩降機在下降時繩子應避免與牆面或突出物接觸

設在構造堅固及容易裝設場所以螺栓、熔接或其他堅固方法

繩子長度以裝置位置至地面等距離長度準

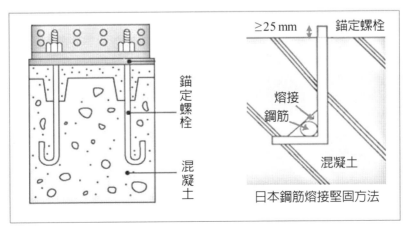

錨定螺栓

混凝土

≥25 mm

錨定螺栓

熔接鋼筋

混凝土

日本鋼筋熔接堅固方法

2-41 救助袋及避難梯設置

第 170 條　救助袋依下列規定設置：
一、救助袋之長度應無避難上之障礙，且保持一定之安全下滑速度。
二、裝置在使用場所之柱、地板、樑或其他構造上堅固或加強部分。
三、救助袋支固器具以螺栓、熔接或其他堅固方法裝置。

【解說】
　救助袋使用人員安全性高，但在國內高較少見，主因為其設備價位昂貴。反而，建商普遍設置風險較高但經濟便宜之緩降機。

第 171 條　避難梯依下列規定設置：
一、固定梯及固定式不銹鋼爬梯（直接嵌於建築物牆、柱等構造，不可移動或收納者）應符合下列規定：
　　（一）裝置在使用場所之柱、地板、樑或其他構造上較堅固或加強部分。
　　（二）以螺栓、埋入、熔接或其他堅固方法裝置。
　　（三）橫桿與使用場所牆面保持十公分以上之距離。
二、第四層以上之樓層設避難梯時，應設固定梯，並合於下列規定：
　　（一）設於陽臺等具安全且容易避難逃生構造處，其樓地板面積至少二平方公尺，並附設能內接直徑六十公分以上之逃生孔。
　　（二）固定梯之逃生孔應上下層交錯配置，不得在同一直線上。
三、懸吊型梯應符合下列規定：
　　（一）懸吊型梯固定架設在使用場所之柱、地板、樑或其他構造上較堅固及容易裝設處所。但懸吊型固定梯能直接懸掛於堅固之窗臺等處所時，得免設固定架。
　　（二）懸吊型梯橫桿在使用時，與使用場所牆面保持十公分以上之距離。

【解說】
　避難梯係指「固定梯、倚靠型梯、懸吊型梯及舷梯」，固定梯係指經常固定在防火對象物，呈隨時可使用狀態之梯，包含收納式梯（將橫桿收藏在梯柱內於使用時拉出使成可使用狀態者及將梯下部折疊或可作伸縮之梯），但未明文規定上、下方皆應予固定。但能直接懸掛於堅固之窗臺等處所時，得免設固定架等規定。又不鏽鋼製爬梯具有金屬製避難梯認可品同等效能，與「金屬製避難梯認可基準」將避難梯分固定型梯、倚靠型梯及懸吊型梯等，為明定二者不同。第四層以上之樓層設避難梯時，應設固定梯，這是考量較高樓層可能有高樓風壓及距地面一定之高度固定，較安全使用。

避難梯設置規定

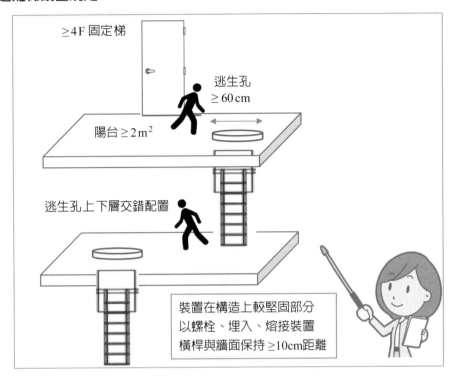

≥4F 固定梯

逃生孔
≥60 cm

陽台 ≥ 2m²

逃生孔上下層交錯配置

裝置在構造上較堅固部分
以螺栓、埋入、熔接裝置
橫桿與牆面保持 ≥10cm距離

懸吊型梯設置規定

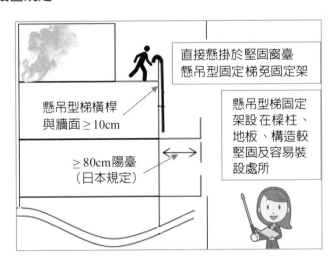

直接懸掛於堅固窗臺
懸吊型固定梯免固定架

懸吊型梯橫桿
與牆面 ≥ 10cm

懸吊型梯固定
架設在樑柱、
地板、構造較
堅固及容易裝
設處所

≥ 80cm陽臺
（日本規定）

2-42 滑杆、避難繩索、固定架及螺栓

第 172 條
滑杆及避難繩索,依下列規定設置:
一、長度以其裝置位置至地面或其他下降地點之等距離長度為準。
二、滑杆上端與下端應能固定。
三、固定架,依前條第三款第一目之規定設置。

【解說】

　　滑杆需由鋼材或同等以上耐久性材料製成,能耐三百九十公斤荷重之強度;而避難繩索由耐久性纖維質製成,能耐六百五十公斤抗拉荷重之強度。

第 173 條
供緩降機或救助袋使用之支固器具及供懸吊型梯、滑杆或避難繩索使用之固定架,應使用符合 CNS 二四七三、四四三五規定或具有同等以上強度及耐久性之材料,並應施予耐腐蝕加工處理。

【解說】

　　支固器具及固定架,應使用符合 CNS 同等以上強度及耐久性之材料,以因應時之人群訓練,及建築物使用年限之耐久性。因避難輔助器具為戶外使用,因應臺灣海島型大氣鹽溼環境,應施予耐腐蝕處理,避免材質劣變。

第 174 條　固定架或支固器具使用螺栓固定時,依下列規定:
一、使用錨定螺栓。
二、螺栓埋入混凝土內不含灰漿部分之深度及轉矩值,依右表規定。

【解說】

　　支固器具之固定方式如下:
一、直接裝置在建築物的主要構造部(限樑、柱、樓板等)。(一)鋼骨或鋼筋上焊接螺栓或掛接施工方法。(二)金屬膨脹錨定螺栓施工方法(限採套管打入法)。
二、裝置在固定基座上。三、裝置在採有補強措施時。(一)樑、柱以鋼材夾住,並以螺栓、螺帽固定之施工法。(二)所採施工法不得造成樑、柱之強度降低。
　　(三)建築物之樑、柱、樓板等部分或是固定基座的兩面以鋼材等材料補強,並以螺栓貫通固定之施工方法。
　　如使用扭力扳手作為測定拉拔荷重之器具時,鎖緊扭力和設計拉拔荷重(試驗荷重)之關係如下:$T = 0.24\ DN$
　　T:鎖緊扭力(kgf·cm)
　　D:螺栓直徑(cm)　N:試驗荷重(設計拉拔荷重)(kgf)

螺栓埋入混凝土深度及轉矩值

螺紋標稱	埋入深度 D (mm)（不含灰漿）	轉矩值 F (kgf-cm)
M10×1.5	四十五以上	一百五十至二百五十
M12×1.75	六十以上	三百至四百五十
M16×2	七十以上	六百至八百五十

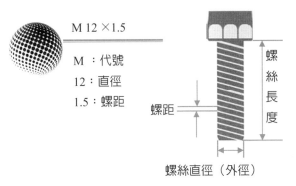

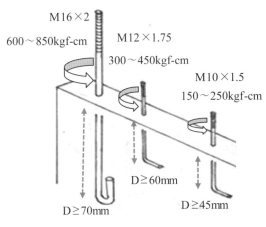

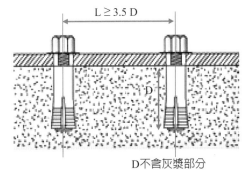

日本金屬膨脹螺絲施工方法例

第三節　緊急照明設備

2-43 緊急照明燈構造及配線

第 175 條　緊急照明燈之構造，依下列規定設置：
一、白熾燈為雙重繞燈絲燈泡，其燈座為瓷製或與瓷質同等以上之耐熱絕緣材料製成者。
二、日光燈為瞬時起動型，其燈座為耐熱絕緣樹脂製成者。
三、水銀燈為高壓瞬時點燈型，其燈座為瓷製或與瓷質同等以上之耐熱絕緣材料製成者。
四、其他光源具有與前三款同等耐熱絕緣性及瞬時點燈之特性，經中央主管機關核准者。
五、放電燈之安定器，裝設於耐熱性外箱。

【解說】

　　在日本緊急照明燈並沒有列入消防安全設備；因已有出口標示燈及避難方向指示燈之引導燈源效果。基本上，緊急照明燈依其認可基準，指裝設於各類場所中避難所需經過之走廊、樓梯間、通道等路徑及其他平時依賴人工照明之照明燈具，內具備交直流自動切換裝置，平時以常用電源對蓄電池進行充電，停電後切換至蓄電池供電，或切換至緊急電源（指發電機）供電，作為緊急照明之用。燈具有白熾燈、日光燈或水銀燈，現今已大量使用 LED 燈。

第 176 條
緊急照明設備除內置蓄電池式外，其配線依下列規定：
一、照明器具直接連接於分路配線，不得裝置插座或開關等。
二、緊急照明燈之電源回路，其配線依第二百三十五條規定施予耐燃保護。但天花板及其底材使用不燃材料時，得施予耐熱保護。

【解說】

　　內置蓄電池之主要作用，非緊急供電用，係為平時充電用，故得設置插座或開關等。而緊急供電用之緊急電源配線，如設插座開關等，一拔掉關關而不知，則緊急時無法供電之窘境。因此，連接於分路配線至 UPS、集中型蓄電池設備或發電機之緊急電源，不得裝置插座或開關等。

　　在緊急照明之電源配線方面，共分三種：①一般消防設備緊急供電配線為耐燃線；於本條指出，②天花板及其底材使用不燃材料時，得為耐熱線；③照明燈內置蓄電池情況，依第 236 條指出得採一般配線即可。

緊急照明燈構造

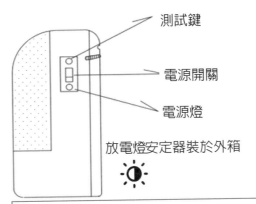

測試鍵

電源開關

電源燈

放電燈安定器裝於外箱

1. 白熾燈為雙重繞燈絲燈泡（燈座瓷製）
2. 日光燈為瞬時起動型（燈座樹脂製）
3. 水銀燈為高壓瞬時點燈型（燈座瓷製）

緊急照明燈配線及緊急電源

電源回路使用耐燃線但不燃性天花板及其底材得耐熱線

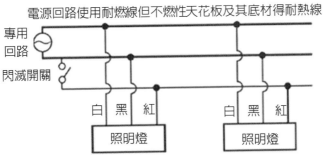

專用
回路

閃滅開關

白　黑　紅　　　白　黑　紅

照明燈　　　　照明燈

照明器具（白色線與黑色線）直接連接於分路配線，不得裝置插座或開關

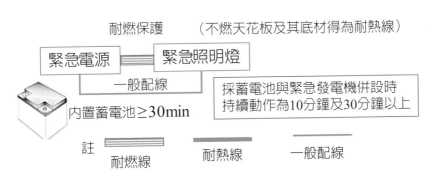

耐燃保護　　　（不燃天花板及其底材得為耐熱線）

緊急電源　　　緊急照明燈

一般配線

採蓄電池與緊急發電機併設時
持續動作為10分鐘及30分鐘以上

內置蓄電池≧30min

註　耐燃線　　　耐熱線　　　一般配線

2-44 **緊急照明燈電源、照度及免設**

第 177 條　緊急照明設備應連接緊急電源
前項緊急電源應使用蓄電池設備，其容量應能使其持續動作三十分鐘以上。但採蓄電池設備與緊急發電機併設方式時，其容量應能使其持續動作分別爲十分鐘及三十分鐘以上。

【解說】

　　在蓄電池分鉛酸電池及鎳鎘或鎳氫電池（在日本有認可之燃料電池）。蓄電池使用四年後其容量會顯著衰減，如需仍維持三十分鐘勢必會有困難，如與發電機併設其容量只需十分鐘即可。這十分鐘用意是在發電機發動時需要時間始能持續供電，使電源供應無中斷。依內政部函釋指出，內置蓄電池之個別型緊急照明燈，經標準檢驗局檢驗合格，應能確保停電時能立即提供避難路徑（走廊、樓梯、通道）足夠之照明，俾使建築物內居民能順利避難逃生。「大樓地下室設置之發電機設備直接提供停電時恢復供電照明使用之方式，因其間有切換時間，並不符合現行法令。惟緊急電源，對於採能提供十分鐘以上容量之蓄電池設備與在常用電源中斷後四十秒內供應正常電力之發電機設備併設時，得視爲具有同等性能，唯發電機設備之容量應能持續供給三十分鐘以上。」得採發電機設備與蓄電池設備併設之方式。

第 178 條
緊急照明燈在地面之水平面照度，使用低照度測定用光電管照度計測得之值，在地下建築物之地下通道，其地板面應在十勒克司（Lux）以上，其他場所應在二勒克司（Lux）以上。但在走廊曲折點處，應增設緊急照明燈。

【解說】

　　地下建築物之地下通道難有自然採光，一旦發生火災，火災生成之濃煙難以消散，勢必很快使地下空間成爲煙霧瀰漫環境，因此地下通道之照度有必要提高，另一目的避難人群恐慌。而緊急照明燈設置之照度計算方式並不設限，蓋該設備之照度符合本條規定即達法定規範之目的。

第 179 條
下列處所得免設緊急照明設備：
一、在避難層，由居室任一點至通往屋外出口之步行距離在三十公尺以下之居室。
二、具有效採光，且直接面向室外之通道或走廊。
三、集合住宅之居室。
四、保齡球館球道以防煙區劃之部分。
五、工作場所中，設有固定機械或裝置之部分。
六、洗手間、浴室、盥洗室、儲藏室或機械室。

【解說】

　　各類場所內有些處所係屬容易避難或特定人使用之熟悉環境、可燃物少或是根本是無人處所非避難動線（引導人員至此，反而適得其反）或是有同等性之自然採光，是可免設緊急照明設備，避免浪費投資；因建築物設置消防安全設備，首重經濟、安全及有效之目的。

緊急照明燈照度

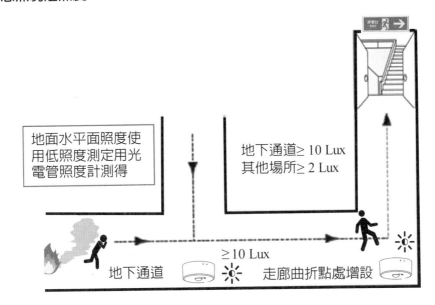

地面水平面照度使用低照度測定用光電管照度計測得

地下通道≥ 10 Lux
其他場所≥ 2 Lux

≥10 Lux

地下通道　　　走廊曲折點處增設

免設緊急照明設備場所

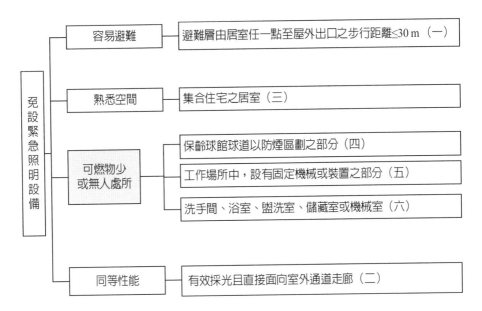

免設緊急照明設備

容易避難　——　避難層由居室任一點至屋外出口之步行距離≤30 m（一）

熟悉空間　——　集合住宅之居室（三）

可燃物少或無人處所　——　保齡球館球道以防煙區劃之部分（四）

工作場所中，設有固定機械或裝置之部分（五）

洗手間、浴室、盥洗室、儲藏或機械室（六）

同等性能　——　有效採光且直接面向室外通道走廊（二）

照明術語

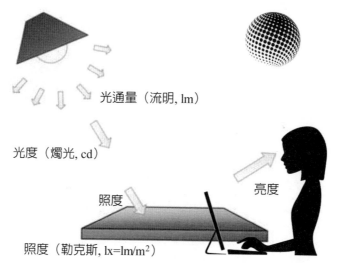

光通量（流明, lm）

光度（燭光, cd）

照度

亮度

照度（勒克斯, lx=lm/m²）

亮度或輝度（單位面積燭光, cd/m²）

亮度爲單位面積之光度；照度爲單位面積之光通量。
照度都是隨著距離的平方線性衰減（成反比），與光度成正比。

物理量	單位	符號	說明
光通量 （Luminous flux）	流明	lm（lm= cd·sr）	單位時間內由光源所發出或由被照物所吸收的總光能。
光度 （Luminous intensity）	燭光	cd (cd= lm/sr) 註：sr 為球面度	光源在給定方向上，每單位立體角內所發出的光通量。
亮度（或輝度） （Luminance）	每單位平方公尺之燭光	cd/m²	單位面積光源在給定方向上，在每單位立體角內所發出的總光通量。
照度 （Illuminance）	勒克斯	lx （1x = 1m/m² = cd·sr/m²）	物體表面每單位面積所吸收可見光的光通量，用於入射表面的光。

　平方反比定律是一個物理學定律，指物體或粒子的作用強度，隨距離的平方而線性衰減，即作用力與距離平方成反比關係。例如天體之間的萬有引力、電荷之間的庫侖力、火災之熱輻射強度，或燈泡的照度都是隨著距離的平方線性衰減。

＋ 小博士解說

平方反比定律（Inverse-square law）

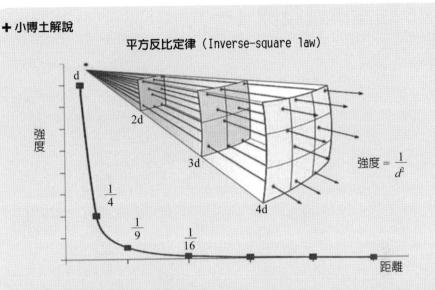

平方（2次方）對物理意義就是「面積」。對「線」的數學表達是 1 次方。對「體積」的表達是 3 次方。與距離平方成反比中的「平方」所反映的是「面積」。因此它只能是 2 次方而不可能是 2.01 次方或其他。因距離平方所反映出來的面積，只要在距離平方前面加上一個「4π」，把它變成「$4\pi r^2$」，它的物理其實是一個球體的表面面積。這就不難理解，其實距離平方中的距離並不是一個單純的距離，而是一個球形的半徑。對這個球形場的幾何中心就是物體的質心。從這個中心向外延伸的出去的距離就是這個場的半徑。這個球形場的表面面積就是 $4\pi r^2$。

很明顯，所有遵循距離平方反比規律的然現象都與球形場有關。又萬有引力是一個來自球形場。強度與球面面積成反比：D = M/A。球面面積計算是 A = $4\pi r^2$。由於自由落體加速度 g 與場強度 D 成正比：g = GmD，因此自由落體加速度 g 與距離 r 平方就成反比關係。由於 F = mg 關係，因此這個力 F 也就跟距離 r 的平方成反比。這個力 F 並不是一個相互吸引的引力，而是一個阻止自由落體運動的阻力（馬海飛，2016）。

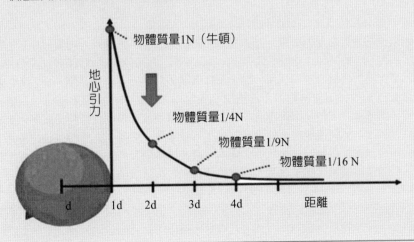

2-45 居室排煙設備（一）

第 188 條

第二十八條第一項第一款至第四款排煙設備，依下列規定設置：

一、每層樓地板面積每五百平方公尺內，以防煙壁區劃。但戲院、電影院、歌廳、集會堂等場所觀眾席，及工廠等類似建築物，其天花板高度在五公尺以上，且天花板及室內牆面以耐燃一級材料裝修者，不在此限。

二、地下建築物之地下通道每三百平方公尺應以防煙壁區劃。

三、依第一款、第二款區劃（以下稱為防煙區劃）之範圍內，任一位置至排煙口之水平距離在三十公尺以下，排煙口設於天花板或其下方八十公分範圍內，除直接面向戶外，應與排煙風管連接。但排煙口設在天花板下方，防煙壁下垂高度未達八十公分時，排煙口應設在該防煙壁之下垂高度內。

四、排煙設備之排煙口、風管及其他與煙接觸部分應使用不燃材料。

五、排煙風管貫穿防火區劃時，應在貫穿處設防火閘門；該風管與貫穿部位合成之構造應具所貫穿構造之防火時效；其跨樓層設置時，立管應置於防火區劃之管道間。但設置之風管具防火性能並經中央主管機關審核認可，該風管與貫穿部位合成之構造具所貫穿構造之防火時效者，不在此限。

六、排煙口設手動開關裝置及探測器連動自動開關裝置；以該等裝置或遠隔操作開關裝置開啟，平時保持關閉狀態，開口葉片之構造應不受開啟時所生氣流之影響而關閉。手動開關裝置用手操作部分應設於距離樓地板面八十公分以上一百五十公分以下之牆面，裝置於天花板時，應設操作垂鍊或垂桿在距離樓地板一百八十公分之位置，並標示簡易之操作方式。

（續）

【解說】

排煙設備分為建管之防火避難用排煙設備與消防搶救用之排煙設備，於貫穿防火區劃牆壁或樓地板之電力管線、通訊管線及給排水管線或管線匣，與貫穿部位合成之構造，應具有一小時以上之防火時效。有關數個樓層間設置直通樓梯或自動樓梯（電扶梯）貫穿樓板之挑高空間場所，將上下樓層間設計為同一防煙區劃，並於該區劃之最上層設置排煙口，使區劃內下面樓層產生之煙，得經由挑高最上層排煙口排出之設計。「跨樓層設置時，立管應置於防火區劃之管道間」係就貫穿防火區劃之立管而言。立管於建築物跨樓層挑空部分設置者，未貫穿防火區劃，即無該規定之適用。樓地板面積合計在五百平方公尺以上之場所，應設置排煙設備。該條款所定樓地板面積合計，係指當層樓地板面積合計，而非跨層合計。

按排煙風管貫穿防火區劃時，應在貫穿處設防火閘門，其與貫穿部位合成之構造，並具一小時以上之防火時效；又該閘門應符合排煙設備用閘門認可基準，各類場所消防安全設備設置標準第一百八十八條第一項第四款及第七款分有明定。至該閘門與貫穿部分合成之構造，應比照建築技術規則建築設計施工編第八十五條相關規範辦理。

居室排煙設備

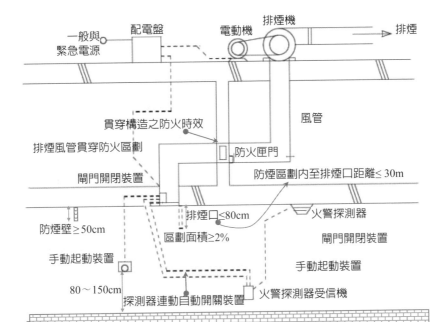

一般與緊急電源　配電盤　電動機　排煙機　排煙

貫穿構造之防火時效

排煙風管貫穿防火區劃

閘門開閉裝置

風管

防火匣門

防煙區劃內至排煙口距離≤ 30m

防煙壁≥50cm

排煙口<80cm

區劃面積≥2%

火警探測器

閘門開閉裝置

手動起動裝置

手動起動裝置

80～150cm

探測器連動自動開關裝置　火警探測器受信機

- 防煙區劃至排煙口距離≤30m
- 排煙口於天花板≤80cm應與排煙風管連接
- 排煙口應設在防煙壁下垂高度內
- 排煙口、風管與煙接觸應使用不燃材料
- 排煙風管貫穿防火區劃應設防火閘門
- 風管跨樓層立管應置於管道間（防火時效不在此限）
- 排煙口設手動及探測器連動開關，平時保持關閉狀態
- 手動開關設於地板面80~150cm牆面
- 裝於天花板應設操作垂鍊在地板180cm並標示操作方式

每500m²內以防煙壁區劃，但戲院、電影院、歌廳、集會堂等觀眾席，及工廠天花板高度≥5m且耐燃一級裝修不在此限。
地下建築物每300m²以防煙壁區劃。

排煙設備之免設，日本於省令第二十九條規定，考量只有開口與滅火設備因素。在開口方面：有常時開放直接通往外氣之開口部、防煙區劃內至開口部水平距離≤三十公尺、開口部在天花板高度≥1/2、開口部面積大於防煙區劃1/50以上；在滅火設備方面，設有固定式滅火設備者。因排煙係屬於消防搶救上設備，如其設置會妨礙搶救如火勢更大等不利因素，消防單位可予認定免設。反觀，台灣排煙免設係以建築法規之防火區劃與耐燃裝修因素，予以免設，這與消防搶救邏輯，令入混淆不解，且臺灣廣泛要求排煙設備，嚴重不符消防設備之經濟安全有效原則。

2-46 居室排煙設備（二）

七、排煙口之開口面積在防煙區劃面積之百分之二以上，且以自然方式直接排至戶外。排煙口無法以自然方式直接排至戶外時，應設排煙機。
八、排煙機應隨任一排煙口之開啓而動作。排煙機之排煙量在每分鐘一百二十立方公尺以上；且在一防煙區劃時，在該防煙區劃面積每平方公尺每分鐘一立方公尺以上；在二區以上之防煙區劃時，在最大防煙區劃面積每平方公尺每分鐘二立方公尺以上。但地下建築物之地下通道，其總排煙量應在每分鐘六百立方公尺以上。
九、連接緊急電源，其供電容量應供其有效動作三十分鐘以上。
十、排煙口直接面向戶外且常時開啓者，得不受第六款及前款之限制。
十一、排煙口開啓時應連動停止空氣調節及通風設備運轉。
　　　前項之防煙壁，指以不燃材料建造，自天花板下垂五十公分以上之垂壁或具有同等以上阻止煙流動構造者。但地下建築物之地下通道，防煙壁應自天花板下垂八十公分以上。

【解說】

　　區劃間隔檢討免設排煙設備之居室，其防火牆之設置並應延伸至樓板（頂板），惟並無該區劃內設置之分間牆應延伸至樓板（頂板）之限制。建築物其牆面僅隔到裝修之天花板，而未隔到水泥頂板，並不符免設排煙設備之規定。

　　依內政部函釋，有關連接排煙機排煙管道出風口直接通向戶外即可，並無不得設於陽臺之限制，如新建工程之排煙機出風口規劃設置之陽臺，確屬常時通風之場所，並符排煙設置規定，原則應屬可行。而有關自然排煙設備設置之自然補氣口之設置，固無明文規範，惟排煙口開啓排煙，佐以適當之補氣口之開啓，能形成良好氣流，而導引濃煙由自然排煙口排出。補氣口係以氣流能順利流動，以達到設置功能為原則。此外，「礙於建築空間受限，其與進風口連接進風管道並與戶外連通部分，可採分層設置於第一、二、三層方式，其進風口之設置同特別安全梯或緊急升降機間之排煙設備，如採設置排煙、進風管道之方式，其進風口如直接面臨室外時，得由該進風口直接進風，否則該進風口應直接連通進風管道，且直接連通戶外」規定。

　　設置室內排煙機時，排煙閘門以偵煙式探測器連動開啓，偵煙式數量為期有效偵測並迅速啓動該排煙口或排煙機，應以該防煙區劃面積及探測器有效探測範圍來核算；另將偵煙式探測器接至火警受信總機，再由火警受信總機將信號傳至排煙受信總機，然後至控制盤以啓動排煙機之方式，這與排煙設備應具有獨立之手動、探測、啓動、控制等組件，以爭取時效，迅速排煙不合，不宜以其他設備之連動取代。

　　而防煙壁係指以不燃材料建造，自天花板下垂五十公分以上之垂壁或具有同等以上阻止煙流動構造者。規定，並無建築物構造樑不得做為防煙壁之限制。又依建築技術規則建築設計施工編第一條第二十四款規定，玻璃雖屬不燃材料，雖基於玻璃破損之危險性及防火上之觀點考量，仍應以使用鑲嵌鐵絲網玻璃為宜。

居室排煙設備排煙口及排煙機

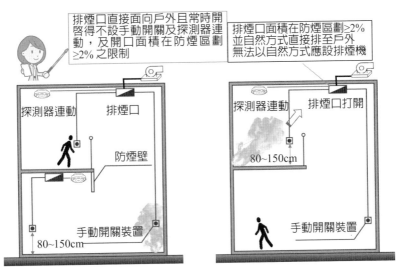

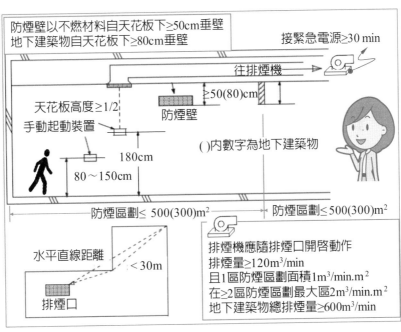

2-47 居室排煙設備（三）

【解說】

依法應設排煙設備場所，可分為二種，一是≥一百平方公尺居室且有效通風面積未達 2%，另一是達到規定就要設置，不分居室或非居室。但設置排煙設備是想要保護內部人員無論是建築物收容人員或是進來搶救之消防人員（排出閃爆燃發生之燃料源），所以在居室與非居室之免設排煙設備，就具相當差異性。

於甲類場所面積合計大於五百平方公尺應設排煙設備，為跨樓層合計之樓地板面積。而室內高度五公尺以上可免防煙區劃，係室內高度已有一定蓄煙量，煙層飄下降至 得威脅人命之一點八公尺，需有一定相當時間，人員可較從容餘裕時間來進行火災應變，然而這時間仍另取決於火災猛烈度因素。當室內火災使排煙設備（自動或手動）動作後，當火勢仍持續發展到達一定程度時，為避免火、熱及煙流藉由排煙風管擴大延燒，此時於風管貫穿防火區劃處所設之防火閘門當即關閉，以遮斷火、熱及煙流之流竄，日本建築法規相關技術規範，排煙設備防火閘門，其熔煉或感溫裝置應於 280℃動作，使防火閘門自動關閉。而國內依排煙設備用閘門認可基準是 121℃～177℃時，就要啟動關閉，即已無法排煙，如果較大規模空間，避難動線距離遠，內部人員要耗費相對較長來完成避難動作，此時溫達一到達 121℃～177℃就將防火排煙閘門關閉，旨在避免延燒之擴大，但卻不利人員之避難與消防人員之人命搶救。

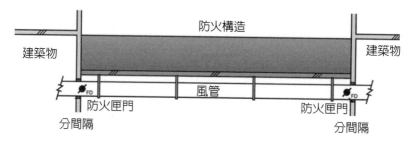

事實上，從風管失敗火勢延燒，也要風管附近有可燃物，如有可燃物以這種溫度仍不會被起燃，如起燃發展至會再威脅內部使用人之火勢，也需相當一段時間，因此國內法規似不早關閉會擴大延燒，看得太重，是有可能會延燒，但那是一段相當時間，且這時內部人縱未逃出，此時人命安全面對環境，已不是火問題，而是一氧化碳之煙霧問題。另一方面，這是創造有利於消防滅火之空間能見度問題，另一方面是在保護入內消防人員不會遇到致命之閃（爆）燃現象，因已大量排出閃（爆）燃發生所需燃料源（濃煙中一氧化碳）。

居室，係指以不燃材料所區隔之最小空間單位，尚非以整個樓層為一居室之範圍。又居室與非居室以常開式開口連通或未予實體分隔者，應視為一居室，據以檢討排煙設備之設置；居室與非居室之間常開式防火門區劃分隔者，認定為具有實體分隔，無視為一居室之適用；惟該常開式防火門不得為防火捲門。

此外，樓地板面積每一百平方公尺內，以防火牆、防火樓板及甲、乙種防火門窗區劃間隔，且天花板及室內牆面，以不燃材料或耐燃材料裝修者。規定檢討免設排煙設備時，上開規定並未要求其區劃內之隔間門窗應使用甲、乙種防火門窗。

排煙設備設置規定

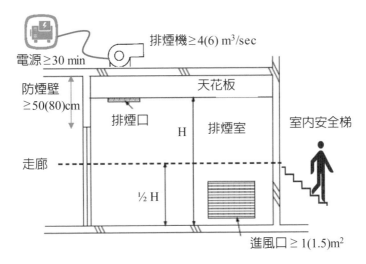

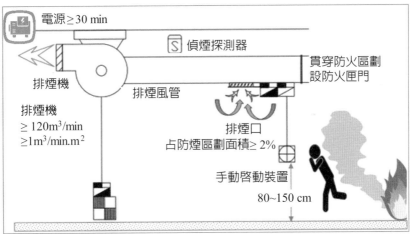

日本排煙機排出方式設計例

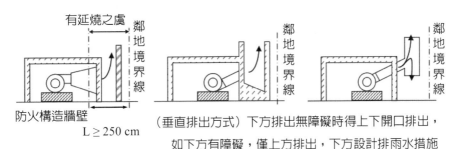

（垂直排出方式）下方排出無障礙時得上下開口排出，
如下方有障礙，僅上方排出，下方設計排雨水措施

2-48 居室排煙設備（四）

【解說】

　　於自然排煙設備設置直接開向戶外之窗戶時，其應設之手動開關裝置，需具「單一動作」即能開啓至定位，並確保其穩定開啓狀態之功能。此外，排煙口設於天花板或其下方八十公分範圍內；建築物天花板或斜屋頂與牆壁交接處高度在五公尺以上，其排煙設備之排煙口符合所定要件者，該排煙口得設於天花板或斜屋頂與牆壁交接處高度二分之一以上。至同一防煙區劃之天花板高度不同時，其排煙口有效範圍，依下列方式之一認定：

1. 天花板高度僅分爲高低兩層，排煙口緊鄰較高天花板，則較高天花板之橫寬在八十公分以上者，其排煙口之有效範圍，爲較高天花板下方八十公分範圍內；較高天花板之橫寬未達八十公分者，其排煙口之有效範圍，爲較低天花板下方八十公分範圍內。

2. 核算平均天花板高度，視爲前開規定天花板之高度。平均天花板高度未達五公尺者，其排煙口之有效範圍，爲平均天花板高度下方八十公分以上之範圍；平均天花板高度在五公尺以上者，其排煙口之有效範圍，爲平均天花板高度二分之一以上之範圍。平均天花板高度，指防煙區劃部分樓地板面積除防煙區劃部分容積之商。

　　應設排煙設備場所之樑爲裸露式者，交錯之樑形成之各防煙區劃皆應設置排煙口。但其樓地板面積每五百平方公尺防煙區劃內，防煙壁及排煙口之設置，符合第一百八十八條第一項第三款規定，並符合下列規範者，不在此限。

$$A + X \geq 50$$
$$(A + X) - B \geq 30$$

　　式中，

A：大樑深度（cm）。

B：中樑深度（cm）。

X：大樑下加設之垂壁高度（cm），其值得爲 0。

A + X：防煙壁下垂高度（cm）。

　　此外，建築物特別安全梯或緊急升降機間排煙設備風管直接連通戶外開口位置可否設於屋頂層乙節，查進風管道戶外開口置於屋頂層之設計，濃煙將會回流進風管道，再進入室內，使無排煙功能；其回流方式，不僅從排煙管道之戶外排煙口，更會從火災室窗口冒出之濃煙回流，實非適當之設計。有關特別安全梯或緊急升降機間排煙室進風之設計，得依各類場所消防安全設備設置標準第一百九十條第二款第五目，設進風管道；或進風口如直接面臨室外時，得由該進風口直接進風，直接在各層設面向外氣之進風口。而其所定排煙量，字面雖示以排煙機排煙量，其意係指各排煙口排煙量，故其檢測方式，防煙區劃爲一區時，該區內各排煙口排煙量之合計，不得小於該防煙區劃面積每平方公尺每分鐘一立方公尺，且不得小於每分鐘一百二十立方公尺；防煙區劃爲二區以上時，應開啓最大防煙區劃及其前後防煙區劃之排煙口，合計其排煙量，不得小於該最大防煙區劃面積每平方公尺每分鐘二立方公尺以上。

排煙設備緊急電源

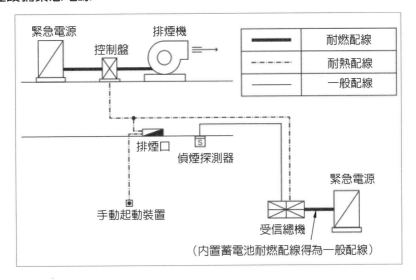

	耐燃配線
	耐熱配線
	一般配線

緊急電源　控制盤　排煙機

排煙口　偵煙探測器

手動起動裝置

受信總機　緊急電源

（內置蓄電池耐燃配線得為一般配線）

自然排煙窗

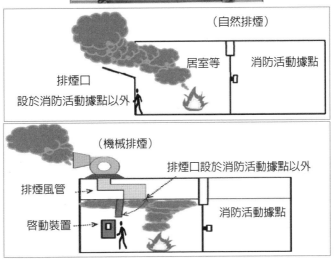

（自然排煙）

居室等　消防活動據點

排煙口
設於消防活動據點以外

（機械排煙）

排煙口設於消防活動據點以外

排煙風管

啓動裝置

消防活動據點

2-49 排煙室排煙（一）

第 189 條
特別安全梯或緊急昇降機間排煙室之排煙設備，依下列規定選擇設置：
一、設置直接面向戶外之窗戶時，應符合下列規定：
　（一）在排煙時窗戶與煙接觸部分使用不燃材料。
　（二）窗戶有效開口面積位於天花板高度二分之一以上之範圍內。
　（三）窗戶之有效開口面積在二平方公尺以上。但特別安全梯排煙室與緊急昇
　　　　降機間兼用時（以下簡稱兼用），應在三平方公尺以上。
　（四）前目平時關閉之窗戶設手動開關裝置，其操作部分設於距離樓地板面
　　　　八十公分以上一百五十公分以下之牆面，並標示簡易之操作方式。
二、設置排煙、進風風管時，應符合下列規定：
　（一）排煙設備之排煙口、排煙風管、進風口、進風風管及其他與煙接觸部分
　　　　應使用不燃材料。
　（二）排煙、進風風管貫穿防火區劃時，應在貫穿處設防火閘門；該風管與貫
　　　　穿部位合成之構造應具所貫穿構造之防火時效；其跨樓層設置時，立管
　　　　應置於防火區劃之管道間。但設置之風管具防火性能並經中央主管機關
　　　　認可，該風管與貫穿部位合成之構造具所貫穿構造之防火時效者，不在
　　　　此限。
　（三）排煙口位於天花板高度二分之一以上之範圍內，與直接連通戶外之排煙
　　　　風管連接，該風管並連接排煙機。進風口位於天花板高度二分之一以下
　　　　之範圍內；其直接面向戶外，開口面積在一平方公尺（兼用時，為一點
　　　　五平方公尺）以上；或與直接連通戶外之進風風管連接，該風管並連接
　　　　進風機。
　（四）排煙機、進風機之排煙量、進風量在每秒四立方公尺（兼用時，每秒六
　　　　立方公尺）以上，且可隨排煙口、進風口開啓而自動啓動。
　（五）進風口、排煙口依前款第四目設手動開關裝置及探測器連動自動開關裝
　　　　置；除以該等裝置或遠隔操作開關裝置開啓外，平時保持關閉狀態，開
　　　　口葉片之構造應不受開啓時所生氣流之影響而關閉。
　（六）排煙口、進風口、排煙機及進風機連接緊急電源，其供電容量應供其有
　　　　效動作三十分鐘以上。

【解說】
　　國內場所應檢討排煙設備之法規，是相當嚴厲的，在設備經濟面如是自然排煙是還
好，但執法單位近來愈趨於要求機械排煙，因其需排煙機，其與水系統滅火設備皆需
要電動機與緊電源（發電機）與回轉葉片，而水系統滅火設備之加壓送水裝置往往需
要幫浦。因此，機械排煙所費不菲，其效能又受到可靠度之問題（維護），也不能滅
火，在非必要條件下，法規似不宜要求過嚴。
　　防煙壁係指以不燃材料建造，自天花板下垂五十公分以上之垂壁或具有同等以上阻
止煙流動構造者。並無建築物構造樑不得做爲防煙壁之限制。

排煙室自然排煙方式

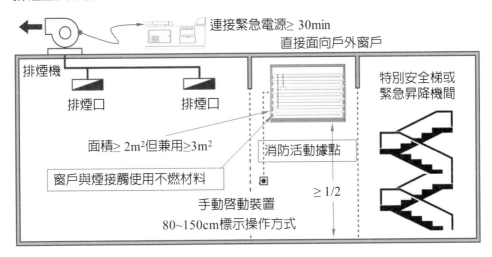

連接緊急電源≥ 30min

直接面向戶外窗戶

排煙機

排煙口 排煙口

面積≥ 2m² 但兼用≥3m²

窗戶與煙接觸使用不燃材料

消防活動據點

特別安全梯或緊急昇降機間

≥ 1/2

手動啓動裝置
80~150cm標示操作方式

排煙室機械排煙方式

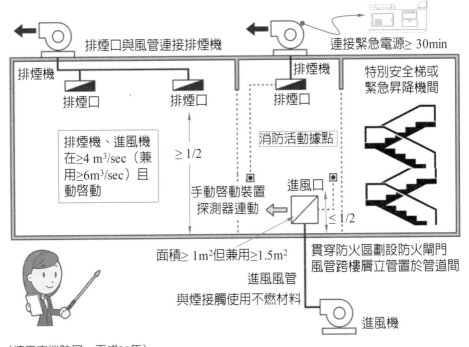

排煙口與風管連接排煙機

連接緊急電源≥ 30min

排煙機

排煙口 排煙口

排煙機

排煙口

特別安全梯或緊急昇降機間

排煙機、進風機
在≥4 m³/sec（兼
用≥6m³/sec）且
動啓動

≥ 1/2

消防活動據點

手動啓動裝置
探測器連動

進風口

≤ 1/2

面積≥ 1m² 但兼用≥1.5m²

進風風管

與煙接觸使用不燃材料

貫穿防火區劃設防火閘門
風管跨樓層立管置於管道間

進風機

（埼玉市消防局，平成28年）

2-50 排煙室排煙（二）

【解說】

依內政部消防法令函釋及公告，在每層樓地板面積每五百平方公尺內，並無最小樓地板面積之限制，惟排煙機容量及風管大小係以最大防煙區劃面積為基準而設，故同一排煙系統防煙區劃面積不宜將過大與過小者併設，避免過小區劃排煙時，會產生靜壓過大、排煙口開關障礙、洩漏量增加及排煙機震動等不良情形。而連接排煙機排煙管道出風口直接通向戶外即可，並無不得設於陽臺之限制，而醫療大樓新建工程之排煙機出風口規劃設置之陽臺，如確屬常時通風之場所應屬可行。

特別安全梯或緊急升降機間排煙室排煙設備採直接面向戶外之窗戶者，其有效開口面積之計算依內政部函釋，係以能有效排煙為前提，應扣除該窗戶中間支撐之骨架。特別安全梯排煙設備進風風管與停車場通風換氣共用，無禁止之規定；而老舊排煙設備之改善，依「排煙設備施工及結構安全確有困難者，於樓地板面積每一百平方公尺以防煙壁區劃間隔，且天花板及室內裝修材料使用不燃材料或耐燃材料」之規定辦理。

防煙壁之功能旨在延緩煙之擴散，增加人員避難時間，防煙壁深度自樓板下方起算五十公分以上之樑，未設天花板或其它樓板裝修者亦屬之。防煙壁應以不燃材料建造，而玻璃雖屬不燃材料，雖基於玻璃破損之危險性及防火上之觀點考量，仍應以使用鑲嵌鐵絲網玻璃為宜。排煙口平時應保持關閉狀態，自然排煙口不可僅設開孔，排煙口應設置手動開關裝置。排煙機排煙量，其意係指各排煙口排煙量，故其檢測方式，防煙區劃為一區時，該區內各排煙口排煙量之合計，不得小於該防煙區劃面積每平方公尺每分鐘一立方公尺，且不得小於每分鐘一百二十立方公尺；防煙區劃為二區以上時，應開啟最大防煙區劃及其前後防煙區劃之排煙口，合計其排煙量，不得小於該最大防煙區劃面積每平方公尺每分鐘二立方公尺以上。

自然排煙口不可僅設開孔，又依第一百八十九條第一項第四款規定，排煙口應設置手動開關裝置。而自然排煙可分為窗戶直接排煙方式、排煙閘門直接排煙方式及排煙閘門連接排煙管道直接排煙方式等三種，採用窗戶排煙時就不需考慮進風之問題；如以一般窗戶替代排煙口時，該窗戶仍應第一百八十九條有關排煙口規定，其手動開關裝置用手操作部分，應設於距樓地板面八十公分以上一百五十公分以下之牆面，而手動開關裝置並不限以整個過程均需以機械性動作完成，亦可以人為手動方式開啟，故手動開關裝置如設於牆面時，其開關裝置得採錘鍊或垂桿或電氣式按鈕。

一般排煙口，應具有排煙及防火（配合防火匣門）之雙重功能，於動作後應延遲幾秒後開啟排煙機，防止排煙閘門尚未開啟而排煙機動作，造成整個排煙管道受到排煙機的抽風之力而形成負壓真空，所以先以排煙閘門動作後再開啟排煙機。

每層樓地板面積每五百平方公尺內，依內政部函釋並無最小樓地板面積之限制，惟排煙機容量及風管大小係以最大防煙區劃面積為基準而設，故同一排煙系統防煙區劃面積不宜將過大與過小者併設，避免過小區劃排煙時，會產生靜壓過大、排煙口開關障礙、洩漏量增加及排煙機震動等不良情形；另每一防煙區劃可否獨立配置排煙機與排煙管道，設置標準並無相關限制規定。

有效排煙開口面積

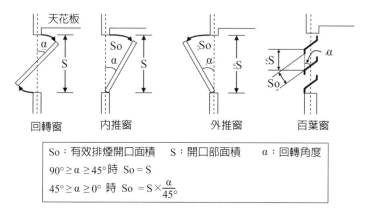

回轉窗　　　　內推窗　　　　外推窗　　　　百葉窗

So：有效排煙開口面積　　S：開口部面積　　α：回轉角度

$90° \geq α \geq 45°$ 時　$So = S$

$45° \geq α \geq 0°$ 時　$So = S \times \dfrac{α}{45°}$

有排煙設備耐燃耐熱配線

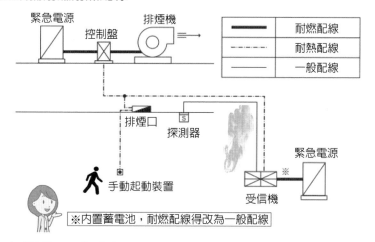

━━━	耐燃配線
‐‐‐‐	耐熱配線
────	一般配線

※內置蓄電池，耐燃配線得改為一般配線

（埼玉市消防局，平成28年）

自然排煙以一般窗戶替代排煙口時，該窗戶應符合排煙口規定，而手動開關裝置並不侷限以整個過程均需以機械性動作完成，亦可以人為手動方式開啟，故其開關裝置得採錘鍊或垂桿或電氣式按鈕。

消防排煙設備比較

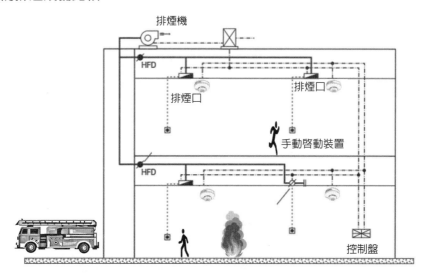

項目	居室		地下 建築物	排煙室（梯間）	
	自然	機械	機械	自然	機械
防煙壁	下垂 50cm		下垂 80cm		—
防煙區劃	≤ 500m²		≤ 300m²		—
面向戶外窗戶	防煙區劃面積≥ 2%			2 m²（兼用時 3m²）	
進風口				1m²（兼用時 1.5m²）	
進風量				4m³/sec 或 240 m³/min（兼用時 6m³/sec）	
排煙量		120 m³/min 僅一區：區劃面積 ×1 m³/min×m² 二區：區劃面積 ×2 m³/min×m²	600 m³/min	4m³/sec 或 240 m³/min（兼用時 6m³/sec）	

消防法規之排煙係負壓排煙方式，而建築法規之梯間排煙室係正負壓之煙控方式，此具某種程度之優勢，因不是負壓排煙，不會將起火處之火煙吸引過來，如一旦有煙流進排煙室，會流入循環氣流內予以排出，使室內特別安全梯或緊急升降機，確保火災煙不會侵襲。再者，地下建築物因係無開口狀態，火災成長時勢必很快成為通風控制型態，缺乏氧氣供應，造成大量燃燒不完全生成物，而其防煙壁與排煙量，皆比地面上居室之規定來得大。

排煙口風量測定方法

1. 開啓排煙口、進氣口，求防煙區劃之風量。
2. 於排煙口面如下圖對角線上之五個點，各自持續30秒以測定記錄風速。
3. 依測定之風速，算出平均值，再依下式算出標準狀態（20℃）之風量。

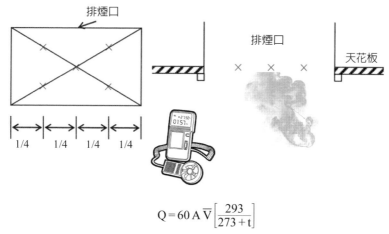

$$Q = 60\,A\,\overline{V}\left[\frac{293}{273+t}\right]$$

Q = 風量（m³/min）
A = 排煙口有效面積（m²）
$\overline{V}$ = 平均風速（m/s）
t = 室溫

測定上注意事項

1. 風速計因指向性強，因此受感部要取與風向成直角方式。
2. 實施測定人員注意不要擾亂風流。
3. 風速測定器，在使用前一定要校正。
4. 由於是求排煙口面風速之平均值，因此受感部要盡可能貼近排煙口面。

（浜松市役所，浜松市消防用設備等審查基準，2018）

2-51 免設排煙設備（一）

第 190 條
下列處所得免設排煙設備：
一、建築物在第十層以下之各樓層（地下層除外），其非居室部分，符合下列規定之一者：
　　（一）天花板及室內牆面，以耐燃一級材料裝修，且除面向室外之開口外，以半小時以上防火時效之防火門窗等防火設備區劃者。
　　（二）樓地板面積每一百平方公尺以下，以防煙壁區劃者。
二、建築物在第十層以下之各樓層（地下層除外），其居室部分，符合下列規定之一者：
　　（一）樓地板面積每一百平方公尺以下，以具一小時以上防火時效之牆壁、防火門窗等防火設備及各該樓層防火構造之樓地板形成區劃，且天花板及室內牆面，以耐燃一級材料裝修者。
　　（二）樓地板面積在一百平方公尺以下，天花板及室內牆面，且包括其底材，均以耐燃一級材料裝修者。
三、建築物在第十一層以上之各樓層、地下層或地下建築物（地下層或地下建築物之甲類場所除外），樓地板面積每一百平方公尺以下，以具一小時以上防火時效之牆壁、防火門窗等防火設備及各該樓層防火構造之樓地板形成區劃間隔，且天花板及室內牆面，以耐燃一級材料裝修者。
四、樓梯間、昇降機昇降路、管道間、儲藏室、洗手間、廁所及其他類似部分。
五、設有二氧化碳或乾粉等自動滅火設備之場所。
六、機器製造工廠、儲放不燃性物品倉庫及其他類似用途建築物，且主要構造為不燃材料建造者。
七、集合住宅、學校教室、學校活動中心、體育館、室內溜冰場、室內游泳池。
八、其他經中央主管機關核定之場所。
前項第一款第一目之防火門窗等防火設備應具半小時以上之阻熱性，第二款第一目及第三款之防火門窗等防火設備應具一小時以上之阻熱性。

【解說】
　　樓梯間、升降機升降路、管道間、儲藏室、洗手間、廁所及其他類似部分，考量上開處所空間較小、非逃生動線、起火源少，且通常非人員常駐區，得檢討免設排煙設備。
　　依消防署法令函釋，室內游泳池因在使用及空間型態上具起火及火災擴大危險性較低，基於合理有效原則，得重新檢討免予設置室內排煙設備，於某國民中學因室內游泳池環境潮溼等因素，致使排煙設備經常損壞，而無法達到其功效，為符經濟效益，得依排煙設備第一百九十條第一項第七款規定免設排煙設備。
　　又廠房內有供辦公室、會客室及員工宿舍使用之小居室，因無法直接面對室外設置排煙口，依內政部 86 年 1 月決議：「各類場所（如 KTV、MTV 等）之居室有劃分數個小居室（包廂）營業之場所，有符合各類場所消防安全設備設置標準第一百八十八條之規定者（現為第一百九十條），始免設排煙設備（免設排煙口）之適用。
　　而免設排煙設備之居室，其防火牆之設置應延伸至樓板（頂板），惟並無該區劃內設置之分間牆應延伸至樓板（頂板）之限制。

排煙設備免設規定

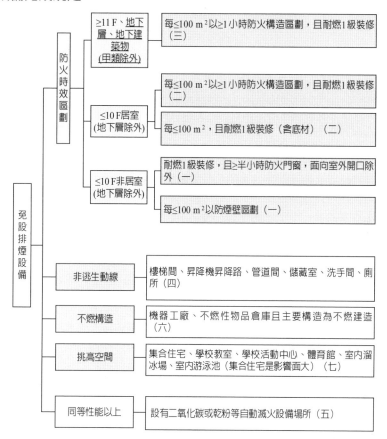

免
設
排
煙
設
備

防
火
時
效
區
劃

- ≥11 F、地下層、地下建築物（甲類除外）
  - 每≤100 m²以≥1小時防火構造區劃，且耐燃1級裝修（三）
- ≤10 F居室（地下層除外）
  - 每≤100 m²以≥1小時防火構造區劃，且耐燃1級裝修（二）
  - 每≤100 m²，且耐燃1級裝修（含底材）（二）
- ≤10 F非居室（地下層除外）
  - 耐燃1級裝修，且≥半小時防火門窗，面向室外開口除外（一）
  - 每≤100 m²以防煙壁區劃（一）

- 非逃生動線
  - 樓梯間、昇降機昇降路、管道間、儲藏室、洗手間、廁所（四）
- 不燃構造
  - 機器工廠、不燃性物品倉庫且主要構造為不燃建造（六）
- 挑高空間
  - 集合住宅、學校教室、學校活動中心、體育館、室內溜冰場、室內游泳池（集合住宅是影響面大）（七）
- 同等性能以上
  - 設有二氧化碳或乾粉等自動滅火設備場所（五）

居室與非居室排煙

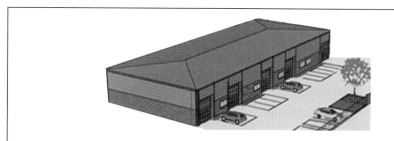

高、中、低危險工作場所（工廠）符合供居住、工作、集會、娛樂、烹飪等使用之房間，即為居室，如作業區、設計室、研究室、辦公室、展示室、會議室、圖書室、飯廳等，其他如門廳、走廊、樓梯間、衣帽間、廁所、盥洗室、浴室、儲藏室、機械室、車庫等即不屬於居室，並依此檢討排煙設備。

2-52 免設排煙設備（二）

【解說】

依內政部消防法令函釋及公告，防火門窗等防火設備區劃，以符合常時開放式之防火門設置者，得視為居室之區隔及防火區劃。於學校教室得檢討免設排煙設備，並不受第188條以防火牆、防火樓板及防火門窗區劃間隔之限制；至學校教室外走廊部分，得比照學校教室免設排煙設備。學校教室免設排煙亦包括電腦、視聽、舞蹈教室等。

建築物內特別安全梯設置三個排煙室，為確保特別安全梯排煙室排煙設備發揮應有之功能，仍應分別設置排煙機為宜。特別安全梯或緊急升降機間採自然或機械排煙，進風應採自然進風，不宜採用機械進風；如採設置直接開向戶外之窗戶時，應符合規定。假使選擇設置直接開向戶外之窗戶時，仍應依規定設置手動開關裝置。

進風管道戶外開口置於屋頂層之設計，濃煙將會回流進風管道，再進入室內，使無排煙功能；其回流方式，不僅從排煙管道之戶外排煙口，更會從火災室窗口冒出之濃煙回流之錯誤設計。而免設排煙設備場所在其使用及空間型態上，具起火及火災擴大危險性均低，且易避難逃生等特性，爰前揭規定所列場所之附屬空間，符合複合用途建築物判斷基準所列主要用途及功能上構成從屬用途關係之規定，即適用之。

非屬複合用途建築物之集合住宅，提供住戶使用或因管理所需之附屬空間，如符合複合用途建築物判斷基準所列主用途及從屬用途關係之規定者，仍得適用各類場所消防安全設備設置標準第一百九十條第一項得免設排煙設備之規定。對於各類場所內（含地下層）供不燃物儲藏室、水箱室、熱源機房、幫浦室、空調機室、發電機室及電氣室等使用之非居室，因其平時無人員常駐使用，僅供機器需維修保養時方有人員進出，有第一百八十八條第四款「其他類似部分」之適用，與其他部分間以防火牆、防火樓板及甲、乙種防火門窗區劃間隔，且天花板及室內牆面以不燃材料或耐燃材料裝修時，得予檢討免設排煙設備。

此外，因應社會多元使用，場所及空間型態上，具起火及火災擴大危險性均低，且易避難逃生等特性，在內政部消防法令函釋及公告核定免設排煙設備具體場所如下：

1. 建築物出入口之旋轉門，以間隔外氣與室內空氣直接流通之空間，及利用前後門區隔，以強氣流清除人體上灰塵等之風淋室（Air Shower），考量該處人員進出頻繁，且因強大氣流影響火災探測，在該空間無任何可燃物及為室內消防栓或補助撒水栓有效防護範圍內者，得免設排煙設備。
2. 涼亭、市場、拍賣場等類似場所，其建築物之構造有加蓋（天花板）而無牆壁（或少只設三面牆壁，一面沒設），開口面積非常通風，人員逃生容易時，雖然其面積有達到設置排煙設備之規定就可免設置排煙設備。
3. 地上一層室內無隔間為無開口樓層，樓地板面積超過一千平方公尺，供冷凍肉類之冷凍廠房使用，且室溫保持在攝氏零下二十度以下，其儲存物品僅限於肉類並無其他可燃性物品，且室溫常時保持在攝氏零下二十度以下時，得免設排煙設備。
4. 學校圖書室、閱覽室（建築物構造類似學校教室者）。
5. 里鄰（老人）活動中心（建築物構造類似學校活動中心者）。
6. 冷（藏）凍肉類、蔬果之倉庫、生鮮批發市場等類似用途之場所。

而無開口樓層供冷凍肉類之冷凍廠房使用，且室溫保持在攝氏零下二十度以下，於其儲存物品僅限於肉類並無其他可燃性物品，得免設排煙設備。

相鄰室內空間能否作為同一防煙區劃日本設計例

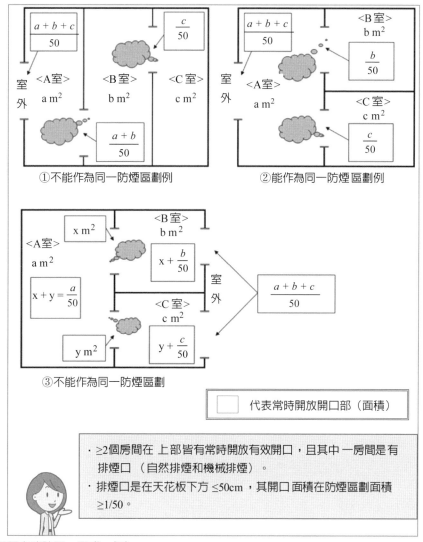

①不能作為同一防煙區劃例　　　②能作為同一防煙區劃例

③不能作為同一防煙區劃

| □ | 代表常時開放開口部（面積） |

・≥2個房間在 上部皆有常時開放有效開口，且其中 一房間是有排煙口（自然排煙和機械排煙）。
・排煙口是在天花板下方 ≤50cm，其開口 面積在防煙區劃面積 ≥1/50。

（福岡市消防局，平成26年）

日本設排煙設備僅針對定規模以上之舞台布幕、無開口樓層及地下層／街之場所作要求，而免設排煙設備僅考量開口與固定式滅火設備之二因素；而開口部必須是常時開放直接通往外氣之開口部、開口部面積大於防煙區劃1/50以上等。在固定式滅火設備方面，因設排煙會破壞滅火效果。

第四節　緊急電源插座

2-53 緊急電源插座

第 191 條

緊急電源插座，依下列規定設置：

一、緊急電源插座裝設於樓梯間或緊急昇降機間等（含各該處五公尺以內之場所）消防人員易於施行救火處，且每一層任何一處至插座之水平距離在五十公尺以下。

二、緊急電源插座之電流供應容量為交流單相一百一十伏特（或一百二十伏特）十五安培，其容量約為一點五瓩以上。

三、緊急電源插座之規範，依下圖規定。

四、緊急電源插座為接地型，裝設高度距離樓地板一公尺以上一點五公尺以下，且裝設二個於符合下列規定之崁裝式保護箱：

（一）保護箱長邊及短邊分別為二十五公分及二十公分以上。

（二）保護箱為厚度在一點六毫米以上之鋼板或具同等性能以上之不燃材料製。

（三）保護箱內有防止插頭脫落之適當裝置（L型或C型護鉤）。

（四）保護箱蓋為易於開閉之構造。

（五）保護箱須接地。

（六）保護箱蓋標示緊急電源插座字樣，每字在二平方公分以上。

（七）保護箱與室內消防栓箱等併設時，須設於上方且保護箱蓋須能另外開啟。

五、緊急電源插座在保護箱上方設紅色表示燈。

六、應從主配電盤設專用回路，各層至少設二回路以上之供電線路，且每一回路之連接插座數在十個以下。（每回路電線容量在二個插座同時使用之容量以上）。

七、前款之專用回路不得設漏電斷路器。

八、各插座設容量一百一十伏特、十五安培以上之無熔絲斷路器。

九、緊急用電源插座連接至緊急供電系統。

【解說】

　　緊急電源插座則針對高樓或大規模地下建築之災害搶救，以提供必要之緊急電源供各項救災器材（照明、破壞器具等）於災害現場（如地震、火災等）使用，並依應設數量分設於消防人員易於施行救火處如樓梯間或緊急升降機間。又考量消防人員從事滅火救災時，射水搶救中水濺易使緊急電源插座失效，因此專用回路不得設漏電斷路器，且各插座設 ≥ 15A 無熔絲斷路器，以提供短路或過載之過電流保護裝置。而此設備以外之消防安全設備供電回路配線，則應依設置標準及屋內線路裝置規則等相關規定辦理，並無不得設置漏電斷路氣之限制規定。

　　在消防救災時，使用救災機具必須進行調整及移動，為免移動時拉扯造成脫落，法規規定保護箱內有防止插頭脫落之適當裝置，如L型鉤或C型鉤，以固定住插頭。

緊急電源插座設置規定

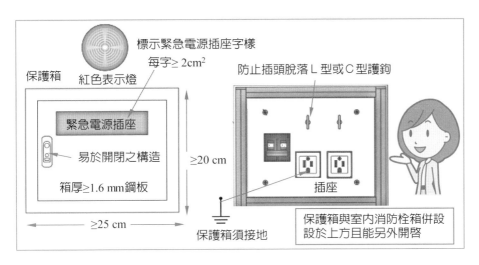

標示緊急電源插座字樣
每字≥ 2cm²

保護箱　紅色表示燈

防止插頭脫落 L 型或 C 型護鉤

緊急電源插座

易於開閉之構造

箱厚≥1.6 mm鋼板

≥20 cm

≥25 cm

保護箱須接地

插座

保護箱與室內消防栓箱併設
設於上方且能另外開啟

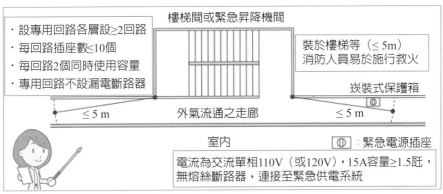

・設專用回路各層設≥2回路
・每回路插座數≤10個
・每回路2個同時使用容量
・專用回路不設漏電斷路器

樓梯間或緊急昇降機間

裝於樓梯等（≤ 5m）
消防人員易於施行救火

崁裝式保護箱

≤ 5 m　　外氣流通之走廊　　≤ 5 m

室內　　　　　⊕：緊急電源插座

電流為交流單相110V（或120V），15A容量≥1.5瓩，
無熔絲斷路器，連接至緊急供電系統

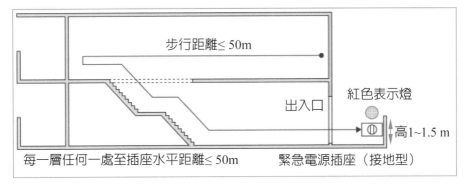

步行距離≤ 50m

出入口　　紅色表示燈

高1~1.5 m

每一層任何一處至插座水平距離≤ 50m　　緊急電源插座（接地型）

（埼玉市消防局，平成28年）

系統接地與設備接地

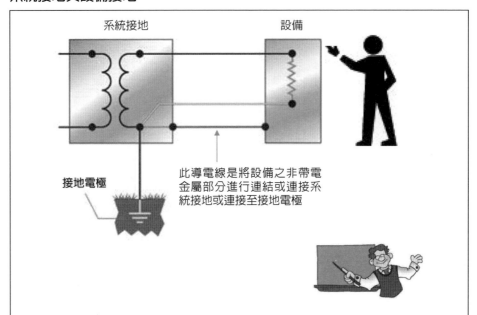

把電線接到大地的動作稱為接地，接地有分兩種，都是把導線接到大地，但目的完全不相同。

1. 系統接地（Grounded System）：當電力系統的其中一點與大地（通常定義為0V）相接，造成該點與大地同為0V，稱為系統接地。

2. 設備接地（Equipment Grounding）：將設備之非帶電金屬部分接地。此非帶電金屬部分包括：金屬導線管、金屬線槽、電動機操作器等金屬外箱及各種電氣設備之金屬外箱。如此能快速排除漏電電流，避免人員觸電。亦即，設備接地是把金屬機殼用導線與大地相接，這條用來接地的導線也稱為接地線，金屬機殼一般不會有電，萬一設備內部的電壓不小心與金屬機殼觸碰到，就能靠接地線迅速把電流（又稱故障電流fault current）導入大地，由於電壓很接近0V，可以避免人員觸電危險。

系統接地與設備接地，接地之後也都是0V，那二者差別? 系統接地是與有電流的電力線相接，用來定義哪條導線是0V，這與電力系統的設計有關，因此稱為系統接地；而設備接地則完全是為了處理漏電流而存在，之所以接在設備的外鐵殼上，是因為那是人員最容易觸摸到，因此稱為設備接地。

當絕緣體損壞時，易與外界接觸部件，會因為累積電荷，而使得電位升高。為了安全目的，主要電力設備必須連接到接地。當處理易燃物或修理電子儀器時，靜電很容易會引燃易燃物或損壞電子儀器。因此，必須限制靜電的增長。

✚ 知識補充站

無開口與無窗戶比較

名稱	無開口樓層	無窗戶居室
法令	各類場所消防安全設備設置標準	建築技術規則
目的	避難出口及消防搶救入口	採光、通風及避難
法令規定	有效開口面積未達下列規定者（不含地下層）： 1. 11層以上之樓層，具可內切直徑50cm以上圓孔之開口，合計面積為該樓地板面積1/30以上者。 2. 10層以下之樓層，具可內切直徑50cm以上圓孔之開口，合計面積為該樓地板面積1/30以上者。但其中至少應具有二個內切直徑1m以上圓孔或寬75cm以上、高120cm以上之開口。	具有下列情形之一之居室（不含地下層）： 1. 居室面積達50m^3，其天花板下方80cm處，有效通風面積未達樓地板面積2%。 2. 有效採光面積未達該居室樓地板面積5%。 3. 可直接開向戶外或可通達戶外之有效防火避難構造開口，其高度未達120cm、寬度未達75cm，或直徑未達1m之圓孔。
有效開口	有效開口，指符合下列規定者： 1. 開口下端距樓地板面120cm以內。 2. 開口面臨道路或寬度1m以上之通路。 3. 開口無柵欄且內部未設妨礙避難之構造或阻礙物。 4. 開口為可自外面開啟或輕易破壞得以進入室內之構造。採一般玻璃門窗時，厚度應在6mm以下。 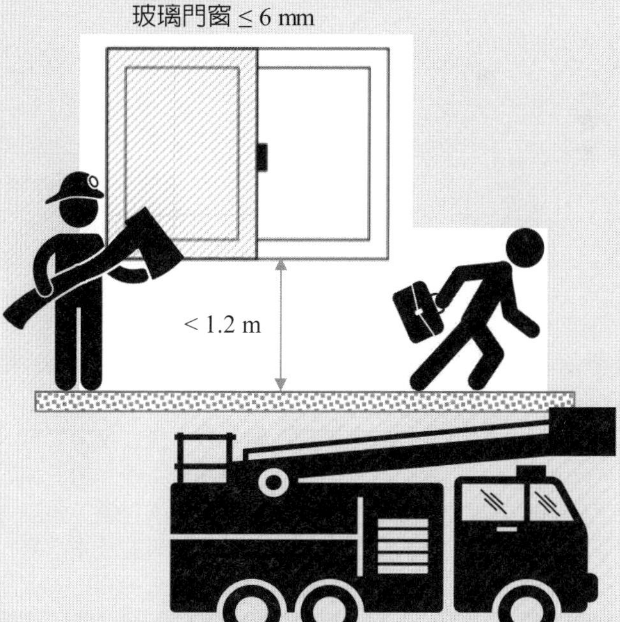	

玻璃門窗 ≤ 6 mm

< 1.2 m

第五節　無線電通信輔助設備及防災監控系統綜合操作裝置

2-54 無線電通信輔助設備

第 192 條
無線電通信輔助設備，依下列規定設置：
一、無線電通信輔助設備使用洩波同軸電纜，該電纜適合傳送或輻射一百五十百萬赫（MHz）或中央主管機關指定之周波數。
二、洩波同軸電纜之標稱阻抗為五十歐姆。
三、洩波同軸電纜經耐燃處理。
四、分配器、混合器、分波器及其他類似器具，應使用介入衰耗少，且接頭部分有適當防水措施者。
五、設增輻器時，該增輻器之緊急電源，應使用蓄電池設備，其能量能使其有效動作三十分鐘以上。
六、無線電之接頭應符合下列規定：
（一）設於地面消防人員便於取用處及值日室等平時有人之處所。
（二）前目設於地面之接頭數量，在任一出入口與其他出入口之步行距離大於三百公尺時，設置二個以上。
（三）設於距樓地板面或基地地面高度零點八公尺至一點五公尺間。
（四）裝設於保護箱內，箱內設長度二公尺以上之射頻電纜，保護箱應構造堅固，有防水及防塵措施，其箱面應漆紅色，並標明消防隊專用無線電接頭字樣。
共構之建築物內有二處以上場所設置無線電通信輔助設備時，應有能使該設備訊號連通之措施。

【解說】
　　無線電通信輔助設備主要是用於地下層之通訊問題，主要構件是洩波同軸電纜（或空中天線），能與消防單位接頭相接，為一分二以上使用分配器，為二合一使用混合器，因空氣是不良傳導體，無線電波隨距離減弱，需使用增輻器。依內政部消防法令函釋及公告，無線電通信輔助設備應使用洩波同軸電纜，對於梯間及門廳空間較小及獨立處得使用同軸電纜及天線之組合，替代洩波同軸電纜，惟該同軸電纜及天線均應經審核認可，始准使用。至對於電氣室較容易干擾電波或電信室較易受電波干擾等之機房，必須任一部分均應能以無線電通信連絡。但下列場所得免設：
（一）主要構造為防火構造，開口以甲種防火門窗區劃分隔，且樓地板面積在一百平方公尺以下之倉庫、儲藏室、電氣設備室。

（二）從室內各部分任一點至出入口之步行距離在二十公尺以下之房間。

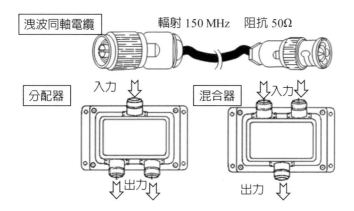

（三）能有效通信之直通樓梯間。

洩波同軸電纜與設備方式

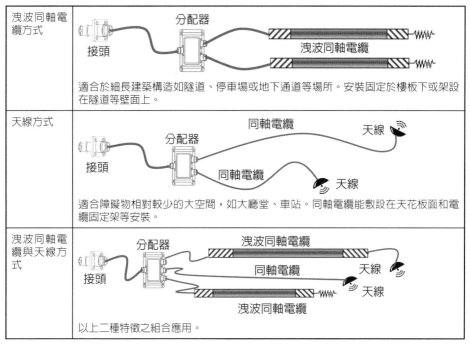

（福岡消防局，平成28年）

2-55 防災監控綜合操作裝置

第 192 條之 1

防災監控系統綜合操作裝置應設置於防災中心、中央管理室或值日室等經常有人之處所，並監控或操作下列消防安全設備：
一、火警自動警報設備之受信總機。
二、瓦斯漏氣火警自動警報設備之受信總機。
三、緊急廣播設備之擴大機及操作裝置。
四、連結送水管之加壓送水裝置及與其送水口處之通話連絡。
五、緊急發電機。
六、常開式防火門之偵煙型探測器。
七、室內消防栓、自動撒水、泡沫及水霧等滅火設備加壓送水裝置。
八、乾粉、惰性氣體及鹵化烴等滅火設備。
九、排煙設備。
　　防災監控系統綜合操作裝置之緊急電源準用第三十八條規定，且其供電容量應供其有效動作二小時以上。

【解說】

　　民 110 年增訂第三十條之一防災監控系統綜合操作裝置及其設置場所，爰將第 238 條第 3 款規定移列，俾供高層建築物防災中心、地下建築物中央管理室等場所設置是項設備時適用之；並明定防災監控系統綜合操作裝置應連接緊急電源。依民 108 年 12 月發布『防災監控系統綜合操作裝置認定基準』之消防搶救支援性能試驗：火災時為提供抵達現場之消防人員準確且及時之資訊，綜合操作裝置應設有消防活動支援性能，並符合設計檢核表、確認用軟體及顯示器表示。

（一）顯示器表示能以易於了解之方式表示火警探測器、發信機或瓦斯漏氣檢知器已動作之所有樓層平面圖及下列事項。
　　　1. 已動作之火警探測器或火警發信機位置。
　　　2. 已動作之瓦斯漏氣檢知器位置及瓦斯緊急遮斷設備動作狀況。
　　　3. 構成防火區劃之牆壁位置及防火門、防火捲門、防火閘門及可動式防煙垂壁之動作狀況。
　　　4. 排煙機及排煙口動作狀況。
　　　5. 自動撒水設備等自動滅火設備動作範圍。
（二）顯示器應能簡易操作並以易於了解之表示，呈現各樓層平面圖之狀態。
　　　1. 起火層平面圖。
　　　2. 起火層以外火警探測器、發信機或瓦斯漏氣檢知器動作之樓層平面圖。
　　　3. 起火層直上層及直上二層之平面圖。
　　　4. 起火層直下層之平面圖。
　　　5. 地下層各層之平面圖。

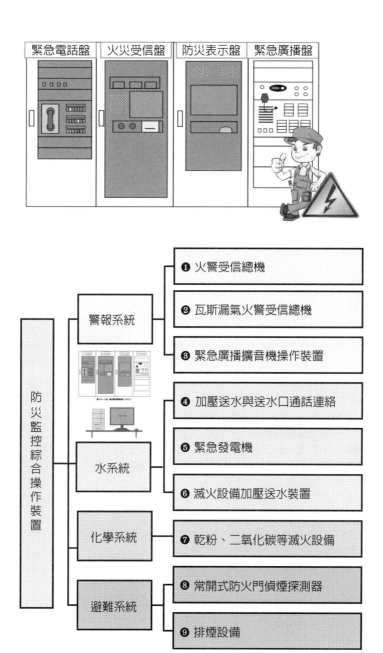

		❶ 火警受信總機
防災監控綜合操作裝置	警報系統	❷ 瓦斯漏氣火警受信總機
		❸ 緊急廣播擴音機操作裝置
	水系統	❹ 加壓送水與送水口通話連絡
		❺ 緊急發電機
		❻ 滅火設備加壓送水裝置
	化學系統	❼ 乾粉、二氧化碳等滅火設備
	避難系統	❽ 常開式防火門偵煙探測器
		❾ 排煙設備

增幅器

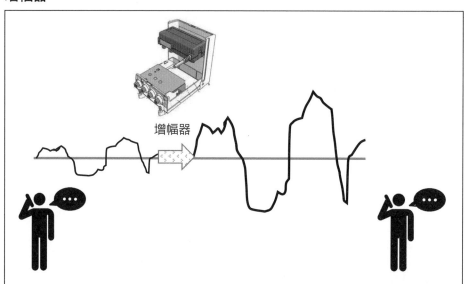

增幅器

　　增幅器，能增加訊號的輸出功率，此透過電源取得能量來源，以控制輸出訊號的波形與輸入訊號一致，使其具有較大的振幅。依此來講，放大器電路亦可視為可調節的輸出電源，用來獲得比輸入訊號更強的輸出訊號。

　　依其增益的種類，可區分為電壓增益（Voltage Gain）、電流增益（Current Gain）、功率增益（Power Gain），或其他如互導放大器（Transconductance Amplifier）。在多數情況，輸入和輸出為相同的單位，實際上經常以db（Decibels）標示。

四個基本類型的放大器，如下所示：

1. 電壓放大器：這是放大器的最常見的類型。輸入電壓被放大到較大的輸出電壓。放大器的輸入阻抗高，輸出阻抗低。

2. 電流放大器：該放大器能將輸入電流變為一個較大的輸出電流。放大器的輸入阻抗低，輸出阻抗高。

3. 互導放大器：該放大器在變化的輸入電壓下的響應為提供一個相關的變化的輸出電流。

4. 互阻放大器：該放大器在變化的輸入電流下的響應為提供一個相關的變化的輸出電壓。

　　在實務中，一個放大器的功率增益將取決於所用的源阻抗和負載阻抗以及內在的電壓／電流增益；而一個射頻（RF）放大器可以具有其最大功率傳輸的阻抗，音頻和儀表放大器通常優化輸入和輸出阻抗，以使用最小的負載並獲得最高的訊號完整性。一個聲稱增益為10 dB的放大器可能具有10倍的電壓增益和遠超過20 dB（100功率比）的可用功率增益，但實際上可以提供一個低得多的功率增益，比如輸入是一個500 Ω的麥克風，輸出接在一個40 kΩ的功率放大器的輸入端上。

第3章
公共危險物品場所消防設計及附則

3-1 標示設備設置

第 227 條
標示設備之設置，依第 146 條至第 156 條之規定。

【解說】

　　建築物內部可燃物品在用火用電不慎引起火災，因燃燒生成物對內部使用人造成威脅，並增加環境空間呼吸及能見度之困難，而標示設備應提供燈源或反光標示，以提供人員視覺上之導引，在法規上要求標示設備之設置距離、規格、亮度及顏色等。

　　此外，照度是光通量與受照面積之比值，亦即每一單位區域面積所接受光通量的密度，單位為勒克斯（Lux）。而標示面光度係指常用電源點燈時其標示面平均亮度（cd/m²）乘以標示面面積（m²）所得之值（單位 cd）。

　　標示設備之目的是為提供各類場所中避難弱者避難之協助，以強化該場所之安全。標示設備指出口標示燈及避難方向指示燈，而燈光閃滅裝置是當收到火警自動警報設備之火災信號後，能使標示設備之附加光源發出閃滅功能之裝置。而引導音響裝置是當收到火警自動警報設備之火災信號後，能使出口標示燈之附加音源發出警鈴或引導語音之裝置。於信號裝置是當收到火警自動警報設備之火災信號及其他必要之動作信號或手動信號後，能將該信號傳送到標示設備之裝置。

　　於設置方面，設置位置應不妨礙通行，且其周圍不得設置影響視線之廣告招牌、裝潢、標示等物品。設有緊急廣播設備之場所，得以透過調整出口標示燈之設置位置或引導音響裝置之音壓方式，以免影響緊急廣播內容之清楚傳達，調整後音壓應在七十分貝以上。但以緊急廣播設備連動遮斷引導音響者，不適用之。設置位置不得影響引導音響之方向指示。外接型燈光閃滅裝置或引導音響裝置，應設於距該標示設備一公尺範圍內。

　　在標示設備上，燈光閃滅裝置及引導音響裝置動作方式：

1. 與火警自動警報設備連動，能自動發出燈光閃滅或引導音響。
2. 依各類場所消防安全設備設置標準第一百一十三條所定火警自動警報設備之鳴動方式，連動鳴動層之標示設備發出燈光閃滅或引導音響。

　　而燈光閃滅裝置及引導音響裝置停止時機：設置附加燈光閃滅及引導音響功能之標示設備場所，其直通樓梯樓梯間應設偵煙式探測器，當樓梯間遭煙入侵時，該標示設備之燈光閃滅、引導音響功能應停止，其時機如下。但設於通往戶外之防火門、通往安全梯及排煙室之防火門、通往另一防火區劃之防火門、居室通往走廊或通道之出入口之位置者，不適用之：

1. 起火層為地上樓層時，其起火層直上層以上各樓層標示設備之燈光閃滅、引導音響應停止。
2. 起火層為地下層時，地下層各層標示設備之燈光閃滅、引導音響應停止。

避難指標設置規定

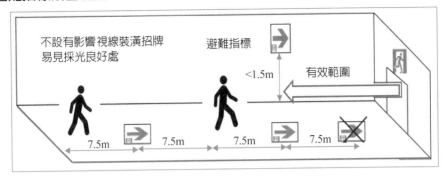

避難引導燈分類

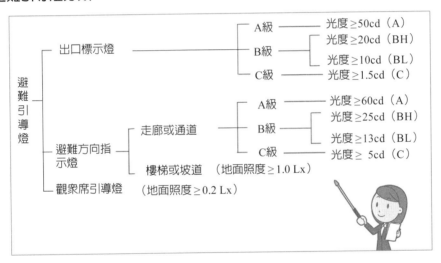

區分	設置場所	設置目的	
出口標示燈	避難出口（其上方或最近避難上有效處所）	明示避難出口之位置	
避難方向指示燈	走廊、樓梯、通道或其他避難設施器具場所	樓梯或坡道以外場所	明示避難之方向
		樓梯或坡道場所	A. 確保避難上必要地板照度 B. 確認避難之方向
觀眾席引導燈	戲院、電影院、歌廳、集會堂及類似場所觀眾席	確保避難上必要地板照度	

3-2 配線耐燃耐熱

> **第 236 條**
> 消防安全設備緊急供電系統之配線，依下表之區分，施予耐燃保護或耐熱保護。

【解說】

本條消防用配線，係分三個等級：

1. 耐燃保護配線係 CNS 11359 規定於 750℃時耐 3 小時或 CNS 11174 規定於 840℃時耐 30 分鐘，與緊急電源需保持開啓狀態之供應連接線、非與緊急電源直接連接但爲重要組件者。
2. 耐熱保護配線係 CNS 11175 於 310℃時耐十五分鐘，經由控制盤或受信總機之控制回路、非控制回路但較重要傳送信號或不燃天花板底板者。
3. 一般配線，單純傳送末端信號或火災造成短路也會發出同樣信號者或內置蓄電池者。

在消防工程中一般電線使用上已有愈少傾向，而要求耐熱電線及耐燃電線，來提高火災防護效果。以下依內政部消防法令函釋及公告，火警自動警報設備及瓦斯漏氣火警自動警報設備受信總機至中繼器間之配線，如爲緊急電源回路，應施耐燃保護；如爲控制回路，得採耐熱保護。其實務執行，應就中繼器緊急供電系統之輸入端型態區分，分別依下列方式辦理：

1. 中繼器由受信總機、檢知器或其他中繼器供應電力者，該輸入端配線認定屬控制回路，得採耐熱保護。
2. 中繼器非由受信總機、檢知器或其他中繼器供應電力者，其電力回路輸入端配線認定屬緊急電源回路，應採耐燃保護。
3. 中繼器內置蓄電池者，該輸入端配線得採一般配線。

有關室內消防栓之緊急供電系統配線施予耐燃保護或耐熱保護，惟配線進入消防栓箱箱體內至結線部分，考量室內消防栓箱箱身爲厚度在一點六公厘以上之鋼板或具同等性能以上之不燃材料者，且進入箱體至結線之距離短，尚具保護作用，得免施金屬導線管。另按火警自動警報設備之配線，採用電線配線者，需爲耐熱六百伏特塑膠絕緣電線；採用電纜者，需爲通信電纜。而耐燃電線係屬內政部消防技術審議委員會決議應經審核認可之消防安全設備品目，需經審核認可始能設置使用。

此外，有關供消防用緊急發電機組及緊急供電系統配線，應屬消防設備師設計、監造範圍。至有關專業技師辦理建築物電器設備專業工程簽證時，其簽證項目如下：
（一）電力工程 16.「緊急發電、不中斷及直流電源系統之設計」等規定係指建築物之緊急發電設備，故對於建築物結構、電力工程配線、緊急發電機及消防用緊急發電機組、緊急供電系統配線等專業工程之施作，均應分別依上開相關法令規定辦理，且二者之法令依據及設備項目均不相同，其權責分工甚爲明確。

消防安全設備緊急供電系統配線

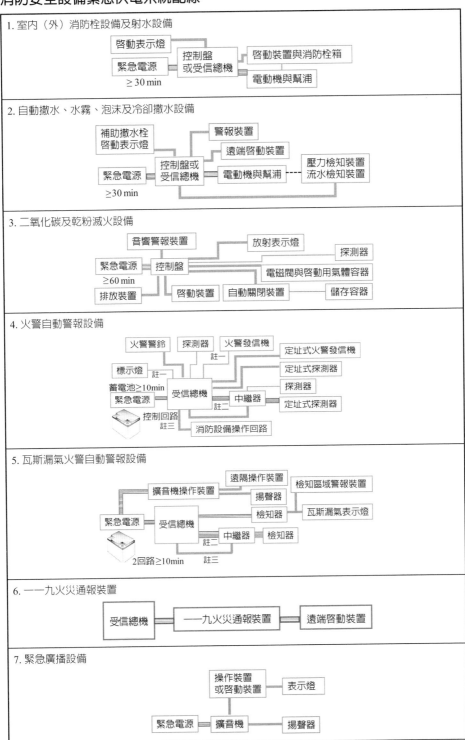

1. 室內（外）消防栓設備及射水設備

啓動表示燈

緊急電源　控制盤或受信總機　啓動裝置與消防栓箱
≧30 min　　　　　　　　　　電動機與幫浦

2. 自動撒水、水霧、泡沫及冷卻撒水設備

補助撒水栓啓動表示燈　　警報裝置
　　　　　　　　　　遠端啓動裝置
緊急電源　控制盤或受信總機　　壓力檢知裝置流水檢知裝置
≧30 min　　電動機與幫浦

3. 二氧化碳及乾粉滅火設備

音響警報裝置　　放射表示燈　　探測器
緊急電源　控制盤　　　　電磁閥與啓動用氣體容器
≧60 min
排放裝置　啓動裝置　自動關閉裝置　儲存容器

4. 火警自動警報設備

火警警鈴　探測器　火警發信機　定址式火警發信機
　　　　　　　註一
標示燈　　註一　　　　定址式探測器
蓄電池≧10min　　　　探測器
緊急電源　受信總機　中繼器　定址式探測器
　　　　　　註二
控制回路　　註三
　　消防設備操作回路

5. 瓦斯漏氣火警自動警報設備

　　　　　　遠隔操作裝置　檢知區域警報裝置
擴音機操作裝置　揚聲器
緊急電源　受信總機　檢知器　瓦斯漏氣表示燈
　　　　　　中繼器　檢知器
2回路≧10min　註二　註三

6. 一一九火災通報裝置

受信總機　一一九火災通報裝置　遠端啓動裝置

7. 緊急廣播設備

操作裝置或啓動裝置　表示燈

緊急電源　擴音機　揚聲器

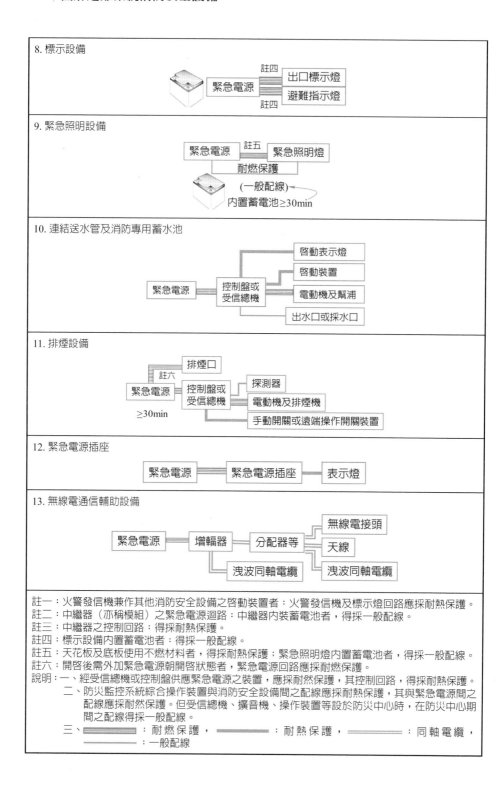

8. 標示設備

緊急電源 ── 註四 ── 出口標示燈
　　　　　　　 註四 ── 避難指示燈

9. 緊急照明設備

緊急電源 ── 註五 ── 緊急照明燈
　　　　　　 耐燃保護

（一般配線）
內置蓄電池≥30min

10. 連結送水管及消防專用蓄水池

緊急電源 ── 控制盤或受信總機 ── 啓動表示燈
　　　　　　　　　　　　　　── 啓動裝置
　　　　　　　　　　　　　　── 電動機及幫浦
　　　　　　　　　　　　　　── 出水口或採水口

11. 排煙設備

緊急電源 ── 註六 ── 排煙口
　　　　　　 控制盤或受信總機 ── 探測器
　　　≥30min　　　　　　　── 電動機及排煙機
　　　　　　　　　　　　　── 手動開關或遠端操作開關裝置

12. 緊急電源插座

緊急電源 ── 緊急電源插座 ── 表示燈

13. 無線電通信輔助設備

緊急電源 ── 增輻器 ── 分配器等 ── 無線電接頭
　　　　　　　　　　　　　　　── 天線
　　　　　　　 洩波同軸電纜 ── 洩波同軸電纜

註一：火警發信機兼作其他消防安全設備之啓動裝置者：火警發信機及標示燈回路應採耐熱保護。
註二：中繼器（亦稱模組）之緊急電源迴路：中繼器內裝蓄電池者，得採一般配線。
註三：中繼器之控制回路：得採耐熱保護。
註四：標示設備內置蓄電池者：得採一般配線。
註五：天花板及底板使用不燃材料者，得採耐熱保護；緊急照明燈內置蓄電池者，得採一般配線。
註六：開啓後需外加緊急電源朝開啓狀態者，緊急電源回路應採耐燃保護。
說明：一、經受信總機或控制盤供應緊急電源之裝置，應採耐燃保護，其控制回路，得採耐熱保護。
　　　二、防災監控系統綜合操作裝置與消防安全設備間之配線應採耐熱保護，其與緊急電源間之配線應採耐熱保護。但受信總機、擴音機、操作裝置等設於防災中心時，在防災中心期間之配線得採一般配線。
　　　三、■■■■■：耐燃保護，■■■■■：耐熱保護，══════：同軸電纜，
　　　　　　──────：一般配線

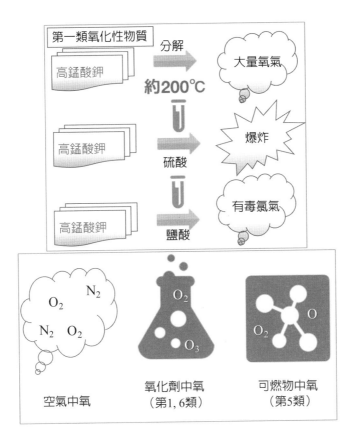

公共危險物品──硫磺危險性

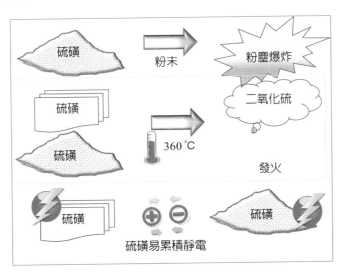

3-3 緊急供電系統電源

> **第 237 條**
>
> 緊急供電系統之電源，依下列規定：
>
> 一、緊急電源使用符合 CNS 一〇二〇四規定之發電機設備、一〇二〇五規定之蓄
> 電池設備或具有相同效果之設備，其容量之計算，由中央消防機關另定之。
>
> 二、緊急電源裝置切換開關，於常用電源切斷時自動切換供應電源至緊急用電器
> 具，並於常用電源恢復時，自動恢復由常用電源供應。
>
> 三、發電機裝設適當開關或連鎖機件，以防止向正常供電線路逆向電力。
>
> 四、裝設發電機及蓄電池之處所為防火構造。但設於屋外時，設有不受積水及雨水
> 侵襲之防水措施者，不在此限。
>
> 五、蓄電池設備充電電源之配線設專用回路，其開關上應有明顯之標示。

【解說】

國內緊急供電系統之電源主要為發電機設備與蓄電池設備，在日本經認可緊急電源，除此之外尚有緊急電源專用受電設備（分高壓與低壓受電設備）、機櫃型之燃料電池設備（分室外與室內型）。

依內政部消防法令函釋及公告，關於發電機設備規定：

1. 設置於屋內時，應依建築技術規則設備篇第十條規定外，並為防火構造之牆壁、地板所區劃之專用空間。

2. 不得設於有妨礙發電機正常機能之處所。

3. 為使發電機機能正常，應確保供檢修或維護所需之距離如下：操作部（指前面）為 ≥ 一公尺。進行檢修之面為 ≥ 零點六公尺。

4. 設於屋內者，為供給燃燒等必需空氣量，應設置通到外氣有效通風換氣設備。用以換氣之進風管及排風管，應為專用管道，並不可貫穿防火區劃。如不得不貫穿防火區劃時，應符合建築技術規則設計施工篇第八十五條之規定。

5. 引擎等之排氣管應為專用，並直接排放至屋外或連接到煙囪；如需接到共用煙囪時，應注意不可引起逆流，且不可接於一般排氣管道。並應注意排氣管之斷熱措施。

6. 通風換氣設備與發電機室照明之電源，應能夠由發電機自動切換。

此外，對於領有審核認可書之發電機組，要求檢附電機技師簽證報告。又設於屋外之發電機裝置，與建築物已有外牆隔絕或具一定距離，受建築物火災波及機率低，故只要能防雨水、積水之鐵絲網或固展圍籬等加蓋頂棚之方式即可（其修正條文對照表參照）。是消防用緊急發電機設於屋外者，其審核認可證明文件要求之標準與該設備設於屋內者，並無二致，惟其需另為採取防水措施，例示如採用防雨水、積水之鐵絲網或固展圍籬加蓋頂棚，抑或比照 CNS10204（消防緊急用自備發電設備檢驗法）第六節規定設置外箱，其內部構造、換氣設備並比照同節規定，採取必要之防水措施等方式。

項目	緊急供電系統之電源
電源設備	符合 CNS 發電機設備或蓄電池等設備
電源切換	於常用電源切斷或恢復自動切換電源
發電機	應防止逆向電力
處所	防火構造但屋外防水不在此限
電源配線	設專用回路及標示

日本消防設備認可緊急電源

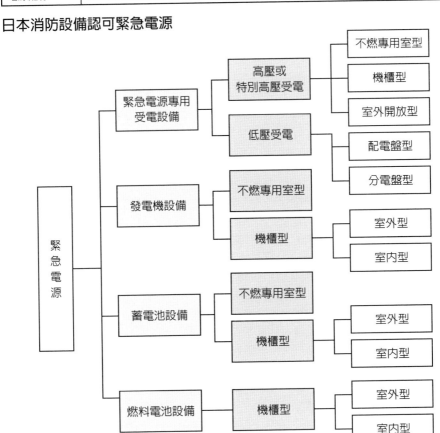

日本消防認可緊急電源專用受電設備

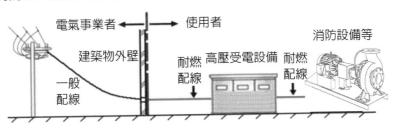

3-4 防災中心

第 238 條

防災中心樓地板面積應在四十平方公尺以上，並依下列規定設置：

一、防災中心之位置，依下列規定：

　（一）設於消防人員自外面容易進出之位置。

　（二）設於便於通達緊急昇降機間及特別安全梯處。

　（三）出入口至屋外任一出入口之步行距離在三十公尺以下。

二、防災中心之構造，依下列規定：

　（一）冷暖、換氣等空調系統為專用。

　（二）防災監控系統相關設備以地腳螺栓或其他堅固方法予以固定。

　（三）防災中心內設有供操作人員睡眠、休息區域時，該部分以防火區劃間隔。

【解說】

　≥ 16F 應設防災中心，本條將其面積（≥ 四十平方公尺）、位置、構造及設備作一規範，位置以消防人員能快速到達為考量，且至屋外出入口之步行距離 ≤ 三十公尺，因此決定了其在高樓建築物離屋外出入口不能太遠，一般是在避難層或其直上或直下層。在構造上，空調、設備固定及二十四小時人員休息之防火空間。在設備上，具監控或操作裝置應具「啟動顯示」、「動作顯示」、「操作」、「啟動」等功能，以達到監控或操作之目的。

　依消防署修正說明，鑑於防災監控系統實務設計係以整合火警受信總機、緊急廣播、通話連絡、緊急發電機、探測器、滅火設備及排煙設備等於一整合介面，俾利監控或操作，包括硬體及軟體，為更切合其功能定義，將第三款「防災監控系統」修正為「防災監控系統綜合操作裝置」。

　防災中心應能遠距操控排煙機之啟動及停止暨排煙口之開啟，並能監控該等動作；是排煙設備採自然排煙型式者，由防災中心能遠距操作並監控該排煙口或窗戶之開啟，即符法令規範目的。另有關防災中心監控或操作裝置之顯示機能認定，消防安全設備應具「啟動顯示」、「動作顯示」、「操作」、「啟動」等功能，以達到監控或操作之目的；故如R型受信總機之液晶面板具上開顯示功能，無需另設其他顯示裝置。

高層建築物防災中心

設置目的	為因應高層建築物可能火災或地震等緊急性危害時，能提供有效災害應變指揮，進行整棟之建築設備安全、防火避難設施及消防設備管控，以便救災人員得以在指示下於相對安全環境進行消防活動。	
構成要件	依規定應設防災設備及設備監控裝置，如消防安全設備、緊急升降設備、電力設備、通調設備、連絡通信及燃氣設備及其他之必要設備等，設置空間樓地板面積≥ 40m²。	
應設場所	高層建築物	高度≥ 50 m 或≥ 16 F 應設 高度≥ 90 m 或≥ 25 F 增設防災等監控系統設備（建築法規） 高度≥ 50 m 或≥ 16 F 應設防災等監控系統設備（消防法規）
	高層建築連接地下建築物或地下運輸系統之建築物。	

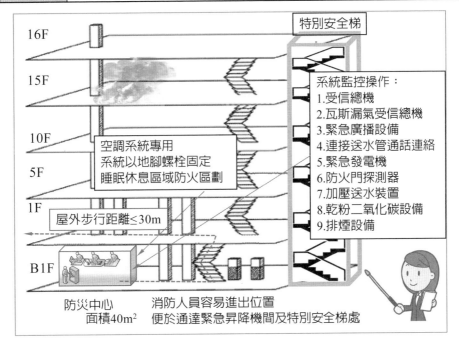

特別安全梯

系統監控操作：
1.受信總機
2.瓦斯漏氣受信總機
3.緊急廣播設備
4.連接送水管通話連絡
5.緊急發電機
6.防火門探測器
7.加壓送水裝置
8.乾粉二氧化碳設備
9.排煙設備

空調系統專用
系統以地腳螺栓固定
睡眠休息區域防火區劃

屋外步行距離≤30m

防災中心
面積40m²　　消防人員容易進出位置
　　　　　　便於通達緊急昇降機間及特別安全梯處

防災中心規範於建築與消防二體系。在建築法規，以建築技術規則規定地下運輸系統利用緩衝區連接之原有建築物應設防災中心（一百八十一條）、高層建築物設置防災中心（第二百五十九條）。另「地下建築物防災計畫書及管理維護計畫書內容」亦必須標示災中心位置。在消防法規，以各類場所消防安全設備設置標準第二百三十八條；而為了強化防災中心工作人員的執勤能力，消防署於2002年發布「防災中心值勤人員訓練作業計畫」，作為防災中心值勤人員訓練依據，以強化值勤人員之火災狀況判斷及應變能力。

防災中心規定

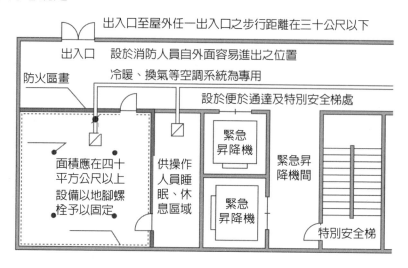

出入口至屋外任一出入口之步行距離在三十公尺以下

出入口　設於消防人員自外面容易進出之位置

防火區畫

冷暖、換氣等空調系統為專用

設於便於通達及特別安全梯處

緊急昇降機

面積應在四十平方公尺以上設備以地腳螺栓予以固定

供操作人員睡眠、休息區域

緊急昇降機

緊急昇降機間

特別安全梯

大樓防災中心位置

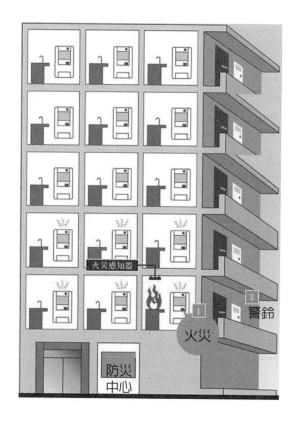

火災感知器

火災

1

2 警鈴

防災中心

第4章
檢修申報作業基準

4-1 標示設備外觀檢查（一）

（一）避難方向指示燈及出口標示燈
1. 緊急電源（限內置型）
   (1) 檢查方法
      A. 外形：確認是否有變形、損傷及顯著腐蝕之情形。
      B. 標示：確認其標示是否正常。
   (2) 判定方法
      A. 外形
         (A) 應無變形、損傷或龜裂之情形。
         (B) 電解液應無洩漏，導線接頭應無腐蝕之現象。
      B. 標示：應依所定之額定電壓及容量設置。
2. 外箱及標示面
   (1) 檢查方法
      A. 外形：以目視確認是否有變形、變色、脫落或汙損之情形。
      B. 辨識上之障礙
         (A) 以目視確認其是否依規定之高度及位置設置。
         (B) 確認隔間牆、廣告物、裝飾物等有無造成視覺辨識上之障礙。
   (2) 判定方法
      A. 外形
         (A) 外箱及標示面，應無變形、變色、損傷、脫落或顯著汙損之情形，且於正常之裝置狀態。
         (B) 避難方向指示燈所示之方向，其引導方向應無誤。
      B. 辨識上之障礙
         (A) 應設於規定之高度及位置。
         (B) 應無因建築物內部裝修，致設置位置不適當，且亦不得產生設置數量不足之情形。
         (C) 燈具周圍如有隔間牆、寄物櫃等時，不得因而造成視覺辨識上之障礙。
         (D) 燈具周圍應無雜亂物品、廣告板或告示板等遮蔽物。
3. 光源
   (1) 檢查方法：確認有無閃爍之現象，及是否正常亮燈。
   (2) 判定方法
      A. 應無熄燈或閃爍之現象。
      B. 燈具內之配線不得於標示面上產生陰影。

標示設備外觀檢查

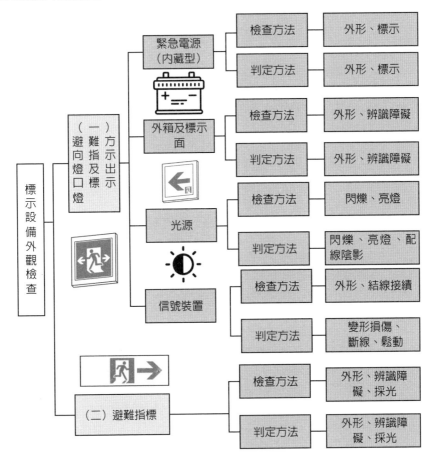

緊急電源（限內置型）外觀檢查

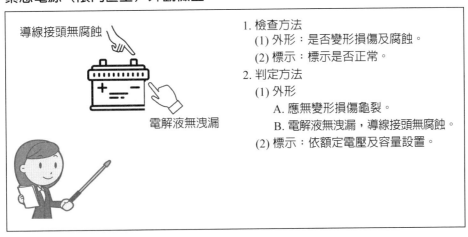

1. 檢查方法
   (1) 外形：是否變形損傷及腐蝕。
   (2) 標示：標示是否正常。
2. 判定方法
   (1) 外形
      A. 應無變形損傷龜裂。
      B. 電解液無洩漏，導線接頭無腐蝕。
   (2) 標示：依額定電壓及容量設置。

導線接頭無腐蝕

電解液無洩漏

4-2 標示設備外觀檢查（二）

4. 信號裝置（閃滅、音聲引導、減光、消燈等功能動作之移報裝置）
  (1) 檢查方法
    A. 外形：以目視確認有無變形、損傷或顯著腐蝕之情形。
    B. 結線接續：以目視或螺絲起子確認有無斷線、端子鬆動、脫落、損傷等情形。
  (2) 判定方法
    A. 外形應無變形、損傷或顯著腐蝕之情形。
    B. 應無斷線、端子鬆動、脫落、損傷等情形。

（二）避難指標
  1. 檢查方法
  (1) 外形以目視確認有無變形、變色、脫落或汙損之情形。
  (2) 辨識上之障礙
    A. 以目視確認是否依規定之高度及位置設置。
    B. 確認其有無因隔間等而造成視覺辨識上之障礙。
  (3) 採光：確認其是否具有足供識別之採光。
  2. 判定方法
  (1) 外形：標示板面之文字、色彩應無顯著之汙損、脫落或剝離之現象，且能容易識別。
  (2) 視覺辨識上之障礙
    A. 應無因建築物內部裝修，致設置位置不適當，且亦不得產生設置數量不足之情形。
    B. 指標周圍如有隔間牆、寄物櫃等時，應無因而造成視覺辨識上之障礙。
    C. 指標周圍應無雜亂物品、廣告板或告示板等遮蔽物。
  (3) 採光：應具有足供識別之採光。

避難指標外觀檢查

外形：板面文字色彩能識別

·周圍無視覺辨識障礙
·指標周圍無遮蔽物
·具識別之採光

1. 檢查方法
   (1) 外形無變形變色脫落或汙損。
   (2) 辨識上之障礙
       A.確認高度及位置。
       B.確認視覺辨識障礙。
   (3) 採光：確認足供識別之採光。
2. 判定方法
   (1) 外形：板面文字、色彩應無汙損脫落或剝離且能識別。
   (2) 視覺辨識障礙
       A.應無內部裝修，致位置不當，且數量不足情形。
       B.周圍應無造成視覺辨識障礙。
       C.指標周圍無遮蔽物。
   (3) 採光：應具識別之採光。

4-3 標示設備性能檢查

（避難指標除外）

（一）檢查方法

   1. 光源：以目視確認其燈泡本身有無汙損、劣化等現象。

   2. 檢查開關

     (1) 以目視確認有無變形及端子有無鬆動。

     (2) 由檢查開關進行常用電源之切斷及復舊之操作，確認其切換功能是否正常。

   3. 保險絲類：確認有無損傷、熔斷之現象，及是否為所定種類及容量。

   4. 結線連接：以目視或螺絲起子確認其有無斷線、端子鬆動等現象。

   5. 緊急電源：確認於緊急電源切換狀態時有無正常瞬時亮燈。

   6. 信號裝置（閃滅、音聲引導、減光、消燈等功能動作之移報裝置）：以手動或火警自動警報設備之探測器動作等方法確認功能正常。

（二）判定方法

   1. 光源：應無汙損或顯著之劣化情形。

   2. 檢查開關

     (1) 應無變形、損傷或端子鬆動之情形。

     (2) 切斷常用電源時，應能自動切換至緊急電源，即時亮燈；復舊時，亦能自動切換回常用電源。

   3. 保險絲類

     (1) 應無損傷、熔斷之情形。

     (2) 應為所定之種類及容量。

   4. 結線連接：應無斷線、端子鬆動、脫落、損傷之情形。

   5. 緊急電源：應無不亮燈或閃爍之情形。

   6. 信號裝置（閃滅、音聲引導、減光、消燈等功能動作之移報裝置）

     (1) 燈光閃滅正常。

     (2) 音聲鳴動正常。

     (3) 點燈正常。（限消燈型或減光型）

（三）注意事項

   1. 以緊急電源亮燈時，會出現比一般常用電源亮燈時，光線變為有些昏暗現象，係屬正常範圍。

   2. 應於檢查後復歸為一般常用電源。

標示設備性能檢查判定方法及注意事項

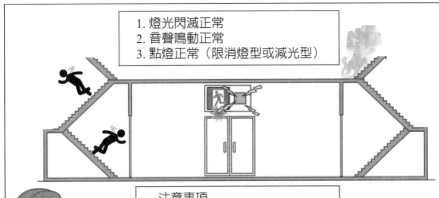

1. 燈光閃滅正常
2. 音聲鳴動正常
3. 點燈正常（限消燈型或減光型）

注意事項
　　1. 緊急電源亮燈會較昏暗
　　2. 檢查後復歸為一般電源

判定方法
1. 光源：無汙損劣化。
2. 檢查開關
　(1) 無變形損傷或鬆動。
　(2) 切斷電源應自動至緊急電源，即時亮燈；復舊時亦能自動切換。
3. 保險絲類
　(1) 無損傷熔斷。
　(2) 為所定種類及容量。
4. 結線連接：無斷線鬆動、脫落損傷。
5. 緊急電源：無不亮燈或閃爍。
6. 信號裝置（移報裝置）
　(1) 燈光閃滅。
　(2) 音聲正常。
　(3) 點燈正常。（限消燈型或減光型）
注意事項
1. 緊急電源亮燈昏暗現象屬正常範圍。
2. 檢查後復歸一般電源。

4-4 標示設備檢查表

標示設備檢查表							
檢修項目			檢修結果				處置措施
			種別、內容等情形			判定	不良狀況	
			避難口	走廊	通道			
外觀檢查								
指示（標示）燈	緊急電源	外形						
		標示						
	外箱標示面	外形						
		辨識障礙						
	光源							
	信號裝置	外形						
		結線接續						
避難指標	外形							
	辨識障礙							
	採光							
性能檢查								
光源								
檢查開關								
保險絲類								
結線接續								
緊急電源								
信號裝置								
備註								

測定機器	機器名稱	型式	校正年月日	製造廠商	機器名稱	型式	校正年月日	製造廠商

檢查日期		自民國　　年　　月　　日　至民國　　年　　月　　日				
檢修人員	姓名		消防設備師（士）	證書字號		簽章	（簽章）
	姓名		消防設備師（士）	證書字號		簽章	
	姓名		消防設備師（士）	證書字號		簽章	
	姓名		消防設備師（士）	證書字號		簽章	

1. 應於「種別，容量等情形」欄內填入適當之項目。
2. 檢查合格者於判定欄內打「○」；有不良情形時於判定欄內打「×」，並將不良情形填載於「不良狀況」欄。
3. 對不良狀況所採取之處置情形應填載於「處置措施」欄。
4. 欄內有選擇項目時應以「○」圈選之。

閃滅式引導燈基本配線圖

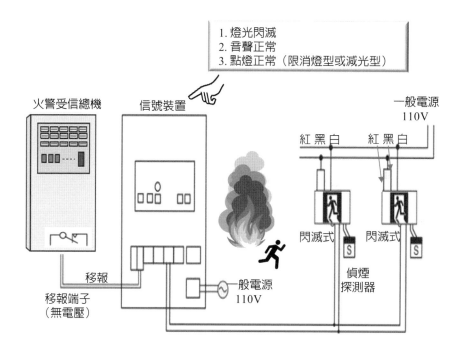

消燈型引導燈基本配線圖

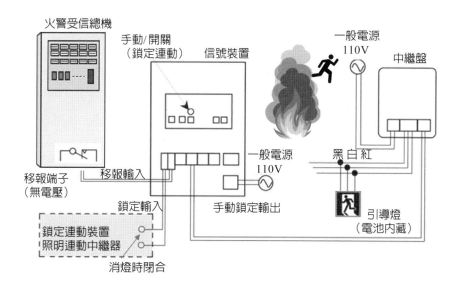

4-5 避難器具外觀檢查（一）

（一）周圍狀況

　1. 設置地點

　　(1) 檢查方法：確認在避難時，是否能夠容易接近。

　　(2) 判定方法

　　　A. 應無因設置後之改裝被變更為個人房間或倉庫等，而不容易接近。

　　　B. 設置之居室，其出入口應無加鎖。

　　　C. 應無放置妨礙接近之物品。

　　　D. 應無在收藏箱附近放置物品，使該器具之所在不易辨別。

　　　E. 應無擅自不當變更收藏箱之位置。

　2. 操作面積

　　(1) 檢查方法：確認附近有無妨礙器具操作之障礙物，及是否確保操作所需之面積。

　　(2) 判定方法

　　　A. 應無妨礙操作之障礙物，並依表 1 確保各器具之操作面積。

　　　B. 在操作面積內，除了輕量而容易移動之物品外，不得放置會妨礙之大型椅子、桌子、書架及其他物品等。

　　　C. 在收藏箱上，應無放置妨礙操作之物品。

　　(3) 注意事項：操作面積的大小未符合表 1 時，應參照原核准圖說，確認是否與設置時之狀態相同。

　3. 開口部

　　(1) 檢查方法：確認安裝器具之開口部，能否容易且安全地打開，及是否確保必要之開口面積。

　　(2) 判定方法

　　　A. 開口部應無加設固定板、木條等。

　　　B. 制動器、門軸轆等應無生鏽，且開口部應能容易開、關。

　　　C. 打開門、蓋後，其制動器應能確實動作，不會因振動、衝擊等而鬆開。

　　　D. 開口部附近應無書架、展示臺等堵塞開口部。

　　　E. 由地板面至開口部下端之高度應在一百五十公分以下。

　　　F. 開口部太高可能形成避難上之障礙時，應設有固定式或半固定式之踏臺。

　　　G. 踏臺等應保持能用之狀態。

　　　H. 開口部應能符合表 2 所示之大小。

　　(3) 注意事項：開口部之大小未符合表 2 時，應參照原核准圖說，確認是否與設置時之狀態相同。

表1　操作面積

避難器具種類	操作面積
救助袋	寬 1.5m，長 1.5m（含器具所占之面積）。但無操作障礙，且操作面積在 2.25m² 以上時，不在此限。 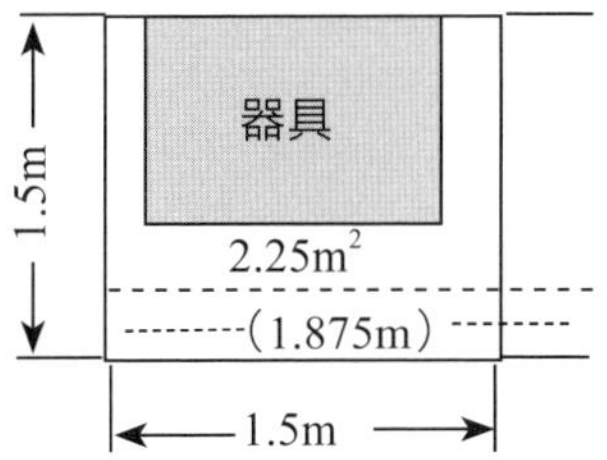 （圖示）器具　2.25m²　(1.875m)　1.5m　1.5m
緩降機 避難梯 避難繩索 滑杆	0.5m² 以上（不含避難器具所占面積），但邊長應為 60cm 以上。 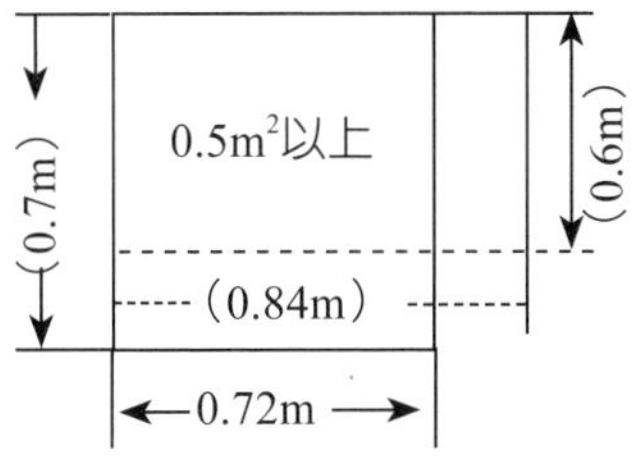 （圖示）0.5m²以上　(0.7m)　(0.84m)　0.72m　(0.6m)
滑臺避難橋	依避難器具大小及形狀留置之。

表2　開口部之大小

避難器具種類	開口面積
救助袋	高 60cm 以上。 寬 60cm 以上。
緩降機 避難梯 避難繩索 滑杆	高 80cm 以上，寬 50cm 以上； 或高 100cm 以上，寬 45cm 以上。
滑臺	高 80cm 以上。 寬為滑臺最大寬度以上。
避難橋	高 180cm 以上。 寬為避難橋最大寬度以上。

4-6 避難器具外觀檢查（二）

4. 下降空間
   (1) 檢查方法：確認有無妨礙下降之物品，及有無確保下降必要之空間。
   (2) 判定方法
      A. 下降空間應能符合表 3 所示之大小。
      B. 應無因新設招牌或樹木成長等而形成之障礙。
      C. 有電線時，應距離下降空間一點二公尺以上。但是，如果該架設在空中的電線部分有絕緣措施，而被認定爲安全時，不在此限。
   (3) 注意事項：下降空間之大小，未符合表 3 時，及多人數用之緩降機應參照原核准圖說，確認是否與設置時之狀態相同。
5. 下降空地
   (1) 檢查方法：確認有無避難障礙，及是否確保必要之下降空間。
   (2) 判定方法
      A. 下降空地應能符合表 4 所示之大小。
      B. 下降空地應無障礙物。
      C. 應有寬一公尺以上之避難上有效通路，通往廣場、道路等。
   (3) 注意事項：下降空地的大小未符合表 4 時，及多人使用之緩降機，應參照試驗結果報告表，或根據是否與設置時之狀態相同而判定。

（二）標示
   1. 檢查方法：以目視確認有無變形、脫落、汙損等。
   2. 判定方法
      (1) 標示應爲表 5 所示者。
      (2) 應無變形、損傷、脫落、汙損等。
      (3) 應無因其他物品而看不到。

表3　下降空間

避難器具種類	下降空間
救助袋 （斜降式）	救助袋下方及側面，在上端 25 度，在下端 35 度方向依下圖所圍範圍內。但沿牆面使用時，牆面側不在此限。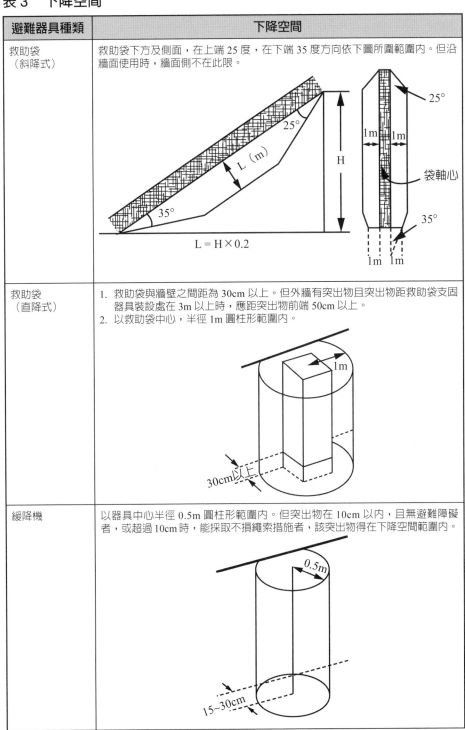
救助袋 （直降式）	1. 救助袋與牆壁之間距為 30cm 以上。但外牆有突出物且突出物距救助袋支固器具裝設處在 3m 以上時，應距突出物前端 50cm 以上。 2. 以救助袋中心，半徑 1m 圓柱形範圍內。
緩降機	以器具中心半徑 0.5m 圓柱形範圍內。但突出物在 10cm 以內，且無避難障礙者，或超過 10cm 時，能採取不損繩索措施者，該突出物得在下降空間範圍內。

避難器具種類	下降空間
避難梯	自避難梯兩側豎桿中心線向外 20cm 以上及其前方 65cm 以上之範圍內。 20cm　20cm 20cm 20cm以上 10cm以上 65cm以上
滑臺	滑面上方 1m 以上及滑臺兩端向外 20cm 以上所圍範圍內。 20cm 20cm 1m 滑行面
避難橋	避難橋之寬度以上及橋面上方 2m 以上所圍範圍內。 2m
避難繩索 滑杆	應無避難障礙之空間。

表 4 下降空地

避難器具種類	下降空地
救助袋 （斜降式）	救助袋最下端起 2.5m 及中心線左右 1m 以上所圍範圍。 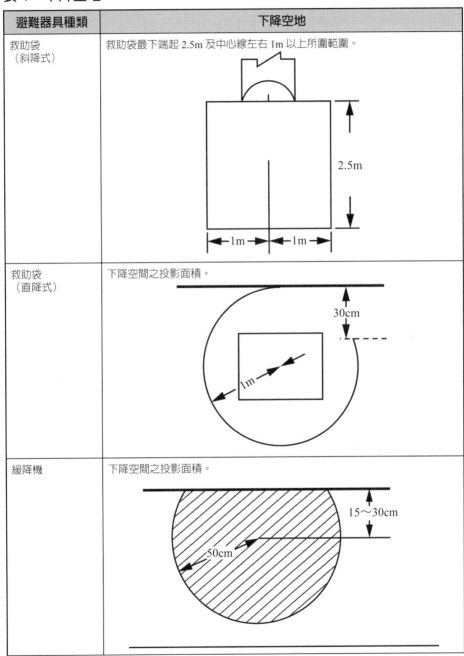
救助袋 （直降式）	下降空間之投影面積。
緩降機	下降空間之投影面積。

避難器具種類	下降空地
避難梯	下降空間之投影面積。 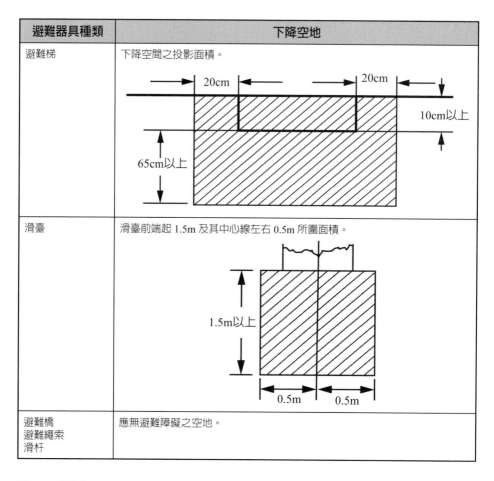
滑臺	滑臺前端起 1.5m 及其中心線左右 0.5m 所圍面積。
避難橋 避難繩索 滑杆	應無避難障礙之空地。

表 5　標示

避難器具 標示種類	設置處所	尺　寸	顏色	標 示 方 法
設置位置	避難器具或其附近明顯易見處	長 36cm 以上 寬 12cm 以上	白底黑字	字樣為「避難器具」，每字五平方公分以上。但避難梯等較普及之用語，得直接使用其名稱為字樣。
使用方法		長 60cm 以上 寬 30cm 以上		標示易懂之使用方法，每字一平方公分以上。
避難器具指標	通往設置位置之走廊、通道及居室之入口	長 36cm 以上 寬 12cm 以上		字樣為「避難器具」，每字五平方公分以上。

＋知識補充站

火警探測器與防火門之連動

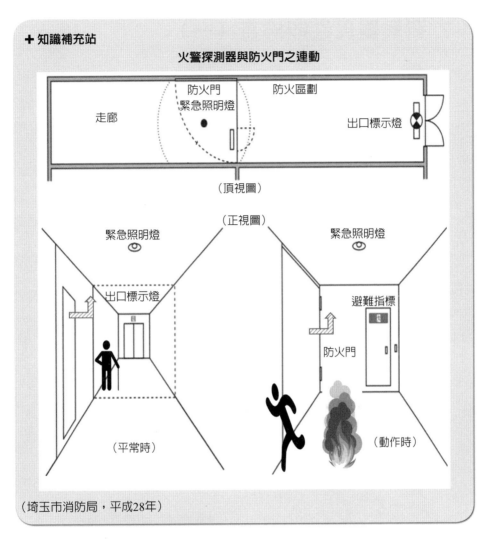

走廊

防火門
緊急照明燈

防火區劃

出口標示燈

（頂視圖）

（正視圖）

緊急照明燈

出口標示燈

（平常時）

緊急照明燈

避難指標

防火門

（動作時）

（埼玉市消防局，平成28年）

（5樓陽台上方之6樓避難梯逃生孔：
為固定型之伸縮式不鏽鋼梯，臺灣規
定≥4樓為固定型，攝於日本大阪集合
住宅2019/08）

4-7 避難器具性能檢查（一）

（一）避難梯

1. 器具本體
   (1) 檢查方法
      A. 如圖 1 所示之懸吊梯，需將折疊部或捲繞部展開，或將伸縮部拉開到能夠檢查各部分之程度，確認有無損傷。
      B. 如圖 2 所示之固定收藏型者，需解開金屬扣，把梯子打開來，確認有無損傷等。
   (2) 判定方法
      A. 梯柱、橫桿及突出物應無變形、損傷、生鏽、腐蝕等，及橫桿之應無沒有異常。
      B. 鏈條、焊接處應無裂痕、損傷及鋼繩、纖維製繩應無綻開、斷線。
      C. 接合部之鉚釘應無裂開、損傷等。
      D. 螺栓、螺帽在有防止鬆動之措施，纖維製繩與橫桿之結合部應堅固而未鬆弛。
      E. 轉動部、折疊部、伸縮部之動作應順暢。
      F. 固定收藏型者，金屬扣之動作應順暢圓滑。
2. 固定架及固定部
   (1) 檢查方法
      A. 懸吊型：如圖 3 所示之懸吊用具，平時由固定架拆下被收藏者，應將懸吊用具安裝在固定架上，確認有無損傷等。
      B. 固定收藏型：以扭力扳手確認固定及安裝狀態有無異常。
   (2) 判定方法
      A. 固定架及其材料應無明顯變形、損傷、生鏽、腐蝕等，且堅牢地安裝著，螺栓、螺帽應無鬆弛或脫落。
      B. 與本體之接合部，需堅固而無鬆弛。
      C. 懸吊用具，應確實安裝在固定部材，或成容易安裝之狀態。
      D. 懸吊用具各部分應無變形、損傷、生鏽、明顯腐蝕等，鏈條應無扭曲，焊接部應無損傷等。
   (3) 注意事項：螺帽之栓緊轉矩，應依照表 6。

懸吊梯（圖1）

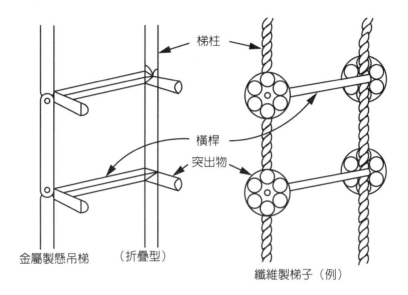

梯柱

橫桿

突出物

金屬製懸吊梯　（折疊型）

纖維製梯子（例）

金屬製固定梯例（圖2）　　懸吊用具例（圖3）

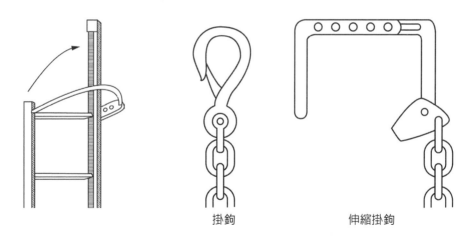

掛鉤　　　　　　　　伸縮掛鉤

表6　螺帽之栓緊強度

螺紋標稱	栓緊強度（轉矩值 kg-cm）
M 10×1.5	150～250
M 12×1.75	300～450
M 16×2	600～850

4-8 避難器具性能檢查（二）

3. 收藏狀況
    (1) 檢查方法：以目視及操作確認收藏狀況有無異常。
    (2) 判定方法
        A. 懸吊型
            (A) 收藏箱應無破損、生鏽、明顯腐蝕、漏水等，蓋子亦能容易打開取出梯子。
            (B) 懸吊用具應以正確方向安裝在固定部，或呈能容易安裝之狀態。
        B. 固定收藏型：金屬扣應能確實鉤住。
（二）緩降機
    1. 器具本體
        (1) 調速器
            A. 外觀事項
                (A) 檢查方法：以目視確認圖4所示之緩降機有無損傷等。
                (B) 判定方法
                    a. 應無明顯衝擊痕跡及其他損傷等。
                    b. 封緘部應無異常。
                    c. 小螺絲、螺帽、柳釘等應無鬆動及脫落。
                    d. 應無明顯生鏽。
                    e. 禁示加油者應無加油痕跡。
                    f. 油壓式者應無漏油。
            B. 動作事項（如右圖示）
        (2) 調速器之連結部（含掛鉤）
            A. 檢查方法：以目視及操作確認有無損傷等。
            B. 判定方法
                (A) 應無明顯損傷及生鏽。
                (B) 動作部分應能順暢地動作。
                (C) 安全環等附屬零件應無異常及遺失。
        (3) 繩子
            A. 檢查方法：以目視確認有無損傷等。
            B. 判定方法
                (A) 繩子之長度應能符合設置地點之長度。
                (B) 棉織被覆部分到鋼索應無損傷、明顯斷線及磨損，亦無因受潮而引起老化及芯心鋼索生鏽等。

緩降機調速器性能檢查之動作事項

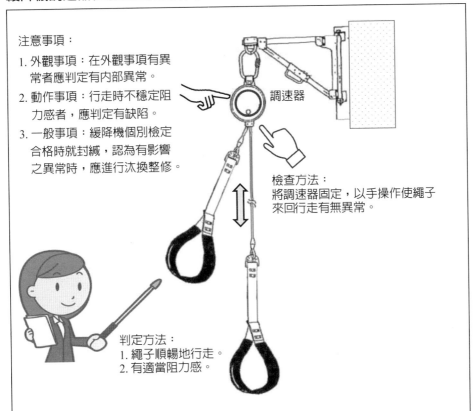

注意事項：
1. 外觀事項：在外觀事項有異
   常者應判定有內部異常。
2. 動作事項：行走時不穩定阻
   力感者，應判定有缺陷。
3. 一般事項：緩降機個別檢定
   合格時就封緘，認為有影響
   之異常時，應進行汰換整修。

調速器

檢查方法：
將調速器固定，以手操作使繩子
來回行走有無異常。

判定方法：
1. 繩子順暢地行走。
2. 有適當阻力感。

動作事項
1. 檢查方法：將調速器固定，以手操作使繩子來回行走，確認其動作狀況有無異常。
2. 判定方法
   (1) 繩子應能順暢地行走。
   (2) 應有適當阻力感，而非不穩定的阻力感。
3. 注意事項
   (1) 外觀事項：在外觀事項有異常者，因在動作時未必感到異常，所以仍應判定為有
       使內部發生異常之原因。
   (2) 動作事項：操作時繩索不能行走者，應判定為不良，行走時有不穩定之阻力感
       者，亦應判定為性能及強度上有缺陷。
   (3) 一般事項：由於緩降機之器具主體，於個別檢定合格時就以封緘（鉚住等）使之
       不能分解，因此檢查結果，認為對性能及強度有影響之異常時，應聯絡器具之製
       造廠商，進一步確認有無異常，並追究其原因及進行汰換整修。

4-9 避難器具性能檢查（三）

(4) 安全帶
　　A. 檢查方法：以目視確認有無損傷等。
　　B. 判定方法
　　　(A) 應無附著會引起明顯損傷及老化之藥品、油、鏽、霉及其他會減低其強度之物。
　　　(B) 應無因明顯受潮所引起之腐蝕等。
　　　(C) 應有符合最多使用者人數之安全帶緊結在繩索末端。
(5) 繩子與安全帶之緊結金屬零件
　　A. 檢查方法：以目視確認有無損傷等。
　　B. 判定方法
　　　(A) 緊結金屬應無明顯損傷、生鏽等強度上之異常狀況。
　　　(B) 應無被分解之痕跡。

2. 支固器具及固定部分
(1) 支固器具
　　A. 檢查方法
　　　以目視及操作確認有無損傷等。
　　B. 判定方法
　　　(A) 塗裝、電鍍等應無明顯剝落。
　　　(B) 構成零件應無明顯變形、腐蝕、龜裂等之損傷。
　　　(C) 螺栓、螺帽應無鬆弛或脫落。
　　　(D) 焊接部分應無明顯生鏽、龜裂等。
　　　(E) 支固器具應能依使用方法順暢地動作。
(2) 固定部
　　A. 檢查方法：以目視及扭力扳手確認有無異常。
　　B. 判定方法
　　　(A) 螺栓、螺帽沒有鬆動或脫落。
　　　(B) 穿孔錨栓工法之錨栓所使用的螺帽之拴緊，應符合表6之規定。
　　　(C) 固定基礎應無因龜裂等而有破損。
　　　(D) 固定安裝部分應無明顯腐蝕、生鏽、變形、龜裂等，對強度有影響之異常發生。
(3) 收藏狀況
　　A. 檢查方法：以目視及操作確認收藏狀況有無異常。

緩降機（圖4）

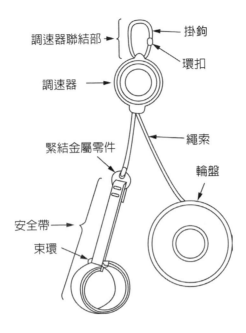

調速器聯結部　掛鉤
環扣
調速器
緊結金屬零件　繩索
輪盤
安全帶
束環

斜降式救助袋（圖5）

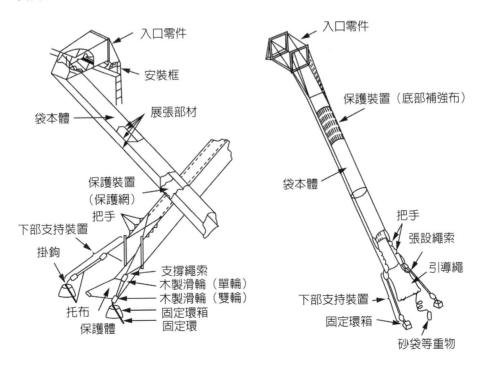

入口零件
安裝框
袋本體
展張部材
保護裝置
（保護網）
把手
下部支持裝置
掛鉤
托布
保護體
支撐繩索
木製滑輪（單輪）
木製滑輪（雙輪）
固定環箱
固定環

入口零件
保護裝置（底部補強布）
袋本體
把手
張設繩索
引導繩
下部支持裝置
固定環箱
砂袋等重物

4-10 避難器具性能檢查（四）

B. 判定方法
(A) 保管箱應放在所定之位置。
(B) 於適合器具本體之保管箱內，應整理成使用時無障礙之狀態收藏。
(C) 繩子應以未扭曲狀態，被捲在「輪盤」收藏。
(D) 保管箱應無明顯變形、破損等，及內部應無灰塵、溼氣等。
(E) 支固器具應以使用時無障礙之狀態收藏。
C. 注意事項
應使輪盤本身轉動來收繩子，以免扭曲繩索。

（三）救助袋（斜降式及直降式通用）
1. 袋本體
(1) 檢查方法：以目視及手觸摸確認圖5所示之袋本體有無損傷等。
(2) 判定方法
A. 袋體用布及展開部材（指繩索、皮帶等，以下相同）應無洞、割傷、裂傷、裂開等損傷及明顯磨損（由於磨擦而產生起毛，使該部分變弱，以下相同）。
B. 袋體用布及展開零件應無綻開等。
C. 縫合部分應無縫線之斷線，以及袋體用布與展開部材的結合部之綁緊線應無鬆弛。
D. 袋本體應無明顯受潮或溼悶。
E. 袋子的用布應無明顯變色。
F. 袋本體應無附著藥品、油脂、鏽、霉及其他會減低強度之物。
G. 使用扣眼結合袋本體與入口零件者，扣眼應無損傷及脫落。而使用縫線時，應無斷線及明顯磨損，且用布的針眼應無斷裂。
H. 展開部材與入口零件的結合處，應無鬆動、損傷等。
I. 把手應無損傷及明顯磨損。（限斜降式）
J. 為保護底部之防止掉落用的網及用布，應無損傷。（限斜降式）
K. 下部出口與保護襯墊之結合應堅固，縫線應無斷線。
(3) 注意事項
A. 磨損引起之起毛，是由於股線斷所引起，如果起毛多將會引起用布及展張部材的損傷，所以必須注意。
B. 所謂「溼悶」是指含有水分，而且稍帶熱的狀態，依用布、展張部材、縫線等材質種類，有時會由於水分及溫度而對強度等有不良影響，故需注意。

垂降式救助袋（圖5）

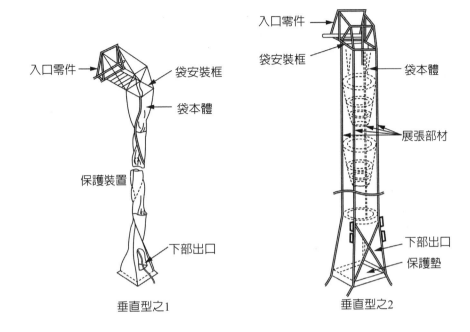

入口零件　袋安裝框　袋本體　保護裝置　下部出口

垂直型之1

入口零件　袋安裝框　袋本體　展張部材　下部出口　保護墊

垂直型之2

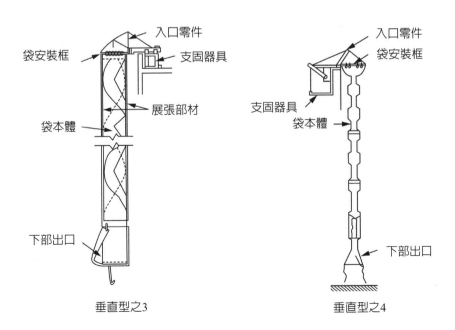

袋安裝框　入口零件　支固器具　展張部材　袋本體　下部出口

垂直型之3

入口零件　袋安裝框　支固器具　袋本體　下部出口

垂直型之4

4-11 避難器具性能檢查（五）

C. 變色有單純汙髒、不純物的附著及溼悶等三種因素引起，除了單純的汙損引起者外，有時材質種類亦會成爲老化、腐蝕等之原因，故需注意。

D. 用布、展開部材、縫線等，依材質種類之不同，有的耐藥品性很弱，故需注意。

2. 支固器具及固定部

(1) 本體

A. 支固器具及入口零件

(A) 檢查方法：以目視、操作及扭力扳手確認圖 6 所示之支固器具及入口零件有無損傷等、及是否能正常動作。

(B) 判定方法

a. 支固器具應無變形、龜裂、腐蝕及損傷。

b. 螺栓、螺帽等之固定零件應無龜裂、損傷等。

c. 螺栓、螺帽應無鬆動或脫落。

d. 固定部（木材、鋼筋、鋼骨混凝土等）應無腐蝕、生鏽、變形、龜裂等對強度有影響之異常發生。

e. 固定基礎應無因龜裂而引起之破損。

f. 穿孔錨栓工法之錨栓所使用螺帽之栓緊，應符合表 6 之栓緊轉矩。

g. 入口零件及入口零件與支固器具之轉動部分應圓滑順暢。

h. 入口零件，鋼索等應無影響強度之變形、龜裂、腐蝕、損傷、永久歪曲等。

i. 鋼索的塑膠等被覆應無破損而致鋼索外露。

j. 入口零件與支固器具之結合部，應無明顯不穩定及過大之橫向空隙。

k. 以電動使入口零件動作者，其動作應正常。

B. 下部支持裝置（限斜降式）

(A) 檢查方法：以目視如圖 7 所示之張設操作，確認有無損傷等。

(B) 判定方法

a. 張設繩索、滑輪、掛鉤等應無龜裂、腐蝕、損傷等。

b. 張設繩索及張設繩索與滑輪及掛鉤，應無纏繞、糾結等。

c. 滑輪之轉動應圓滑順暢。

d. 如圖 8 所示滑輪之捲緊繩索等，應無鬆動、損傷、腐蝕等。

垂降式救助袋（圖5）

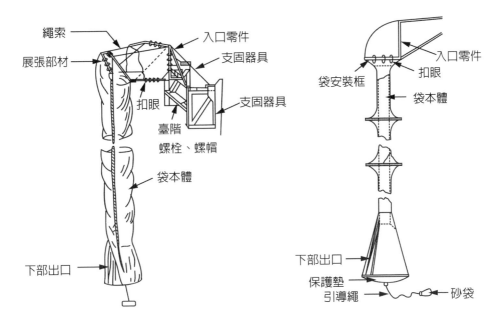

繩索
入口零件
展張部材
支固器具
扣眼
支固器具
臺階
螺栓、螺帽
袋本體
下部出口

入口零件
袋安裝框
扣眼
袋本體
下部出口
保護墊
引導繩
砂袋

支固器具及入口零件之例（圖6）

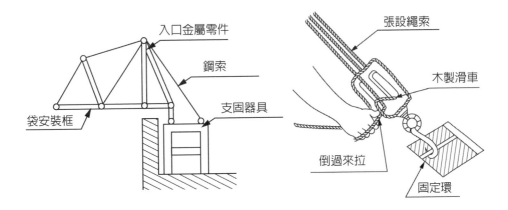

入口金屬零件
鋼索
袋安裝框
支固器具

固定方法例（圖7）

張設繩索
木製滑車
倒過來拉
固定環

4-12 避難器具性能檢查（六）

    C. 引導繩

      (A) 檢查方法：以目視確認如圖 9 所示之引導繩有無損傷等。

      (B) 判定方法

        a. 引導繩應確實安裝在袋本體或下部支持裝置。

        b. 引導繩的前端，應確實有砂袋等重物。

        c. 砂袋等重物，應有夜間容易識別之措施。

        d. 使用砂袋時，應無漏砂。

  (2) 固定環（限斜降式）

    A. 檢查方法：確認如圖 10 所示固定環有無變形、損傷等，並需確認保護蓋是否能容易打開。

    B. 判定方法

    (A) 應無明顯腐蝕、破損及變形。

    (B) 保護蓋應能容易打開。

    (C) 應無被砂土等埋沒。

    (D) 保護蓋應無遺失。

    (E) 保護蓋上之樓層標示，應無因汙垢、磨損等而變爲不易判別。

3. 收藏狀態

  (1) 收藏方法

    A. 檢查方法：以目視及操作確認收藏狀態有無異常。

    B. 判定方法

    (A) 應安裝在開口部收藏箱。

    (B) 收藏箱等應能容易打開。

    (C) 應依下列順序，整齊地收藏。

      a. 引導繩需整理得能順利地伸張。

      b. 下部支持裝置之張設繩索、滑輪、掛鉤不得糾纏在一起收藏。（限斜降式）

      c. 袋本體，應從上部反覆折疊收起，使下部出口成爲表面，斜降式者應整理下部支持裝置，以皮帶栓緊後，引導繩需放在其上。

      d. 收藏箱之把手等，應無掉落及損傷。

  (2) 通風性等

    A. 檢查方法

    (A) 通風性應良好，以目視確認袋本體是否直接碰到地板。

捲緊繩索例（圖8）

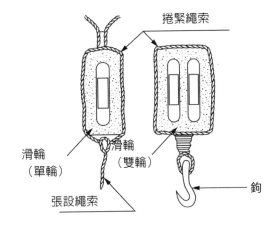

捲緊繩索

滑輪
（單輪）

滑輪
（雙輪）

鉤

張設繩索

引導繩（圖9）

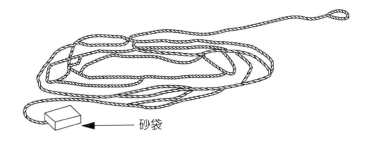

砂袋

固定環之例（圖10）

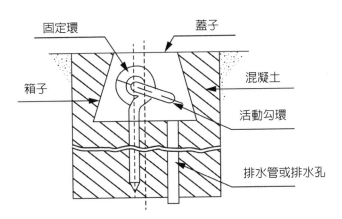

固定環

蓋子

混凝土

箱子

活動勾環

排水管或排水孔

4-13 避難器具性能檢查（七）

(B) 以目視確認是否有防止老鼠等侵入之措施。

  B. 判定方法

(A) 需通風良好，收藏箱內沒有明顯的溼氣。

(B) 袋本體應有不會直接碰到地板之措施。

(C) 有老鼠等侵入之虞時，需有防止措施。

（四）滑臺（見右圖示）

（五）滑杆

  1. 檢查方法：以目視確認固定狀態有無異常。

  2. 判定方法

    (1) 器具本體：滑杆應為均勻圓桿表面平滑，且應無明顯變形、損傷、生鏽、腐蝕等。

    (2) 支持部：滑杆上、下端應固定良好，且應無明顯變形、損傷、生鏽、腐蝕等。

（六）避難繩索

  1. 器具本體

    (1) 檢查方法：以目視及操作確認有無變形、腐蝕等。

    (2) 判定方法

      A. 應無變形、損傷、綻開、明顯受潮等。

      B. 結合部及結扣應緊密結合。

  2. 固定架及固定部

    (1) 檢查方法：以目視確認圖 11 例所示之固定架及固定部有無損傷。

    (2) 判定方法

      A. 掛鉤應無明顯變形、損傷、生鏽、腐蝕等，且能容易、確實安裝在固定零件上。

      B. 固定架及固定零件應無明顯變形、損傷、生鏽、腐蝕等，能堅牢地安裝在安裝部，螺栓、螺帽應無鬆動或脫落。

  3. 收藏狀況

    (1) 檢查方法：以目視確認收藏狀況有無異常。

    (2) 判定方法

      A. 收藏箱、收藏袋等應設置在開口部附近，且應以容易取出繩索之方式收藏。

      B. 收藏箱、收藏袋等應無明顯損傷、腐蝕等。

（七）避難橋（見以下圖示）

滑臺性能檢查

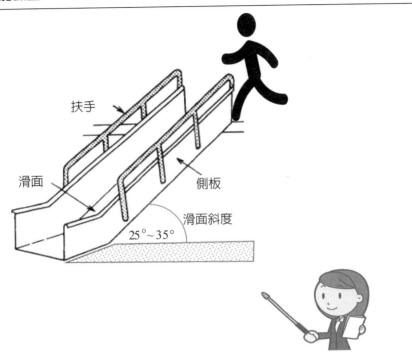

扶手

滑面　　　　　　　　　　　側板

滑面斜度
$25°\sim35°$

1. 器具本體
   (1) 檢查方法：以目視及操作確認滑臺有無損傷等，動作狀態有無異常。
   (2) 判定方法
       A.半固定式者抬起下端部分之金屬扣，應能以簡單之操作解開，但不得因振動、衝擊等而容易脫落，且應無變形、損傷、生鏽、腐蝕等。
       B.底板及側板之表面，應平滑且無平面高低差、空隙等，同時應無變形、損傷、生鏽、腐蝕等。但是，滾筒型的滑落面得有不妨礙滑落之空隙。
       C.滑面的斜度（螺旋狀者為滑面寬度中心線之斜度），應為25至35度。
2. 固定部
   (1) 檢查方法：以目視及扭力扳手確認固定部及安裝狀態有無異常。
   (2) 判定方法
       A.部應堅固而無鬆動，且應無變形、損傷、生鏽、腐蝕等。
       B.螺栓、螺帽應無鬆動或脫落。
   (3) 注意事項：螺帽之捨緊轉矩，應依表6所示之規定。

避難橋性能檢查

1. 器具本體
   (1) 檢查方法：以目視及操作確認避難橋有無損傷。
   (2) 判定方法
       A.各部分應無明顯變形、損傷、生鏽、腐蝕等。
       B.應具有安全上充分之掛架長度。
       C.接合部應無龜裂、變形、損傷等。
       D.地板面應無空隙。有斜度之地板其止滑部分，應無明顯之磨損等。
2. 固定部
   (1) 檢查方法：以目視確認安裝狀態有無異常。
   (2) 判定方法：固定部應堅固而無鬆動。

固定架及固定部例（圖11）

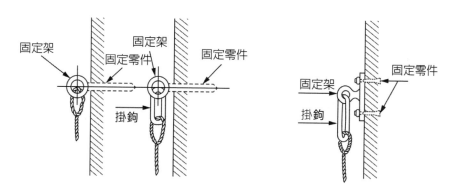

➕ 知識補充站

日本消防設備工事及整備資格者

分類	項目	消防設備或特殊消防設備等種類	消防設備士	
			甲種	乙種
特類	特類	特殊消防設備	設計，監造，裝置，檢修	―
滅火設備	第1類	室內消防栓，室外消防栓，自動撒水設備，水霧滅火設備，<u>套裝型滅火設備</u>，<u>套裝型自動滅火設備</u>，集合住宅用自動撒水設備	設計，監造，裝置，檢修	裝置，檢修
	第2類	泡沫滅火設備，套裝型滅火設備，套裝型自動滅火設備，特定停車場用泡沫滅火設備		
	第3類	不活性氣體滅火設備，海龍替代滅火設備，乾粉滅火設備，<u>套裝型滅火設備</u>，<u>套裝型自動滅火設備</u>		
警報設備	第4類	火警自動警報設備，瓦斯漏氣火警自動警報設備，一一九火災通報裝置，集合住宅用火警自動警報設備，<u>住戶用火警自動警報設備</u>，<u>特定小規模設施用火警自動警報設備</u>，<u>複合型住居設施用火警自動警報設備</u>		
避難設備／滅火器	第5類	金屬製避難梯（限固定式者），救助袋，緩降機		
	第6類	滅火器	―	
警報設備	第7類	漏電火災警報器	―	

註：上述劃有底線者，為性能式規定之消防設備或特殊消防用設備（B 或 C 路徑）。其餘為規格式規定之一般消防設備（A 路徑）。

（工事相當於臺灣消防法規之設計監造，整備相當於裝置檢修等。）

臺灣方面，依消防法第七條，各類場所消防安全設備設置標準設置之消防安全設備，其設計、監造應由消防設備師為之；其裝置、檢修應由消防設備師或消防設備士為之。

前項消防安全設備之設計、監造、裝置及檢修，於消防設備師或消防設備士未達定量人數前，得由現有相關專門職業及技術人員或技術士暫行為之；其期限由中央主管機關定之。

4-14 避難器具綜合檢查（一）

綜合檢查是在完成外觀檢查及性能檢查之後實施，檢查時應使避難器具成使用狀態，確認其性能是否正常。

（一）避難梯（如右圖示）

（二）緩降機

1. 下降準備
   (1) 檢查方法：將支固器具設定成使用狀態，把緩降機裝上後確認能否安全下降。
   (2) 判定方法
      A. 拴緊緩降機連結部（掛鉤等）之環扣，應能完全地安裝在支固器具。
      B. 把繩子展開時，應無纏繞等，而能成直線垂下，繩子之長端應能到達地面上。

2. 下降
   (1) 檢查方法：依下列確認能否正常下降。
      A. 把附在短邊繩子之安全帶從頭部套入，將胸部之以束環栓緊。
      B. 握住兩條繩索（有制動器者操作制動器），走出外牆壁把體重加在繩子垂下去。
      C. 面向壁面，等身體穩定後把手從繩子處放開而下降。
      D. 下降完畢後，解開安全帶。
   (2) 判定方法
      A. 測量下降距離及下降時間，計算出下降速度，應在規定的下降速度範圍內。（平均的降落速度應在每秒八十至一百公分，最大下降速度應在每秒一百五十公分以內。）
      B. 下降後，實施前面所提之性能檢查，器具本體、支固器具等應無異常。
   (3) 注意事項
      A. 在剛要下降前，如果使下降一邊之繩索放鬆，將會使繩子受到激烈的負載，故需小心。
      B. 使用多人數用之緩降機時，需同時準備好下降姿勢後，再開始下降。

3. 收藏
   (1) 檢查方法：下降後，確認能否恢復原狀。
   (2) 判定方法：各部分應無變形且能順暢地恢復原狀。
   (3) 注意事項：捲取繩子應使輪盤本身轉動而捲取繩子，以避免繩子扭曲。

避難梯綜合檢查

懸吊用具安裝在支固器具

鬆開金屬扣

≤1.2 m
或階梯等

操作面積
≥ 0.5m²
一邊長≥0.6m

下降空間
≥ 0.65m

≥10 cm

橫桿

≤50 cm

1. 下降準備
   (1) 檢查方法
       A. 懸吊型者，應把懸吊用具安裝在支固器具上，鬆開金屬扣，使梯子從開口部放下，確認伸長狀態有無異常。
       B. 固定收藏型者，應鬆開金屬扣，確認梯子之展開狀態有無異常。判定方法
       A. 懸吊型者，梯子之全長應能順利伸長，突起向牆壁方向，牆壁與橫桿之間隔應有十公分以上，梯柱成垂直，橫桿成水平。
       B. 固定收藏型者，被收藏之梯柱應能順利展開，下端碰到堅固的地面，梯柱成垂直，橫桿成水平。

2. 下降
   (1) 檢查方法：確認下降時，各部分之狀態有無異常。
   (2) 判定方法：在下降時應無障礙。懸吊型者，牆壁與橫桿之間隔應有十公分以上，固定收藏型者，梯柱及橫桿應無明顯地搖動。

3. 收藏
   (1) 檢查方法：確認在下降後，懸吊型者是否能拉上到開口部，或將上部以繩索綁起來吊到地上再恢復原狀，固定收藏型者是否能從開口部或地上恢復原狀。
   (2) 判定方法
       A.懸吊型者，各部分應無變形，且能順暢地恢復原狀。
       B.固定收藏型者，各部分應無變形，且能順利收藏，金屬扣能確實扣上。

4-15 避難器具綜合檢查（二）

（三）救助袋

1. 斜降式救助袋

　(1) 下降準備

　　A. 檢查方法：（見右圖示）

　　B. 判定方法

　　　(A) 放進收藏箱的狀況及滾筒的動作需順暢。

　　　(B) 引導繩應能確實安裝在袋本體或下部支持裝置。

　　　(C) 將袋子展開時，展開零件與入口零件之結合部，應無明顯伸長。（當袋本體有負載時，力的作用會不均衡，故需注意）

　　　(D) 袋本體的用布與展開部材之結合部，應無明顯磨損。

　　　(E) 袋本體與入口零件之結合部，應無破損及斷線。

　　　(F) 入口零件應能容易拉起。

　　　(G) 把袋子展開時，袋子應無妨礙下降之扭曲、一邊鬆動等變形之狀態（下部出口與基地地面間，應有適當之間隔）。

　(2) 下降

　　A. 檢查方法：依下列確認是否能正常下降。

　　　(A) 下降時，下降者需先與地上檢查者打信號，然後再下降。

　　　(B) 下降者先把腳放在階梯上，使腳先進入袋安裝框，調整好姿勢再下降。

　　　(C) 下降姿勢應依照使用方法下降（因為下降時的初速愈快，下降速度會愈大而危險，因此絕對不可以加反作用而下降）。

　　B. 判定方法

　　　(A) 下降應順暢。

　　　(B) 下降速度應適當正常。

　　　(C) 下降時之衝擊應緩慢。

　　C. 注意事項

　　　(A) 為期綜合檢查能確實而仔細，應在上部（下降口）和地上（逃出口）各配置一名以上之檢查人員。

　　　(B) 為了減少身體之露出部分，檢查者應穿戴手套、工作服（長袖）等，以防止危害。

　　　(C) 由於袋本體只要拉出前端，剩餘部分會因本身重量自動降落，所以要注意不可讓手或衣服被捲進去。

斜降式救助袋綜合檢查下降準備之檢查方法

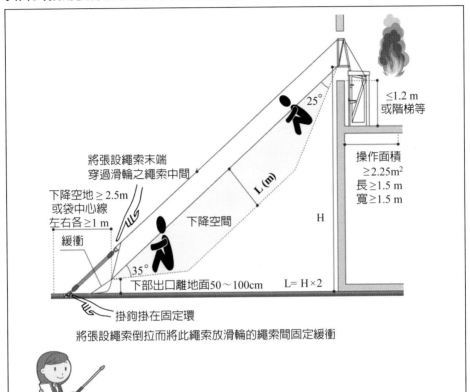

依下列確認是否能安全下降。

1. 上部檢查者之程序。
   (1) 打開收藏箱。
   (2) 解開引導繩之束結，拿起砂袋投下。
   (3) 解開固定袋本體之皮帶。
   (4) 等候地上檢查者之信號，使袋本體下降。
   (5) 袋本體完成下降後，拉起入口零件。
2. 地上檢查者之程序
   (1) 接受引導繩。
   (2) 拉引導繩使袋本體不會卡到窗子或屋簷，而使袋本體下降。
   (3) 打開要降落袋子之固定環蓋子。
   (4) 把下部支持裝置的張設繩索前端之掛鉤掛在固定環，將張設繩索末端穿過滑輪之繩索中間，充分拉緊使袋本體的下部出口大約離地面五十公分至一百公分，將張設繩索倒拉而將此繩索放滑輪的繩索間固定。

4-16 避難器具綜合檢查（三）

(3) 收藏
- A. 檢查方法：依下列確認完成下降後，是否能恢復原狀。
  - (A) 拉起之程序
    地上檢查者把支撐繩索放鬆至最大限長度，蓋上固定環的蓋子。
  - (B) 地上檢查者消除支撐繩索的纏繞糾結，將下部支持裝置依各種袋子種類收藏，或把引導繩安裝在下部支持裝置前端的鉤子。
  - (C) 上部檢查者與地上檢查者協力把袋本體拉上。（地上檢查者在開始拉上時，應拿著引導繩加以引導，以免袋本體卡到窗子或屋簷等障礙物。）
  - (D) 引導繩應依順序拉上去，打捆成直徑約二十五公分的圓圈。
- B. 收藏之程序
  - (A) 把安裝具的台階折疊起來。
  - (B) 將入口零件拉進去折疊起來。
  - (C) 將袋本體從上部反覆折疊，收進安裝具使之能在使用時得以圓滑地伸張。
  - (D) 整理好之下部支持裝置和引導繩索，放在使用時容易取出之位置，將袋本體用皮帶栓緊。
  - (E) 把收藏箱安裝好。
- C. 判定方法
  各部分應無變形等，且應能順利地恢復原狀。
- D. 注意事項
  在檢查後之收藏，應成使用時無障礙之收藏狀態。

2. 直降式救助袋
  除了斜降式的下部支持裝置及固定環之項目外，關於操作展開、下降、拉上及收藏，應比照斜降式之檢查方法、判定方法及應注意事項加以確認。而直降式之下部出口距基地面之高度，應依救助袋之種類，確認各別必要適當之距離。

（四）滑臺（見右圖示）

滑臺綜合檢查

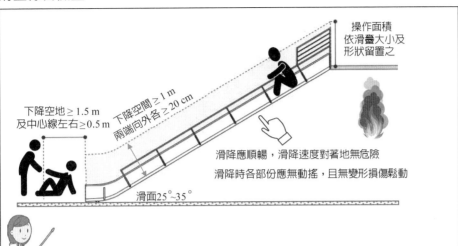

操作面積
依滑臺大小及
形狀留置之

下降空地 ≥ 1.5 m
及中心線左右 ≥ 0.5 m

下降空間 ≥ 1 m
兩端同外各 ≥ 20 cm

滑降應順暢,滑降速度對著地無危險

滑降時各部份應無動搖,且無變形損傷鬆動

滑面25°~35°

1. 檢查方法
   (1) 半固定式者,應解開金屬扣,確認下部之展開狀態有無異常。
   (2) 由開口部滑降,以確認各部分之狀態有無異常。
2. 判定方法
   (1) 半固定式者之下部應能順利展開,與固定部之連接處及著地點,應無妨礙滑降之
       高低差異、障礙物等。
   (2) 滑降應順暢,而且滑降速度對著地應無危險。
   (3) 滑降時,各部分應無動搖,且應無變形、損傷、鬆動等。
3. 注意事項:檢查完了後,半固定式者需恢復原狀,使之處於備用狀態,金屬扣需確
   實扣上。

直降式救助袋綜合檢查

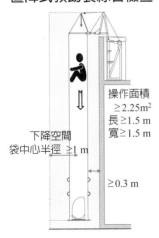

操作面積
≥ 2.25m²
長 ≥ 1.5 m
寬 ≥ 1.5 m

下降空間
袋中心半徑 ≥ 1 m

≥ 0.3 m

除了斜降式的下部支持裝置及固定環之項目
外,關於操作展開、下降、拉上及收藏,應
比照斜降式之檢查方法、判定方法及應注意
事項加以確認。而直降式之下部出口距基地
面之高度,應依救助袋之種類,確認各別必
要適當之距離。

4-17 避難器具綜合檢查（四）

（五）滑杆
1. 檢查方法：從開口部實際滑降，以確認降落狀況有無異常。
2. 判定方法
    (1) 杆及上部和下部之固定架，應無明顯變形、損傷、鬆動等。
    (2) 降落應順暢。
（六）避難繩
1. 檢查方法
    (1) 將繩索由收藏箱、收藏袋等拿出，將掛鉤安裝在固定架上，從開口部向外放下，確認繩索之伸長狀態及掛鉤之安裝狀態有無異常。
    (2) 從開口部實際降落，以確認踏板之狀態有無異常。
2. 判定方法
    (1) 繩索應能順利伸長，其下端需能到達地面上五十公分以內。
    (2) 掛鉤及固定架應無異常，繩索應無明顯損傷、綻開、斷線等。
    (3) 踏板應無脫落、鬆動等，且能安全降落。
3. 注意事項：檢查完了後，應恢復正常之收藏狀態。
（七）避難橋
1. 檢查方法
    (1) 確認各部分有無變形、損傷等。
    (2) 移動型者，需進行搭橋操作，以確認搭橋狀態及各部分狀態有無異常。
2. 判定方法
    (1) 各部分應無翹曲、明顯變形、損傷等，搭架長度不得有變化。
    (2) 移動型者，應具有充分之塔架長度，與固定部或支持部之連接處，不得妨礙避難。
3. 注意事項：檢查後移動型者需恢復成原來之狀態。

（固定式避難梯於地下樓層，橫桿與牆面保持≥10cm距離，攝於日本大阪 2019/08）

緩降機下降判定方法

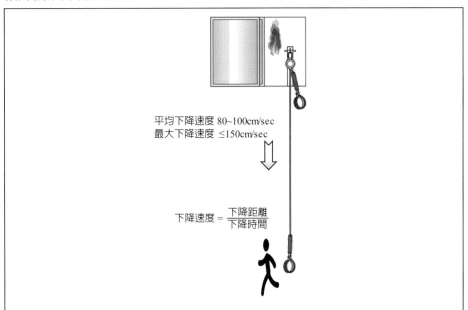

平均下降速度 80~100cm/sec
最大下降速度 ≤150cm/sec

$$下降速度 = \frac{下降距離}{下降時間}$$

1. 測量下降距離及下降時間，計算出下降速度，應在規定的下降速度範圍內（平均的降落速度應在每秒八十至一百公分，最大下降速度應在每秒一百五十公分以內）。
2. 下降後，實施前面所提之性能檢查，器具本體、支固器具等應無異常。

避難繩綜合檢查

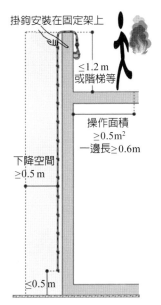

掛鉤安裝在固定架上

≤1.2 m
或階梯等

操作面積
≥0.5m²
一邊長≥0.6m

下降空間
≥0.5 m

≤0.5 m

1. 檢查方法
   (1) 將繩索拿出，將掛鉤安裝在固定架上，從開口部向外放下，確認繩索及掛鉤有無異常。
   (2) 實際降落，確認踏板有無異常。
2. 判定方法
   (1) 繩索下端能到達地面上五十公分內。
   (2) 掛鉤及固定架無異常，繩索無明顯損傷等。
   (3) 踏板無鬆動等且能安全降落。
3. 注意事項：檢查完了後，應恢復正常狀態。

4-18 避難器具檢查表

避難器具檢查表					
避難器具類別	□滑臺處　□避難梯具　□避難橋處　□救助袋具 □緩降機具　□避難繩索處　□滑杆處　□其他具				
設置樓層					
設置位置					
檢修項目	檢修結果				處置措施
	種別、容量等內容		判定	不良狀況	
外觀檢查					
周圍狀況	設置地點				
	操作面積				
	開口部				
	下降空間				
	避難空地				
標示					
性能檢查					
器具本體					
支固器具(固定架)及固定部					
收藏狀況					
綜合檢查					
下降檢查					
收藏檢查					
其他					
備註					

檢查器材	機器名稱	型式	校正年月日	製造廠商	機器名稱	型式	校正年月日	製造廠商

檢查日期	自民國年月日至民國年月日					
檢修人員	姓名		消防設備師(士)	證書字號		簽章	(簽章)
	姓名		消防設備師(士)	證書字號		簽章	(簽章)

1. 應於「種別‧容量等情形」欄內填入適當之項目。
2. 檢查合格者於判定欄內打「○」；有不良情形時於判定欄內打「×」，並將不良情形填載於「不良狀況」欄。
3. 對不良狀況所採取之處置情形應填載於「處置措施」欄。
4. 欄內有選擇項目時應以「○」圈選之。
5. 避難器具為緩降機者，應加填附表。

附表

樓層別	設置位置	下降距離	下降時間	下降速度
		公分	秒	公分／秒
		公分	秒	公分／秒
		公分	秒	公分／秒
		公分	秒	公分／秒
		公分	秒	公分／秒
		公分	秒	公分／秒
		公分	秒	公分／秒
		公分	秒	公分／秒
		公分	秒	公分／秒
		公分	秒	公分／秒
		公分	秒	公分／秒
		公分	秒	公分／秒
		公分	秒	公分／秒
		公分	秒	公分／秒
		公分	秒	公分／秒
		公分	秒	公分／秒
		公分	秒	公分／秒
		公分	秒	公分／秒
		公分	秒	公分／秒
		公分	秒	公分／秒
		公分	秒	公分／秒
		公分	秒	公分／秒
		公分	秒	公分／秒

檢查日期		自民國　　年　　月　　日 至民國　　年　　月　　日				
檢修人員	姓名		消防設備師（士）	證書字號	簽章	（簽章）
	姓名		消防設備師（士）	證書字號	簽章	
	姓名		消防設備師（士）	證書字號	簽章	
	姓名		消防設備師（士）	證書字號	簽章	

1. 樓層別欄位，如同一樓層有多具避難器具者，請以編號區別之（例如 A 層【1】）。
2. 設置位置欄位請確實填寫，例如陽臺、窗戶、走廊、○○室等。

4-19 緊急照明設備外觀檢查

（一）緊急電源（限內置型）
    1. 檢查方法：確認是否有變形、損傷及顯著腐蝕之情形。
    2. 判定方法：應無變形、損傷或龜裂之情形。

（二）緊急照明燈
    1. 檢查方法
      (1) 外形：以目視確認是否有變形、脫落或汙損之情形。
      (2) 照明上之障礙
          A. 以目視確認其是否依規定設置。
          B. 確認隔間牆、風管、導管、傢俱、裝飾物等有無造成照明障礙。
    2. 判定方法
      (1) 外形：應無變形、損傷、脫落或顯著汙損之情形，且於正常之裝置狀態。
      (2) 照明上之障礙
          A. 應無設置數量不足之情形。
          B. 應無因建築物內部裝修，致設置位置不適當，而產生照明障礙。
          C. 燈具周圍如有隔間牆、風管、導管等時，應無造成照明上之障礙。
          D. 燈具周圍應無雜亂物品、廣告板或告示板等遮蔽物。

（三）光源
    1. 檢查方法：確認有無閃爍之現象，及是否正常亮燈。
    2. 判定方法：應無熄燈或閃爍之現象。

（蓄電池組：裝設處所應為防火門等防火
構造空間，攝於日本大阪 2019/08）

緊急照明設備外觀檢查

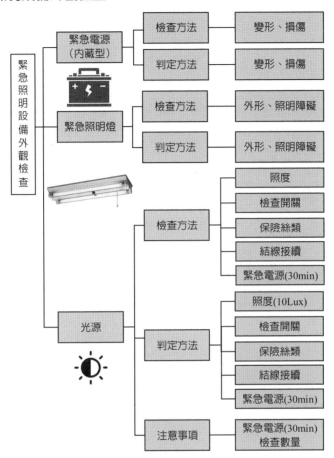

檢查緊急照明燈電源容量之數量

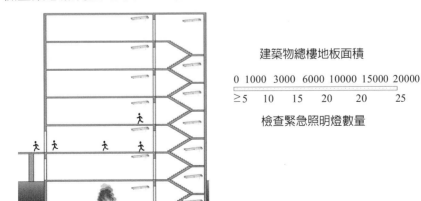

建築物總樓地板面積

0	1000	3000	6000	10000	15000	20000
≥5	10	15	20	20	25

檢查緊急照明燈數量

4-20 緊急照明設備性能檢查

（一）檢查方法
　　1. 照度：使用低照度測定用光電管照度計測試，確認緊急照明燈之照度有無達到法規所規定之值。
　　2. 檢查開關
　　　(1) 以目視確認其有無變形或端子有無鬆動。
　　　(2) 由檢查開關進行常用電源之切斷及復舊之操作，確認其切換功能是否正常。
　　3. 保險絲類
　　　確認有無損傷、熔斷之現象，及是否為所定種類及容量。
　　4. 結線接續
　　　以目視或螺絲起子確認其有無斷線、端子鬆動等現象。
　　5. 緊急電源
　　　(1) 確認於緊急電源切換狀態時有無正常亮燈。
　　　(2) 確認緊急電源容量能否持續三十分鐘以上。
（二）判定方法
　　1. 照度：於地下建築物之地下通道，緊急照明燈在地面之水平面照度應達十勒克斯（lux）以上；其他場所應達到一勒克斯（lux）以上。
　　2. 檢查開關
　　　(1) 應無變形、損傷、或端子鬆動之情形。
　　　(2) 切斷常用電源時，應能自動切換至緊急電源，即時亮燈；復舊時，亦能自動切換回常用電源。
　　3. 保險絲類
　　　(1) 應無損傷或熔斷之情形。
　　　(2) 應為規定之種類及容量。
　　4. 結線接續：應無斷線、端子鬆動、脫落、損傷之情形。
　　5. 緊急電源
　　　(1) 應無不亮燈或閃爍之情形。
　　　(2) 電源容量應能持續三十分鐘以上。
（三）注意事項：檢查緊急電源容量能否持續三十分鐘之檢查數量如下表。

建築物總樓地板面積	1000m² 以下	3000m² 以下	6000m² 以下	10000m² 以下	超過 10000m² 者
檢查數量	5 個以上	10 個以上	15 個以上	20 個以上	20 個加上 每增加 5000m² 增加 5 個

緊急照明設備性能檢查判定方法

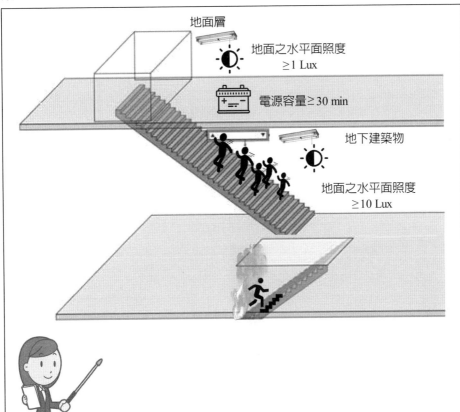

判定方法
1. 照度：於地下建築物在地面照度≥10 lux；其他場所 ≥ 1 lux。
2. 檢查開關
   (1) 無變形損傷、鬆動。
   (2) 切斷常用電源能自動換至緊急電源即亮燈；復舊時亦能換回常用電源。
3. 保險絲類
   (1) 無損傷熔斷。
   (2) 為規定容量。
4. 結線接續：無斷線鬆動、脫落損傷。
5. 緊急電源
   (1) 無不亮燈或閃爍。
   (2) 電源容量≥ 三十分鐘。

4-21 緊急照明設備檢查表

檢修項目		檢修結果			處置措施
		種別、容量等內容	判定	不良狀況	
外觀檢查					
緊急電源					
緊急照明燈	外形				
	照明障礙				
光源					
性能檢查					
照度					
檢查開關					
保險絲類					
結線接續					
緊急電源					
備註					

檢查器材	機器名稱	型式	校正年月日	製造廠商	機器名稱	型式	校正年月日	製造廠商

檢查日期	自民國　　年　　月　　日至民國　　年　　月　　日				
檢修人員	姓名		消防設備師（士）	證書字號		簽章	（簽章）
	姓名		消防設備師（士）	證書字號		簽章	
	姓名		消防設備師（士）	證書字號		簽章	
	姓名		消防設備師（士）	證書字號		簽章	

1. 應於「種別‧容量等情形」欄內填入適當之項目。
2. 檢查合格者於判定欄內打「○」；有不良情形時於判定欄內打「×」，並將不良情形填載於「不良狀況」欄。
3. 對不良狀況所採取之處置情形應填載於「處置措施」欄。
4. 欄內有選擇項目時應以「○」圈選之。

照明燈（附表一）

樓層別	區域別	場所名稱	測定位置	光源種類	照度
A層	走道	辦公室	1	白熾燈	2.1lux
A層	走道	辦公室	2	白熾燈	1.6lux
A層	樓梯	辦公室	3	白熾燈	1.5lux
A層	居室	辦公室	4	白熾燈	1.6lux
A層	居室	辦公室	5	白熾燈	1.5lux

檢查日期		自民國　　年　　月　　日至民國　　年　　月　　日					
檢修人員	姓名		消防設備師（士）	證書字號		簽章	（簽章）
	姓名		消防設備師（士）	證書字號		簽章	
	姓名		消防設備師（士）	證書字號		簽章	
	姓名		消防設備師（士）	證書字號		簽章	

1. 應於「種別、容量等情形」欄內填入適當之項目。
2. 檢查合格者於判定欄內打「○」；有不良情形時於判定欄內打「×」，並將不良情形填載於「不良狀況」欄。
3. 對不良狀況所採取之處置情形應填載於「處置措施」欄。
4. 欄內有選擇項目時應以「○」圈選之。
5. 照度應記載所測之勒克斯（lux）。

4-22 排煙設備外觀檢查（一）

（一）排煙區劃
1. 檢查方法
   以目視確認有無變形、損傷及因隔間變更而拆除等。
2. 判定方法
   (1) 固定式垂壁
      A. 設於貫通其他部分之開口部之垂壁應無拆除。
      B. 垂壁面應無顯著變形、損傷、龜裂等。
      C. 設於避難出口防火門之開關無異常，且向避難方向開啓。
   (2) 移動式垂壁
      A. 應無顯著變形、損傷、龜裂等。
      B. 防火鐵捲門之導槽應無損傷，防火門之開關應無脫落、損傷。
      C. 應無妨礙移動式垂壁開關障礙之物，或懸掛物品。
3. 注意事項：確認有無室內裝修、增建改建及用途變更，並檢查排煙區劃之狀態。

（二）排煙口
1. 檢查方法：以目視確認有無變形、損傷及其周圍有無排煙上之障礙。
2. 判定方法
   (1) 應無顯著變形、損傷。
   (2) 排煙口周圍應無放置棚架、物品等造成煙流動之障礙。

（三）風管
1. 檢查方法：以目視確認有無變形、損傷及可燃物接觸。
2. 判定方法
   (1) 固定支持金屬應無顯著變形、損傷等。
   (2) 風管未與可燃物（木材、紙、電線等）接觸。
   (3) 風管應無變形、龜裂、損傷，及隔熱材料應無脫落。
   (4) 貫穿防火區劃部分之充填材料應無脫落。

（四）電動機之控制裝置
1. 檢查方法
   (1) 控制盤
      A. 周圍狀況：確認周圍有無使用上及檢查上之障礙。
      B. 外形：以目視確認有無變形、腐蝕。
   (2) 電壓表
      A. 以目視確認有無變形、損傷等。
      B. 確認電源、電壓是否正常。

排煙設備外觀檢查

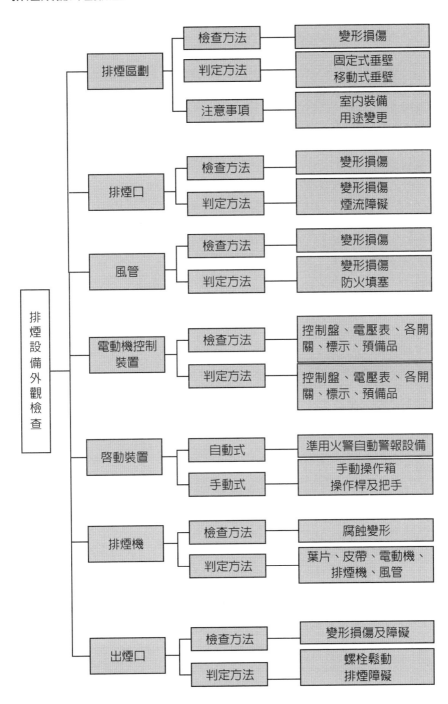

4-23 排煙設備外觀檢查（二）

  (3) 各開關：以目視確認有無變形、損傷，及開關位置是否正常。

  (4) 標示：確認標示是否正常。

  (5) 預備品：確認是否備有保險絲、燈泡等預備零件及回路圖等。

 2. 判定方法（見右圖示解說）

（五）啟動裝置

 1. 自動式啟動裝置：偵煙式探測器準用火警自動警報設備檢查要領確認之。

 2. 手動式啟動裝置

  (1) 手動操作箱

   A. 檢查方法

    (A) 周圍狀況：確認有無檢查上及使用上之障礙，且操作部之標示正常。

    (B) 外形：以目視確認有無變形、損傷等。

   B. 判定方法

    (A) 周圍狀況

     a. 應無檢查上及使用上之障礙。

     b. 標示應無汙損及不明顯部分。

    (B) 外形：應無變形、損傷、顯著腐蝕等。

  (2) 操作桿及把手

   A. 檢查方法：以目視確認有無損傷等。

   B. 判定方法：操作桿及把手應無損傷、脫落、斷裂、生鏽等。

（六）排煙機

 1. 檢查方法：以目視及手觸摸確認回轉葉片及電動機有無腐蝕、變形等。

 2. 判定方法

  (1) 回轉葉片應無彎曲、折損等。

  (2) 回轉葉片與機殼應無摩擦。

  (3) ｖ型皮帶保護板、皮帶輪應無損傷、回轉部應無鬆動。

  (4) 電動機本體應無變形、損傷、顯著腐蝕等。

  (5) 設於室內者，該室內之牆壁、出入口等應無破損。

  (6) 設於屋外者，應有蔽遮雨露之措施。

  (7) 排煙機裝置螺栓、螺帽應無脫落或鬆動。

  (8) 排煙機周圍應無放置造成檢查障礙之物品，且未與可燃物（木材、紙）接觸。

  (9) 風管接續部（法蘭）之螺栓應無鬆動、損傷等。

（七）出煙口（見下列圖示解說）

排煙設備電動機控制裝置之外觀檢查判定方法

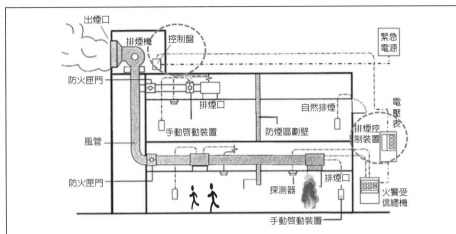

1. 控制盤
   (1) 周圍狀況：應設於火災不易波及位置，且周圍應無檢查上及使用上之障礙。
   (2) 外形：應無變形、損傷、顯著腐蝕等。
2. 電壓表
   (1) 應無變形、損傷等。
   (2) 電壓表指示值應在規定範圍內。
   (3) 未設置電壓表時，電源表示燈應亮燈。
3. 開關類：應無變形、損傷、腐蝕，且開關位置應正常。
4. 標示
   (1) 開關名稱應無汙損及不明顯部分。
   (2) 面板應無剝落。
5. 預備品等
   (1) 應備有保險絲、燈泡等預備零件。
   (2) 應備有回路圖、操作說明書等。

排煙設備手動啟動操作箱之外觀檢查判定方法

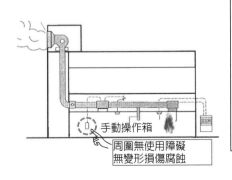

手動操作箱

1. 周圍狀況
   (1) 應無檢查上及使用上之障礙。
   (2) 標示應無汙損及不明顯部分。
2. 外形：應無變形、損傷、顯著腐蝕等。

4-24 排煙設備性能檢查（一）

（一）排煙區劃
    1. 檢查方法：確認防煙壁之區劃功能有無確實。
    2. 判定方法
        (1) 應能確實區劃。
        (2) 防煙壁應無產生縫隙。
（二）排煙口
    1. 檢查方法：以目視、扳手及開關操作確認排煙閘門裝置部位有無損傷、鬆動。
    2. 判定方法
        (1) 排煙口之框、排煙閘門及裝置器具有無顯著生鏽、腐蝕及異物附著，排煙閘門之回轉部有無鬆動。
        (2) 回轉動作應保持圓滑，且能完全開放。
        (3) 閘門部分應無生鏽、灰塵附著之狀況。
（三）風管
    1. 支撐固定
        (1) 檢查方法：確認有無鬆動。
        (2) 判定方法：支持部位及螺栓應無鬆動。
    2. 防火閘門（見右圖示解說）
    3. 接續部
        (1) 檢查方法：確認襯墊有無損傷。
        (2) 判定方法：襯墊應無損傷、脫落，接續部應無鬆動。
（四）電動機之控制裝置
    1. 檢查方法
        (1) 各開關：以螺絲起子及開關操作，確認端子有無鬆動及開關性能是否正常。
        (2) 保險絲：確認有無損傷、熔斷及是否為規定之種類及容量。
        (3) 繼電器：確認有無脫落、端子鬆動、接點燒損、灰塵附著，並操作各開關使繼電器動作，確認性能。
        (4) 表示燈：操作各開關確認有無亮燈。
        (5) 結線接續：以目視及螺絲起子確認有無斷線、端子鬆動等。
        (6) 接地：以目視或三用電表確認有無腐蝕、斷線等。
    2. 判定方法
        (1) 各開關
            A. 端子應無鬆動、發熱。
            B. 開、關性能正常。

排煙設備出煙口外觀檢查

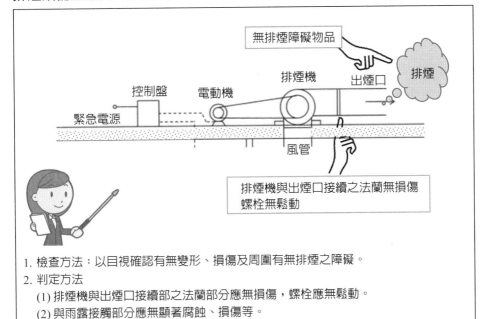

1. 檢查方法：以目視確認有無變形、損傷及周圍有無排煙之障礙。
2. 判定方法
   (1) 排煙機與出煙口接續部之法蘭部分應無損傷，螺栓應無鬆動。
   (2) 與雨露接觸部分應無顯著腐蝕、損傷等。
   (3) 出煙口周圍應未放置造成排煙障礙之物品。

排煙設備防火匣門性能檢查

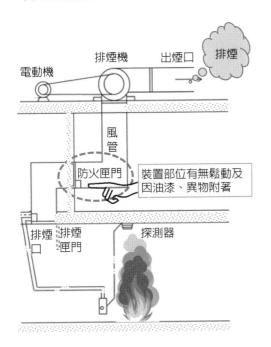

防火匣門

1. 檢查方法
   以扳手及手動操作確認裝置部位有無鬆動及因油漆、異物附著而造成開關困難。
2. 判定方法
   (1) 裝置部位應無鬆動、生鏽等。
   (2) 開關動作應順暢。

4-25 排煙設備性能檢查（二）

(2) 保險絲

A. 應無損傷、熔斷。

B. 依回路圖所定種類及容量設置。

(3) 繼電器

A. 應無脫落、端子鬆動、接點燒損、灰塵附著等。

B. 動作應正常。

(4) 表示燈：應無顯著劣化，且能正常亮燈。

(5) 結線接續：應無斷線、端子鬆動、脫落、損傷等。

(6) 接地：應無顯著腐蝕、斷線等。

（五）啟動裝置

1. 自動啟動裝置

(1) 檢查方法：偵煙式探測器性能檢查，依照火警自動警報設備的檢查要領進行，確認探測器動作後，能否連動排煙機啟動。

(2) 判定方法

A. 依照火警自動警報設備的檢查要領對探測器進行判定。

B. 排煙機應能確實啟動。

2. 手動啟動方式

(1) 檢查方法：確認手動啟動操作箱的把手及操作桿之轉動及打開動作有無異常。

(2) 判定方法

A. 用手應能容易轉動把手。

B. 操作桿應無破損，鋼索應無斷落或生鏽。

（六）排煙機

1. 電動機（見右圖示解說）

2. 回轉葉片

(1) 檢查方法

A. 回轉軸：確認電動機、排煙機的回轉狀態是否正常。

B. 軸承部：確認潤滑油有無汙損、變質、並達到必要量。

(2) 判定方法

A. 回轉軸：回轉葉片之回轉應能圓滑並向正常方向回轉，且應無異常振動及雜音。

B. 軸承部：潤滑油應無汙損、變質、並達到必要量。

排煙設備電動機性能檢查

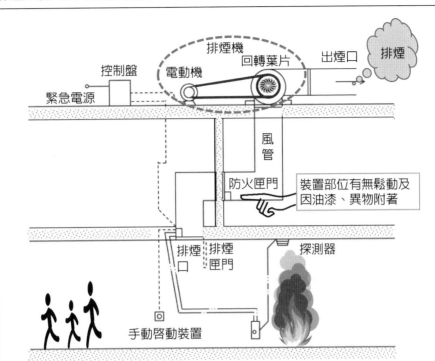

1. 檢查方法
   (1) 回轉軸：以手轉動確認是否圓滑轉動。
   (2) 軸承部：確認潤滑油有無汙損、變質及達到必要量。
   (3) 動力傳達裝置：確認有無變形、損傷，皮帶輪及v型皮帶的性能是否正常。
   (4) 本體：操作啓動裝置，確認性能動作是否正常。
2. 判定方法
   (1) 回轉軸：回轉軸應能圓滑轉動。
   (2) 軸承部：潤滑油應無汙損、變質、異物混入等，並達必要量。
   (3) 動力傳動裝置
      A. 皮帶軸及回轉軸應無鬆動，且應無變形、損傷、腐蝕等。
      B. V型皮帶傳動時應無障礙，及應無鬆動、損傷、耗損、油脂附著等。
   (4) 本體：應無顯著發熱、異常震動、不規則及不連續雜音，且回轉方向正常。
3. 注意事項
   (1) 進行測試時，注意對所連動之空調機械所造成之影響。
   (2) 除了進行運轉的性能檢查外，必須將電源切斷。

4-26 排煙設備綜合檢查

（一）檢查方法

切換成緊急電源的狀態，使偵煙式探測器動作及操作手動啟動裝置，以確認各部分之性能。

（二）判定方法

1. 吸煙口及排煙閘門打開後，能連動自動排煙機啟動。
2. 運轉電流在所規定的範圍內。
3. 排煙機在運轉中應無異常聲音及振動，風道應無異常振動。
4. 排煙機回轉葉片的回轉方向應正常。

（三）注意事項

醫院等切換成緊急電源進行檢查有困難之場所，應使用常用電源進行檢查。

排煙口設置例

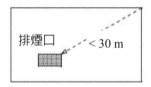
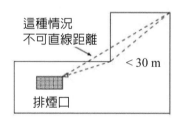

（有排煙機之排煙口）

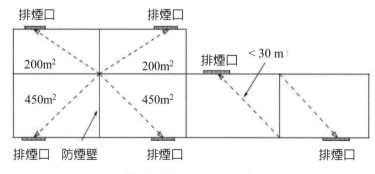

（有直接外氣流通之排煙口）

排煙設備綜合檢查

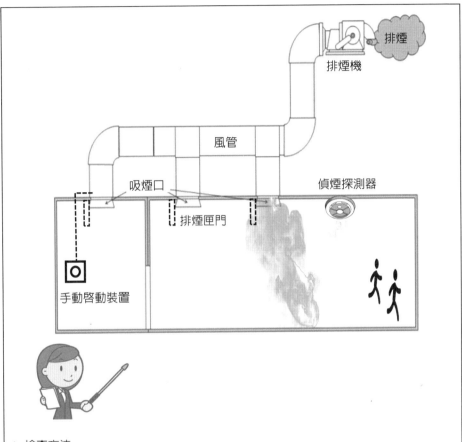

1. 檢查方法
   切成緊急電源,使偵煙式探測器動作及操作手動啟動裝置。
2. 判定方法
   (1) 吸煙口及排煙閘門打開後能連動排煙機啟動。
   (2) 運轉電流在規定範圍。
   (3) 排煙機運轉中無異常聲音及振動,風道無異常振動。
   (4) 排煙機回轉葉片正常。
3. 注意事項
   醫院等切換成緊急電源有困難場所,使用常用電源檢查。

4-27 排煙設備檢查表

檢修項目			檢修結果			處置措施
			種別、容量等內容	判定	不良狀況	
外觀檢查						
防煙區劃防煙垂壁	固定式					
	移動式					
排煙口						
風管						
電動機控制裝置	控制盤	周圍狀況				
		外形				
	電壓表		V			
	各開關		Y-△ 啟動			
	標示					
	預備品					
啟動裝置	自動啟動裝置					
	手動啟動裝置	手動操作箱	周圍狀況			
			外形			
		操作桿等				
排煙機						
排煙口						
性能檢查						
防煙區劃垂壁						
排煙口						
風管	支撐固定					
	防火閘門					
	接續部					

檢修項目			檢修結果			處置措施
			種別、容量等內容	判定	不良狀況	
電動機控制裝置	各開關					
	保險絲		A			
	繼電器					
	表示燈					
	結線接續					
	接地					
啓動裝置	自動啓動裝置					
	手動啓動裝置					
排煙機	電動機	回轉軸				
		軸承部				
		動力傳達裝置				
		本體				
	回轉葉片	回轉軸				
		軸承部				
綜合檢查						
啓動狀況						
運轉電流			A			
運轉狀況						
回轉方向						

備註									
檢查器材	機器名稱	型式	校正年月日	製造廠商	機器名稱	型式	校正年月日	製造廠商	

檢查日期	自民國年月日至民國年月日				
檢修人員	姓名		消防設備師（士）	證書字號		簽章	（簽章）
	姓名		消防設備師（士）	證書字號		簽章	（簽章）

1. 應於「種別‧容量等情形」欄內填入適當之項目。
2. 檢查合格者於判定欄內打「○」；有不良情形時於判定欄內打「×」，並將不良情形填載於「不良狀況」欄。
3. 對不良狀況所採取之處置情形應填載於「處置措施」欄。
4. 欄內有選擇項目時應以「○」圈選之。

4-28 緊急電源插座外觀檢查

（一）保護箱
　　1. 檢查方法
　　　　(1) 周圍狀況：以目視確認周圍有無檢查上及使用上之障礙，及緊急電源插座上之標示是否正常。
　　　　(2) 外形：以開關操作確認有無變形、損傷等，及箱門是否可確實開、關。
　　2. 判定方法
　　　　(1) 周圍狀況
　　　　　　A. 應無檢查上及使用上之障礙物。
　　　　　　B. 保護箱面應有「緊急電源插座」之字樣，且字體應無汙損、不鮮明部分。
　　　　(2) 外形
　　　　　　A. 應無變形、損傷、顯著腐蝕。
　　　　　　B. 箱門可確實正常開、關。
（二）插座
　　1. 檢查方法：應以目視確認有無變形、腐蝕及異物阻塞等。
　　2. 判定方法
　　　　緊急電源插座為單相交流 110V 用者，應依圖 1 所示（額定 150V，15A）之接地型插座。三相交流 220V 用則適用圖 2 所示（額定 250V，30A）接地型插座，並確認應無變形、損傷、顯著腐蝕或異物阻塞等。
（三）開關器
　　1. 檢查方法：以目視確認有無變形、損傷等，及其開關位置是否正常。
　　2. 判定方法：應無變形、損傷等，且開關位置應正常。
（四）表示燈
　　1. 檢查方法：以目視確認有無變形、損傷等，及表示燈是否正常亮燈。
　　2. 判定方法：應無變形、損傷、脫落、燈泡故障等，且正常亮燈。

（緊急電源插座為接地型，標示字樣且每字≥ 2cm，嵌裝式保護箱得與室內消防栓併設，保護箱上方應設紅色表示燈，攝於日本大阪2019/08）

緊急電源插座外觀檢查

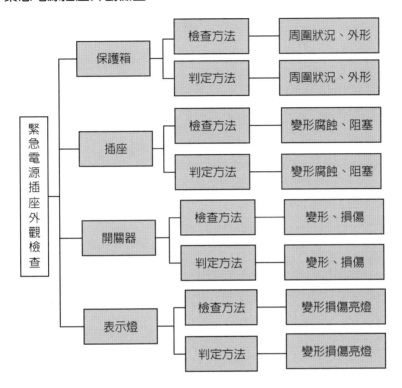

緊急電源插座單相及三相交流（圖 1 與圖 2）

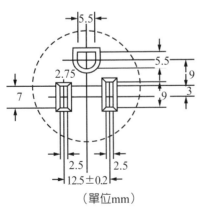

圖1：單相125伏特15安培插座

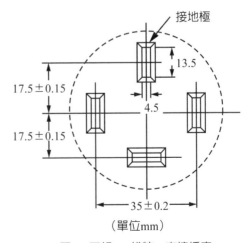

圖2：三相250伏特30安培插座

4-29 緊急電源插座性能檢查

（一）插座
 1. 檢查方法
   確認插頭是否可輕易拔出及插入。
 2. 判定方法
   插頭應可輕易拔出及插入。
 （二）開關器
 1. 檢查方法
   以開關操作確認開、關性能是否正常。
 2. 判定方法
   開、關應能正常。
（三）端子電壓
 1. 檢查方法
   (1) 單相
     以三用電表確認一般常用電源及緊急電源之單相交流端子電壓是否為
     規定值。
   (2) 三相
     以三用電表確認一般常用電源及緊急電源之三相交流端子電壓是否為
     規定值。
 2. 判定方法
   應於規定之範圍內。
（四）回轉相位
 1. 檢查方法
   連接額定電壓 220V 之三相交流緊急電源插座，如與電動機連接時，應以
   相位計確認其是否依規定方向回轉。
 2. 判定方法
   應為正回轉（右向回轉）之方向。

（排煙口手動開關裝置，置於樓地板
面 80～150cm 之牆面，並標示簡易
操作方式，攝於日本大阪 2019/08）

緊急電源插座性能檢查

1. 插座
   (1) 檢查方法：插頭輕易拔出入。
   (2) 判定方法：插頭輕易拔出入。
2. 開關器
   (1) 檢查方法：開關操作正常。
   (2) 判定方法：開、關正常。
3. 端子電壓
   (1) 檢查方法
      A.單相：三用電表確認一般及緊急電源之單相端子電壓為規定值。
      B.三相：三用電表確認一般及緊急電源之三相端子電壓為規定值。
   (2) 判定方法：規定範圍內。
4. 回轉相位
   (1) 檢查方法：連接220V三相插座，如與電動機連接時以相位計確認其方向回轉。
   (2) 判定方法：為正回轉（右向回轉）。

4-30 緊急電源插座檢查表

檢修項目		檢修結果			處置措施
		種別、容量等情形	判定	不良狀況	
外觀檢查					
保護箱	周圍狀況				
	外形				
插座連接器					
開關器					
表示燈					
性能檢查					
插座					
開關器					
端子電壓	單相				
	三相				
回轉相位					

備註	

檢查器材	機器名稱	型式	校正年月日	製造廠商	機器名稱	型式	校正年月日	製造廠商

檢查日期	自民國　　年　　月　　日至民國　　年　　月　　日				
檢修人員	姓名		消防設備師（士）	證書字號		簽章
	姓名		消防設備師（士）	證書字號		簽章
	姓名		消防設備師（士）	證書字號		簽章
	姓名		消防設備師（士）	證書字號		簽章

1. 應於「種別、容量等情形」欄內填入適當之項目。
2. 檢查合格者於判定欄內打「○」；有不良情形時於判定欄內打「×」，並將不良情形填載於「不良狀況」欄。
3. 對不良狀況所採取之處置情形應填載於「處置措施」欄。
4. 欄內有選擇項目時應以「○」圈選之。

✚ 知識補充站

日本與臺灣場所消防設備檢修申報規定

　　在日本依防火對象物之用途與規模，由消防設備士（甲種／乙種）或消防設備檢修資格者來進行檢修申報，於特定防火對象物一年一次，而非特定防火對象物三年一次。依照消防法規之規定進行檢修，合格後於消防設備上貼付檢修合格標籤（圓形綠底白字，於滅火器直徑四點五公分標籤，其他非滅火器之消防設備直徑五公分標籤），於標籤上並記載實施是機器檢查（相當於臺灣之外觀檢查與性能檢查）或綜合檢查之檢修業者。

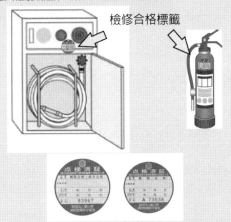

檢修合格標籤

　　在臺灣各類場所之管理權人對其實際支配管理之場所，應設置並維護其消防安全設備，其管理權人應委託第八條所規定之消防設備師或消防設備士，定期檢修消防安全設備，其檢修結果應依限報請當地消防機關備查；消防機關得視需要派員複查。但高層建築物或地下建築物消防安全設備之定期檢修，其管理權人應委託中央主管機關許可之消防安全設備檢修專業機構辦理。

　　於 108 年 3 月新訂「消防安全設備檢修及申報辦法」，其中第八條指出，依檢修完成之消防安全設備，檢修人員或檢修機構應依下列規定附加檢修完成標示：(1) 標示之規格樣式應符合附表六規定。(2) 以不易脫落之方式，於規定位置附加標示。(3) 附加標示時，不得覆蓋、換貼或變更原新品出廠時之資訊；已附加檢修完成標示者，應先清除後，再予附加，且不得有混淆或不易辨識情形。其中標示分檢修機構專用樣式（紅色為底）及檢修人員專用樣式（綠色為底）二種，標示直徑皆為五公分。

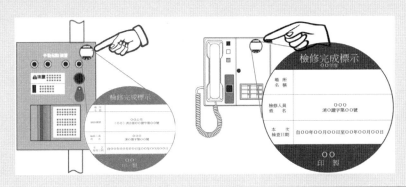

4-31 無線電通信輔助設備外觀檢查（一）

（一）保護箱
  1. 檢查方法
    (1) 周圍狀況
      確認周圍有無造成檢查上及使用上之障礙。
    (2) 外形
      以目視及開關操作確認有無變形、灰塵侵入，及箱門之開、關是否確實。
    (3) 標示
      確認標示是否正常。
  2. 判定方法
    (1) 周圍狀況
      應無造成檢查上及使用上之障礙。
    (2) 外形
      A. 應無變形、損傷、明顯腐蝕等。
      B. 保護箱應無明顯鏽蝕。
      C. 保護箱內部應無灰塵、水分之侵入。
      D. 箱門可確實開、關。
      E. 設置於地面之保護箱，需為不可任意開、關之構造。
      F. 右圖 1 所示之射頻電纜應收存於保護箱內。
    (3) 標示
      A. 右圖 2 所示之保護箱箱面並標示有「消防隊專用無線電接頭」字樣。
      B. 右圖 2 所示之保護箱箱內明顯易見之位置，應標示有最大容許輸入、可使用之頻率域帶及注意事項。
      C. 標示應無汙損、模糊不清之部分。
      D. 面板應無剝落之現象。
（二）無線電接頭
  1. 檢查方法
    以目視確認有無變形、損傷等，及有無「無反射終端電阻器」或護蓋。
  2. 判定方法
    (1) 應無變形、損傷、明顯腐蝕之情形。
    (2) 端子上應有如圖 3 所示之無反射終端電阻器及護蓋。
（三）增幅器
  1. 檢查方法
    確認設置場所是否適當。

射頻電纜（圖1）

接續端子側接頭　　　　　無線電側接頭

同軸電纜

保護箱（圖2）

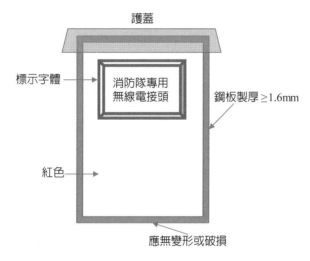

護蓋

標示字體 → 消防隊專用
無線電接頭

鋼板製厚 ≥1.6mm

紅色 →

應無變形或破損

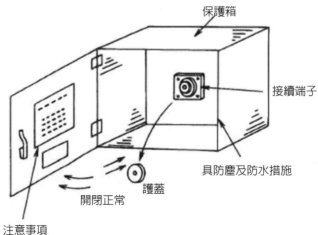

保護箱

接續端子

具防塵及防水措施

護蓋

開閉正常

注意事項

4-32 無線電通信輔助設備外觀檢查（二）

　2. 判定方法

　　(1) 設置場所應為防災中心、中央管理室等平時有人駐守之居室，且以不燃材料之牆、地板、天花板建造，開口部設有甲種或乙種防火門之居室。

　　(2) 應設於具防火性能之管道間內。

（四）分配器等

　1. 檢查方法

　　確認連接部位之防水措施有無異常。

　2. 判定方法

　　橡皮襯墊等應無劣化。

（五）空中天線

　1. 檢查方法

　　以目視確認圖 4 所示之天線有無變形、腐蝕之情形，且有無造成通行及避難上之障礙。

　2. 判定方法

　　(1) 應無變形、腐蝕之情形。

　　(2) 應無造成通行及避難上之障礙。

　　(3) 設於有受機械性傷害之虞處者，應採取適當之保護措施。

（六）洩波同軸電纜

　1. 檢查方法

　　(1) 支撐部

　　　以目視確認金屬支架有無變形、脫落，且有無堅固支撐。

　　(2) 防溼措施

　　　以目視確認連接部分之防溼措施是否正常。

　　(3) 耐熱保護

　　　以目視確認有無損傷、脫落等。

　　(4) 可撓性

　　　確認連接用同軸電纜是否具可撓性。

　2. 判定方法

　　(1) 支撐部

　　　金屬支架應無變形、損傷、脫落等，且應堅固支撐。

　　(2) 防溼措施

　　　圖 5 所示之接頭應無變形、損傷、鬆弛等，且能有效防溼。

　　(3) 耐熱保護

　　　應無損傷、脫落等。

　　(4) 可撓性

　　　連接用同軸電纜應具可撓性。

接續端子（圖3）

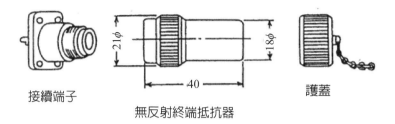

接續端子

無反射終端抵抗器

護蓋

天線（圖4）

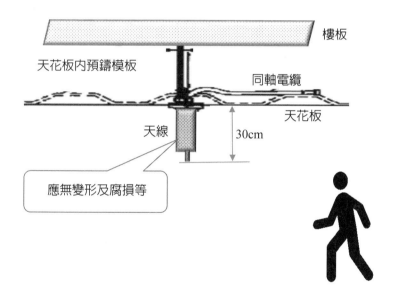

樓板

天花板內預鑄模板

同軸電纜

天花板

天線

30cm

應無變形及腐損等

接頭（圖5）

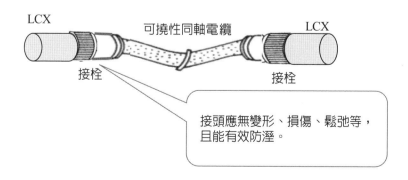

LCX

可撓性同軸電纜

LCX

接栓

接栓

接頭應無變形、損傷、鬆弛等，
且能有效防溼。

4-33 無線電通信輔助設備性能檢查

(一) 無線電接頭
  1. 檢查方法
    確認接頭連接器是否可輕易裝接或脫離。
  2. 判定方法
    連接器可確實且輕易裝接或分離。
(二) 結線接續
  1. 檢查方法
    以目視或螺絲起子確認有無斷線、端子鬆動等。
  2. 判定方法
    應無斷線、端子鬆動、脫落、損傷等。

無線電通信輔助設備之方式

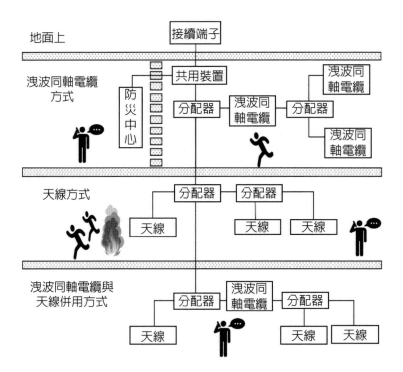

無線電通信輔助設備性能檢查

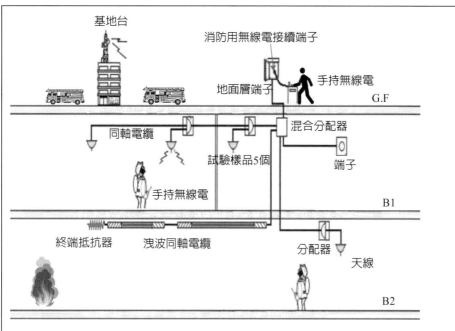

1. 無線電接頭
   (1) 檢查方法
      接頭連接器可裝接脫離。
   (2) 判定方法
      連接器可裝接分離。
2. 結線接續
   (1) 檢查方法
      無斷線、端子鬆動等。
   (2) 判定方法
      無斷線、端子鬆動、脫落、損傷等。

4-34 無線電通信輔助設備檢查表

檢查設備名稱	洩波同輛電纜	製造廠： 型號：	空中天線	製造廠： 型號：	增幅器	製造廠： 型號：

檢修項目	檢修結果			處置措施
	種別、容量等內容	判定	不良狀況	
外觀檢查				
保護箱 — 周圍狀況				
保護箱 — 外形				
保護箱 — 標示				
無線電接頭				
增幅器				
分配器				
天線				
洩波同軸電纜 — 支撐部				
洩波同軸電纜 — 防溼措施				
洩波同軸電纜 — 耐熱保護				
洩波同軸電纜 — 可撓性				
性能檢查				
無線電接頭				
結線接續				
備註				

檢查器材	機器名稱	型式	校正年月日	製造廠商	機器名稱	型式	校正年月日	製造廠商

檢查日期	自民國　　年　　月　　日 至民國　　年　　月　　日

檢修人員	姓名		消防設備師（士）	證書字號		簽章	（簽章）
	姓名		消防設備師（士）	證書字號		簽章	

1. 應於「種別、容量等情形」欄內填入適當之項目。
2. 檢查合格者於判定欄內打「○」；有不良情形時於判定欄內打「×」，並將不良情形填載於「不良狀況」欄。
3. 對不良狀況所採取之處置情形應填載於「處置措施」欄。
4. 欄內有選擇項目時應以「○」圈選之。

第5章
認可基準

5-1 緩降機認可基準（101年11月發布）

緩降機

緩降機：係指具有使用者不需藉助他力，僅利用本身重量即能自動連續交替下降之構造。

1. 固定式緩降機：係指平常即保持固定於支固器具上之緩降機。
2. 移動式緩降機：係指調速器之重量在十公斤以下，於使用時方以安全扣環確實安裝在支固器具上之緩降機。

用語定義

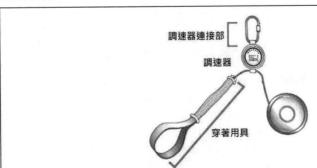

調速器：係指可以調整緩降機下降速度於一定範圍內之裝置。
調速器連結部：係指連結支固器具與調速器的部分。
穿著用具：係指套穿於使用者身上，以一端之套帶套穿所形成之套圈固定使用者身體之用具。

繩索

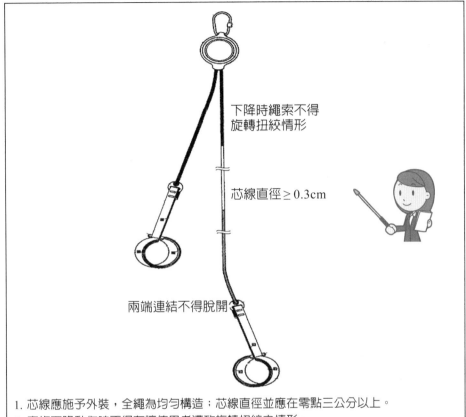

下降時繩索不得
旋轉扭絞情形

芯線直徑 ≥ 0.3cm

兩端連結不得脫開

1. 芯線應施予外裝，全繩為均勻構造；芯線直徑並應在零點三公分以上。
2. 實施下降動作時不得有讓使用者遭致旋轉扭絞之情形。
3. 繩索之兩端應以不脫開之方法連結在緊結金屬構件。

最大使用人數

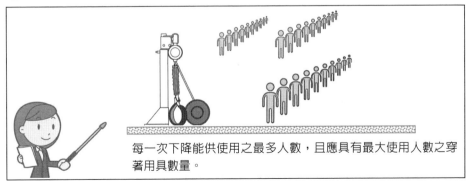

每一次下降能供使用之最多人數，且應具有最大使用人數之穿
著用具數量。

套帶

1. 套帶部分之縫織線不得有鬆脫之情形。
2. 套帶以相當於最大使用載重除以最大使用人數，再乘以6.5（係數）所得之拉力載重加載持續五分鐘後，不得產生斷裂或明顯之變形現象。

最大使用載重

最大載重＝最大使用人數×1000nt

緩降機之最大使用載重，應在最大使用人數乘以1000nt所得數值以上。（註：nt指牛頓）

下降速度試驗

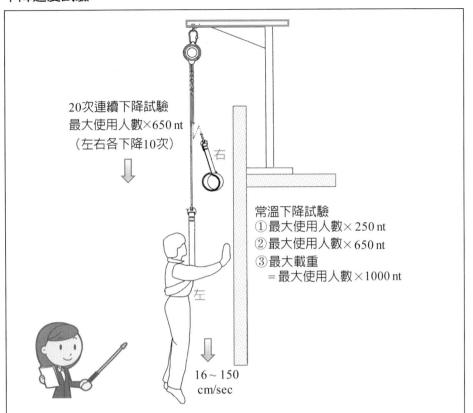

20次連續下降試驗
最大使用人數×650 nt
（左右各下降10次）

右

常溫下降試驗
① 最大使用人數×250 nt
② 最大使用人數×650 nt
③ 最大載重
　＝最大使用人數×1000 nt

左

16～150
cm/sec

將緩降機固定在該繩索最長使用限度之高處（如繩索長度超過十五公尺者則以十五公尺之高度為準），進行下列試驗：

1. 常溫下降試驗
   施予最大使用人數分別乘以250nt及650nt之載重及以相當於最大使用載重之負載等三種載重，左右交互加載且左右連續各下降一次時，其速度應在16cm/sec以上150cm/sec以下之範圍內。

2. 20次連續下降試驗
   施予相當於最大使用人數乘以650nt之載重，左右交互加載且左右連續各下降10次之下降速度，任一次均應在20次之平均下降速度值之80%以上120%以下，且不得發生性能及構造上之異常現象。

5-2 金屬製避難梯認可基準（101年11月發布）

避難梯分類

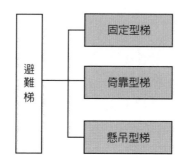

避難梯
- 固定型梯
- 倚靠型梯
- 懸吊型梯

倚靠型梯

倚靠型梯係指將梯子倚靠於建築物，供緊急避難用者。

1. 應為安全、確實且便於使用之構造。
2. 由梯柱（如係懸吊梯時，以相當於梯柱之鋼索、鍊條或其他金屬製之桿或板所製成者）及橫桿所構成。
3. 使用時，安全裝置、保護裝置或緩降裝置之動作應保持平順且正常動作。
4. 零件以螺絲固定之部分，應有防止螺絲鬆動之措施。
5. 橫桿上之踩踏面必須施以防滑措施，但不得影響結構安全。回轉部分應設置護蓋。
6. 在上方支撐點處（自上端六十公分內之任意位置）應裝設防止打滑及跌倒之安全裝置。
7. 下端支撐點應設置止滑裝置。
8. 如為可伸縮構造者，應裝設能防止使用時自動縮梯之安全裝置。

固定型梯

　固定型梯指固定於建築物，隨時可供使用者，包含可收納式（指橫桿可收納於梯柱內，使用時將其拉出成可使用狀態，或梯子下部有可折疊、伸縮等構造者）

1. 應為安全、確實且便於使用之構造。
2. 由梯柱（如係懸吊梯時，以相當於梯柱之鋼索、鍊條或其他金屬製之桿或板所製成者）及橫桿所構成。
3. 使用時，安全裝置、保護裝置或緩降裝置之動作應保持平順且正常動作。
4. 零件以螺絲固定之部分，應有防止螺絲鬆動之措施。
5. 橫桿上之踩踏面必須施以防滑措施，但不得影響結構安全。回轉部分應設置護蓋。
6. 金屬構件部分應設置保護裝置，避免因震動或其他衝擊，產生容易脫落之情形。
7. 除操作保護裝置之動作外，應於二次動作內，使避難梯呈可使用狀態。

避難梯之靜載重

構件名稱	靜載重
梯柱	自最上端之橫桿至最下端橫桿部位按每 2m 或其尾數加予下列之載重試驗。 1. 每一梯柱 50kgf 之壓縮載重。 2. 如梯柱採用鍊條或鋼索者，施以 75kgf 之壓縮載重。 3. 梯柱有三支以上者，其內側之梯柱應施加 100kgf 之壓縮載重。 4. 梯柱為一支者，施加 100 kgf 之壓縮載重。 5. 如係懸吊型者，以上各項之載重均為抗拉載重。
橫桿	每一橫桿中央位置之 7cm 範圍內，施加 100kg 之平均載重。

懸吊型梯

懸吊型梯：係指以折疊、伸縮、捲收等方式收納，使用時，將掛勾等吊掛用金屬構件搭掛在建築物上，放下梯身擱置使用；或打開設置於建築物懸吊梯箱（已設置懸吊型梯於其中），將其垂下，呈可使用狀態，供作緊急避難用者。

1. 應為安全、確實且便於使用之構造。
2. 由梯柱（如係懸吊梯時，以相當於梯柱之鋼索、鍊條或其他金屬製之桿或板所製成者）及橫桿所構成。
3. 使用時，安全裝置、保護裝置或緩降裝置之動作應保持平順且正常動作。
4. 零件以螺絲固定之部分，應有防止螺絲鬆動之措施。
5. 橫桿上之踩踏面必須施以防滑措施，但不得影響結構安全。
6. 回轉部分應設置護蓋。
7. 在每一橫桿處應設長十公分以上之有效突出物，以保持該梯子在使用時能與建築物保持距離。但未設此突出物如於使用時能與建築物保持十公分以上距離之構造者，不在此限。
8. 梯柱之上端應裝有圓環、掛勾或其他吊掛用金屬構件。

避難梯種類

避難梯種類	固定型梯	倚靠型梯	懸吊型梯
區分	橫桿收納式 折疊式 伸縮式	單一式 伸縮式	折疊式 伸縮式 鋼索式 鍊條式

金屬製避難梯構造及性能

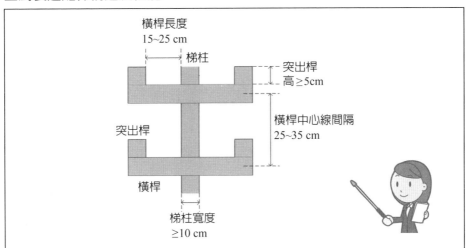

1. 梯柱為單支之構造者,應符合下列規定:
   (1) 以梯柱為該梯之中心軸,橫桿尾端應設有與梯柱平行且長五公分以上之突出物,以防止橫向之滑溜。
   (2) 橫桿的長度,自梯柱至橫桿的尾端內側為十五公分以上二十五公分以下,梯柱的寬度以橫桿軸方向量測,需在十公分以下。
2. 梯柱為二支以上構造者,其梯柱間之內側距離應在三十公分以上五十公分以下。

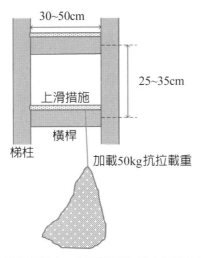

3. 橫桿需以同一間距裝設於梯柱上,其間距應為二十五公分以上三十五公分以下(橫桿間距,係指梯子在可使用狀態下,自橫桿上端至次一個橫桿上端之距離)。
4. 橫桿上之踩踏面必須施以防滑措施,但不得影響結構安全。
5. 測定梯柱間及橫桿間之間距,應以50kgf抗拉載重加載於其上後測定之。

強度試驗

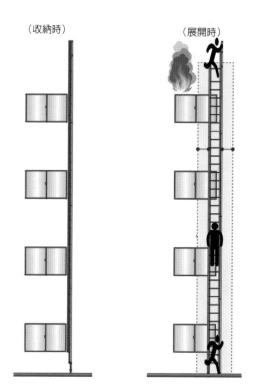

（收納時）　（展開時）

1. 避難梯之梯柱及橫桿，依梯柱之方向，施以下表所定靜載重之2倍靜載重試驗5分鐘，不得產生龜裂、破損。
2. 收納式固定梯，將梯柱之一端固定，橫桿拉出成水平狀態，並與梯柱及橫桿均成垂直方向，在未被固定之另一支梯柱之上端部、中央部及下端部各施以五分鐘22kgf之靜載重試驗後，不得產生永久變形、龜裂、破損等現象。
3. 倚靠型梯：將梯兩端水平放置於適當平臺上，同時依梯柱方向，在梯柱中央及其左右每二公尺處，各施以五分鐘65kgf之垂直靜載重，不得產生永久變形龜裂破損等現象。

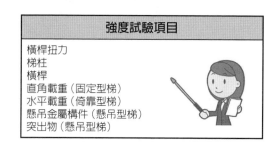

強度試驗項目

橫桿扭力
梯柱
橫桿
直角載重（固定型梯）
水平載重（倚靠型梯）
懸吊金屬構件（懸吊型梯）
突出物（懸吊型梯）

衝擊試驗

1. 避難梯從收納狀態展開至可使用狀態,反覆操作100次後,不得產生顯著變形、龜裂或破損等現象。
2. 懸吊型梯之吊掛用金屬構件,就每具構件以該伸長之梯柱方向,自該梯之最上端橫桿至最下部橫桿間每隔二公尺及其尾數,施以150kgf之抗拉載重時,不得產生顯著變形、龜裂或破損等現象。
3. 懸吊型梯之突出物,就每一橫桿上所裝設之突出物,於突出物與梯柱及橫桿均呈垂直之方向,施以五分鐘15kgf之壓縮載重時,不得產生顯著變形、龜裂或破損等現象。
4. 避難梯之橫桿施以2.3kgf-m之扭力時,不得產生旋轉或顯著變形、龜裂、破損等現象。

5-3 出口標示燈及避難方向指示燈認可基準 （107年5月修正）

引導燈具用語定義

引導燈具：避難引導的照明器具，分成出口標示燈、避難方向指示燈，平日以常用電源點燈，停電時自動切換成緊急電源點燈。依構造形式及動作功能區分如下：
1. 內置型：內藏蓄電池作為緊急電源之引導燈具。
2. 外置型：藉由燈具外的蓄電池設備作為緊急電源供電之引導燈具。
3. 具閃滅功能者：藉由動作信號使燈閃滅或連續閃光之引導燈具。
4. 具音聲引導功能者：設有音聲引導裝置之引導燈具。
5. 具閃滅及音聲引導功能者：設有音聲引導裝置及閃滅裝置之引導燈具。
6. 複合顯示型：引導燈具其標示板及其他標示板於同一器具同一面上區分並置者。

點燈試驗

燈具附有起動器者，應在十五秒以內點燈，無起動器之瞬時型者應即瞬間點燈。

配線方式

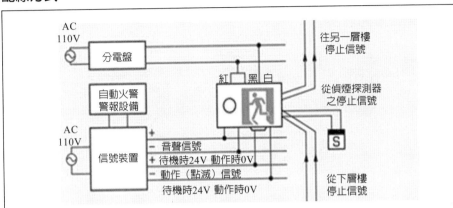

1. 外置型引導燈具配線方式分為2線式配線或4線式配線及共用式3種，二線式配線指同一電線供應一般及緊急用電者；四線式配線指不同之電線分別供應一般及緊急用電者；共用式指二線式及四線式任一種方法皆可使用之方式。
2. 外置型引導燈具供緊急用電之出線，應有耐燃保護。
3. 外置型引導燈具使用螢光燈時，其緊急電源回路應有保險絲等保護裝置。

內置型引導燈具

1. 內置型引導燈具除嵌入型者外，應裝電源指示燈及檢查開關。紅色顯示使用狀態，並安裝於從引導燈具外容易發現之位置。如顯示燈使用發光二極體（LED）時，需為引導燈具使用中不用更換之設計。另嵌入型引導燈具應取下保護燈罩或透光性燈罩及標示板後，符合上開電源指示燈及檢查開關之規定。
2. 內置型引導燈具有效亮燈時間及各試驗量測時間點如下：

有效亮燈時間	≥ 20 min	≥ 60 min
充放電試驗（放電電壓測定時間）	≥ 25 min	≥ 75 min
平均亮度試驗（緊急電源量測時間）	≥ 25 min	≥ 75 min

3. 引導燈具具音聲引導功能者，該燈具應設有能停止其音聲引導功能之裝置。

出口標示燈及避難方向指示燈用語定義（108 年 9 月修正）

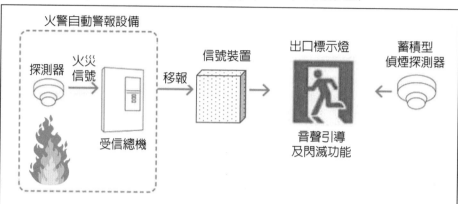

火警自動警報設備

探測器　火災信號

受信總機

移報

信號裝置

出口標示燈

蓄積型偵煙探測器

音聲引導及閃滅功能

1. 出口標示燈：顯示避難出口之引導燈具。
2. 避難方向指示燈：設置於室內避難路徑、開闊場所及走廊，指引避難出口方向之引導燈具。
3. 閃滅裝置：接受動作信號，提高引導效果，使燈具閃爍之裝置。
4. 音聲引導裝置：接受動作信號，產生語音告知避難出口位置之引導裝置。
5. 引導燈具連動控制盤：將發自於火警自動警報設備之信號予以中繼並傳達至引導燈具之裝置。
6. 常用電源：平時供電至引導燈具之電源。
7. 緊急電源：常用電源斷電時，供電至引導燈具之電源。
8. 蓄電池設備：係指經內政部認可之消防用蓄電池設備，且應為引導燈具專用。
9. 控制裝置：由引導燈具之切換裝置、充電裝置及檢查措施所構成的裝置。使用螢光燈為燈具時，其變壓器、安定器等亦包含於此裝置內。
10. 標示板：標明避難出口或避難方向之透光性燈罩或表示面。
11. 檢查開關：檢查常用電源及緊急電源之切換動作，能暫時切斷常用電源之自動復歸型開關。
12. 有效亮燈時間：係指引導燈具切換成緊急電源時，持續點燈之時間。
13. 有效閃滅動作時間：係指引導燈具切換成緊急電源時，持續閃滅之時間。

信號裝置之種類

連動方法	形狀	信號回路	緊急電源
自動火災報警設備 其他類似裝備	獨立型 組合型	單回路 多回路	有 無

標示面

標示面之顏色、文字、符號圖型應符合下列規定，可加註英文字樣「EXIT」，其字樣不得大於中文字樣。

1. 出口標示燈：以綠色為底，用白色表示「緊急出口」字樣（包括文字與圖形）。

2. 避難方向指示燈：用白色為底，綠色圖型（包括圖形並列之文字）。

音聲引導裝置動作試驗

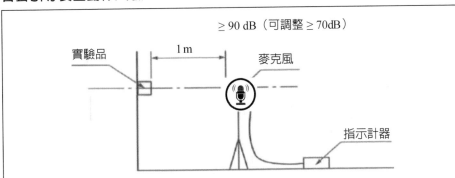

音聲引導之音壓，係在距離語音誘導裝置（獨立型）或引導燈具（組合型）之表面水平方向一公尺處，以規定之噪音計（採頻率修正回路之A權值）或同等以上性能之儀器加以測定。其警報聲及語音之最高值應在90dB以上。且可調整音壓型式之警報聲及語音最低調整值不低於70dB。

鑑於現今建築物多趨密集化、大型化、裝潢複雜、配電線路多，發生火災時常有濃煙遮蔽或電力中斷之疑慮，為提升避難路徑及出口於黑暗中之能見度，俾於緊急狀況下順利引導避難逃生，有必要提升標示面之平均亮度，第一百四十六條之一有關引導燈具之分級，及引導燈具之分級及標示面平均亮度範圍。另基於節能及場所特性考量，第一百四十六條之七得於平時減光或消燈。

引導燈具區分

依用途區分	按照大小分類				標示面數	緊急電源區分	附加功能	標示面之縱向尺度
	分級		標示面光度（cd）	標示面長邊與短邊比				
出口標示燈	A 級	A	50 以上	1：1 ～ 5：1	單面 2 3 或以上型式	內置型 外置型	減光 消燈 閃滅 音聲引導 複合顯示	400mm 以上
	B 級	BH	20 以上					200mm 以上 400mm 未滿
		BL	10 以上					
	C 級	C	1.5 以上					100mm 以上 200mm 未滿
避難方向指示燈（非地面嵌入型）	A 級	A	60 以上				減光 消燈 複合顯示	400mm 以上
	B 級	BH	25 以上					200mm 以上 400mm 未滿
		BL	13 以上					
	C 級	C	5 以上					100mm 以上 200mm 未滿
避難方向指示燈（地面嵌入型）	B 級	BH	25 以上	2：1 ～ 3：1	單面			200mm 以上 400mm 未滿
		BL	13 以上					
	C 級	C	5 以上					130mm 以上 200mm 未滿

備註：
1. 標示面光度：係指常用電源點燈時其標示面平均亮度（cd/m²）乘以標示面面積（m²）所得之值（單位 cd）。
2. 附有箭頭之出口標示燈僅限於 A 級、B 級。
3. 作為避難方向指示燈使用之 C 級，其長邊長度應在 130mm 以上。

出口標示燈及避難方向指示燈之性能

1. 燈具表面文字、圖形及顏色等，於該燈點亮時，應能正確辨認。
2. 平均亮度：燈具標示面之平均亮度、光度（包括單面及雙面）應符合上表及下表規定。具有調光性能之器具，則測定其必須作調光之各階段的平均亮度。
3. 對電氣充分絕緣。

標示面之平均亮度

種類	分級		平均亮度（cd/m²）		種類	分級		平均亮度（cd/m²）	
			常用電源	緊急電源				常用電源	緊急電源
出口標示燈	A 級	A	350～800	100～300	避難方向指示燈	A 級	A	400～1000	150～400
	B 級	BH	500～800			B 級	BH	500～1000	
		BL	250～400				BL	350～600	
	C 級	C	150～300			C 級	C	300～800	

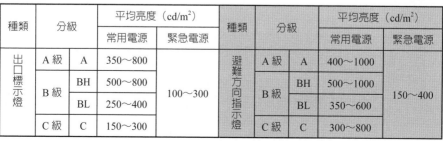

亮度比試驗

出口標示燈

亮度比係就標示面之綠色部分、白色部分分別逐點加以測定，求出其最大亮度（cd/m2）與最小亮度。逐點測定係分別測定三處以上。正方型引導燈具標示面之亮度比係在常時電源時所規定之測定點之最大亮度與最小亮度之比，應符合下表之值。

標示面之亮度比

	綠色部分	白色部分
避難出口標示燈	9 以下	7 以下
避難方向指示燈	7 以下	9 以下

如係標示面為長方形之引導燈具，其最小輝度與平均亮度之比，應在1/7以上。

$$亮度比 = Lmax/Lmin$$

式中，Lmax：在白色部分或綠色部分之最大亮度
　　　Lmin：在白色部分或綠色部分之最小亮度

減光點燈

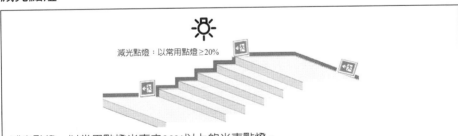

減光點燈：以常用點燈光束之20%以上的光束點燈。

減光型及消燈型引導燈具規定須復歸為正常點燈狀態：
1. 接到來自引導燈具連動控制盤之動作信號時。
2. 動作信號回路發生斷路或短路時。
3. 將常用電源遮斷，切換至緊急電源時。

平均亮度試驗

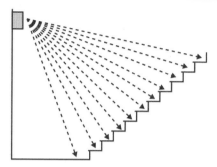

1. 測試環境：測試時環境之照度在0.05 lux以下之暗房。
2. 測試面：整個標示面。
3. 測試步驟：標示板與受光器之距離為標示面長邊之4倍以上，量測其平均照度E_θ，平均亮度L_θ計算式如下：

$$平均亮度\ L_\theta = \frac{K_1 \times E_\theta \times S^2}{A\cos\theta}$$

L_θ：角度θ之平均亮度（單位：cd/m^2）
K_1：基準光束/試驗使用燈管之全光束（一般K_1趨近於1）
E_θ：角度θ之平均照度測定值（單位：lx）
S：標示面板量測點與照度計間之距離（單位：m）
A：標示面之面積（單位：m^2）
θ：照度計與標示面量測點法線方向之角度（單位：°）
4. 基準光束：標準燈管之全光束（單位：流明lm）
5. 測試時間：
(1) 常用電源試驗：於試驗品施以額定電源並使燈管經枯化點燈一百小時後測試。
(2) 緊急電源試驗：於執行常用電源之測試後，再依產品標示額定充電時間完成後即予斷電，並於斷電後二十五或七十五分鐘即實施試驗，並於十分鐘內測試完畢。

法規前後標示面等級表示

出口標示燈	避難方向指示燈		修改後等級表示		標示面縱向尺度
大型（40×2）	大型（40×2）	⇒	A 級		≥ 0.4m
大型（40×1） （35×1） （32×1）	大型（40×1） （35×1） （32×1）	⇒	B 級	BH	0.2～0.4m
中型（20×1）	中型（20×1）	⇒		BL	
小型（10×1）	小型（10×1）	⇒	C 級		0.1～0.2m

音聲引導裝置動作試驗

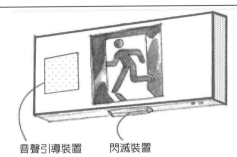

音聲引導裝置　　閃滅裝置

1. 音聲引導裝置，於收到火災信號後動作，且於接到避難通道發生重大妨礙之信號時停止，依下表之規定，在三秒內動作。

條件	接到火災信號時	接到停止信號時
音聲引導裝置	動作開始後繼續 60 分鐘	停止動作

2. 音聲引導裝置，經由引導燈具用引導燈具連動控制盤之動作信號用端子接受火災信號。
3. 音聲引導裝置，收到引導燈具連動控制盤或偵煙式火警探測器等來自外部之停止信號時，停止動作。
4. 信號動作之試驗，依如下之步驟：
   (1) 與引導燈具用引導燈具連動控制盤、音聲引導裝置（或內設音聲引導裝置之引導燈具）及停止信號用開關連接，施加額定頻率之額定電壓。
   (2) 將音聲引導裝置之常用電源遮斷，確認其不會動作。
   (3) 以設於引導燈具用引導燈具連動控制盤移報裝置側之開關發送火災信號，確認其在3秒鐘內會動作。
   (4) 由引導燈具連動控制盤及偵煙式火警探測器發送音聲引導之停止信號，確認其在3秒鐘內會停止動作。

絕緣電阻試驗

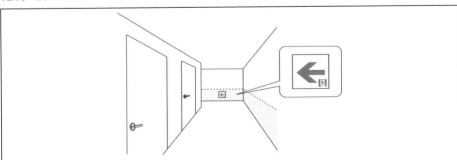

使用直流500V高阻計，測量帶電部分與不帶電金屬間之絕緣電阻，均應為5 MΩ以上。

具閃滅功能引導燈具性能及動作試驗

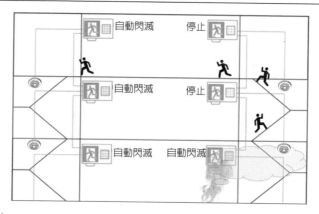

1. 信號動作：
   (1) 接到來自信號裝置之動作信號，於三秒鐘內自動閃滅動作開始。如接到信號裝置或偵煙式探測器等外部信號時，於三秒鐘內停止動作。
   (2) 僅將常用電源遮斷而非動作信號時，閃滅動作不會開始。但將信號裝置之常用電源遮斷時，則不在此限。
   (3) 試驗方法，係按以下之步驟實施：
   A. 於閃滅裝置上施加額定頻率之額定電壓。
   B. 由開或關設在信號裝置之移報裝置側的開關來發送信號。
   C. 由外部發送停止信號。
   D. 將閃滅裝置之常用電源遮斷。
2. 閃滅頻率及時間比試驗：依下表規定。

燈泡	閃滅頻率（Hz）		時間比
	額定電壓	放電標準電壓	
氙氣燈泡	2.0±0.1	2.0±1.0	—
白熾燈泡或日光燈			1：1

   (1) 在閃滅裝置之輸入端子間施加額定電壓，然後使其接受信號裝置之動作信號開始閃滅，統計其一分鐘之間的閃滅次數及時間比。
   (2) 在閃滅裝置之輸入端子間施加放電標準電壓，然後使其接受信號裝置之動作信號開始閃滅，統計閃滅一分鐘之間的閃滅次數及時間比。
3. 動作時間是在接到信號時，其緊急電源容量應能有效閃滅動作二十分鐘以上或六十分鐘以上，且放電電壓測定時間為二十五分鐘以後或七十五分鐘以後，其電壓測試方法依充放電試驗之相關規定進行。
4. 光源特性：
以氙氣燈及白熾燈泡作為閃滅光源之閃滅裝置，光源特性依下表規定。

燈泡	光源特性
氙氣燈泡	輸入之能量每一發光體 2.4J（Ws）以上
白熾燈泡	光束 130lm 以上及色溫在 2800K 以上

出口標示燈、避難方向指示燈個別試驗紀錄表

申請者		型式型號認可編號	
試驗日期		試驗個數	
環境溫溼度		試驗人員	
試驗場所		會同人員	

試驗項目		試驗結果	判定	
			合格	不合格
外殼材質			☐	☐
標示面尺寸		a =　；b =　；c =　(mm)	☐	☐
外觀構造			☐	☐
點燈試驗	☐附啟動器	啟動時間　　　　　　　秒	☐	☐
	☐無啟動器			
絕緣電阻試驗		MΩ	☐	☐
充電試驗			☐	☐
耐電壓試驗			☐	☐
平均亮度試驗			☐	☐
亮度比試驗			☐	☐
附加功能	動作試驗		☐	☐
	閃滅頻率試驗		☐	☐
	音聲引導試驗		☐	☐
	音壓試驗		☐	☐
標示		☐設備種類 ☐額定電壓、額定電流、頻率及充電時間 ☐使用光源規格及電池規格 ☐維持照明時間 ☐製造廠商名稱或商標 ☐製造產地 ☐設備名稱及型號 ☐製造年月 ☐型式、型式認可號碼 ☐燈具級數區分 ☐使用方式及使用應注意事項	☐	☐
備註				

5-4 緊急照明燈認可基準（101年11月發布）

用語定義

緊急照明燈：係指裝設於各類場所中避難所需經過之走廊、樓梯間、通道等路徑及其他平時依賴人工照明之照明燈具，內具備交直流自動切換裝置，平時以常用電源對蓄電池進行充電，停電後切換至蓄電池供電，或切換至

緊急電源供電，作為緊急照明之用。

依其構造形式及動作功能區分如下：

1. 內置電池型緊急照明燈：內藏緊急電源的照明燈具。
2. 外置電源型緊急照明燈：由燈具外的緊急電源供電之照明燈具。

充電與絕緣電阻試驗

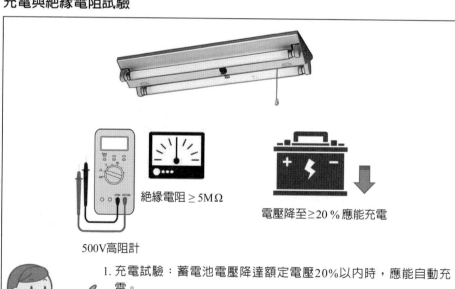

絕緣電阻 ≥ 5MΩ

電壓降至≥20％應能充電

500V高阻計

1. 充電試驗：蓄電池電壓降達額定電壓20%以內時，應能自動充電。
2. 絕緣電阻試驗：使用直流500V高阻計，測量帶電部分與不帶電金屬間之絕緣電阻，均應為5 MΩ以上。

性能

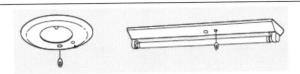

1. 外殼使用金屬或耐燃材料製成。金屬製者，需施予適當之防銹處理。
2. 內置電池型緊急電源應為可充電式密閉型電池及容易保養、更換、維修之構造。
3. 面板上應裝電源指示燈及檢查開關，不得有大燈開關。但大燈開關設計為內藏式或需使用工具開啓者，不適用之。
4. 線路應有過充電及過放電之保護裝置。
5. 內置電池型緊急電源供電照明時間應維持一點五小時以上（供緊急照明燈總數）後，其蓄電池電壓不得小於蓄電池額定電壓87.5%。
6. 正常使用狀態下，對於可能發生之振動、衝擊等，不得造成燈具接觸不良、脫落及各部鬆動破損等現象發生。
7. 對於點燈二十小時產生之溫升，不得造成燈具各部變色、劣化等異狀發生，且不可影響光源特性及壽命。
8. 燈具外殼使用合成樹脂者，在正常使用狀況下，不因熱光等產生劣化或變形。
9. 電源變壓器一次側（初級圈）之兩根引接線導體截面積每根不得小於零點七五平方公厘。
10. 電池導線需用接線端子連接。
11. 電源電壓二次側（次級圈）之電壓應在50V以下（含燈座、電路）。但使用螢光燈具者，不適用之。
12. 燈具連續點燈一百小時後不得故障。
13. 內藏緊急電源用之電池應採用可充電式密閉型蓄電池，容易保養、更換及維修，並應符合下列規定：
    (1) 有自動充電裝置及自動過充電防止裝置且能確實充電。但裝有不致產生過充電之電池或雖有過充電亦不致對其功能構造發生異常之電池，得不必設置防自動過充電裝置（過充電係指額定電壓之120%而言）。
    (2) 裝置過放電防止裝置。但裝有不致產生過放電之蓄電池或雖呈過放電狀態，亦不致對其功能構造產生異常者，不適用之。

新產品與已受試驗之型式可視為同一批次之項目

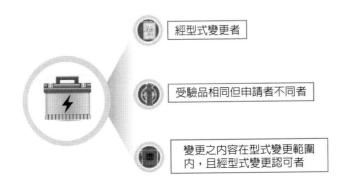

經型式變更者

受驗品相同但申請者不同者

變更之內容在型式變更範圍內，且經型式變更認可者

熾熱線試驗

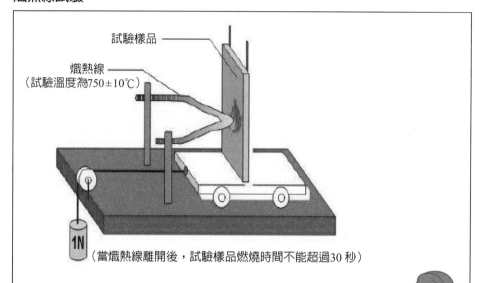

試驗樣品

熾熱線
（試驗溫度為750±10℃）

1N

（當熾熱線離開後，試驗樣品燃燒時間不能超過30秒）

1. 試驗說明：
   試驗溫度：
   (1) 對非金屬材料組件如外殼、標示面及照射面所用絕緣材料，試驗溫度為 550±10℃。
   (2) 支撐承載電流超過0.2A之連接點的絕緣材料組件，試驗溫度為750±10℃；對其他連接點，試驗溫度為650±10℃。施加之持續時間（t_a）為30±1秒。

2. 觀察及量測：熾熱線施加期間及往後之三十秒期間，試驗品、試驗品周圍之零件及其位於試驗品下之薄層應注意觀察，並記錄下列事項：
   (1) 自尖端施加開始至試驗品或放置於其下之薄層起火之時間（t_i）。
   (2) 自尖端施加開始至火焰熄滅或施加期間之後，所持續之時間（t_e）。
   (3) 目視著火開始大約一秒後，觀察及量測有無產生聚合最大高度接近五公厘之火焰；火焰高度之量測係於微弱光線中觀察，當施加到試驗品上可看見到火焰之頂端與熾熱線上邊緣之垂直距離。
   (4) 尖端穿透或試驗品變形之程度。
   (5) 如使用白松木板則應記錄白松木板之任何燒焦情形。

3. 試驗結果之評估：符合下列之一者為合格。
   (1) 試驗品無產生火焰或熾熱者。
   (2) 試驗品之周圍及其下方之薄層之火焰或熾熱在熾熱線移除後三十秒內熄滅，換言之$t_e \leq t_a + 30$秒，且周圍之零件及其下方之薄層無繼續燃燒。當使用包裝棉紙層時，此包裝棉紙應無著火。

充放電試驗

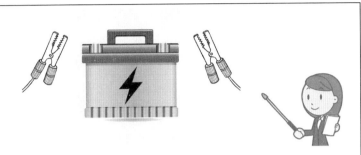

1. 鉛酸電池：本試驗應於常溫下，按下列規定依序進行，試驗中電池外觀不可有膨脹、漏液等異常現象。
   (1) 依照燈具標稱之充電時間充電之。
   (2) 全額負載放電一點五小時後，電池端電壓不得小於額定電壓之87.5%。
   (3) 再充電二十四小時。
   (4) 全額負載放電一小時後，電池端電壓不得小於額定電壓之87.5%。
   (5) 再充電二十四小時。
   (6) 全額負載放電二十四小時。
   (7) 再充電二十四小時。
   (8) 全額負載放電一點五小時後，電池端電壓不得小於額定電壓之87.5%。
2. 鎳鎘或鎳氫電池：
   (1) 依照燈具標稱之充電時間進行充電，充足後具充電電流不得低於電池標稱容量之1/30C或高於1/10C。
   (2) 放電標準：將充足電之燈具，連續放電一點五小時後，電池之端電壓不得小於標稱電壓之87.5%，而測此電壓時放電之作業不得停止。

型式試驗試驗項目及流程

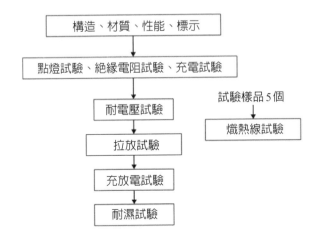

構造、材質、性能、標示
↓
點燈試驗、絕緣電阻試驗、充電試驗
↓
耐電壓試驗
↓
拉放試驗
↓
充放電試驗
↓
耐濕試驗

試驗樣品5個
↓
熾熱線試驗

誘導燈日本分類

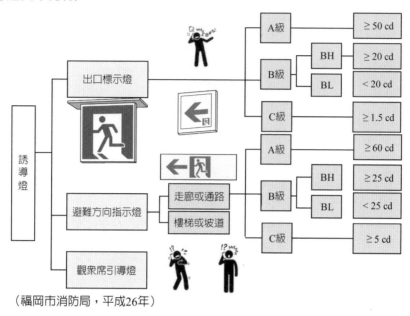

（福岡市消防局，平成26年）

建築物防火

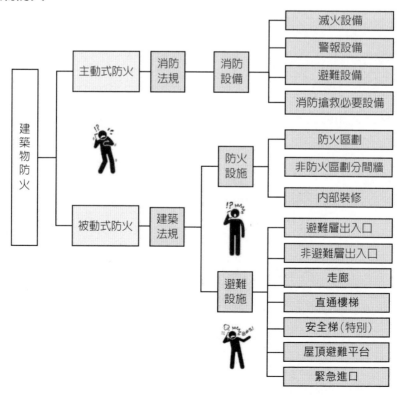

第6章
測試方法及判定要領

6-1 避難器具測試報告書外觀試驗

測試項目			測試方法	判定要領
外觀試驗	設置場所等	避難器具種類	以目視確認設置場所等之狀況。	1. 關於樓梯、出入口或其他相關避難設施之關連，應在適當之位置。 2. 應設置在容易接近，且無礙避難器具使用之空間，有安全構造之開口部。 3. 應與設置在其他樓層避難器具間相互無妨礙。 4. 至樓地板面或其他著地點之下降空間，應無妨礙避難之障礙物。 5. 避難器具之著地點附近，應確保無礙著地之下降空地空間，且通向安全的道路或廣場。
		開口部大小 長 × 寬 × 腰高（cm）		
		設置狀況		
		有無障礙物		
		下降空間確保		
		著地點狀況		
	構造·性能		以目視確認機器之狀況。	1. 避難器具本體應無變形、損傷、生鏽、腐蝕等。 2. 金屬製避難梯或緩降機，應為認可品。 3. 避難層、緩降機或避難繩索應具有因應防護對象物設置樓層所需之長度。 4. 避難橋應有充分的掛架長度。 5. 直降式救助袋下部出口部分距離樓地板面之高度，應配合器具之種類及長度。 6. 斜降式救助袋伸展時對水平樓地板面，應有大約 45 度之長度，且在著地點設有固定環。
	裝置部		以目視確認設置狀況。	應為柱、地板、樑或其他結構上堅固之部分，或者經堅固補強之部分。
	裝置器具		以目視確認設置場所等之狀況。	1. 應無對結構造成龜裂、糾結、彎曲等情形。 2. 接合部分使用之螺帽應無鬆脫或有鬆脫之虞。 3. 應施以防鏽、防蝕等措施。 4. 應無危害使用者之虞。
外觀試驗	固定部材料		以目視確認設置狀況。	1. 螺栓等固定部的材料應適合建築物固定部分之結構，且牢固地安裝。 2. 如設有固定基座者，應依避難器具之尺寸、形狀及重量等設置。

（固定型伸縮式避難梯之逃生孔，下降空間為二側豎桿中心線向外 ≥20cm 及前方 ≥65cm 範圍內，攝於日本大阪 2019/08）

避難器具測試報告書外觀試驗

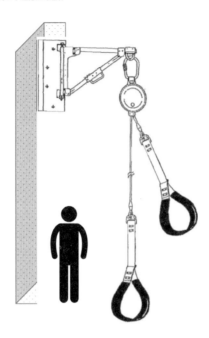

測試項目		測試方法	判定要領
外觀試驗	收納	以目視確認設置狀況。	1. 應確保容易使用之狀態。 2. 收納方法應配合設置場所，並確保器具通風性。 3. 如為纖維製器具，不得直接接觸樓地板面，且無受雨水、鼠類等侵入之虞。
	標識	以目視確認設置狀況。	應於避難器具附近明顯易見處，標示避難器具之設置位置、使用方法及設置指標。

（固定型伸縮式避難梯下降地點，下降空地為下降空間之投影面積，不能放置任何物品，攝於日本大阪 2019/08）

6-2 避難器具測試報告書性能試驗

測試項目		測試方法	判定要領
性能試驗	荷重試驗	支固器具（需完全伸展並於架設完成之狀態）應依以下方法施加荷重，確認支固器具及固定部分的狀況。 1. 對支固器具和避難器具的連結部分應以垂直方向施加荷重。但如為斜降式救助袋，則應對下降方向予以施加荷重。 2. 關於載重之大小，如為救助袋，應為300kg 以上；如為緩降機（多人數用以外者），為 195kg 以上；如為其他種類，則應有合適之載重。	1. 支固器具之固定部分應不會產生龜裂、固定螺栓之損傷、拉出等。 2. 支固器具應不會產生破斷、龜裂、妨礙耐力之鬆弛等。 3. 支固器具構造上重要部分的繩索、鏈條等，應不會產生妨礙耐力之鬆弛等。
性能試驗	拉拔強度試驗	固定架或支固器具使用螺栓固定時，使用測定螺栓等拉出力之器具，對該螺栓等施加相當於設計拉拔荷重之試驗荷重（一個螺栓之荷重），以確認該螺栓對拉出之耐力。 如使用扭力扳手作為測定拉拔荷重之器具時，鎖緊扭力和設計拉拔荷重（試驗荷重）之關係如下： $$T = 0.24DN$$ T：鎖緊扭力（kgf・cm） D：螺栓直徑（cm） N：試驗荷重（設計拉拔荷重）（kgf）	螺栓等之固定部分應不會產生龜裂、螺栓之損傷、拉出等。

避難橋降下空間

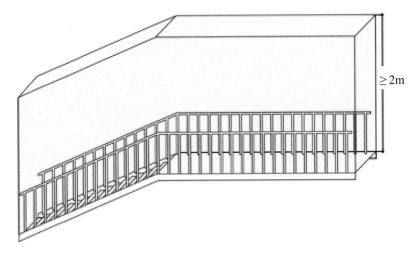

≥2m

（明石市消防局，平成31年）

荷重試驗

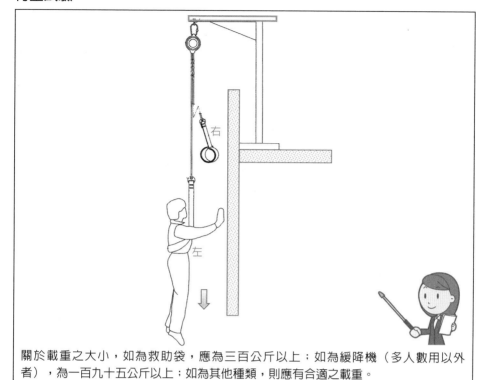

關於載重之大小，如為救助袋，應為三百公斤以上；如為緩降機（多人數用以外者），為一百九十五公斤以上；如為其他種類，則應有合適之載重。

拉拔強度試驗

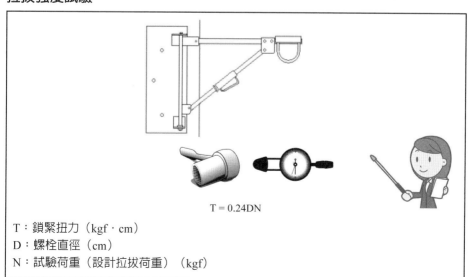

$$T = 0.24DN$$

T：鎖緊扭力（kgf · cm）
D：螺栓直徑（cm）
N：試驗荷重（設計拉拔荷重）（kgf）

6-3 標示設備測試報告書外觀試驗（一）

測試項目			測試方法	判定要領
外觀試驗	出口標示燈	設置場所等	以目視確認設置場所等之狀況。	1. 應設置在通往戶外之防火門、通往安全梯及排煙室之防火門、通往另一防火區劃之防火門、居室通往走廊或通道之出入口等。但自居室任一點能直接觀察識別其主要出入口，且與主要出入口之步行距離，在避難層（無開口樓層除外）為 20m 以下者；在避難層以外之樓層（地下層、無開口樓層除外）為 10m 以下者，得免設。 2. 應設置在出入口上方，距離樓地板面高度在 1.5m 以上。 3. 應設置在不會妨礙避難及通行之場所。 4. 應正常且牢固地安裝。
		外形尺寸	以目視確認機器之狀況。	1. 設置在通往戶外之防火門、通往安全梯及排煙室之防火門上方之出口標示燈，供各類場所消防安全設備設置標準第十二條第二款第一目、第五款第三目使用者，應為大型。供設置標準第十二條第一款及五款第一目場所使用，總樓地板面積 1,000m² 以上者，應使用大型；總樓地板面積未滿 1,000m² 者，應使用中型或大型。 2. 設置在通往另一防火區劃之防火門、居室通往走廊或通道出入口上方之出口標示燈，供設置標準第十二條第二款第一目及五款第三目場所使用者，應使用中型或大型。供設置標準第十二條第一款及五款第一目場所使用，總樓地板面積 1,000m² 以上者，應使用中型或大型。 3. 前述以外場所之出口標示燈，應就大型、中型或小型擇一設置。
		標示面	以目視確認機器之狀況。	1. 以綠色為底用白色表示「緊急出口」字樣。 2. 但設在避難路徑途中者則用白色為底，綠色文字。 3. 標示面應無器具內部配線的陰影。

標示設備設置

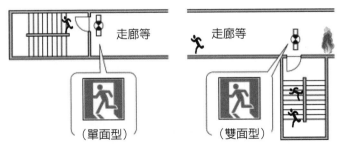

（明石市消防局，平成31年）

標示設備測試報告書外觀試驗

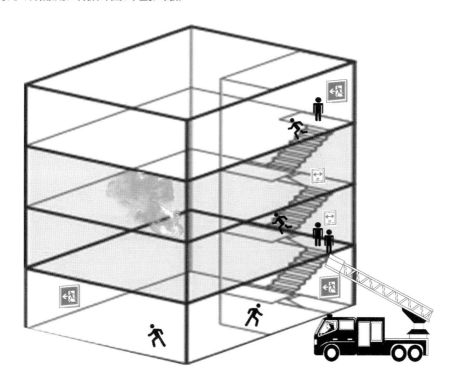

測試項目			測試方法	判定要領
外觀試驗	避難方向指示燈	室內指示燈	設置場所等	以目視確認設置場所等之狀況。	1. 從居室通道各部分至任一通道指示燈之步行距離，需在 10m 以下。但自居室任一點能直接觀察識別其主要出入口，且與主要出入口之步行距離在 20m 以下者（供設置標準第十二條第一款及第五款第一目使用場所），或步行距離在 30m 以下者（供前述以外使用場所），得免設（地下層、無開口樓層除外）。 2. 需設置在不會妨礙通行之場所。 3. 需正常且牢固地安裝。 4. 設置在樓地板面之物品需不致因載重而破損。
			外形尺寸	以目視確認機器之狀況。	1. 設置在供設置標準第十二條第二款第一目及第五款弟三目或第十二條第一款及第五款第一目場所該層樓地板面積在 1,000m² 以上者，應為中型或大型。 2. 前述以外場所之室內指示燈，應就大型、中型或小型擇一設置。

6-4 標示設備測試報告書外觀試驗（二）

測試項目			測試方法	判定要領
外觀試驗	避難方向指示燈	室內指示燈 標示面	以目視確認機器之狀況。	1. 標示面之底色應為白色。 2. 標示面之符號、圖型及文字顏色應為綠色，且易於識別。 3. 標示面應無器具內部配線的陰影。
		走廊指示燈 設置場所	以目視確認設置場所等之狀況。	1. 應設置在距離樓地板面高度 1m 以下之處所。 2. 從走廊任一點至指示燈之步行距離，應在 10m 以下。 3. 應設置在不會妨礙通行之場所。 4. 安裝在牆面之指示燈，從牆壁面至指示燈標示面之距離，大型應在 3cm 以上 10cm 以下，中型應在 2cm 以上 8cm 以下，小型應在 2cm 以上 6cm 以下。 5. 應正常且牢固地安裝。
		外形尺寸	以目視確認機器之狀況。	1. 設置在供設置標準第十二條第二款第一目及第五款第三目或第十二條第一款及第五款第一目場所該層樓地板面積在 1,000m² 以上者應為大型或中型。 2. 在其他場所走廊指示燈，應為大型、中型或小型。
		標示面	以目視確認機器之狀況。	1. 標示面之底色應為白色。 2. 標示面圖形符號及文字顏色應為綠色且易於識別。 3. 標示面應無器具內部配線的陰影。
		樓梯指示燈 設置場所	以目視確認設置場所等之狀況。	1. 應設置在面向階梯之室內部分或牆壁等。 2. 應設置在不會妨礙通行之場所。 3. 應能有效照明階梯通路及樓梯平臺。
		客席指示燈 設置場所	以目視確認設置場所等之狀況。	1. 應設置在劇場等座位之部分。 2. 應能有效地照明通路部分。
		設在避難出口 設置場所	以目視確認設置場所等之狀況。	1. 設於出入口時，裝設高度應距樓地板面 1.5m 以下。 2. 各類場所自居室任一點能直接觀察識別其主要出入口，且與主要出入口之步行距離在 30m 以下者，得免設（地下層及無開口樓層除外）。 3. 應設於易見且採光良好處。 4. 應正常且牢固地安裝。 5. 周圍不得設有影響其視線之裝潢及廣告招牌等。

（出口標示燈之有效範圍為至該燈之步行距離：D = k 值（100 或 150）× 標示面縱向尺度 h，於 C 級 15m 至 A 級 60m，攝於日本大阪 2019/08）

避難方向指示燈外觀試驗

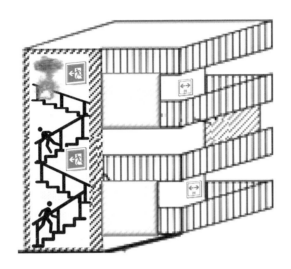

測試項目			測試方法	判定要領
外觀試驗	避難指標	設在避難出口 外形尺寸	以目視確認機器之狀況。	標示面之大小，長邊應在 36cm 以上，短邊應在 12cm 以上。
		標示面	以目視確認機器之狀況。	1. 標示面之底色應為綠色。 2. 標示面之圖形、符號及文字顏色應為白色，且易於識別。
		設在通路 設置場所	以目視確認設置場所等之狀況。	1. 設於走廊或通道時，自走廊或通道任一點至指標之步行距離不得大於 7.5m。 2. 應優先設於走廊或通道之轉彎處。 3. 應正常且牢固地安裝。 4. 周圍不得設置影響其視線裝潢及廣告招牌等。
		外形尺寸	以目視確認機器之狀況	標示面之大小，長邊應在 30cm 以上，短邊應在 10cm 以上。
		標示面	以目視確認機器之狀況	1. 標示面之底色應為白色。 2. 標示面之圖形、符號及文字顏色應為綠色，且易於識別。
	電源	常用電源	以目視確認電源之狀況。	1. 應為專用回路。 2. 電源容量應適當正常。
		緊急電源 種類	以目視確認緊急電源之種類。	應為蓄電池設備，其容量應能使其有效動作二十分鐘以上。
		設置狀況（限內藏型）	以目視確認設置狀況。	1. 配線應確實。 2. 蓄電池本體應無變形、損傷等。

6-5 標示設備測試報告書性能試驗

測試項目			測試方法	判定要領
性能試驗	電源自動切換試驗		由器具之開關切斷常用電源。	應能切換為緊急點亮燈。
	切換動作試驗	減光型 減光機能	由出口標示燈及避難方向指示燈用信號設置，進行以下之切換動作。 1. 由點檢切換開關輸送減光信號。 2. 進行火警自動警報設備火警表示試驗。 註：本試驗之點檢結束後，必須由回復開關重新設定信號裝置。	1. 應能減光點燈切換。 2. 信號裝置應連動，應能從減光點燈切換成正常點燈。
		消燈方式 消燈機能	由出口標示燈及避難方向指示燈用信號設置，進行以下之動作。 1. 由手動開關輸送熄燈信號。 2. 依和照明器具及上鎖連動閃爍器、光電管閃爍器之連動而進行熄燈。 3. 在熄燈狀態下，插入合併開關。 4. 進行火警自動警報設備之火警表試驗。 註：本試驗之點檢結束後，必須由回復開關重新設定信號裝置。	1. 應熄燈。 2. 連動應確實地熄燈。 3. 應一齊亮燈。 4. 信號裝置應連動，從熄燈切換成正常亮燈。
性能試驗	切換動作試驗	點滅型 點滅機能	1. 依信號裝置檢修開關，使其做閃爍動作。 2. 在火警自動警報設備之火警表示試驗，使信號裝置連動而做閃爍動作。 3. 有點檢開關時，個別依點檢開關進行閃爍動作的切換。但未在每個器具設置閃爍點檢開關時，僅依①進行試驗。 註：本試驗之檢修結束後，必須由回復開關重新設定信號裝置。	1. 應確實開始閃爍動作。 2. 應確實地切換。
		內照點滅型 點滅機能	1. 依點檢開關切換成緊急亮燈，在此狀態下，依閃爍點檢開關使其閃爍亮燈。 2. 在常用亮燈狀態下，依閃爍點檢開關使常用電源閃爍亮燈。 3. 在火警自動警報設備之火警表示試驗，使信號裝置連動而做閃爍亮燈。 註：本試驗之點檢結束後，必須由回復開關重新設定信號裝置。	1. 應確實開始閃爍動作。 2. 應確實地切換。

（避難方向指示燈位置應不妨礙通行，周圍不得有影響視線裝潢及廣告招牌，攝於日本大阪 2019/08）

點滅切換動作試驗

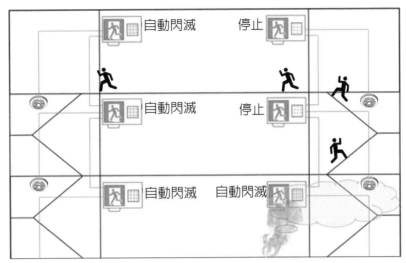

測試項目			測試方法	判定要領
性能試驗	切換動作試驗	附誘導音裝置	誘導音機能	1. 依信號裝置點檢開關之音聲，閃爍信號，使其做誘導音及閃爍動作。 2. 進行火警自動警報設備之火警表示試驗。 　 器具有點檢開關時，個別依點檢開關進行誘導音動作的切換。但未在每個器具設置點檢開關時，僅依 1. 進行試驗。 註：本試驗之點檢修結束後，必須由回復開關重新設定信號裝置。	1. 應確實地開始誘導音及閃爍動作。 2. 信號裝置應連動，開始誘導音之動作。 3. 應確實地切換。
	連動停止試驗	附誘導音裝置	與火警自動警報設備之連動停止	依動作試驗使誘導音動作後，從設於樓梯間之停止專用偵煙式探測器或樓梯間之警報區域進行火警表示，使誘導音停止。	誘導音應停止。
			與緊急廣播之連動停止	如為具有和緊急廣播設備連動停止性能之設備，在使誘導音動作的狀態下，按下緊急廣播設備之麥克風開關，而使誘導音連動停止。	誘導音應停止。

6-6 緊急照明設備測試報告書外觀試驗

	測試項目		測試方法	判定要領
外觀試驗	白熾燈型	設置場所	以目視確認設置場所等之狀況。	1. 應無設置數量不足之情形。 2. 應無因建築物內部裝修，致設置位置不適當，而產生照明障礙。 3. 燈具周圍如有隔間牆、風管、導管等時，應無造成照明上之障礙。 4. 燈具周圍應無雜亂物品、廣告板或告示板等遮蔽物。
		表示面	以目視確認機器之狀況。	應無變形、損傷、脫落或顯著汙損之情形，且於正常之裝置狀態。
	日光燈型	設置場所	以目視確認設置場所等之狀況。	1. 應無設置數量不足之情形。 2. 應無因建築物內部裝修，致設置位置不適當，而產生照明障礙。 3. 燈具周圍如有隔間牆、風管、導管等時，應無造成照明上之障礙。 4. 燈具周圍應無雜亂物品、廣告板或告示板等遮蔽物。
		表示面	以目視確認機器之狀況。	應無變形、損傷、脫落或顯著汙損之情形，且於正常之裝置狀態。
	水銀燈型	設置場所	以目視確認設置場所等之狀況。	1. 應無設置數量不足之情形。 2. 應無因建築物內部裝修，致設置位置不適當，而產生照明障礙。 3. 燈具周圍如有隔間牆、風管、導管等時，應無造成照明上之障礙。 4. 燈具周圍應無雜亂物品、廣告板或告示板等遮蔽物。
		表示面	以目視確認機器之狀況。	應無變形、損傷、脫落或顯著汙損之情形，且於正常之裝置狀態。
	光源	白熾燈型	以目視確認光源之狀況。	1. 應能正常亮燈。 2. 應無熄燈或閃爍之現象。
		日光燈型		
		水銀燈型		
	電源	常用電源	以目視確認電源之狀況。	1. 應為專用回路。 2. 電源容量應適當正常。

（高層建築物以防火門構成防火區劃，
限制火煙延燒，攝於日本大阪 2019/08）

緊急照明設備測試報告書外觀試驗

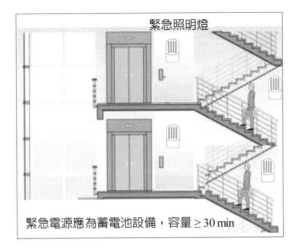

緊急照明燈

緊急電源應為蓄電池設備，容量 ≥ 30 min

測試項目			測試方法		判定要領
外觀試驗	電源	緊急電源	種類	以目視確認緊急電源之種類。	應為蓄電池設備，其容量應能使其持續動作三十分鐘以上。
			設置狀況（限內藏型）	以目視確認設置狀況。	1. 配線應確實。 2. 蓄電池本體應無變形、損傷等。

緊急照明燈種類

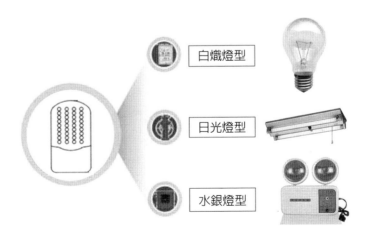

白熾燈型

日光燈型

水銀燈型

6-7 緊急照明設備測試報告書性能試驗

	測試項目		測試方法	判定要領
性能試驗	水平面照度測試	白熾燈型	切換為緊急電源狀態亮燈，經過三十分鐘後，使用低照度測定用光電管照度計測試，確認緊急照明燈之照度有無達到法規所規定之值。	於地下建築物之地下通道，緊急照明燈在樓地板面之水平面照度應達到十勒克斯（lux）以上；其他場所應達到一勒克斯（lux）以上。（日光燈型應達二勒克斯以上）。但在走廊曲折處，應增設緊急照明設備。
		日光燈型		
		水銀燈型		
	電源自動切換試驗		由器具之開關切斷常用電源。	應能切換為緊急亮燈。

白熾燈
（Incandescent Lamp）

日光燈
（Fluorescent Lamp）

水銀燈
（Mercury Lamp）

緊急照明設備測試報告書性能試驗

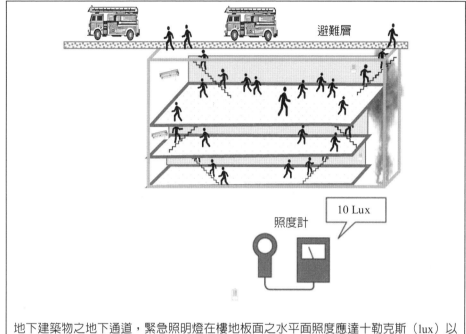

地下建築物之地下通道,緊急照明燈在樓地板面之水平面照度應達十勒克斯(lux)以上;其他場所應達到一勒克斯(lux)以上(日光燈型應達二勒克斯以上),但在走廊曲折處,應增設緊急照明設備。

水平面照度測試

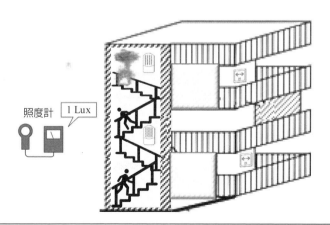

測試方法:
切換為緊急電源狀態亮燈,經過三十分鍾後,使用低照度測定用光電管照度計測試,確認緊急照明燈之照度有無達到法規所規定之值。

6-8 排煙設備測試報告書外觀試驗

<table>
<tr><th colspan="4">測試項目</th><th>測試方法</th><th>判定要領</th></tr>
<tr><td rowspan="16">外觀試驗</td><td rowspan="5">排煙機</td><td colspan="2">設置場所</td><td>以目視確認設置場所之狀況。</td><td>應設置在檢修便利，不受火災等災害損害之虞的場所。</td></tr>
<tr><td colspan="2">設置方法</td><td>以目視確認設置方法之狀況。</td><td>應確實固定在建築物之堅固部分。</td></tr>
<tr><td colspan="2">構造、材質</td><td>以目視確認機器之狀況。</td><td>排煙機之構造及材質應具有耐熱性。</td></tr>
<tr><td colspan="2">性能</td><td>以目視確認機器之狀況。</td><td>排煙機應具有適合排煙區劃及風管容積之排煙量。</td></tr>
<tr><td colspan="2">電動機與排煙機之連結</td><td>以目視確認機器之狀況。</td><td>電動機等和排煙機之連結應為排煙機性能無降低之虞的構造。</td></tr>
<tr><td rowspan="8">啓動裝置</td><td rowspan="4">自動啓動裝置</td><td rowspan="3">探測器</td><td>設置場所</td><td rowspan="4">以目視確認設置場所等之狀況。</td><td>應設置在檢修便利，能有效探測煙或熱之場所。</td></tr>
<tr><td>構造、性能</td><td>應無變形、損傷等。</td></tr>
<tr><td>配線</td><td>探測器端子之接續或結線之接續應確實。</td></tr>
<tr><td colspan="2">自動控制盤或自動啓動盤</td><td>自動控制盤或自動啓動盤應能使排煙機有效動作。</td></tr>
<tr><td rowspan="4">手動啓動裝置</td><td colspan="2">設置場所</td><td rowspan="4">以目視確認設置場所等之狀況。</td><td>應設置在火災時易於操作之場所。</td></tr>
<tr><td colspan="2">構造</td><td>應為可確實操作之構造。</td></tr>
<tr><td colspan="2">遠隔操作方式</td><td>應具有從防災中心等也可操作之裝置。</td></tr>
<tr><td colspan="2">標示</td><td>應在明顯易見之處所標示其為排煙設備手動啓動裝置。</td></tr>
<tr><td rowspan="4">排煙口等</td><td rowspan="4">排煙區劃</td><td colspan="2">區劃構成</td><td rowspan="4">以目視確認設置狀況。</td><td>應依規定設計。</td></tr>
<tr><td colspan="2">構造</td><td></td></tr>
<tr><td colspan="2">規模</td><td></td></tr>
<tr><td colspan="2">可動式防煙壁</td><td>周圍應無障礙物，且設在適當之位置。</td></tr>
</table>

排煙設備測試報告書外觀試驗

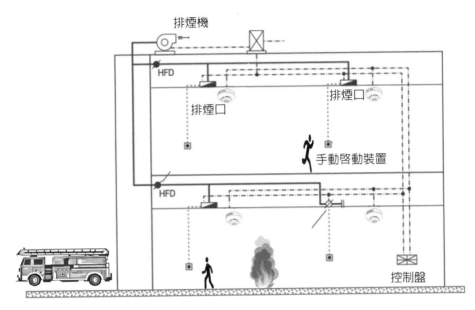

測試項目				測試方法	判定要領
外觀試驗	排煙口等	排煙口	設置位置	以目視確認設置狀況。	應設置在可有效將排煙區劃內之煙排出的位置。
			周圍狀況		周圍應無障礙物。
			開口面積		應具可有效將排煙區劃內之煙排出的開口面積。
			與風管接續		應與風管確實接續。
			構造、材質		1. 應以不燃材料製成。 2. 應無變形、損傷等。
		排煙口		以目視確認設置狀況。	1. 如為自然排煙，在室內上方應設有適當大小的排煙口。 2. 排煙口應以不燃材料製成，對避難及滅火活動不會造成妨礙，且設置在無延燒危險性之位置。 3. 應無妨礙排煙上之障礙物。
	風管	設置場所等		以目視確認設置場所等之狀況。	1. 應設置在火災時無延燒之虞的位置，且未接觸可燃物。 2. 應牢固地安裝在天花板、地板等。

6-9 排煙設備測試報告書外觀及性能試驗

		測試項目	測試方法	判定要領
外觀試驗	風管	設置方法	以目視確認設置方法之狀況。	應以不燃材料製成,接續部應確實地固定。
		斷面積	以目視確認設置狀況。	斷面積應根據排煙量。
		防火區劃貫通部分	以目視確認設置狀況。	貫穿防火構造牆壁或地板之處所,應以不燃材料確實填塞。
		閘門	以目視確認設置狀況。	1. 檢修口應設置在容易檢修之位置。 2. 閘門應以不燃材料製成。
	電源	常用電源	以目視確認電源之狀況。	1. 應為專用回路。 2. 電源之容量應適當正常。
		緊急電源種類	以目視確認緊急電源之種類。	應為發電機設備或蓄電池設備。

性能試驗

		測試項目	測試方法	判定要領
性能試驗	排煙區劃		———	———
	自動啓動裝置動作試驗	探測器動作狀況	使和各排煙區劃排煙口連動之探測器動作,以確認排煙機之動作及排煙口之狀態是否適當正常。	1. 探測器之動作應確實。 2. 排煙機應與排煙口之開放連動而自動動作。 3. 排煙機回轉扇之回轉方向應適當正常,回轉應順利。 4. 排煙機應無異常聲音。 5. 至排煙口為止之部分(包括接續部)應無空氣外漏,並具有充分的風量。
		排煙機動作狀況		
		排煙口狀態		
	手動啓動裝置動作試驗	啓動裝置動作狀況	操作手動啓動箱內之操作桿,打開排煙口,確認排煙機是否動作;使用遠隔操作方式時,應檢視防災中心等之操作及運轉進行之情形。	1. 應依手動操作確實動作。 2. 排煙機應與排煙口之開放連動而自動動作。 3. 應依遠隔操作確實動作。

排煙設備測試報告書性能試驗

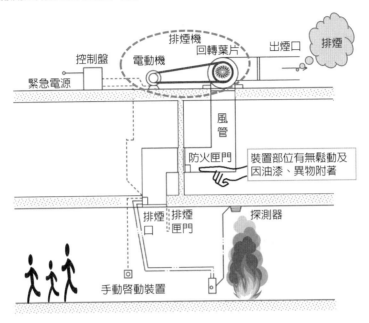

自動啓動裝置動作試驗

6-10 排煙設備測試報告書綜合試驗（一）

測試項目			測試方法	判定要領
綜合試驗	排煙風量測試	室內排煙	防煙區劃為一區時，該區內各排煙口排煙量之合計，不得小於該防煙區劃面積每平方公尺每分鐘一立方公尺，且不得小於每分鐘一百二十立方公尺。防煙區劃為二區以上時，應開啓最大防煙區劃及其前後防煙區劃之排煙口，合計其排煙量，不得小於該最大防煙區劃面積每平方公尺每分鐘二立方公尺。	1. 排煙口之開口面積不得小於防煙區劃面積之百分之二，且應以自然方式直接排至戶外。排煙口無法以自然方式直接排至戶外時，應設排煙機。 2. 排煙機應能隨任一排煙口之開啓而動作，其排煙量不得小於每分鐘一百二十立方公尺，且在一防煙區劃時，不得小於該防煙區劃面積每平方公尺每分鐘一立方公尺，在二區以上之防煙區劃時，應不得小於最大防煙區劃面積每平方公尺每分鐘二立方公尺。但地下建築物之地下通道，其總排煙量不得小於每分鐘六百立方公尺。
		特別安全梯或緊急升降機間排煙	設置直接開向戶外之窗戶時。	1. 在排煙時窗戶與煙接觸部分應使用不燃材料。 2. 窗戶有效開口面積應位於天花板高度二分之一以上之範圍內。 3. 窗戶之有效開口面積不得小於二平方公尺。但特別安全梯排煙室與緊急升降機間兼用時（以下簡稱兼用），不得小於三平方公尺。 4. 前目平時關閉之窗戶應設手動開關裝置，其操作部分應設於距離樓地板面八十公分以上一百五十公分以下之牆面，並標示簡易之操作方式。

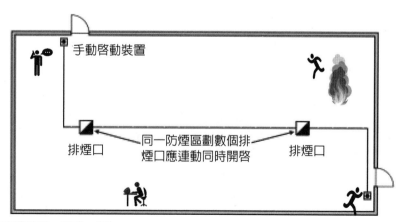

（明石市消防局，平成31年）

排煙設備測試報告書綜合試驗

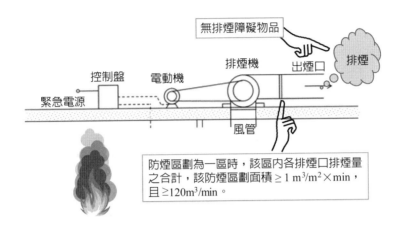

防煙區劃為一區時，該區內各排煙口排煙量之合計，該防煙區劃面積 ≥ 1 m³/m²×min，且 ≥120m³/min。

特別安全梯或緊急升降機間排煙

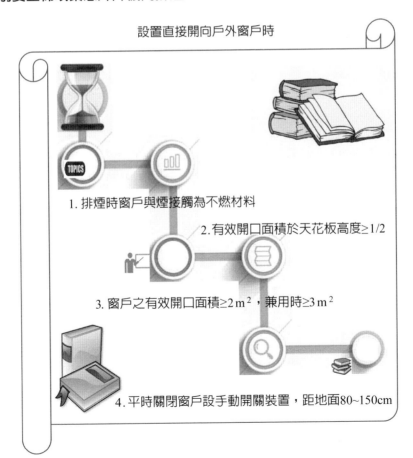

設置直接開向戶外窗戶時

1. 排煙時窗戶與煙接觸為不燃材料

2. 有效開口面積於天花板高度≥1/2

3. 窗戶之有效開口面積≥2 m²，兼用時≥3 m²

4. 平時關閉窗戶設手動開關裝置，距地面80~150cm

6-11 排煙設備測試報告書綜合試驗（二）

	測試項目		測試方法	判定要領
綜合試驗	排煙風量測試	特別安全梯或緊急升降機間排煙	設置排煙、進風管道時。	1. 排煙設備之排煙口、排煙管道、進風口、進風管道及其他與煙接觸之部分均應以不燃材料建造。 2. 排煙口應設於天花板高度二分之一以上之範圍內，開口面積不得小於四平方公尺（兼用時，應為六平方公尺），並直接連通排煙管道。 3. 排煙管道內部斷面積不得小於六平方公尺（兼用時，應為九平方公尺），且其頂部應直接通向戶外。 4. 設有排煙量在每秒四立方公尺（兼用時，每秒六立方公尺）以上，且可隨排煙口開啟而自動啟動之排煙機者，得不受前二項之限制。 5. 進風口應設於天花板高度二分之一以下之範圍內，開口面積不得小於一平方公尺（兼用時，應為一點五平方公尺），並直接連通進風管道，管道斷面積不得小於二平方公尺（兼用時，應為三平方公尺），且直接連通戶外。 6. 進風口、排煙口應依前款第四目設置手動開關裝置及偵煙式探測器連動開關裝置，且平時保持關閉狀態，開口葉片之構造應不受開啟時所生氣流之影響而關閉。

防火匣門

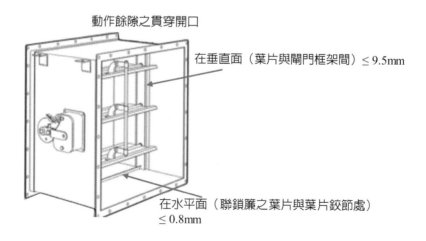

動作餘隙之貫穿開口

在垂直面（葉片與閘門框架間）≤ 9.5mm

在水平面（聯鎖簾之葉片與葉片鉸節處）≤ 0.8mm

特別安全梯或緊急升降機間排煙測試方法

設置排煙 / 進風管道時

1. 排煙設備之排煙口、排煙管道、進風口、進風管道及其他與煙接觸之部分均應以不燃材料建造。

2. 排煙口應設於天花板高度≥1/2，開口面積≥4m²（兼用時6m²），並直接連通排煙管道。

3. 排煙管道內部斷面積≥6m²（兼用時9m²），且其頂部應直接通向戶外。

4. 排煙量≥4m³/s（兼用時6m³/s），且可隨排煙口開啟而自動啟動排煙機者，得不受前二項之限制。

5. 進風口≤天花板高度1/2，開口面積≥1m²（兼用時1.5m²），管道斷面積≥2m²（兼用時≥3m²）。

6. 進風口、排煙口設手動開關裝置及偵煙式探測器連動開關裝置，且保持關閉狀態。

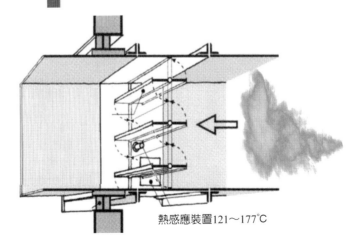

熱感應裝置121～177℃

6-12 緊急電源插座測試報告書外觀試驗

測試項目		測試方法	判定要領
外觀試驗	設置場所	以目視確認設置場所等之狀況。	1. 應設置在樓梯間、緊急用升降機等（含各該處 5m 以內之場所）消防人員易於施行救火處。 2. 每一層任何一處至插座之水平距離應在 50m 以下。
	設置數 11 層以上	以目視確認設置狀況。	設置在每一回路之緊急電源插座數量應在 10 以下。
	地下建築物		
	設在一個樓層之最大個數		
	設在一個專用幹線之最大個數		
	專用幹線	以目視確認專用幹線之狀況。	1. 應從主配電盤設專用回路，各樓層至少應設二個回路以上之供電線路。 2. 各樓層之緊急電源插座數量為一個以上時，應為一回路。 3. 專用幹線應可供給單相交流 110V 之 15A 以上的電力。
	過電流遮斷器 設置場所	以目視確認設置及機器之狀況。	1. 在專用幹線之電源側電路，應設置過電流遮斷器，其容量應適當正常。 2. 從專用幹線至各樓緊急電源插座為止之分歧回路上，應設置開閉器及過電流遮斷器，如為單相交流 110V 者，應設置 15A 者（如係配線用遮斷器，則為 20A）。
	種類		
	保護箱 設置場所	以目視確認設置場所等之狀況。	1. 應設置在距離樓地板面或樓梯面之高度在 1m 以上 1.5m 以下的位置。 2. 周圍應無妨礙消防隊活動的障礙物。

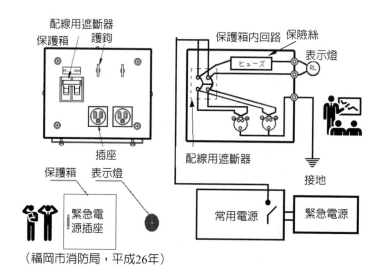

（福岡市消防局，平成26年）

緊急電源插座測試報告書外觀試驗

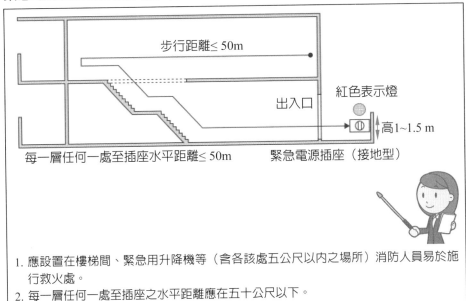

1. 應設置在樓梯間、緊急用升降機等（含各該處五公尺以內之場所）消防人員易於施行救火處。
2. 每一層任何一處至插座之水平距離應在五十公尺以下。

過電流遮斷器

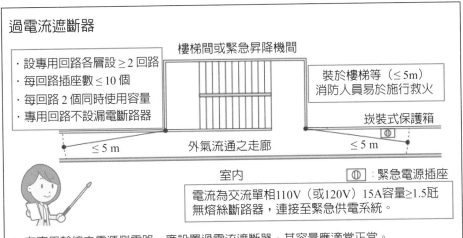

1. 在專用幹線之電源側電路，應設置過電流遮斷器，其容量應適當正常。
2. 從專用幹線至各樓緊急電源插座為止之分歧回路上，應設置開閉器及過電流遮斷器，如為單相交流110V者，應設置15A者（如係配線用遮斷器，則為20A）。

6-13 緊急電源插座測試報告書外觀及性能試驗

測試項目			測試方法	判定要領
外觀試驗	保護箱	構造	以目視確認機器之狀況。	1. 應為嵌入式，施予防鏽加工，以厚度1.6mm 以上之鋼板製成者。 2. 保護箱上應設置容易開關之箱門，且內部設有防止插頭脫落之護鉤。 3. 保護箱蓋應標示「緊急電源插座」字樣，每字不得小於二平方公分。
		接地	以目視確認設置狀況。	在保護箱及緊急電源插座插口之接地極，應依屋內線路裝置規則等相關規定，施以接地工事。
	電源	常用電源	以目視確認電源之狀況。	1. 應為專用回路。 2. 電源容量應適當正常。
		緊急電源種類	以目視確認緊急電源之種類。	應為發電機設備或蓄電池設備。
	表示燈		以目視確認設置狀況。	1. 保護箱上方應設置紅色表示燈。 2. 紅色表示燈應牢固地固定在牆壁等。

性能試驗

測試項目			測試方法	判定要領
性能試驗	端子電壓試驗	最大	使用電壓計測定電壓。	電壓測定值應為額定 110V。
		最小		

保護箱

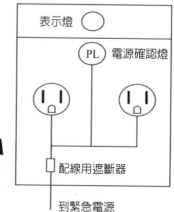

表示燈 ◯

PL 電源確認燈

配線用遮斷器

到緊急電源

緊急電源插座測試報告書外觀及性能試驗

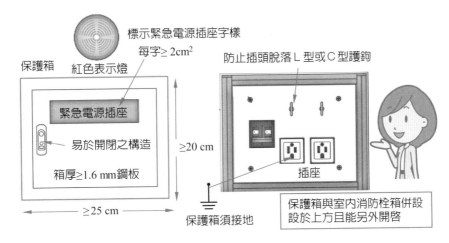

端子電壓試驗，使用電壓計測定電壓，而電壓測定值應為額定110V。

保護箱判定要領

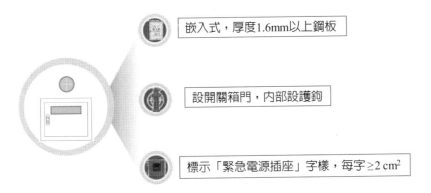

嵌入式，厚度1.6mm以上鋼板

設開關箱門，內部設護鉤

標示「緊急電源插座」字樣，每字 $\geq 2\ cm^2$

表示燈判定要領

保護箱上方應設置紅色表示燈

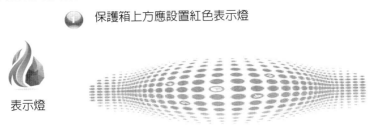

紅色表示燈應牢固地固定在牆壁等

6-14 無線電通信輔助設備測試報告書外觀試驗（一）

測試項目			測試方法	判定要領
外觀試驗	使用區分、設備方式		以目視確認使用區分及方式之狀況。	1. 應為洩波同軸電纜、與洩波同軸電纜接續之天線或與同軸電纜接續之天線。 2. 應為消防隊專用，但和警用無線電通信或其他用途共用時，應採取防止妨礙消防隊相互間無線電連絡之措施。 3. 頻率域帶應為 150MHz 或消防機關指定之頻率域帶。
	無線電接頭	設置場所	以目視確認設置場所等之狀況。	1. 應設置在樓地板面層，消防人員可方便取用處及值日室或防災中心等平時有人之處所。 2. 應設置於距樓地板面或基地地面高度在 0.8m 以上 1.5m 以下的位置
		保護箱	以目視確認機器之狀況。	1. 設置之保護箱，應為堅固無法任意開關之構造，並採取防塵及防水措施。 2. 應施以防鏽處理，厚度在 1.6mm 以上之鋼板製或具有同等以上強度者。 3. 保護箱內應收納 2m 以上具可撓性之接續用射頻電纜。 4. 在保護箱內明顯易見之位置，應標示有最大容許輸入功率、可使用之頻率域帶及注意事項。 5. 保護箱箱面應漆紅色，並標明「消防隊專用無線電接頭」字樣。
		接頭	以目視確認機器之狀況。	1. 應設置適當之連接器接頭。 2. 端子上應設有無反射終端電阻器及護蓋。
	增幅器	設置場所	以目視確認設置場所等之狀況。	應設置在具防火區劃之防災中心或具防火性能之管道間內。
		構造、性能	以目視確認機器之狀況。	應適當正常。

（無線電通信輔助設備設於地面消防人員便於取用處，高度為 0.8～1.5m，裝設於保護箱內，不鏽鋼箱面，但臺灣規定箱面應漆紅色，攝於日本大阪地下街 2019/08）

保護箱外觀試驗

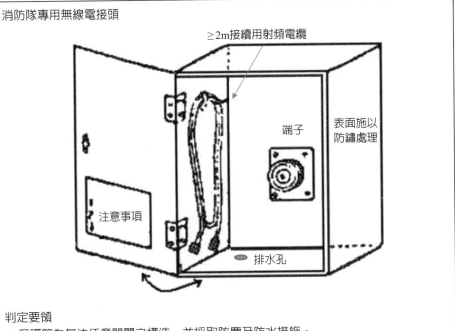

消防隊專用無線電接頭

≥2m接續用射頻電纜

端子

表面施以防鏽處理

注意事項

排水孔

判定要領
1. 保護箱為無法任意開關之構造，並採取防塵及防水措施。
2. 應施以防鏽，厚度≥一點六公厘鋼板製者。
3. 保護箱內應收納二公尺以上具可撓性之接續用射頻電纜。
4. 標示最大容許輸入功率、可使用之頻率域帶及注意事項。
5. 保護箱箱面應漆紅色，並標明「消防隊專用無線電接頭」字樣。

增幅器設置場所

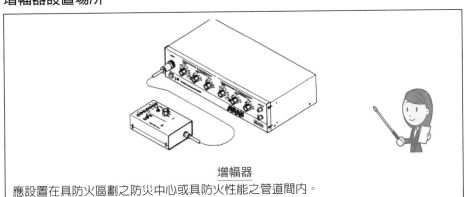

增幅器
應設置在具防火區劃之防災中心或具防火性能之管道間內。

6-15 無線電通信輔助設備測試報告書外觀試驗（二）

測試項目			測試方法	判定要領
外觀試驗	混合分配器、混合器、分配器、分波器或其他	混合分配器	設置場所	以目視確認設置場所等之狀況。	1. 應設置在不會妨礙檢修之位置。 2. 應設置在以鋼材等不燃材料製造，具有耐熱效果之箱內或場所。
			插入損失	以目視確認機器之狀況。	應使用插入損失較少者。
			構造、性能	以目視確認機器之狀況。	在使用頻率域帶內，應設置電壓駐波比為 1.5 以下者。
		混合器	設置場所	以目視確認設置場所等之狀況。	1. 應設置在不會妨礙檢修之位置。 2. 應設置在以鋼材等不燃材料製造，具有耐熱效果之箱內或場所。
			插入損失	以目視確認機器之狀況。	應使用插入損失較少者。
			構造、性能	以目視確認機器之狀況。	在使用頻率域帶內，應設置電壓駐波比為 1.5 以下者。
		分配器	設置場所	以目視確認設置場所等之狀況。	1. 應設置在不會妨礙檢修之位置。 2. 應設置在以鋼材等不燃材料製造，具有耐熱效果之箱內或場所。
			插入損失	以目視確認機器之狀況。	應使用插入損失較少者。
			構造、性能	以目視確認機器之狀況。	在使用頻率域帶內，應設置電壓駐波比為 1.5 以下者。
		分波器	設置場所	以目視確認設置場所等之狀況。	1. 應設置在不會妨礙檢修之位置。 2. 應設置在以鋼材等不燃材料製造，具有耐熱效果之箱內或場所。
			插入損失	以目視確認機器之狀況。	應使用插入損失較少者。
			構造、性能	以目視確認機器之狀況。	在使用頻率域帶內，應設置電壓駐波比為 1.5 以下者。

分配器外觀試驗

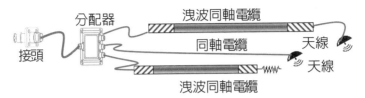

測試項目		測試方法	判定要領
分配器	設置場所	以目視確認設置場所等之狀況。	1. 應設置在不會妨礙檢修之位置。 2. 應設置在以鋼材等不燃材料製造，具有耐熱效果之箱內或場所。
	插入損失	以目視確認機器之狀況。	應使用插入損失較少者。
	構造、性能	以目視確認機器之狀況。	在使用頻率域帶內，應設置電壓駐波比為 1.5 以下者。

混合器等外觀試驗判定要領

混合器
分配器
分波器
混合分配器

 應設置在不會妨礙檢修之位置

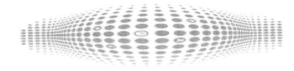

 應設置在以鋼材等不燃材料製造，具有耐熱效果之箱內或場所。

混合器等外觀試驗構造性能

構造性能

在使用頻率域帶內應設電壓駐波比 ≤1.5

6-16 無線電通信輔助設備測試報告書外觀試驗（三）

測試項目			測試方法	判定要領
外觀試驗	天線、洩波同軸電纜、同軸電纜	電纜	以目視確認機器之狀況。	1. 應具難燃性，且不會因溫度而致電氣特性劣化者。 2. 天線應具有耐蝕性。 3. 連接用之同軸電纜應具有可撓性。
		接續	以目視確認機器之狀況。	接續部分應使用接栓牢固地加以固定，且採取防溼措施。
		天線 構造	＿＿＿＿＿	＿＿＿＿＿
		設置個數	＿＿＿＿＿	＿＿＿＿＿
		洩波同軸電纜 結合損失	＿＿＿＿＿	＿＿＿＿＿
		使用長	＿＿＿＿＿	＿＿＿＿＿
		傳送損失	＿＿＿＿＿	＿＿＿＿＿
		同軸電纜 使用長	＿＿＿＿＿	＿＿＿＿＿
		傳送損失	＿＿＿＿＿	＿＿＿＿＿
	工程方法	設置位置	以目視確認設置位置之狀況。	應不會妨礙運行、搬運及避難。
		設置方法	以目視確認設置狀況。	應以支架接頭等而牢固地加以固定。
		接線	以目視確認設置接線之狀況。	接線之方法應適當正常。
		接續部之防水措施	以目視確認防水措施之狀況。	分配器、混合器、分波器或其他類似之器具及洩波同軸電纜等之接續部，應採取適當之防水措施。
		耐熱措施	以目視確認耐熱措施之狀況。	應採取適當之耐熱措施或具有耐熱性的洩波同軸電纜等。
		金屬板等影響之有無	以目視確認設置狀況。	應不會因金屬板等而使電波輻射特性降低置。

天線、洩波同軸電纜、同軸電纜

1. 洩波同軸電纜方式

2. 天線方式

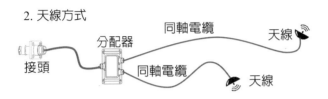

3. 洩波同軸電纜及天線方式

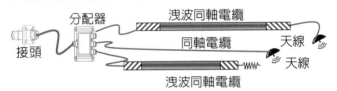

電纜判定要領
1. 應具難燃性，且不會因溫度而致電氣特性劣化者。
2. 天線應具有耐蝕性。
3. 連接用之同軸電纜應具有可撓性。

接續部之防水措施

接續用電纜

判定要領：
分配器、混合器、分波器或其他類似之器具及洩波同軸電纜等之接續部，應採取適當之防水措施。

6-17 無線電通信輔助設備測試報告書性能試驗

測試項目		測試方法	判定要領
性能試驗	電壓駐波比之測定	將電壓駐波比計及信號發信機接續在無線電機接續端子上，測定電壓駐波比。	在使用頻率域帶內，電壓駐波比應為 1.5 以下。

性能試驗

在使用頻率域帶內應設電壓駐波比 ≤1.5

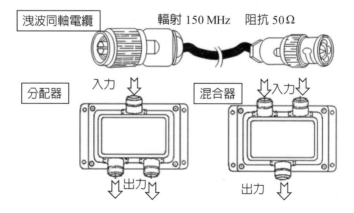

洩波同軸電纜　　輻射 150 MHz　　阻抗 50Ω

分配器　　入力　　混合器　　入力

出力　　出力

第7章
消防設備師避難系統歷屆考題詳解

7-1　110年避難系統考題詳解

一、請說明各類場所消防安全設備設置標準中排煙設備之防煙區劃規定為何？排
　　煙口位置如何設置？排煙機之排煙量如何規定？（25分）

解：

第 188 條

排煙設備，依下列規定設置：

一、每層樓地板面積每五百平方公尺內，以防煙壁區劃。但戲院、電影院、歌
　　廳、集會堂等場所觀眾席，及工廠等類似建築物，其天花板高度在五公尺以
　　上，且天花板及室內牆面以耐燃一級材料裝修者，不在此限。

二、地下建築物之地下通道每三百平方公尺應以防煙壁區劃。

三、依第一款、第二款區劃之範圍內，任一位置至排煙口之水平距離在三十公尺以
　　下，排煙口設於天花板或其下方八十公分範圍內，除直接面向戶外，應與排煙
　　風管連接。但排煙口設在天花板下方，防煙壁下垂高度未達八十公分時，排煙
　　口應設在該防煙壁之下垂高度內。

四、排煙設備之排煙口、風管及其他與煙接觸部分應使用不燃材料。

五、排煙風管貫穿防火區劃時，應在貫穿處設防火閘門；該風管與貫穿部位合成之
　　構造應具所貫穿構造之防火時效；其跨樓層設置時，立管應置於防火區劃之管
　　道間。但設置之風管具防火性能並經中央主管機關審核認可，該風管與貫穿部
　　位合成之構造具所貫穿構造之防火時效者，不在此限。

六、排煙口設手動開關裝置及探測器連動自動開關裝置；以該等裝置或遠隔操作
　　開關裝置開啟，平時保持關閉狀態，開口葉片之構造應不受開啟時所生氣流
　　之影響而關閉。手動開關裝置用手操作部分應設於距離樓地板面八十公分以上
　　一百五十公分以下之牆面，裝置於天花板時，應設操作垂鍊或垂桿在距離樓地
　　板一百八十公分之位置，並標示簡易之操作方式。

七、排煙口之開口面積在防煙區劃面積之百分之二以上，且以自然方式直接排至戶
　　外。排煙口無法以自然方式直接排至戶外時，應設排煙機。

八、排煙機應隨任一排煙口之開啟而動作。排煙機之排煙量在每分鐘一百二十立方
　　公尺以上；且在一防煙區劃時，在該防煙區劃面積每平方公尺每分鐘一立方公
　　尺以上；在二區以上之防煙區劃時，在最大防煙區劃面積每平方公尺每分鐘二
　　立方公尺以上。但地下建築物之地下通道，其總排煙量應在每分鐘六百立方公
　　尺以上。

九、連接緊急電源，其供電容量應供其有效動作三十分鐘以上。

二、1.請說明下列標示設備之有效範圍為多少？（12分）
　　　(1)顯示避難符號方向之出口標示燈，標示面板尺寸為 400mm×200mm×
　　　4mm。

> (2) 避難方向指示燈之標示面板尺寸為 360mm×120mm×4mm。
> (3) 未顯示避難方向之出口標示燈，標示面板尺寸為 463 mm×480 mm×30mm。
> (4) 避難方向指示燈之標示面板尺寸為 665mm×267mm×30mm。
> 2. 上開四款中，那幾款可適用於長期照顧服務機構？該符合那些規定？請詳述之。（13 分）

解：

第 146-2 條

出口標示燈及避難方向指示燈之有效範圍，指至該燈之步行距離，在下列二款之一規定步行距離以下之範圍。但有不易看清或識別該燈情形者，該有效範圍為十公尺：

一、依下表之規定：

區分			步行距離（公尺）
出口標示燈	A 級	未顯示避難方向符號者	六十
		顯示避難方向符號者	四十
	B 級	未顯示避難方向符號者	三十
		顯示避難方向符號者	二十
	C 級		十五
避難方向指示燈	A 級		二十
	B 級		十五
	C 級		十

二、依下列計算值：

區分		k 值
出口標示燈	未顯示避難方向符號者	一百五十
	顯示避難方向符號者	一百
避難方向指示燈		五十

縱向尺度是標示燈的短邊的長度。

a. 顯示避難符號方向之出口標示燈，標示面板尺寸為 400mm×200mm×4mm。

$$D = k×h = 100×0.2m = 20m$$

b. 避難方向指示燈之標示面板尺寸為 360mm×120mm×4mm。

$$D = k×h = 50×0.12m = 20m$$

c. 未顯示避難方向之出口標示燈，標示面板尺寸為 463mm×480mm×30mm

$$D = k×h = 150×0.48m = 72m$$

d. 避難方向指示燈之標示面板尺寸為 665mm×267mm×30mm。

$$D = k×h = 50×0.267m = 13.35m$$

　　長期照顧服務機構依第 146-5 條出口標示燈及非設於樓梯或坡道之避難方向指示燈，設於下列場所時，應使用 A 級或 B 級；出口標示燈標示面光度應在二十燭光（cd）以上，或具閃滅功能；避難方向指示燈標示面光度應在二十五燭光（cd）以上。

一、供第十二條第二款第一目、第三款第三目或第五款第三目使用者。

二、供第十二條第一款第一目至第五目、第七目或第五款第一目使用，該層樓地板面積在一千平方公尺以上者。

三、供第十二條第一款第六目使用者。其出口標示燈並應採具閃滅功能，或兼具音聲引導功能者。

　　又依第 146-1 條出口標示燈及非設於樓梯或坡道之避難方向指示燈，其標示面縱向尺度及光度依等級區分如下：

區分		標示面縱向尺度（m）	標示面光度（cd）
出口標示燈	A 級	零點四以上	50 以上
	B 級	零點二以上，未滿零點四	10 以上
	C 級	零點一以上，未滿零點二	1.5 以上
避難方向指示燈	A 級	零點四以上	60 以上
	B 級	零點二以上，未滿零點四	13 以上
	C 級	零點一以上，未滿零點二	5 以上

　　因此，長期照顧服務機構出口標示燈標示面光度應在二十燭光（cd）以上，或具閃滅功能；避難方向指示燈標示面光度應在二十五燭光（cd）以上，因此僅可使用 a 款；並使用具閃滅或音聲引導功能。

　　前項出口標示燈具閃滅或音聲引導功能者，應符合下列規定：

一、設於主要出入口。

二、與火警自動警報設備連動。

三、由主要出入口往避難方向所設探測器動作時，該出入口之出口標示燈應停止閃滅及音聲引導。

三、若你是一位消防設備師，針對長期照顧服務機構進行避難器具的設計，你會選用那一種避難器具，請說明你的想法？長期照顧服務機構符合那種條件可以免設避難器具，請說明其規定。（25 分）

解：

類別	目別	場所	收容人員	應設數量	應設樓層	BF	2F	3F～5F	6F～10F
	6	醫院	≧ 20（其下層供甲1～甲5.甲7.乙2.乙6.乙7.丙3或丁類為10人）	≦ 100人1具，每100人加1具	2～10F BF	避難梯	避難梯、避難橋、救助袋、滑台、緩降機	避難橋、救助袋、滑台	避難橋、救助袋、滑台

　　長期照顧機構等場所設置避難器具種類之適合性或替代方案：考量避難弱勢場所因場所特殊需求，優先檢討免設避難器具；如無法檢討免設，應優先選設避難橋、滑臺或中央主管機關認可之避難器具（如自走梯）。

> **第 159 條**
> 各類場所之各樓層符合下列規定之一者，其應設之避難器具得免設：供第十二條第一款第六目之榮譽國民之家、長期照顧服務機構（限機構住宿式、社區式之建築物使用類組非屬 H-2 之日間照顧、團體家屋及小規模多機能）、老人福利機構（限長期照護型、養護型、失智照顧型之長期照顧機構、安養機構）、兒童及少年福利機構（限托嬰中心、早期療育機構、有收容未滿二歲兒童之安置及教養機構）、護理機構（限一般護理之家、精神護理之家、產後護理機構）、身心障礙福利機構（限供住宿養護、日間服務、臨時及短期照顧者）場所使用之樓層，符合下列規定者：
> （一）各樓層以具一小時以上防火時效之牆壁及防火設備分隔爲二個以上之區劃，各區劃均以走廊連接安全梯，或分別連接不同安全梯。
> （二）裝修材料以耐燃一級材料裝修。
> （三）設有火警自動警報設備及自動撒水設備（含同等以上效能之滅火設備）。

　　針對避難弱者，於火災時難以垂直逃生，故不燃性材料裝修，從起火區劃水平避難至鄰接區劃（要求二區劃），各區劃能獨立通達安全梯，且設有火警及撒水設備，始得免設。

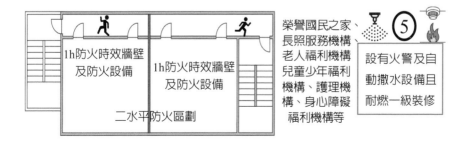

四、救助袋在醫療及長期照顧服務機構使用的機會很多，為常用之避難器具，斜
　降式救助袋之綜合檢查如何進行以確認其功能是否正常，請依照檢查方法、
　判定方法及注意事項說明。（25分）

解：

1. 斜降式救助袋

　(1) 下降準備

　　A. 檢查方法：

　　　依下列確認是否能安全下降。

　　　(A) 上部檢查者之程序。

　　　　a) 打開收藏箱。

　　　　b) 解開引導繩之束結，拿起砂袋投下。

　　　　c) 解開固定袋本體之皮帶。

　　　　d) 等候地上檢查者之信號，使袋本體下降。

　　　　e) 袋本體完成下降後，拉起入口零件。

　　　(B) 地上檢查者之程序

　　　　a) 接受引導繩。

　　　　b) 拉引導繩使袋本體不會卡到窗子或屋簷，而使袋本體下降。

　　　　c) 打開要降落袋子之固定環蓋子。

　　　　d) 把下部支持裝置的張設繩索前端之掛鉤掛在固定環，將張設繩索
　　　　　末端穿過滑輪之繩索中間，充份拉緊使袋本體的下部出口大約離
　　　　　地面50公分至100公分，將張設繩索倒拉而將此繩索放滑輪的繩
　　　　　索間固定。

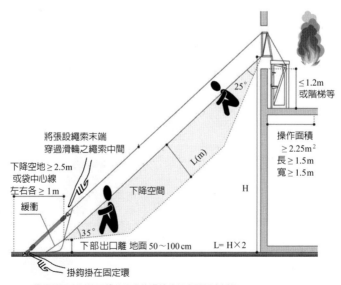

將張設繩索倒拉而將此繩索放滑輪的繩索間固定緩衝

　　B. 判定方法

　　　　a) 放進收藏箱的狀況及滾筒的動作須順暢。

　　　　b) 引導繩應能確實安裝在袋本體或下部支持裝置。

　　　　c) 將袋子展開時，展開零件與入口零件之結合部，應無明顯伸長。（當袋本體有負載時，力的作用會不均衡，故須注意）

　　　　d) 袋本體的用布與展開部材之結合部，應無明顯磨損。

　　　　e) 袋本體與入口零件之結合部，應無破損及斷線。

　　　　f) 入口零件應能容易拉起。

　　　　g) 把袋子展開時，袋子應無妨礙下降之扭曲、一邊鬆動等變形之狀態。（下部出口與基地地面間，應有適當之間隔。）

(2) 下降

　　A. 檢查方法：依下列確認是否能正常下降。

　　　　a) 下降時，下降者須先與地上檢查者打信號，然後再下降。

　　　　b) 下降者先把腳放在階梯上，使腳先進入袋安裝框，調整好姿勢再下降。

　　　　c) 下降姿勢應依照使用方法下降。（因為下降時的初速愈快，下降速度會愈大而危險，因此絕對不可以加反作用而下降。）

　　B. 判定方法

　　　　a) 下降應順暢。

　　　　b) 下降速度應適當正常。

　　　　c) 下降時之衝擊應緩慢。

　　C. 注意事項

　　　　a) 為期綜合檢查能確實而仔細，應在上部（下降口）和地上（逃出口）各配置一名以上之檢查人員。

　　　　b) 為了減少身體之露出部份，檢查者應穿戴手套、工作服（長袖）等，以防止危害。

　　　　c) 由於袋本體只要拉出前端，剩餘部份會因本身重量自動降落，所以要注意不可讓手或衣服被捲進去。

(3) 收藏

　　A. 檢查方法：依下列確認完成下降後，是否能恢復原狀。

　　　　a) 拉起之程序：地上檢查者把支撐繩索放鬆至最大限長度，蓋上固定環的蓋子。

　　　　b) 地上檢查者消除支撐繩索的纏繞糾結，將下部支持裝置依各種袋子種類收藏，或把引導繩安裝在下部支持裝置前端的鉤子。

　　　　c) 上部檢查者與地上檢查者協力把袋本體拉上。（地上檢查者在開始拉上時，應拿著引導繩加以引導，以免袋本體卡到窗子或屋簷等障礙物。）

　　　　d) 引導繩應依順序拉上去，打捆成直徑約二十五公分的圓圈。

B. 收藏之程序
   a) 把安裝具的台階折疊起來。
   b) 將入口零件拉進去折疊起來。
   c) 將袋本體從上部反覆折疊，收進安裝具使之能在使用時得以圓滑地伸張。
   d) 整理好之下部支持裝置和引導繩索，放在使用時容易取出之位置，將袋本體用皮帶栓緊。
   e) 把收藏箱安裝好。
C. 判定方法
  各部份應無變形等，且應能順利地恢復原狀。
D. 注意事項
  在檢查後之收藏，應成使用時無障礙之收藏狀態。

7-2 109年避難系統考題詳解

一、試指出「各類場所消防安全設備設置標準」有關出口標示燈之設置規定？基於醫療照護品質與病人安全的共識目標下，對於醫療院所各寢室住房有何合宜性的設置方式？

解：

第146-3條

出口標示燈應設於下列出入口上方或其緊鄰有效引導避難處：

一、通往戶外之出入口；設有排煙室者，為該室之出入口。

二、通往直通樓梯之出入口；設有排煙室者，為該室之出入口。

三、通往前二款出入口，由室內往走廊或通道之出入口。

四、通往第一款及第二款出入口，走廊或通道上所設跨防火區劃之防火門。

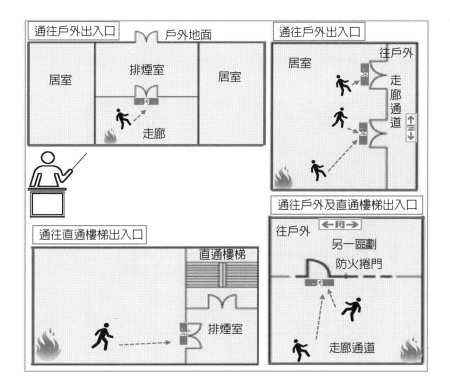

第146-4條

出口標示燈及避難方向指示燈之裝設，應符合下列規定：

一、設置位置應不妨礙通行。

二、周圍不得設有影響視線之裝潢及廣告招牌。

三、設於地板面之指示燈,應具不因荷重而破壞之強度。

四、設於可能遭受雨淋或溼氣滯留之處所者,應具防水構造。

第 146-5 條

出口標示燈及非設於樓梯或坡道之避難方向指示燈,設於下列場所時,應使用 A 級或 B 級;出口標示燈標示面光度應在二十燭光(cd)以上,或具閃滅功能;避難方向指示燈標示面光度應在二十五燭光(cd)以上。

但設於走廊,其有效範圍內各部分容易識別該燈者,不在此限:

一、供第十二條第二款第一目、第三款第三目或第五款第三目使用者。

二、供第十二條第一款第一目至第五目、第七目或第五款第一目使用,該層樓地板面積在一千平方公尺以上者。

三、供第十二條第一款第六目使用者。其出口標示燈並應採具閃滅功能,或兼具音聲引導功能者。

前項出口標示燈具閃滅或音聲引導功能者,應符合下列規定:

一、設於主要出入口。

二、與火警自動警報設備連動。

三、由主要出入口往避難方向所設探測器動作時,該出入口之出口標示燈應停止閃滅及音聲引導。

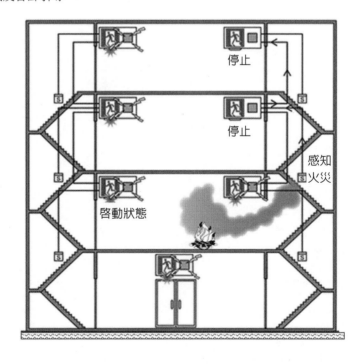

因此，法規指出甲類第 6 目醫院場所的出口標示燈具應具有音聲引導或是燈光閃滅功能，透過音聲（如緊急出口在這裡）與燈光效果吸引注意力，有助於各類場所協助弱勢避難者進行更有效疏散，強化場所安全。

二、法定排煙設備之設計目標是「排煙」、「防排煙」、「煙控」、「煙的管理」，試就地鐵車站的月台區之排煙設計論述之。

解：

煙控目的無非是內部人員在逃生路徑上避難逃生，儘量不受煙阻礙。有分防煙方式與排煙方式。在防煙方面，可使用被動式之自然力防煙區畫、浮力之蓄煙法（如蓄煙頂、蓄煙井）及主動式機械力之正壓法（Pressurization）如加壓氣流（Airflow）（主要於隧道、地下空間）、正壓通風（主要於電梯排煙室、樓梯間、區域煙控）。在煙控之排煙方式，使用自然力（靜態）之大體積空間浮力排煙（主要於工廠、倉庫或高天花板）及機械力（動態）之負壓排煙之稀釋法與正壓排煙等煙控方法。

一) 自然力（靜態）：以自然力煙控不需設置機械硬體設施。

　1. 防煙區畫（Compartmentation）：將建築物劃成數區，一旦某區域火災產生煙流，以阻擋煙霧往水平方向擴散，使其限制在某一空間內，再藉由自然力或機械力排煙系統，讓煙流排出，以達到煙控之目的。

　2. 蓄煙法（Smoke Storage）：建築物內預留可蓄積煙流之之頂部空間，常於挑高建築物利用空間高度容納煙量之蓄煙法。

　　1)蓄煙頂：蓄煙頂於建築物內預留可蓄積煙流之頂部空間，不使火災煙流快速沈降威脅使用人；此能配合其他方式，以達到進一步煙控之目的。

　　2)蓄煙井：設計防煙垂壁阻擋，使煙流入上方蓄煙井，以求確保安全梯不受煙流干擾；此種在實務上常見於歐美地下車站或地下街等。

二) 機械防煙：機械煙控系統是較穩定，但可靠度受到電氣或機械故障之影響。

　1. 加壓氣流（Airflow）：建築物火災時藉由強制通風如使用風機，產生一個與逃生方向相反的氣流，以阻止火災煙進入人員避難逃生路徑。

　2. 正壓法：利用機械風機將空氣流送至避難空間，使該區域空氣壓力大於火災煙蔓延力，以阻止煙流進入。

三) 機械排煙（動態）：機械式煙控系統以強制通風方式，設置風機來得到穩定通風性能。

　1. 正壓排煙（Pressurization）：正壓排煙係以送風機將新鮮空氣送入室內產生正壓，使火災煙流無法進入，達到排煙之效果，最常用於正壓樓梯間和區畫煙控區域。

　2. 負壓稀釋排煙（Dilution）：國內消防法規煙控方式，係採用此種負壓排煙，利用排煙風機，透過排煙風門與排煙風管將煙流自火災區域抽離。

當月台層發生火災或隧道內捷運列車著火時，利用其車站之大型隧道通風風機（TVF）排煙，以便在向上的逃生梯中產生足夠的向下風速，而阻止濃煙擴散至逃生

梯內。最好是，區劃排煙系統，並配合定址式排煙口及閘門與防煙垂壁的設置，增強月台層的排煙能力，達到「就地排煙」效果。

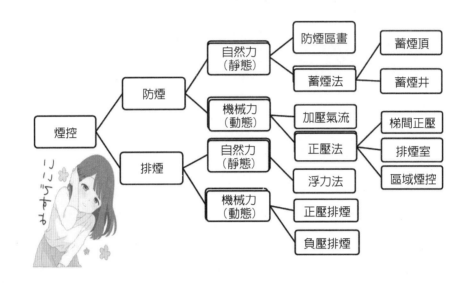

三、如醫療院所／長照機構的業主或保險公司表達希望能朝「免設法定避難器具」之需求時，請問：身為消防設備師專業人士的你，會如何在合法的基礎上，調和投資者與日後現場使用者的需求？

解：

第 159 條

符合下列規定之一者，其應設之避難器具得免設：

一、主要構造為防火構造，居室面向戶外部分，設有陽臺等有效避難施施，且該陽臺等設施設有可通往地面之樓梯或通往他棟建築物之設施。

二、主要構造為防火構造，由居室或住戶可直接通往直通樓梯，且該居室或住戶所面向之直通樓梯，設有隨時可自動關閉之具一小時以上防火時效之防火門（不含防火鐵捲門），且收容人員未滿三十人。

三、供第十二條第二款第六目、第十目或第四款所列場所使用之樓層，符合下列規定者：

（一）主要構造為防火構造。

（二）設有二座以上安全梯，且該樓層各部分均有二個以上不同避難逃生路徑能通達安全梯。

四、供第十二條第一款第六目長期照顧服務機構等場所使用之樓層，符合下列規定者：

（一）各樓層以具一小時以上防火時效之牆壁及防火設備分隔為二個以上之區

劃，各區劃均以走廊連接安全梯，或分別連接不同安全梯。

（二）裝修材料以耐燃一級材料裝修。

（三）設有火警自動警報設備及自動撒水設備（含同等以上效能之滅火設備）。
場所如符合「火災居室離室避難；非火災居室初期就地避難」之條件：

1. 居室構造：各居室構造具半小時防火時效以上的防火性能且應具遮煙性，以有效控制火煙的擴散及入侵。

2. 室內裝修材料：天花板及牆面等室內裝修材料符合法規，採難燃一級或二級之材料。

3. 主動式火災控制機制：各居室設有自動撒水系統滅火設備等可有效控制火災成長之設備。），可區隔火煙之侵襲，及配合施工編第99條：
「除避難層外，各樓層應以具一小時以上防火時效之牆壁及防火設備分隔為二個以上之區劃，各區劃均應以走廊連接安全梯，或分別連接不同安全梯」應可免設避難器具。

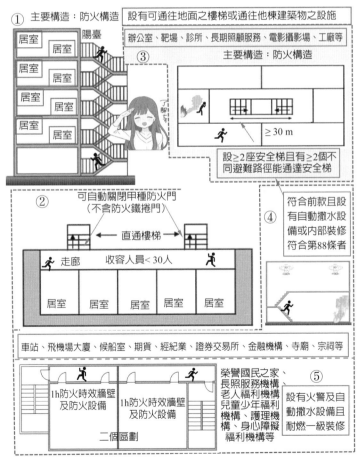

【註】第五項同一樓層須有二以上防火區劃，旨在避難弱者場所垂直逃生困難性，因樓梯使臥病床或輪椅無法行進，須以水平避難至另一區劃（相對安全區）

四、試申論從火警探測器動作發信，人員獲知展開避難行為離開所在居室，透過
　走廊進入安全梯間等一連串結合軟硬體的避難有效作為過程中，如何確保火
　警探測發信時間，能讓避難人員受到避難方向指示燈與出口標示燈及時有效
　的導引作用？

解：

第 125 條

火警受信總機如裝置蓄積式探測器或中繼器之火警分區，該分區在受信總機，不得
有雙信號功能。而受信總機、中繼器及偵煙式探測器，有設定蓄積時間時，其蓄積時
間之合計，每一火警分區在六十秒以下，使用其他探測器時，在二十秒以下。

依第 146-5 條出口標示燈具閃滅或音聲引導功能者，並符合下列規定：

一、設於主要出入口。

二、與火警自動警報設備連動。

三、由主要出入口往避難方向所設探測器動作時，該出入口之出口標示燈應停止閃
　滅及音聲引導。

因此，在確保火警探測發信時間，火警探測器動作發信，人員獲知展開避難行為離
開所在居室，透過走廊設計出口標示燈具應具有音聲引導或是燈光閃滅的功能，透過
音聲（如緊急出口在這裡）與燈光效果吸引注意力，有助於各類場所協助弱勢避難者
進行更有效的疏散，強化場所安全。再者，人員進入安全梯間，並關閉防火門。在這
些消防設備及建築法規之防火避難設施等硬體依規定設置，及定期檢修申報之有效維
護外，再結合日常之防火管理等軟體，一旦在火災發生情境下，能進行一連串結合軟
硬體的避難有效作為過程中，最後離開起火建築物之安全避難行為；如建築物防火安
全之軟硬體結合體系所示。

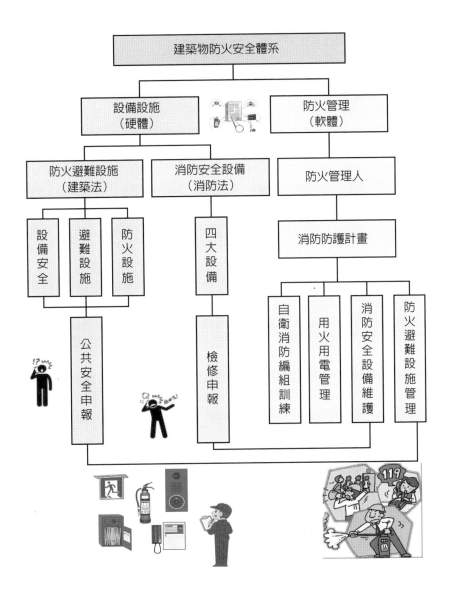

7-3 108年避難系統考題詳解

等別：高等考試
類科：消防設備師
科目：避難系統消防安全設備
考試時間：2小時座號：
※ 注意：
1) 禁止使用電子計算器。
2) 不必抄題，作答時請將試題題號及答案依照順序寫在試卷上，於本試題上作答者，不予計分。
3) 請以黑色鋼筆或原子筆在申論試卷上作答。
4) 本科目除專門名詞或數理公式外，應使用本國文字作答。

一、長期照顧機構、老人福利機構、護理機構等避難弱勢場所發生火災時，人員避難當以水平避難為主；依現行消防法規，該類場所符合一定條件下，可免設避難器具，請說明「一定條件」的規定及其原由。（25分）

解：

　　第 159 條：各類場所之各樓層符合下列規定之一者，其應設之避難器具得免設：
1. 各樓層以具一小時以上防火時效之牆壁及防火設備分隔為二個以上之區劃，各區劃均以走廊連接安全梯，或分別連接不同安全梯。
2. 裝修材料以耐燃一級材料裝修。
3. 設有火警自動警報設備及自動撒水設備（含同等以上效能之滅火設備）。
　　針對長照服務機構防火避難安全改善之調查研究，場所如符合「火災居室離室避難；非火災居室初期就地避難」之條件：1.居室構造：各居室構造具半小時防火時效以上的防火性能且應具遮煙性，以有效控制火煙的擴散及入侵。2.室內裝修材料：天花板及牆面等室內裝修材料符合法規，採難燃一級或二級之材料。3.主動式火災控制機制：各居室設有自動撒水系統滅火設備等可有效控制火災成長之設備，可區隔火煙之侵襲，及配合建築技術規則建築設計施工編第九十九條之一第一項規定：「供長照服務機構使用之樓層，除避難層外，各樓層應以具一小時以上防火時效之牆壁及防火設備分隔為二個以上之區劃，各區劃均應以走廊連接安全梯，或分別連接不同安全梯。

二、出口標示燈及避難方向指示燈，應保持不熄滅，但在若干條件及場合時，配合其設置場所使用型態採取適當亮燈方式，得予減光或消燈，請說明相關規定。（25分）

解：

　　第 146-7 條：出口標示燈及避難方向指示燈，應保持不熄滅。出口標示燈及非設於

樓梯或坡道之避難方向指示燈，與火警自動警報設備之探測器連動亮燈，且配合其設置場所使用型態採取適當亮燈方式，並符合下列規定之一者，得予減光或消燈。

1. 設置場所無人期間。
2. 設置位置可利用自然採光辨識出入口或避難方向期間。
3. 設置在因其使用型態而特別需要較暗處所，於使用上較暗期間。
4. 設置在主要供設置場所管理權人、其雇用之人或其他固定使用之人使用之處所。

設於樓梯或坡道之避難方向指示燈，與火警自動警報設備之探測器連動亮燈，且配合其設置場所使用型態採取適當亮燈方式，並符合前項第一款或第二款規定者，得予減光或消燈。

> 三、建築物自然排煙設計的原理為何？實務上有那些可能影響排煙效能的因素？依現行消防法規，應用在居室及排煙室之規定為何？（25 分）

解：

一)自然排煙設計的原理：煙流動主要來自於空間中不同位置的壓力差，根據柏努力定律，有壓力差就會造成空氣的流動。一旦於火災時，壓力差將隨著火災溫度而倍增。火災煙流動力除來自於火羽流或天花板噴流外，主要來自於火災溫度，於每上升 1℃，空氣膨脹 1/273，這種火災室空氣體積膨脹，使燃燒生成物產生往上特性。又當建築物發生火災時，若任由火繼續燃燒則將產生更多的可燃氣體，居室內的氣壓將會變得更多。火煙氣體之流動，總會從壓力高向壓力低空間；此種壓力高低差異量，決定著流量大小及流動之速度；壓力差異可引起火災氣體和火煙傳播至很長的距離。

二)實務上可能影響排煙效能的因素：建築物使用空間內煙流動及蔓延因素如次

自然對流	1. 煙囪效應 2. 通風面積與位置 3. 自然風力 4. 熱膨脹 5. 熱浮力
強制對流	6. 空調系統 7. 電梯活塞效應

三)依第 188 條
1. 每層樓地板面積每五百平方公尺內，以防煙壁區劃。
2. 排煙口設手動開關裝置及探測器連動自動開關裝置。
3. 排煙口之開口面積在防煙區劃面積之百分之二以上，且以自然方式直接排至戶外。排煙口無法以自然方式直接排至戶外時，應設排煙機。

前項之防煙壁，指以不燃材料建造，自天花板下垂五十公分以上之垂壁或具有同等以上阻止煙流動構造者。但地下建築物之地下通道，防煙壁應自天花板下垂八十公分以上。

依第 189 條：特別安全梯或緊急升降機間排煙室之排煙設備，依下列規定：

1. 設置直接面向戶外之窗戶時，應符合下列規定：
   (1)在排煙時窗戶與煙接觸部分使用不燃材料。
   (2)窗戶有效開口面積位於天花板高度二分之一以上之範圍內。
   (3)窗戶之有效開口面積在二平方公尺以上。但特別安全梯排煙室與緊急升降機間兼用時（以下簡稱兼用），應在三平方公尺以上。
   (4)前目平時關閉之窗戶設手動開關裝置。
2. 設置排煙、進風風管時，應符合下列規定：
   (1)排煙設備之排煙口、排煙風管、進風口、進風風管及其他與煙接觸部分應使用不燃材料。
   (2)排煙、進風風管貫穿防火區劃時，應在貫穿處設防火閘門。
   (3)排煙口位於天花板高度二分之一以上之範圍內。進風口位於天花板高度二分之一以下之範圍內，開口面積在一平方公尺（兼用時，為一點五平方公尺）以上。
   (4)排煙機、進風機之排煙量、進風量在每秒四立方公尺（兼用時，每秒六立方公尺）以上，且可隨排煙口、進風口開啓而自動啓動。
   (5)進風口、排煙口依前款第四目設手動開關裝置及探測器連動自動開關裝置。
   (6)排煙口、進風口、排煙機及進風機連接緊急電源，其供電容量應供其有效動作三十分鐘以上。

> 四、某護理之家位於大樓 7 樓，樓地板面積約 730 m²，有一中央走廊（含護理站、交誼活動空間）面積約 118 m²，兩側有 16 間房間（含病房、盥洗室、其他空間），面積分別為 11 m²-53 m²，全部房間隔間均使用耐燃一級材料且高度與樓板密接。依法規該護理之家得否設置排煙設備？又該護理之家欲增設一等待救援空間，有關構造及煙控措施需加以注意事項為何？（25 分）

解：

一) 第 28 條：應設置排煙設備，供第十二條第一款及第五款第三目所列場所使用，樓地板面積合計在五百平方公尺以上。而護理之家位於大樓 7 樓，樓地板面積約 730 m² 應設置排煙設備。

二) 等待救援空間之規劃中安全是最基礎的條件，宜輔以維生照護醫療功能：
   1. 空間構造：以不燃材料建造，出入口為防火門。
   2. 煙控設計：建議設置遮煙或足夠面積之排煙窗（自然排煙）。
   3. 消防救助可及性：考量有與戶外聯通之窗戶，或消防人員抵達後可自戶外進入救援之空間。
   4. 面積：需足夠容納該區劃之住民。

等待救援空間建議需輔以之條件和功能：需具備緊急電源與具備供收容人員使用之維生系統。

7-4 107年避難系統考題詳解

> 一、緊急照明設備與標示設備乃避難逃生時重要設備，其緊急電源之可靠與否更是關係其是否可發揮功效之因素，試比較二者緊急電源容量之差異？（25分）

解：

一) 緊急照明設備緊急電源容量

依第 177 條：緊急照明設備應連接緊急電源。

前項緊急電源應使用蓄電池設備，其容量應能使其持續動作三十分鐘以上。但採蓄電池設備與緊急發電機併設方式時，其容量應能使其持續動作分別為十分鐘及三十分鐘以上。

二) 標示設備緊急電源容量

依第 155 條：出口標示燈及避難方向指示燈之緊急電源應使用蓄電池設備，其容量應能使其有效動作二十分鐘以上。但設於下列場所之主要避難路徑者，該容量應在六十分鐘以上，並得採蓄電池設備及緊急發電機併設方式：

1. 總樓地板面積在五萬平方公尺以上。
2. 高層建築物，其總樓地板面積在三萬平方公尺以上。
3. 地下建築物，其總樓地板面積在一千平方公尺以上。

> 二、防火區劃可分為那幾種區劃型式？如何利用防火區劃在避難弱者（如醫院、護理之家等）避難路徑之安全規劃？（25分）

解：

一) 防火區劃之區劃型式

防火區劃功能上可分如次

1. 防火區劃：以防止火燒擴大，防火單元必具一定防火時效以上構造或設施。
2. 防煙區劃：以防濃煙竄延流動擴大，以防煙垂壁、防煙垂幕等組成。
3. 避難安全區劃：於避難路徑上形成相對安全區，為一非永久性避難空間，作為火災應變之暫時避難防火煙所區劃之安全空間。

因此，防火區劃是當建築物火災發生時，為防止火煙蔓延擴大，因此在建築設計上，將建築物以防火樓板、防火門窗以及防火牆區劃分隔成數個區域，稱為防火區劃，希望將火勢控制在侷限範圍內，以減免生命財產的損失。此與船舶隔艙區劃，當船艙進水後，為免淹至整條船，將水侷限在某一船艙之意是一樣的。基本上，建築物防火區劃又可分為如次：

1. 水平區劃（又稱面積區劃）

在同一樓層板面上，以具有防火性能的分隔構造物，將建築物平面分成若干一定面積以下的區域，功能在為阻止火災沿樓層水平方向延燒擴大之防火措施。

防火單元為防火牆、防火門窗、防火捲門、防火水幕…等分構造物或設施，具有一定防火時效以上。按建築技術規則／建築設計施工編的規定，建築物總樓地板面積在 1500 平方公尺以上者，應按每 1500 平方公尺，以具有 1 小時防火時效的防火牆、防火樓板及甲種防火門窗區劃分隔。

2. 垂直防火區劃（又稱層間區劃）

在建築物之立體樓層面，以具有防火性能的分隔構造物，以防止火災垂直向上樓層延燒擴大的防火措施。防火單元為防火樓板、外牆板、樓板與外牆間的填縫材等構件分隔構造物或設施，具有一定防火時效以上。

3. 用途區劃

在建築物內按使用之不同用途空間，以具有防火性能的分隔構造物進行防火分類管理，以防止火災在建築物分間牆之間造成蔓延竄燒的防火措施。

4. 管道間區劃

因管道形同煙囪，一旦火煙滲入時，勢必快速蔓延移動，有必要進行一定空間之侷限，防止擴大之防火措施在樓梯間、升降機間、垂直貫穿樓板之管道間（垂直或水平）等類似部位，均需以具一定防火時效之構造形成區劃分隔。功能在為阻止火煙沿管道間進行垂直水平方向延燒擴大的防火措施。

二) 利用防火區劃在避難弱者（如醫院、護理之家等）避難路徑之安全規劃

設計樓層之水平及垂直防火區劃，以防止火燒擴大；以及設計防煙區劃，以防濃煙竄延流動擴大，以防煙垂壁、防煙垂幕等組成。再進行避難安全區劃，於避難路徑上形成相對安全區，作為火災應變之暫時避難防火所區劃之安全空間；如區劃完整之防火煙空間、排煙室或區劃之陽臺或露天。基本上，在避難弱者避難路徑先進行水平避難，再進行垂直避難，此於水平避難路徑上，設計自動撒水設備，並於避難安全區劃空間，設計機械排煙設備等消防設備，進行第一次（居室外走廊）、第二次避難安全區劃空間（排煙室、陽臺）及第三次避難安全區劃空間區（安全梯、特別安全梯或緊急升機等），以使避難弱者免受火煙侵擾之虞，安全順利避難至絕對安全區。

三、避難器具主要設置目的，在於提供未能利用正常避難設施進行避難之人員另一種避難方式，試問進行避難器具之設置設計時，主要流程與考慮因素為何？（25 分）

解：

一) 進行避難器具之設置設計時，主要流程

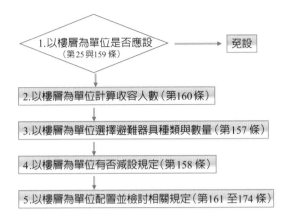

二) 考量設置

設置避難器具時必須考量許多因素：

1. 建築物構造與用途

　　依「各類場所消防安全設備設置標準」第十二條規定，可將建築物依其用途分類，以區分建築物性質及危險程度，了解內部人員之特性，設置避難器具時需注意收容人數避難能力之強弱，依其建築物構造與用途選用適當避難器具。

2. 樓層高度：

　　避難器具主要設置 10 層以下除避難層外之樓層，因此在建築物 11F 以上，因高度關係致人員危險及操作變數（外在環境）增多，即可不用設置避難器具。

3. 收容人數：

　　收容人數係指在建築物內出入，居住或是從業之人員數量，現今法令以收容人數為設置避難器具數量考量之依據。

4. 安全區概念：

　　避難器具應設置於安全性較高之相對安全區內，所謂相對安全區即是指建築物內某一樓層或某一防火區劃，於短時間內暫時不受火煙之侵襲。

5. 二方向避難原則：

　　只有一座樓梯之防火建築物，其避難器應設置於避難通道，樓梯之另一側，以保持二方向避難原則，至於有二座樓梯之建築物，避難器具應於二座樓梯間分配設置。

6. 操作空間

　　設置避難器具時，應考量開口面積、操作面積、下降空間及下降空地之足夠空間，以防危害避難人員之安全。

7. 標示：

　　設置避難器具之目的，為在火災發生時，可快速找到避難器具，並利用使用方法標識，有效操作避難器具。

8. 避難器具選用：
   應就建築物樓層高度不同（3層以上）及內部人員特性（避難弱者），選用適當及能安全使用之避難器具。
9. 避開障礙物：
   建築物外牆有妨礙避難器具使用之障礙物應予以避開。

四、緩降機在進行認可時，下降速度試驗乃為確保其使用時下降之安全性，請問下降速度試驗之內容為何？（25分）

解：

下降速度試驗之內容規定如次：

將緩降機固定在該繩索最長使用限度之高處（如繩索長度超過十五公尺者則以十五公尺之高度為準），進行下列試驗：

一) 常溫下降試驗

施予最大使用人數分別乘以 250 nt 及 650 nt 之載重及以相當於最大使用載重之負載等三種載重，左右交互加載且左右連續各下降一次時，其速度應在 16 cm/sec 以上 150 cm/sec 以下之範圍內。

二) 20 次連續下降試驗

施予相當於最大使用人數乘以 650nt 之載重，左右交互加載且左右連續各下降 10 次之下降速度，任一次均應在 20 次之平均下降速度值之 80 % 以上 120 % 以下，且不得發生性能及構造上之異常現象。

（消防設備檢修完成標示，攝於日本大阪 2019/08）

7-5 106年避難系統考題精解

一、緊急供電系統乃是消防安全設備能否在火災中維持正常功能的關鍵角色，請
說明各項消防安全設備與緊急電源的連接方式？（何種線材？直接或經由控制
盤或受信總機連接緊急電源？）（25分）

解：

第235條

緊急供電系統之配線除依屋內線路裝置規則外，並依下列規定：

一、電氣配線應設專用回路，不得與一般電路相接，且開關有消防安全設備別之明
顯標示。

二、緊急用電源回路及操作回路，使用六百伏特耐熱絕緣電線，或同等耐熱效果以
上之電線。

三、電源回路之配線，依下列規定，施予耐燃保護：

　　（一）電線裝於金屬導線管槽內，並埋設於防火構造物之混凝土內，混凝土保
　　　　　護厚度為二十毫米以上。但在使用不燃材料建造，且符合建築技術規
　　　　　則防火區劃規定之管道間，得免埋設。

　　（二）使用MI電纜或耐燃電纜時，得按電纜裝設法，直接敷設。

　　（三）其他經中央主管機關指定之耐燃保護裝置。

四、標示燈回路及控制回路之配線，依下列規定，施予耐熱保護：

　　（一）電線於金屬導線管槽內裝置。

　　（二）使用MI電纜、耐燃電纜或耐熱電線電纜時，得按電纜裝設法，直接敷
　　　　　設。

　　（三）其他經中央主管機關指定之耐熱保護裝置。

第236條

消防安全設備緊急供電系統之配線，依下表之區分，施予耐燃保護或耐熱保護。

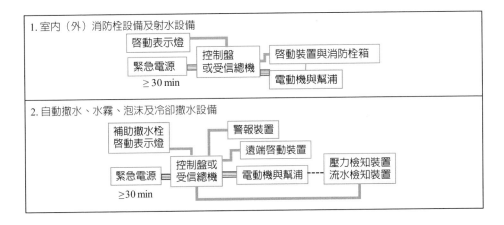

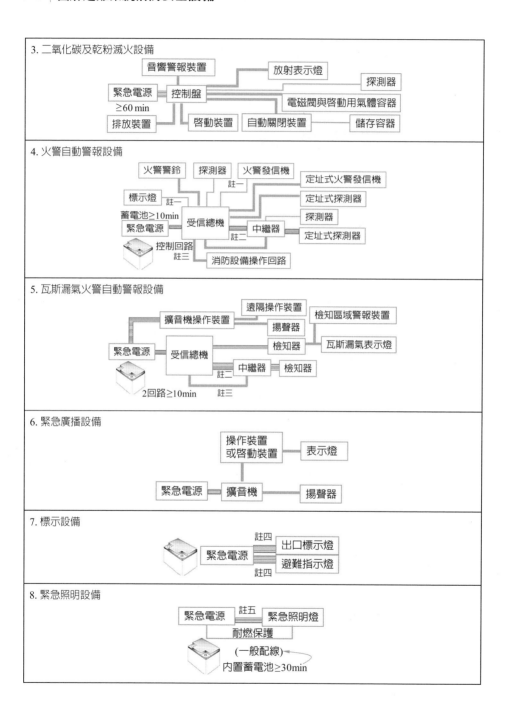

3. 二氧化碳及乾粉滅火設備

音響警報裝置　放射表示燈　探測器

緊急電源　控制盤　電磁閥與啟動用氣體容器

≧60 min

排放裝置　啟動裝置　自動關閉裝置　儲存容器

4. 火警自動警報設備

火警警鈴　探測器　火警發信機　定址式火警發信機

標示燈　註一　定址式探測器

蓄電池≧10min　探測器

緊急電源　受信總機　中繼器　定址式探測器

控制回路　註三　註二

消防設備操作回路

5. 瓦斯漏氣火警自動警報設備

遠隔操作裝置　檢知區域警報裝置

擴音機操作裝置　揚聲器

緊急電源　受信總機　檢知器　瓦斯漏氣表示燈

中繼器　檢知器　註二

2回路≧10min　註三

6. 緊急廣播設備

操作裝置　表示燈

或啟動裝置

緊急電源　擴音機　揚聲器

7. 標示設備

緊急電源　註四　出口標示燈

避難指示燈　註四

8. 緊急照明設備

緊急電源　註五　緊急照明燈

耐燃保護

（一般配線）

內置蓄電池≧30min

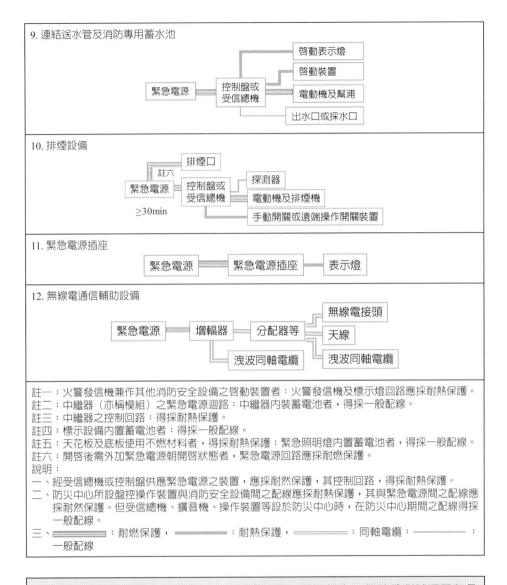

9. 連結送水管及消防專用蓄水池

緊急電源	控制盤或受信總機	啟動表示燈
		啟動裝置
		電動機及幫浦
		出水口或採水口

10. 排煙設備

緊急電源 ≥30min	註六 控制盤或受信總機	排煙口
		探測器
		電動機及排煙機
		手動開關或遠端操作開關裝置

11. 緊急電源插座

| 緊急電源 | 緊急電源插座 | 表示燈 |

12. 無線電通信輔助設備

緊急電源	增輻器	分配器等	無線電接頭
			天線
	洩波同軸電纜	洩波同軸電纜	

註一：火警發信機兼作其他消防安全設備之啟動裝置者：火警發信機及標示燈回路應採耐熱保護。
註二：中繼器（亦稱模組）之緊急電源迴路：中繼器內裝蓄電池者，得採一般配線。
註三：中繼器之控制回路：得採耐熱保護。
註四：標示設備內置蓄電池者：得採一般配線。
註五：天花板及底板使用不燃材料者，得採耐熱保護；緊急照明燈內置蓄電池者，得採一般配線。
註六：開啟後需另加緊急電源朝開啟狀態者，緊急電源回路應採耐燃保護。
說明：
一、經受信總機或控制盤供應緊急電源之裝置，應採耐燃保護，其控制回路，得採耐熱保護。
二、防災中心所設盤控操作裝置與消防安全設備間之配線應採耐熱保護，其與緊急電源間之配線應採耐燃保護。但受信總機、擴音機、操作裝置等設於防災中心時，在防災中心期間之配線得採一般配線。
三、███████：耐燃保護，███████：耐熱保護，───────：同軸電纜，──── ── ──：一般配線

二、救助袋為消防避難器具之一，依其審核認可需知規定，救助袋測試項目有各種強度試驗及動作試驗，請說明斜降式救助袋之動作試驗內容及合格基準。（25分）

解：
1. 以假人下降
   (1) 以三十公斤假人進行 2 次單獨下降。

(2) 試驗結果不得產生中途停止及不規則下降情形，且平均速度應為每秒 8m 以下，瞬間最大速度為每秒九公尺以下。

2. 以人員下降

(1) 以2位人員分別進行2次單獨下降及2次連續下降（下降間隔為3秒以內）。

(2) 試驗結果不得產生中途停止及不規則下降情形，且平均速度應在每秒七公尺以下，瞬間最大速度為每秒八公尺以下。

(3) 下降至著地時，人員不得有受到衝擊、跌倒之情形，且容易脫出。

3. 展開及收納

進行 2 次救助袋展開及收納，除應符合前 (一) 4. 所列規定外，並應符合下列規定：

(1) 不得出現扭曲及一邊偏斜之情形。

(2) 展開時袋本體下部出口底部距地面高度為零點五公尺以上，一公尺以下。

(3) 下部支持裝置應可確實、滑順且快速操作。

註：(一) 4. 所列規定如次：

(一) 4. 展開及收納

實施 3 次救助袋展開及收納，應符合下列規定：

(1) 入口金屬器具及袋本體應可滑順及正常展開。

(2) 入口金屬器具與裝設器具之結合部應可滑順迴轉。

(3) 入口金屬器具不得發生變形、損傷之情形。

(4) 裝設袋用框與本體布、展張部材之結合部應無異常。

(5) 展開時入口金屬器具左右鋼索等構件應平均受力。

(6) 覆布應無損傷。

(7) 應為可滑順展開之收納方式。

(8) 不得產生其他異常。

三、依各類場所消防安全設備設置標準規定，排煙口應設於天花板或其下方 80 公分範圍內，惟遇下列特殊場合之天花板時，其排煙口設置範圍應如何決定？

1. 斜屋頂建築物。（5 分）

2. 建築物天花板或斜屋頂與牆壁交接處高度在 5 公尺以上者。（5 分）

3. 同一防煙區劃之天花板高度不同時。（15 分）

解：

一) 斜屋頂建築物

按開口設置位置愈高，排煙效果愈佳，斜屋頂與牆壁交接處上方之開口，屬天花板之開口，符合各類場所消防安全設備設置標準第二十八條第一項第二款「天花板下方八十公分範圍內」之規定，得計入有效通風面積核算範圍。

「各類場所消防安全設備設置標準」第二十八條第二款「天花板下方八十公分範圍內」，針對斜屋建築物，其天花板下方八十公分範圍，係指斜屋簷與牆壁

連接處起算八十公分之範圍，非指鋼樑下起算八十公分範圍。另如鋼樑跨距較大、主樑超過八十公分等樓層高度較高之建築物，仍應以天花板下方八十公分為範圍。

二) 建築物天花板或斜屋頂與牆壁交接處高度在五公尺以上者

建築物天花板或斜屋頂與牆壁交接 處高度在五公尺以上，其排煙設備之排煙口符合所定要件者，該排煙口得設於天花板或斜屋頂與牆壁交接處高度二分之一以上。

三) 同一防煙區劃之天花板高度不同時

至同一防煙區劃之天花板高度不同時，其排煙口有效範圍，視實際個案空間配置條件，依下列方式之一認定：

一、天花板高度僅分為高低兩層，排煙口緊鄰較高天花板，則較高天花板之橫寬在八十公分以上者，其排煙口之有效範圍，為較高天花板下方八十公分範圍內；較高天花板之橫寬未達 80 公分者，其排煙口之有效範圍，為較低天花板下方八十公分範圍內。

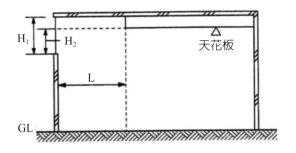

L ≥ 80cm 時，H1 為排煙口之有效範圍。

L< 80cm 時，H2 為排煙口之有效範圍。

H1 及 H2 ≤ 80cm。

二、核算平均天花板高度，視為前開規定天花板之高度。平均天花板高度未達五公尺者，其排煙口之有效範圍，為平均天花板高度下方八十公分以上之範圍；平均天花板高度在五公尺以上者，其排煙口之有效範圍，為平均天花板高度二分之一以上之範圍。平均天花板高度，指防煙區劃部分樓地板面積除防煙區劃部分容積之商。

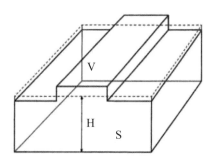

$$H = V / S$$

式中

H：平均天花板高度（m）

V：防煙區劃部分之容積（m³）

S：防煙區劃部分之樓地板面積（m²）

四、電子工業廠房潔淨區因潔淨環境及構造特殊，依消防法得不適用各類場所消防安全設備設置標準之一部分，請依潔淨區消防安全設備設置要點規定，說明：

1. 該潔淨區之標示設備設置規定。（10分）

2. 排煙設備設置及免設規定。（15分）

解：

(一) 該潔淨區之標示設備設置規定

潔淨室、下回風層及管橋應設置標示設備。

前項標示設備因生產製程色溫、光線之特殊需求，與火警自動警報設備或吸氣式偵煙探測系統設有連動亮燈者，得予以減光或消燈。

(二) 排煙設備設置及免設規定

潔淨區應依各類場所消防安全設備設置標準第二十八條規定，檢討設置排煙設備。但符合下列各款規定者，免設排煙設備：

（一）為防火構造建築物。

（二）避難步行距離符合建築技術規則建築設計施工編第九十三條之規定。

（三）設有吸氣式偵煙探測系統。

（四）設置自動撒水設備。

潔淨區設置排煙設備，因自動物料搬運系統作業需求，得免防煙壁區劃。

設置標準第二十八條　下列場所應設置排煙設備：

一、供第十二條第一款及第五款第三目所列場所使用，樓地板面積合計在五百平方公尺以上。

二、樓地板面積在一百平方公尺以上之居室，其天花板下方八十公分範圍內之有效通風面積未達該居室樓地板面積百分之二者。

三、樓地板面積在一千平方公尺以上之無開口樓層。

四、供第十二條第一款第一目所列場所及第二目之集會堂使用，舞臺部分之樓地板面積在五百平方公尺以上者。

五、依建築技術規則應設置之特別安全梯或緊急升降機間。

前項場所之樓地板面積，在建築物以具有一小時以上防火時效之牆壁、平時保持關閉之防火門窗等防火設備及各該樓層防火構造之樓地板區劃，且防火設備具一小時以上之阻熱性者，增建、改建或變更用途部分得分別計算。

✛ 知識補充站

日本應檢修消防設備申報場所

消防設備檢修申報對象	檢修實施者
1. 總樓地板面積 1000m² 以上特定防火對象物百貨公司、旅館、醫院、飲食店、地下街等。	消防設備士 檢修資格者
2. 總樓地板面積 1000m² 以上非特定防火對象物，由消防機關首長指定之工廠、事務所、倉庫、集合住宅、學校等。	消防設備士 檢修資格者
3. 特定用途（供不特定多數人出入場所）之 3 樓以上或地下層之直通樓梯僅有 1 座者。	消防設備士 檢修資格者
上述 1~3 以外之防火對象物（本項得由場所具 3 年以上實務經驗之防火管理人來進行檢修申報，但確實檢修仍希望由消防設備士或消防設備檢修資格者來進行。）	消防設備士 檢修資格者 防火管理人

本項規定會因不同地方自治，而有差異。
如第 3 點規定有些地方是併入收容人數之考量如下

收容人數	檢修申報義務
＜30 人	不必
30~299 人	 室內直通樓梯僅 1 座，或 3 樓以上或地下層供不特定多數人特定用途者。 建築物具有二座室內樓梯，但卻不能彼此相通。 未滿收容人數 300 人，如具有室外樓梯者，得免除檢修申報義務。
≥300 人	整個建築物應具有檢修申報義務。

7-6 105年避難系統考題精解

一、高層建築物特別安全梯為人員避難時重要的路徑，因此不得遭受到濃煙的危害。請說明影響樓梯間壓力的分布原因為何。（25分）

解：

當建築物發生火災時，若任由火繼續燃燒則將產生更多的可燃氣體，居室內的氣壓將會變得更多。火煙氣體之流動，總會從壓力高至壓力低空間進行；此種壓力高和低間差異量，決定著流量大小及流動之速度；而空間壓力差大小依次由火災室之開口大小、風力狀態、火災大小和其發展，以及通風系統等來確定。

基本上，此一動態壓力差能分成下列2大類：

1. 一是建築物內空氣流動，與火完全無關，但因空氣流動，會將煙流送至建築物其他空間處，亦即存在於建築物或與建築物之間及其周圍環境，於平時一般所產生壓力差現象。

2. 二是由火災所產生壓力差，即主要由於高溫氣體比周圍空氣密度低，致熱煙層本身產生流動性。

由以上2項主要因素，建築物內產生對流，形成煙層流動的驅動力：

建築物內造成煙層流動的驅動力

一) 平時產生壓力差（Normal Pressure Differences）

　　1. 溫度差所產生煙囪效應（Stack Effect）。

　　2. 自然風力（Wind）。

　　3. 空調系統（機械通風和自然通風）（Hvac -System）。

　　4. 電梯活塞效應（Elevator Piston Effect）。

二) 火災時產生壓力差

　　1. 熱膨脹（Inhibited Thermal Expansion）。

　　2. 熱浮力（Thermal Buoyancy Force）。

以上這些因素是造成熱煙之流動力，其中又可分為自然驅使力及強制驅使力。

表1　建築物使用空間內煙流動及蔓延因素

自然對流	煙囪效應 自然風力 熱膨脹 熱浮力
強制對流	空調系統 電梯活塞效應

二、請說明各類場所消防安全設備設置標準中「防煙壁」材質、尺寸、設置之區劃面積、影響排煙口及排煙設備設計之規定。（25 分）

解：

一）防煙壁材質與尺寸

防煙壁：指以不燃材料建造，自天花板下垂五十公分以上之垂壁或具有同等以上阻止煙流動構造者。但地下建築物之地下通道，防煙壁應自天花板下垂八十公分以上。（以具有氣密性不燃材料構成區劃為原則，火災初期局限煙霧蔓延設施）。

二）防煙壁設置

設置之目的：利用建築體本身防火構件所形成的空間，將火災局限在該空間內，以達到防止或延緩火焰、煙氣擴散及增進人員避難逃生安全之目的。

三）防煙壁區劃面積、影響排煙口及排煙設備設計之規定

第 188 條

1. 每層樓地板面積每五百平方公尺內，以防煙壁區劃。但戲院、電影院、歌廳、集會堂等場所觀眾席，及工廠等類似建築物，其天花板高度在五公尺以上，且天花板及室內牆面以耐燃一級材料裝修者，不在此限。

2. 地下建築物之地下通道每三百平方公尺應以防煙壁區劃。

3. 依第一款、第二款區劃（以下稱為防煙區劃）之範圍內，任一位置至排煙口之水平距離在三十公尺以下，排煙口設於天花板或其下方八十公分範圍內，除直接面向戶外，應與排煙風管連接。但排煙口設在天花板下方，防煙壁下垂高度未達八十公分時，排煙口應設在該防煙壁之下垂高度內。

4. 排煙設備之排煙口、風管及其他與煙接觸部分應使用不燃材料。

5. 排煙風管貫穿防火區劃時，應在貫穿處設防火閘門；該風管與貫穿部位合成之構造應具所貫穿構造之防火時效；其跨樓層設置時，立管應置於防火區劃之管道間。但設置之風管具防火性能並經中央主管機關審核認可，該風管與貫穿部位合成之構造具所貫穿構造之防火時效者，不在此限。

6. 排煙口設手動開關裝置及探測器連動自動開關裝置；以該等裝置或遠隔操作開關裝置開啟，平時保持關閉狀態，開口葉片之構造應不受開啟時所生氣流之影響而關閉。手動開關裝置用手操作部分應設於距離樓地板面八十公分以上一百五十公分以下之牆面，裝置於天花板時，應設操作垂鍊或垂桿在距離樓地板一百八十公分之位置，並標示簡易之操作方式。

7. 排煙口之開口面積在防煙區劃面積之百分之二以上，且以自然方式直接排至戶外。排煙口無法以自然方式直接排至戶外時，應設排煙機。

8. 排煙機應隨任一排煙口之開啟而動作。排煙機之排煙量在每分鐘一百二十立方公尺以上；且在一防煙區劃時，在該防煙區劃面積每平方公尺每分鐘一立方公尺以上；在二區以上之防煙區劃時，在最大防煙區劃面積每平方公尺每

分鐘二立方公尺以上。但地下建築物之地下通道，其總排煙量應在每分鐘六百立方公尺以上。

9. 連接緊急電源，其供電容量應供其有效動作三十分鐘以上。

10. 排煙口直接面向戶外且常時開啓者，得不受第六款及前款之限制。

　　前項之防煙壁，指以不燃材料建造，自天花板下垂五十公分以上之垂壁或具有同等以上阻止煙流動構造者。但地下建築物之地下通道，防煙壁應自天花板下垂八十公分以上。

三、緩降機為常用之避難器具，請敘述緩降機在裝設時之一般規定及其開口面積、操作面積、下降空間、下降空地、繩子位置、繩子長度、支固器具之規定。（25 分）

解：

(一) 緩降機在裝設時一般規定

第 161 條避難器具，依下列規定裝設：

1. 設在避難時易於接近處。
2. 與安全梯等避難逃生設施保持適當距離。
3. 供避難器具使用之開口部，具有安全之構造。
4. 避難器具平時裝設於開口部或必要時能迅即裝設於該開口部。
5. 設置避難器具（滑杆、避難繩索及避難橋除外）之開口部，上下層應交錯配置，不得在同一垂直線上，但在避難上無障礙者不在此限。

(二) 緩降機開口面積

第 162 條　避難器具，依下表規定，於開口部保有必要開口面積：

種　類	開口面積
緩降機、避難梯、避難繩索及滑杆	高八十公分以上，寬五十公分以上或高一百公分以上，寬四十五公分以上。

(三) 緩降機操作面積

第 163 條　避難器具，依下表規定，於設置周圍無操作障礙，並保有必要操作面積：

種　類	操作面積
緩降機、避難梯、避難繩索及滑杆	零點五平方公尺以上（不含避難器具所占面積），但邊長應為六十公分以上。

四) 緩降機下降空間

第 164 條　避難器具，依下表規定，於開口部與地面之間保有必要下降空間：

種　類	下降空間
緩降機	以器具中心半徑零點五公尺圓柱形範圍內，但突出物在十公分以內，且無避難障礙者，或超過十公分時，能採取不損繩索措施者，該突出物得在下降空間範圍內。

五) 緩降機下降空地

第 165 條　避難器具依下表規定，於下降空間下方保有必要下降空地：

種　類	下降空間
緩降機	下降空間之投影面積。

六) 緩降機繩子位置、繩子長度、支固器具之規定

第 167 條　緩降機應依下列規定設置：

一、緩降機之設置，在下降時，所使用繩子應避免與使用場所牆面或突出物接觸。

二、緩降機所使用繩子之長度，以其裝置位置至地面或其他下降地點之等距離長度為準。

三、緩降機支固器具之裝置，依下列規定：

（一）設在使用場所之柱、地板、樑或其他構造上較堅固及容易裝設場所。

（二）以螺栓、熔接或其他堅固方法裝置。

第 173 條　供緩降機或救助袋使用之支固器具及供懸吊型梯、滑桿或避難繩索使用之固定架，應使用符合 CNS 二四七三、四四三五規定或具有同等以上強度及耐久性之材料，並應施予耐腐蝕加工處理。

第 174 條　固定架或支固器具使用螺栓固定時，依下列規定：

一、使用錨定螺栓。

二、螺栓埋入混凝土內不含灰漿部分之深度及轉矩值，依下表規定。

螺紋標稱	埋入深度 (mm)	轉矩值 (kgf-cm)
M10×1.5	四十五以上	一百五十至二百五十
M12×1.75	六十以上	三百至四百五十
M16×2	七十以上	六百至八百五十

四、標示設備及緊急照明設備在火災發生時可指引避難人員逃生至安全區域，惟少數處所因其特殊性得免設緊急照明設備，請列出免設標示設備（居室除外）及免設緊急照明設備處所之相關規定。（25 分）

解：

一) 免設標示設備相關規定

第 146 條 下列處所得免設出口標示燈、避難方向指示燈或避難指標：

一、自居室任一點易於觀察識別其主要出入口，且與主要出入口之步行距離符合下列規定者。但位於地下建築物、地下層或無開口樓層者不適用之：

（一）該步行距離在避難層為二十公尺以下，在避難層以外之樓層為十公尺以下者，得免設出口標示燈。

（二）該步行距離在避難層為四十公尺以下，在避難層以外之樓層為三十公尺以下者，得免設避難方向指示燈。

（三）該步行距離在三十公尺以下者，得免設避難指標。

三、通往主要出入口之走廊或通道之出入口，設有探測器連動自動關閉裝置之防火門，並設有避難指標及緊急照明設備確保該指標明顯易見者，得免設出口標示燈。

四、樓梯或坡道，設有緊急照明設備及供確認避難方向之樓層標示者，得免設避難方向指示燈。

前項第一款及第三款所定主要出入口，在避難層，指通往戶外之出入口，設有排煙室者，為該室之出入口；在避難層以外之樓層，指通往直通樓梯之出入口，設有排煙室者，為該室之出入口。

二) 免設緊急照明設備處所相關規定

第 179 條 下列處所得免設緊急照明設備：

一、在避難層，由居室任一點至通往屋外出口之步行距離在三十公尺以下之居室。

二、具有效採光，且直接面向室外之通道或走廊。

三、集合住宅之居室。

四、保齡球館球道以防煙區劃之部分。

五、工作場所中，設有固定機械或裝置之部分。

六、洗手間、浴室、盥洗室、儲藏室或機械室。

7-7　104年避難系統考題精解

一、各類場所消防安全設備設置標準明定出口標示燈應設於出入口上方或其緊鄰之
有效引導避難處，請就此規定說明下列事項：所謂出入口係指應通往何處之出入
口？（8分）有關有效引導避難處，請舉二例並繪製示意圖說明之。（9分）特
定場所主要避難路徑應設長時間容量出口標示燈時，應設之出入口為何？(8分)

解：

一) 出入口

第146-3條　出口標示燈應設於下列出入口上方或其緊鄰之有效引導避難處：

1. 通往戶外之出入口；設有排煙室者，為該室之出入口。
2. 通往直通樓梯之出入口；設有排煙室者，為該室之出入口。
3. 通往前二款出入口，由室內往走廊或通道之出入口。
4. 通往第一款及第二款出入口，走廊或通道上所設跨防火區劃之防火門。

二) 有效引導避難處

1. 通往戶外之出入口，如設於排煙室出入口

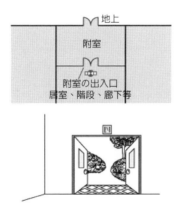

2. 通往直通樓梯之出入口，如設於排煙室出入口

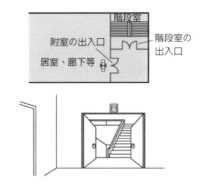

3. 由室內往走廊或通道之出入口

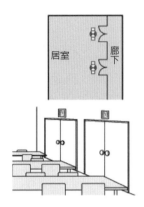

4. 通往戶外或直通樓梯由走廊或通道上所設跨防火區劃之防火門上

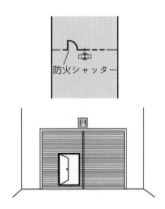

三) 長時間容量出口標示燈之出入口
主要避難路徑，指符合下列規定者：
1. 通往戶外之出入口；設有排煙室者，為該室之出入口。
2. 通往直通樓梯之出入口；設有排煙室者，為該室之出入口。
3. 通往第一款出入口之走廊或通道。
4. 直通樓梯。

二、緊急照明設備及標示設備認可基準均明定應實施熾熱線試驗，以評估上開設備之火災危險性，請說明何謂熾熱線試驗？試驗溫度為何？試驗結果如何評估？（25分）

解：

一) 熾熱線試驗

　熾熱線試驗係應用在完成品或組件實施耐燃試驗時，目視著火開始大約 1 秒後，觀察及量測有無產生聚合最大高度接近五公厘之火焰，尖端穿透或試驗樣品變形程度，其不適用於直線表面尺度小於二十公厘之組件。

二) 試驗溫度

　1. 對非金屬材料組件如外殼、標示面及照射面所用絕緣材料施測，試驗溫度為 $550\pm10°C$。

　2. 支撐承載電流超過 0.2A 之連接點的絕緣材料組件，試驗溫度為 $750\pm10°C$；對其他連接點，試驗溫度為 $650\pm10°C$，施加之持續時間（t_a）為 30 ± 1 秒。

三) 結果評估

　符合下列情形之一者為合格：

　1. 試驗品無產生火焰或熾熱者。

　2. 試驗品之周圍及其下方之薄層之火焰或熾熱，在熾熱線移除後三十秒內熄滅者，即 $t_e \le t_a + 30$ 秒，且周圍之零件及其下方之薄層無繼續燃燒，使用包裝棉紙層時，包裝棉紙應無著火。

三、有關集合住宅設置避難器具之規定為何？集合住宅安全梯之設置數量及配置，係減設或免設避難器具之重要條件，請就安全梯之減、免設條件，分別說明有關規定及差異為何？並說明與建築技術規則安全梯最大重複步行距離規定有何差異？（25 分）

解：

一) 規定

應設場所	地下層	第二層	第三、四、五層	第六層以上
集合住宅收容人員在三十人以上一百人以下時，設一具；超過一百人時，每增加（包括未滿）一百人增設一具。	避難梯	避難梯、避難橋、避難繩索、緩降機、救助袋、滑臺、滑杆	避難梯、避難橋、緩降機、救助袋、滑臺	避難梯、避難橋、緩降機、救助袋、滑臺

二) 減免設規定

　第 158 條　各類場所之各樓層，其應設避難器具得減設：

　場所應設數量欄所列收容人員一百人、二百人及三百人，得分別以其加倍數值，重新核算其應設避難器具數：

　1. 建築物主要構造為防火構造者。

　2. 設有二座以上不同避難方向之安全梯者，但剪刀式樓梯視為一座。

第 159 條　各類場所之各樓層符合下列規定之一者，其應設之避難器具得免設：

1. 主要構造為防火構造，居室面向戶外部分，設有陽臺等有效避難設施，且該陽臺等設施設有可通往地面之樓梯或通往他棟建築物之設施。
2. 主要構造為防火構造，由居室或住戶可直接通往直通樓梯，且該居室或住戶所面向之直通樓梯，設有隨時可自動關閉之甲種防火門（不含防火鐵捲門），且收容人員未滿三十人。

減免設規定差異係二者皆主要構造為防火構造，但居室設有陽臺可通往地面之樓梯或通往他棟建築物之設施，或居室或住戶可直接通往直通樓梯設有隨時可自動關閉之甲種防火門，且收容人員未滿三十人，可直接逃往安全地區，則不需輔助用之避難器具。但設有二座以上不同避難方向之安全梯者，僅為減設；但依 103 月 11 月 27 日研商二座以上直通樓梯集合住宅之會議紀錄指出，集合住宅比照辦公室等場所之主要構造為防火構造，且（二）設有二座以上安全梯，且該樓層各部分均有二個以上不同避難逃生路徑能通達安全梯，得免設避難器具。

三) 規定

1. 集合住宅採取複層式構造者，其自無出入口之樓層居室任一點至直通樓梯之步行距離不得超過四十公尺。
2. 前項建築物之樓面居室任一點至二座以上樓梯之步行路徑重複部分之長度不得大於本編第九十三條規定之最大容許步行距離二分之一。

四、有關排煙設備排煙風管與空調通風設備風管均有應設防火閘門之規定，請就有關設置規定、性能要求及防排煙考量，說明其異同為何？（25 分）

解：

1. 設置規定及性能要求

　空調風管防火匣門

　依建築技術規則建築設計施工編規定。

　第 85 條要求「貫穿防火區劃牆壁或樓地板之風管，應在貫穿部位任一側之風管內裝設防火閘門或閘板，其與貫穿部位合成之構造，並應具有一小時以上之防火時效」，此即為防火區劃構造遭風管貫穿時保障其防火性能之完整性。

　第 247 條高層建築物各種配管管材均應以不燃材料製成，或使用具有同等效能之防火措施，其貫穿防火區劃之孔隙應使用防火材料填滿或設置防火閘門在該設備篇規定

　第 93 條（防火閘門）

　防火閘門應依左列規定：

　1. 其構造為不燃材料之構造。

　2. 應設有便於檢查及養護防火閘門之手孔，手孔應附有緊密之蓋。

3. 溫度超過正常運轉之最高溫度達 28℃時，熔鍊或感溫裝置應即行作用，使防火閘門自動嚴密關閉。

4. 發生事故時，風管即使損壞，防火閘門應仍能確保原位，保護防火牆貫穿孔。

第 94 條（防火閘板）

防火閘板之設置位置及構造，應依左列規定：

1. 風管貫穿具有一小時防火時效之分間牆處。

2. 垂直風管貫穿整個樓層時，風管設於管道間內之管道間開口處。

3. 供應二層以上樓層之風管系統：

   (1)垂直風管在管道間上之直接送風口及排風口，或此垂直風管貫穿樓地板後之直接送回風口。

   (2)支管貫穿管道間與垂直主風管連接處。

4. 未設管道間之風管貫穿防火構造之樓地板處。

5. 以熔鍊或感溫裝置操作閘板，使溫度超過正常運轉之最高溫度達攝氏二十八度時，防火閘板即自動嚴密關閉。

6. 關閉時應能有效阻止空氣流通。

7. 火警時，應保持關閉位置，風管即使損壞，防火閘板應仍能確保原位，並封閉該構造體之開口。

8. 應以不銹材料製造，並有一小時半以上之防火時效。

9. 應設有便於檢查及養護防火閘門之手孔，手孔應附有緊密之蓋。

10. 防火閘門熱感應裝置之額定溫度應在 121℃至 177℃之間，且熱感應裝置應依其預定功能檢查及測試。

排煙風管防火匣門

1. 排煙設備之排煙口、風管及其他與煙接觸部分應使用不燃材料。

2. 排煙風管貫穿防火區劃時，應在貫穿處設防火閘門；該風管與貫穿部位合成之構造應具所貫穿構造之防火時效；其跨樓層設置時，立管應置於防火區劃之管道間。但設置之風管具防火性能並經中央主管機關審核認可，該風管與貫穿部位合成之構造具所貫穿構造之防火時效者，不在此限。

3. 防火閘門進行性能試驗：

   (1)往復試驗：具驅動器進行往復 20000 次，未具驅動器進行 250 次往復啓閉動作。

   (2)動態關閉試驗：3 次往復啓閉後進行熱氣流下能完全關閉。

   (3)鹽霧曝露試驗：模擬建築物風管內閘門上之塵礫累積情形，並測試塵礫累積下閘門之性能。

   (4)風管衝擊試驗：模擬火災殘礫掉落在風管中之狀況，測試在殘礫衝擊下閘門之性能。

   (5)耐火及射水試驗：耐火試驗額定曝火期間及射水試驗期間，閘門組件應維持在原位。熱感應裝置啓動時，防火閘門應自動關閉，曝火過程中，防火

閘門組件之非曝露面不得有火焰。

2. 防排煙考量

空調風管防火匣門

1. 以熔鍊或感溫裝置操作閘板，使溫度超過正常運轉之最高溫度達攝氏二十八度時，防火閘板即自動嚴密關閉。

2. 關閉時應能有效阻止空氣流通。

3. 火警時，應保持關閉位置，風管即使損壞，防火閘板應仍能確保原位，並封閉該構造體之開口。

4. 應以不銹材料製造，並有一小時半以上之防火時效。

5. 應設有便於檢查及養護防火閘門之手孔，手孔應附有緊密之蓋。新鮮空氣進風口應裝設在不致吸入易燒物質及不易著火之位置，並應裝有孔徑不大於一點二公分之不銹金屬網罩。

6. 風口應為不燃材料製造。

排煙風管防火匣門

1. 防火閘門組件採用之鐵金屬應為300系列不銹鋼等不燃材料。

2. 防火閘門在關閉位置應能阻隔火焰蔓延，防火閘門應能在額定熱氣流狀態下關閉，防火閘門所設熱感應裝置之額定溫度不得大於閘門之額定溫度。

3. 排煙設備動作後，當火勢仍持續發展到達一定程度時，為避免火、熱及煙流藉由排煙風管擴大延燒，此時於風管貫穿防火區劃處所設之防火閘門當即關閉，以遮斷火、熱及煙流之流竄，故考量國內實務需要，並參酌日本建築法規相關技術規範，排煙設備防火閘門，其熔鍊或感溫裝置應於攝氏280℃動作，使防火閘門自動關閉。

一) 空調風管及排煙風管二者風管穿越防火區劃，皆應設置防火閘門。

二) 空調風管防火閘門熱感應裝置之額定溫度應在121℃至177℃之間，進行關閉；而排煙風管防火閘門，其熔鍊或感溫裝置應於280℃動作，使防火閘門自動關閉；前者較早關閉會影響火場人員逃生及消防搶救時間。

三) 排煙風管需置具手動把手、檢修口、在閘門外側更換溫度熔絲，設置於防火牆側，便於施行定期檢查檢修口。而空調風管為內襯式，設置於牆中間，需於風管外側加裝維修人孔，需進入風管內部才能確認裝門開閉狀態及作檢修作業，檢修困難。

四) 閘門構造規定方面，排煙風管含箱體（套管）、葉片、軸、軸承、連桿、連接法蘭及維修用檢查口的構造及製作方法，規定明確（如葉片需以焊接方式確實與軸接合…等），而空調風管為僅規定縫隙大小。

7-8 103年避難系統考題精解

一、安養機構等場所出口標示燈應具閃滅或音聲引導功能，有關具此功能出口標示燈應設置處所及連動規定為何？有關音聲引導之構造，請依出口標示燈及避難方向指示燈認可基準規定，說明警報聲基本架構、語音內容及語音格式分別為何？並加以分析確保音聲能否有效引導之考量為何？（25分）

解：

1. 應設置場所：供甲類第六目「醫院、療養院、長期照顧機構（長期照護型、養護型、失智照顧型）、安養機構、老人服務機構（限供日間照顧、臨時照顧、短期保護及安置者）、托嬰中心、早期療育機構、安置及教養機構（限收容未滿二歲兒童者）、護理之家機構、產後護理機構、身心障礙福利機構（限供住宿養護、日間服務、臨時及短期照顧者）、身心障礙者職業訓練機構（限提供住宿或使用特殊機具者）、啟明、啟智、啟聰等特殊學校」。

2. 連動規定：按各類場所消防安全設備設置標準第一百四十六條之五第二項：「前項出口標示燈具閃滅或音聲引導功能者，應符合下列規定：
   (1) 設於主要出入口。
   (2) 與火警自動警報設備連動。
   (3) 由主要出入口往避難方向所設探測器動作時，該出入口之出口標示燈應停止閃滅及音聲引導。
   使渠等設備能藉火災偵知提供燈光閃滅或音聲，強化避難引導之功能，故建築物或場所依上開設置標準檢討後，未達設置火警自動警報設備之規模時，仍應依上開設置標準第一百四十六條之五第二項第三款規定，設置探測器與之連動。

3. 分析確保音聲能否有效引導之考量
   (1) 音聲引導音由警報聲及語音2個部分所構成

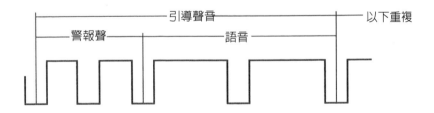

   警報聲以基本頻率不同之2個週期性複合波連接合成聲（Ping、Pong）反覆2次而成。

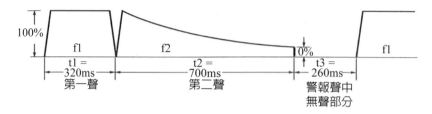

(2) 語音內容：「緊急出口在這裡！」必要時用英語「here is an emergency exit！」與國語交互廣播。

(3) 語音格式：

A. 語音為女性聲音，聲音清楚明瞭，語氣堅定。

B. 語音之長度為 1700ms±10%。

4. 有效引導之考量：

(1) 音聲引導裝置之動作試驗：

A. 音聲引導裝置，於收到火災信號後動作，且於接到避難通道發生重大妨礙之信號時停止，依表 1 之規定，在 3 秒內動作。

條件	接到火災信號時	接到停止信號時
音聲引導裝置	動作開始後繼續 90 分鐘	停止動作

B. 音聲引導裝置，經由引導燈具用信號裝置之動作信號用端子接受火災信號。

C. 音聲引導裝置，收到信號裝置或偵煙式火警探測器等來自外部之停止信號時，停止動作。

D. 信號動作之試驗，依如下之步驟：

a. 與引導燈具用信號裝置、音聲引導裝置（或內設音聲引導裝置之引導燈具）及停止信號用開關連接，施加額定頻率之額定電壓。

b. 將音聲引導裝置之常用電源遮斷，確認其不會動作。

c. 以設於引導燈具用信號裝置移報裝置側之開關發送火災信號，確認其在 3 秒鐘內會動作。

d. 由信號裝置及偵煙式火警探測器發送音聲引導之停止信號，確認其在 3 秒鐘內會停止動作。

(2) 音聲引導之音壓試驗：

音聲引導之音壓，係在距離語音誘導裝置（獨立型）或引導燈具（組合型）之表面水平方向一公尺處，以規定之噪音計（探頻率修正回路之 A 權值）或同等以上性能之儀器加以測定。其警報聲及語音之最高值應在 90dB 以上，且可調整音壓型式之警報聲及語音最低調整值不低於 70dB。

二、有關緊急照明設備之性能試驗，請依相關規定說明緊急照明燈需切換至何種
狀態下，測試其照度？測量場所之順序為何？外部光源影響抽測正確值時，
需有效遮斷外部光源，並應分別量測遮斷外部光源之照度值（A）與關閉緊急
照明燈之照度值（B）時，量測結果要如何判定？（25分）

解：

1. 使用低照度測定用光電管照度計測試，確認緊急照明燈之照度有無達到法規所
規定之值。經過三十分鐘後開始量測。於地下建築物之地下通道，緊急照明燈
在地面之水平面照度應達十勒克斯（lux）以上；其他場所應達到二勒克斯（lux）
以上。

2. 測量場所之順序，依下列場所順序為循環進行抽測。

順序	測量場所
1	走廊、樓梯、通道
2	大廳、供不特定人使用之居室
3	地下層或無窗戶居室
4	前述以外之場所

3. 進行抽測之時間

日落後使用低照度測定用光電管照度計量測。遮斷外部光源在 100 勒克斯
（Lux）以內時，可在日間並依下列方法進行量測：

(1) 遮斷外部光源後測得緊急照明燈之照度值（A）。

(2) 關閉緊急照明燈（熄燈）所測得之照度值（B）。

(3) 其 A-B 之差若為 B 之百分之十以上，則 A-B 之值可做為緊急照明燈之照度
值；即 A-B ≥ B×0.1。

(4) 若為 A-B < B×0.1 之值，應於日沒後在予測試，但 A-B 之值大於 10Lux 以
上，則 A-B 之值，仍可當作緊急照明燈之值。

三、避難器具係輔助避難逃生器具，為達有效使用，依各類場所消防安全設備設
置標準第 161 條規定，裝設處所應考量事項為何？某場所第 3 層直通避難層
或地面之樓梯僅一座，不考慮減免條件下，請說明核算此單一避難路徑場所
避難器具應設數量之基準為何？（25分）

解：

1. 第 161 條：避難器具，依下列規定裝設：

(1) 設在避難時易於接近處。

(2) 與安全梯等避難逃生設施保持適當距離。

(3) 供避難器具使用之開口部,具有安全之構造。

(4) 避難器具平時裝設於開口部或必要時能迅即裝設於該開口部。

(5) 設置避難器具(滑杆、避難繩索及避難橋除外)之開口部,上下層應交錯配置,不得在同一垂直線上。但在避難上無障礙者不在此限。

2. 第十二條所列各類場所第三層(供第十二條第一款第一目至第三目所列場所使用,或供同條第五款第一目使用之二樓有第一款第一目至第三目所列場所使用時,應為二樓)以上之樓層,其直通避難層或地面之樓梯僅一座,且收容人員在十人以上一百人以下時,應設一具,超過一百人時,每增加(包括未滿)一百人增設一具。

四、某辦公大樓居室排煙規劃採空調兼用,事涉審核認可,若系統主要架構為風管兼用,風機分設排煙機與空調風機時,請就上開兼用設備之風機、風口、風管及防火閘門等組成構件,分析說明何者會牴觸現行各類場所消防安全設備設置標準及有關規定?兼用系統在空調模式或排煙模式下,必須均能有效動作,有關確保有效排煙之考量及應注意事項為何?(25分)

解:

1. 風機與排煙兼用會牴觸規定:

(1) 排煙機應隨任一排煙口之開啟而動作。排煙機之排煙量在每分鐘一百二十立方公尺以上;且在一防煙區劃時,在該防煙區劃面積每平方公尺每分鐘一立方公尺以上;在二區以上之防煙區劃時,在最大防煙區劃面積每平方公尺每分鐘二立方公尺以上。但地下建築物之地下通道,其總排煙量應在每分鐘六百立方公尺以上。

(2) 連接緊急電源,其供電容量應供其有效動作三十分鐘以上。

2. 風口會牴觸規定:

(1) 防煙區劃之範圍內,任一位置至排煙口之水平距離在三十公尺以下,排煙口設於天花板或其下方八十公分範圍內,除直接面向戶外,應與排煙風管連接,但排煙口設在天花板下方,防煙壁下垂高度未達八十公分時,排煙口應設在該防煙壁之下垂高度內。

(2) 排煙設備之排煙口、風管及其他與煙接觸部分應使用不燃材料。

(3) 排煙口設手動開關裝置及探測器連動自動開關裝置;以該等裝置或遠隔操作開關裝置開啟,平時保持關閉狀態,開口葉片之構造應不受開啟時所生氣流之影響而關閉。手動開關裝置用手操作部分應設於距離樓地板面八十公分以上一百五十公分以下之牆面,裝置於天花板時,應設操作垂鍊或垂桿在距離樓地板一百八十公分之位置,並標示簡易之操作方式。

(4) 排煙口之開口面積在防煙區劃面積之百分之二以上,且以自然方式直接排至戶外。排煙口無法以自然方式直接排至戶外時,應設排煙機。

3. 風管及防火匣門會牴觸規定：

排煙風管貫穿防火區劃時，應在貫穿處設防火閘門，該閘門應符合排煙設備用閘門認可基準之規定；該風管與貫穿部位合成之構造應具所貫穿構造之防火時效；其跨樓層設置時，立管應置於防火區劃之管道間。但設置之風管具防火性能並經中央消防主管機關認可，該風管與貫穿部位合成之構造具所貫穿構造之防火時效者，不在此限。

4. 兼用系統考量及注意事項：

基本上，僅系統風量、風壓、風速以及設備的耐火性能夠達到要求，空調系統兼做防排煙系統是可行的。於二者兼用系統情況下，可分爲部分兼用和全兼用兩種形式，部分兼用形式的風道或主風道是共用的，風機則分別設置，平時空調風機運行，火災時自動切換到排煙風機運行，該方式機房面積大，設備費用高，系統可靠性差。而在全兼用形式不僅風道兼用，風機也兼用。因此，在二者兼用情況下必須考量情況如次：

(1) 注意防火區劃構造的完整性：連接各個空調送風口的空調風管有較大的防火防煙性能需求問題，因爲空調風管需貫穿防火區劃結構進行調送風口的連接，造成防火區劃構造的完整性遭受破壞。

(2) 防火時效之要求：建築技術規則在建築設計施工編第 85 條要求『貫穿防火區劃牆壁或樓地板之風管，應在貫穿部位任一側之風管內裝設防火閘門或閘板，其與貫穿部位合成之構造，並應具有一小時以上之防火時效』

(3) 於國際建築法規（IBC）指出空調使用於排煙目的，風扇皮帶具有 1.5 倍數量，和不少於 2 個風扇。

(4) IBC 還指出需要風扇馬達在額定值範圍內操作，風扇必須等於或低於其額定馬力來操作，並具 1.15 倍最低運作係數（Service Factor）。執行係數增加以允許馬達在額定載狀況運行，從而減輕馬達損壞。然而，風扇需要在額定容量進行操作，增加運作係數是爲了提高馬達可靠性，因其預期在火災條件下工作。

(5) 爲使空調與排煙系統之運作無訛，應經常定期進行維修測試。

(6) 管道系統的佈局也需要考慮到最小化防火（煙）匣門的數量，而空調進風管及排煙管道等需作整體佈置，以防止送風、回風混合，並分離送氣及排煙，又進氣口亦需遠離排煙口。

(7) 變頻驅動是一個較優的方式來控制，以調整在空調和排煙功能所需的空氣量。大多數變頻驅動是可調整設定的，以允許其將用於排煙控制及空調功能的設定。因此，變頻驅動器需要被設計和安裝，以合空調與火災排煙之功能需求。此外，變頻驅動裝置操作應提供火災防護，以使得在火災條件下，其不受火災影響之位置。

(8) 需要用於排煙控制之風扇應設計在風扇性能曲線（Fancurve）的穩定運行部分。所有風扇性能曲線是一種基於所提供的空氣流（Airflow）和靜壓（Staticpressure）之性能曲線。如果風扇運行在穩定區域之外，則風扇的性

能是不容易預測的。一般來說，這發生在較低氣流速率或當靜壓力是較高的。當這些條件中任一個或兩者發生，存在風扇運行其穩定區以外的機會增加，這會成為在正常條件下，當空調風扇風量的加大，來提供更多的空氣流和顯著降低氣流速率在排煙控制之問題。

(9) 在空調風扇方面，必須具有符合以下條件：

    A. 確保風扇皮帶之馬達和數量符合最低規範要求。

    B. 風扇的額定工作溫度是否足夠為火災排煙使用。

    C. 確定風扇是否有足夠的能力，來提供排煙系統之性能標準，使其在性能穩定情況下運行。

（逃生孔：固定型伸縮式避難梯，為內接直徑≥ 60cm，上下層應交錯配置，不得在同一垂直線上，攝於日本大阪 2019/08）

7-9 102年避難系統考題精解

一、緊急照明設備與標示設備係避難逃生之相互配套設施,請說明有上開二者均應設置之競合狀況時,該處所得擇一設置之規定為何?並請就二者所應設之緊急電源容量,說明其差異為何?(25分)

解:

一) 二者均應設置之競合狀況時,該處所得擇一設置:

    1. 免設出口標示燈:通往主要出入口之走廊或通道之出入口,設有探測器連動自動關閉裝置之防火門,並設有避難指標及緊急照明設備確保該指標明顯易見者,得免設出口標示燈。

    2. 免設避難方向指示燈:於樓梯或坡道,設有緊急照明設備及供確認避難方向之樓層標示者,得免設避難方向指示燈。

二) 二者所應設之緊急電源容量,說明其差異:

    1. 標示設備緊急電源容量:

    出口標示燈及避難方向指示燈之緊急電源應使用蓄電池設備,其容量應能使其有效動作二十分鐘以上。但設於下列場所之主要避難路徑者,該容量應在六十分鐘以上,並得採蓄電池設備及緊急發電機併設方式:

    (1)總樓地板面積在五萬平方公尺以上。

    (2)高層建築物,其總樓地板面積在三萬平方公尺以上。

    (3)地下建築物,其總樓地板面積在一千平方公尺以上。

    前項之主要避難路徑,指符合下列規定者:

    (1)通往戶外之出入口;設有排煙室者,為該室之出入口。

    (2)通往直通樓梯之出入口;設有排煙室者,為該室之出入口。

    (3)通往第一款出入口之走廊或通道。

    (4)直通樓梯。

    2. 緊急照明設備緊急電源容量:

    緊急電源應使用蓄電池設備,其容量應能使其持續動作三十分鐘以上。但採蓄電池設備與緊急發電機併設方式時,其容量應能使其持續動作分別為十分鐘及三十分鐘以上。

二、緩降機進行竣工查驗時,有關荷重試驗方法為何?平時檢修進行綜合檢查,其下降速度如何計算?是否合格如何判定?並請就緩降機在查驗與檢修方法上之差異,說明可能原因為何?(25分)

解:

    1. 緩降機之荷重試驗依「消防安全設備測試報告書測試方法及判定要領」規定,

應以垂直方向施加荷重，載重爲一百九十五公斤以上之物品實際測試之，至其載重得使用沙包、鐵製物等可達測試目的之重物。

2. 測量下降距離及下降時間，計算出下降速度，應在規定的下降速度範圍內。（平均的降落速度應在每秒八十至一百公分，最大下降速度應在每秒一百五十公分以內）

3. 下降後，實施前面所提之性能檢查，器具本體、支固器具等應無異常。
   判定方法
   (1) 螺栓、螺帽沒有鬆動或脫落。
   (2) 穿孔錨栓工法之錨栓所使用的螺帽之拴緊，應符合表 1 之規定。
   (3) 固定基礎應無因龜裂等而有破損。
   (4) 固定安裝部分應無明顯腐蝕、生鏽、變形、龜裂等，對強度有影響之異常發生。

表 1　螺帽之栓緊強度

螺紋標稱	栓緊強度（轉矩值 kg-cm）
M10×1.5	150-250
M12×1.75	300-450
M16×2	600-850

4. 緩降機在查與檢修方法上差異：
   (1) 查驗基準係在固定架應具備強度要求。
   (2) 檢修基準係在固定架裝設年限內保養是否得宜。
   (3) 試驗荷重需使用可測定錨定螺栓等拉拔力之器具，以下列公式計算出鎖緊扭力。緩降機最大使用載重，應在最大使用人數乘以 1000nt 所得數值以上。

$$T = 0.24DN$$

   T 爲鎖緊扭力（kgf/cm）
   D 爲螺栓直徑（cm）
   N 爲試驗荷重（kgf）

三、標示設備燈具選用，依規定應有級別、標示面光度及場所用途之考量，請就車站、百貨商場、美術館及醫院分別說明有關出口標示燈級別及標示面光度之設置規定爲何？屬於應採具閃滅或音聲引導功能時，應符合規定爲何？（25 分）

解：

1. 應使用 A 級或 B 級：出口標示燈標示面光度應在二十燭光（cd）以上，或具閃滅功能。
   規格：

區分		標示面縱向尺度（m）	標示面光度（cd）
出口標示燈	A 級	零點四以上	五十以上
	B 級	零點二以上，未滿零點四	十以上

標示面以綠色為底，用白色表示『緊急出口』字樣（包括文字與圖形），但在避難路徑者，則用白色為底，綠色文字。

設於下列場所應使用 A 級或 B 級

(1) 供車站、室內停車空間地下建築使用者。

(2) 供百貨商場、美術館或甲複合用途使用，該層樓地板面積在一千平方公尺以上者。

(3) 供醫院使用者。其出口標示燈並應採具閃滅功能，或兼具音聲引導功能者。

2. 前項出口標示燈具閃滅或音聲引導功能者，應符合下列規定：

(1) 設於主要出入口。

(2) 與火警自動警報設備連動。

(3) 由主要出入口往避難方向所設探測器動作時，該出入口之出口標示燈應停止閃滅及音聲引導。

四、緊急升降機間排煙設備與室內排煙設備均可設置直接面向戶外之窗戶，請比較有關設置規定之異同？並請依現行設置標準規定，說明除設置直接面向戶外之窗戶外，緊急升降機間排煙設備其他可採用之排煙方式為何？（25 分）

解：

（一）緊急升降機間排煙設備與室內排煙設備設置規定之異同：

1. 緊急升降機間排煙設備與室內排煙設備設置直接面向戶外之窗戶時，應符合下列規定：

(1)在排煙時窗戶與煙接觸部分使用不燃材料。

(2)窗戶有效開口面積位於天花板高度二分之一以上之範圍內。

(3)窗戶之有效開口面積在二平方公尺以上。但特別安全梯排煙室與緊急升降機間兼用時（以下簡稱兼用），應在三平方公尺以上。

(4)前目平時關閉之窗戶設手動開關裝置，其操作部分設於距離樓地板面八十公分以上一百五十公分以下之牆面，並標示簡易之操作方式。

2. 每層樓地板面積每五百平方公尺內，以防煙壁區劃。但戲院、電影院、歌廳、集會堂等場所觀眾席，及工廠等類似建築物，其天花板高度在五公尺以上，且天花板及室內牆面以耐燃一級材料裝修者，不在此限。

3. 地下建築物之地下通道每三百平方公尺應以防煙壁區劃。

4. 防煙區劃之範圍內，任一位置至排煙口之水平距離在三十公尺以下，排煙口設於天花板或其下方八十公分範圍內，除直接面向戶外，應與排煙風管連

接。但排煙口設在天花板下方，防煙壁下垂高度未達八十公分時，排煙口應設在該防煙壁之下垂高度內。

5. 排煙設備之排煙口、風管及其他與煙接觸部分應使用不燃材料。

6. 排煙風管貫穿防火區劃時，應在貫穿處設防火閘門；該風管與貫穿部位合成之構造應具所貫穿構造之防火時效；其跨樓層設置時，立管應置於防火區劃之管道間。但設置之風管具防火性能並經中央主管機關審核認可，該風管與貫穿部位合成之構造具所貫穿構造之防火時效者，不在此限。

7. 排煙口設手動開關裝置及探測器連動自動開關裝置；以該等裝置或遠隔操作開關裝置開啟，平時保持關閉狀態，開口葉片之構造應不受開啟時所生氣流之影響而關閉。手動開關裝置用手操作部分應設於距離樓地板面八十公分以上一百五十公分以下之牆面，裝置於天花板時，應設操作垂鍊或垂桿在距離樓地板一百八十公分之位置，並標示簡易之操作方式。

8. 排煙口之開口面積在防煙區劃面積之百分之二以上，且以自然方式直接排至戶外。

二)除設置直接面向戶外之窗戶外，緊急升降機間排煙設備其他可採用之排煙方式自然排煙可分為窗戶直接排煙方式、排煙閘門直接排煙方式及排煙閘門連接排煙管道直接排煙方式等三種，採用窗戶排煙時就不需考慮進風之問題。但沒有設置直接面向戶外之窗戶，必須考量以下相關規定：

1. 排煙設備之排煙口、排煙風管、進風口、進風風管及其他與煙接觸部分應使用不燃材料。

2. 排煙、進風風管貫穿防火區劃時，應在貫穿處設防火閘門，該閘門應符合排煙設備用閘門認可基準之規定；該風管與貫穿部位合成之構造應具所貫穿構造之防火時效；其跨樓層設置時，立管應置於防火區劃之管道間。但設置之風管具防火性能並經中央主管機關認可，該風管與貫穿部位合成之構造具所貫穿構造之防火時效者，不在此限。

3. 排煙口位於天花板高度二分之一以上之範圍內，與直接連通戶外之排煙風管連接，該風管並連接排煙機。進風口位於天花板高度二分之一以下之範圍內；其直接面向戶外，開口面積在一平方公尺（兼用時，為一點五平方公尺）以上；或與直接連通戶外之進風風管連接，該風管並連接進風機。

4. 排煙機、進風機之排煙量、進風量在每秒四立方公尺（兼用時，每秒六立方公尺）以上，且可隨排煙口、進風口開啟而自動啟動。

5. 進風口、排煙口依前款第四目設手動開關裝置及探測器連動自動開關裝置；除以該等裝置或遠隔操作開關裝置開啟外，平時保持關閉狀態，開口葉片之構造應不受開啟時所生氣流之影響而關閉。

6. 排煙口、進風口、排煙機及進風機連接緊急電源，其供電容量應供其有效動作三十分鐘以上。

＋知識補充站

日本消防設備檢修人數

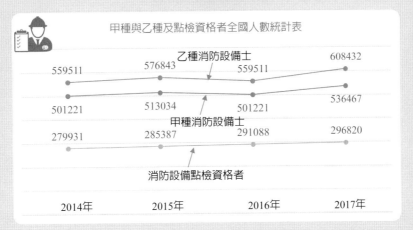

甲種與乙種及點檢資格者全國人數統計表

乙種消防設備士

559511　　　　576843　　　　559511　　　　608432

501221　　　　513034　　　　501221　　　　536467

甲種消防設備士

279931　　　　285387　　　　291088　　　　296820

消防設備點檢資格者

2014年　　　　2015年　　　　2016年　　　　2017年

日本甲種消防設備士相當臺灣消防設備師，乙種消防設備士相當臺灣消防設備士，而日本消防設備檢修資格者相當臺灣消防設備暫行從事人員，但此方面之日本檢修資格者並非暫行從事人員，而是法定執業技術人員。

臺灣消防設備檢修人數

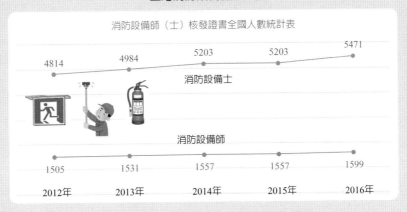

消防設備師（士）核發證書全國人數統計表

5203　　　5203　　　5471

4814　　　4984

消防設備士

消防設備師

1505　　　1531　　　1557　　　1557　　　1599

2012年　　　2013年　　　2014年　　　2015年　　　2016年

消防法第 7 條指出，依各類場所消防安全設備設置標準設置之消防安全設備，其設計、監造應由消防設備師為之；其裝置、檢修應由消防設備師或消防設備士為之。前項消防安全設備之設計、監造、裝置及檢修，於消防設備師或消防設備士未達定量人數前，得由現有相關專門職業及技術人員或技術士暫行為之；其期限由中央主管機關定之。

7-10 101年避難系統考題精解

一、就現行排煙設備之設置場所規定，如何區別其屬於一般防火避難用排煙設備
亦或消防搶救用排煙設備？應如何設計以達成各自之設計目的？試詳述之。
（25分）

解：

一) 現行排煙設備之居室排煙一般防火避難用排煙設備，而消防搶救用排煙設備爲
緊急升機或特別安全梯設置之排煙設備。

二) 一般防火避難用排煙設備設計：

1. 每層樓地板面積每五百平方公尺內，以防煙壁區劃。但戲院、電影院、歌
廳、集會堂等場所觀眾席，及工廠等類似建築物，其天花板高度在五公尺以
上，且天花板及室內牆面以耐燃一級材料裝修者，不在此限。

2. 地下建築物之地下通道每三百平方公尺應以防煙壁區劃。

3. 依第一款、第二款區劃（以下稱爲防煙區劃）之範圍內，任一位置至排煙口
之水平距離在三十公尺以下，排煙口設於天花板或其下方八十公分範圍內，
除直接面向戶外，應與排煙風管連接。但排煙口設在天花板下方，防煙壁下
垂高度未達八十公分時，排煙口應設在該防煙壁之下垂高度內。

4. 排煙設備之排煙口、風管及其他與煙接觸部分應使用不燃材料。

5. 排煙風管貫穿防火區劃時，應在貫穿處設防火閘門；該風管與貫穿部位合成
之構造應具所貫穿構造之防火時效；其跨樓層設置時，立管應置於防火區劃
之管道間。但設置之風管具防火性能並經中央主管機關審核認可，該風管與
貫穿部位合成之構造具所貫穿構造之防火時效者，不在此限。

6. 排煙口設手動開關裝置及探測器連動自動開關裝置；以該等裝置或遠隔操作
開關裝置開啟，平時保持關閉狀態，開口葉片之構造應不受開啟時所生氣流
之影響而關閉。手動開關裝置用手操作部分應設於距離樓地板面八十公分以
上一百五十公分以下之牆面，裝置於天花板時，應設操作垂鍊或垂桿在距離
樓地板一百八十公分之位置，並標示簡易之操作方式。

7. 排煙口之開口面積在防煙區劃面積之百分之二以上，且以自然方式直接排至
戶外。排煙口無法以自然方式直接排至戶外時，應設排煙機。

8. 排煙機應隨任一排煙口之開啟而動作。排煙機之排煙量在每分鐘一百二十立
方公尺以上；且在一防煙區劃時，在該防煙區劃面積每平方公尺每分鐘一立
方公尺以上；在二區以上之防煙區劃時，在最大防煙區劃面積每平方公尺每
分鐘二立方公尺以上。但地下建築物之地下通道，其總排煙量應在每分鐘
六百立方公尺以上。

9. 連接緊急電源，其供電容量應供其有效動作三十分鐘以上。

10. 排煙口直接面向戶外且常時開啟者除外。

三) 消防搶救用排煙設備：

1. 設置直接面向戶外之窗戶時，應符合下列規定：

   (1)在排煙時窗戶與煙接觸部分使用不燃材料。

   (2)窗戶有效開口面積位於天花板高度二分之一以上之範圍內。

   (3)窗戶之有效開口面積在二平方公尺以上。但特別安全梯排煙室與緊急升降機間兼用時（以下簡稱兼用），應在三平方公尺以上。

   (4)前目平時關閉之窗戶設手動開關裝置，其操作部分設於距離樓地板面八十公分以上一百五十公分以下之牆面，並標示簡易之操作方式。

2. 設置排煙、進風風管時，應符合下列規定：

   (1)排煙設備之排煙口、排煙風管、進風口、進風風管及其他與煙接觸部分應使用不燃材料。

   (2)排煙、進風風管貫穿防火區劃時，應在貫穿處設防火閘門，該閘門應符合排煙設備用閘門認可基準之規定；該風管與貫穿部位合成之構造應具所貫穿構造之防火時效；其跨樓層設置時，立管應置於防火區劃之管道間。但設置之風管具防火性能並經中央主管機關認可，該風管與貫穿部位合成之構造具所貫穿構造之防火時效者，不在此限。

   (3)排煙口位於天花板高度二分之一以上之範圍內，與直接連通戶外之排煙風管連接，該風管並連接排煙機。進風口位於天花板高度二分之一以下之範圍內；其直接面向戶外，開口面積在一平方公尺（兼用時，為一點五平方公尺）以上；或與直接連通戶外之進風風管連接，該風管並連接進風機。

   (4)排煙機、進風機之排煙量、進風量在每秒四立方公尺（兼用時，每秒六立方公尺）以上，且可隨排煙口、進風口開啟而自動啟動。

   (5)進風口、排煙口依前款第四目設手動開關裝置及探測器連動自動開關裝置；除以該等裝置或遠隔操作開關裝置開啟外，平時保持關閉狀態，開口葉片之構造應不受開啟時所生氣流之影響而關閉。

   (6)排煙口、進風口、排煙機及進風機連接緊急電源，其供電容量應供其有效動作三十分鐘以上。

二、若選用出口標示燈與避難方向指示燈之縱向尺度如下表所示，試問其有效步行距離應取多少？（25 分）

區分		標示面縱向尺度（m）
出口標示燈	A 級	0.5
	B 級	0.3
	C 級	0.1

區分		標示面縱向尺度（m）
避難方向指示燈	A 級	0.5
	B 級	0.3
	C 級	0.1

解：

一)計算公式

$$D = kh$$

式中，D：步行距離（公尺）

h：出口標示燈或避難方向指示燈標示面之縱向尺度（公尺）

k：依下表左欄所列區分，採右欄對應之 k 值

區分		k 值
出口標示燈	未顯示避難方向符號者	一百五十
	顯示避難方向符號者	一百
避難方向指示燈		五十

二)出口標示燈有效步行距離
1. A 級未顯示避難方向符號者 D=kh=150×0.5m=75m
2. A 級顯示避難方向符號者 D=kh=100×0.5m=50m
3. B 級未顯示避難方向符號者 D=kh=150×0.3m=45m
4. B 級顯示避難方向符號者 D=kh=100×0.3m=30m
5. C 級未顯示避難方向符號者 D=kh=150×0.1m=15m
6. C 級顯示避難方向符號者 D=kh=100×0.1m=10m

三)避難方向指示燈有效步行距離
1. A 級 D = kh = 50×0.5m = 25m
2. B 級 D = kh = 50×0.3m = 15m
3. C 級 D = kh = 50×0.1m = 5m

三、不考慮減免條件，有關甲類場所第三目與乙類場所第七目避難器具之設置規定為何？其相關收容人數應如何計算？並詳述此兩者規定之用意。（25分）

解：

一)第二層以上之樓層或地下層供甲類場所第三目、乙類第七目使用，其收容人員在三十人（其下面樓層供甲類場所第一目、第二目、第四目、第五目、第七目

或乙類場所第二目、第六目、第七目之康復之家或丁類場所使用時，應為十人）以上一百人以下時，設置一具。超過一百人時，每增加（包含未滿）一百人增設一具。

二) 收容人數計算：

觀光飯店、飯店、旅館、招待所（限有寢室客房者）	其收容人員人數，為下列各款合計之數額： 一、從業員工數。 二、各客房部分，以下列數額合計 　　（一）西式客房之床位數。 　　（二）日式客房以該房間之樓地板面積除六平方公尺（以團體為主之宿所，應為三平方公尺）所得之數。 三、供集會、飲食或休息用部分，以下列數額合計： 　　（一）設固定席位部分，以該座椅數計之。如為連續式席位，為該座椅正面寬度除零點五公尺所得之數（未滿一之零數不計）。 　　（二）其他部分以該部分樓地板面積除三平方公尺所得之數。
集合住宅、寄宿舍	合計其居住人數，每戶以三人計算。

三) 規定用意：

1. 現行針對旅館、集合住所收容人數達三十人規定應設置一具，而下樓層有供括弧內場所用途時，檢討為複合用途建築物，危險性較高，其下限降至十人。

2. 然其樓下供集合住宅、停車場所使用者，危險度尚無增高。故考量避難應以室內安全梯為主，危險度未增加下刪除第二款第七目（集合住宅、寄宿舍）保留康復之家、第三款第三目（室內停車場、室內停車空間），使旅館業、集合住宅，其樓下有集合住宅、室內停車場時，收容人數達三十人時，始設置避難器具。

四、救助袋是針對避難弱勢之使用而設，且其材質較易損傷，試詳述其操作方法，並由操作方法說明其綜合檢查項目？（25分）

解：

一) 救助袋操作方法，可分斜降式及垂直式：

上部操作
What To Do Upper Floor

斜降型
Inclined Descent Type

①取掉
收納箱

②解開皮帶
Pull end of belt

③投下引導繩砂袋

④放下
救助袋

⑤拉起
入口框

⑥以腳先進入救助
袋中，順序運作

下部操作
What To Do On Ground

①將繩索拉近固定環

②將繩索盡量伸張拉緊

③拉緊繩索並卡住牢固

④用腳壓住出口的繩索並傳達掛
鉤固定完成的信號予逃生者

⑤逃生者舉手併腳而降

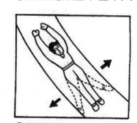

⑥展開雙腳調節速度。

垂直降下型　Vertical Descent Type

①取掉收納箱的頂
　蓋及前面板

②投下引導繩砂袋
　及袋本體

③拉起入口框

④以腳先進入救助
　袋順序運作

以坐姿進行，左手向上伸直，
右手向下撥動旋轉下降。

（圖片來源：大川消防器材有限公司同意引用）

二) 救助袋綜合檢查項目：
　1. 斜降式救助袋
　　(1) 下降準備
　　　A. 檢查方法
　　　　依下列確認是否能安全下降。
　　　　(A) 上部檢查者之程序。
　　　　　a. 打開收藏箱。
　　　　　b. 解開引導繩之束結，拿起砂袋投下。
　　　　　c. 解開固定袋本體之皮帶。
　　　　　d. 等候地上檢查者之信號，使袋本體下降。
　　　　　e. 袋本體完成下降後，拉起入口零件。

(B) 地上檢查者之程序
　　a. 接受引導繩。
　　b. 拉引導繩使袋本體不會卡到窗子或屋簷，而使袋本體下降。
　　c. 打開要降落袋子之固定環蓋子。
　　d. 把下部支持裝置的張設繩索前端之掛鉤掛在固定環，將張設繩索末端穿過滑輪之繩索中間，充份拉緊使袋本體的下部出口大約離地面五十公分至一百公分，將張設繩索倒拉而將此繩索放滑輪的繩索間固定。

B. 判定方法
　(A) 放進收藏箱的狀況及滾筒的動作需順暢。
　(B) 引導繩應能確實安裝在袋本體或下部支持裝置。
　(C) 將袋子展開時，展開零件與入口零件之結合部，應無明顯伸長。（當袋本體有負載時，力的作用會不均衡，故需注意）
　(D) 袋本體的用布與展開部材之結合部，應無明顯磨損。
　(E) 袋本體與入口零件之結合部，應無破損及斷線。
　(F) 入口零件應能容易拉起。
　(G) 把袋子展開時，袋子應無妨礙下降之扭曲、一邊鬆動等變形之狀態。（下部出口與基地地面間，應有適當之間隔。）

(2) 下降
　A. 檢查方法
　　依下列確認是否能正常下降。
　　(A) 要下降時，下降者需先與地上檢查者打信號，然後再下降。
　　(B) 下降者先把腳放在階梯上，使腳先進入袋安裝框，調整好姿勢再下降。
　　(C) 下降姿勢應依照使用方法下降。（因為下降時的初速愈快，下降速度會愈大而危險，因此絕對不可以加反作用而下降。）

　B. 判定方法
　　(A) 下降應順暢。
　　(B) 下降速度應適當正常。
　　(C) 下降時之衝擊應緩慢。

　C. 注意事項
　　(A) 為期綜合檢查能確實而仔細，應在上部（下降口）和地上（逃出口）各配置一名以上之檢查人員。
　　(B) 為了減少身體之露出部分，檢查者應穿戴手套、工作服（長袖）等，以防止危害。
　　(C) 由於袋本體只要拉出前端，剩餘部分會因本身重量自動降落，所以要注意不可讓手或衣服被捲進去。

(3) 收藏

A. 檢查方法

依下列確認完成下降後，是否能恢復原狀。

(A) 拉起之程序

地上檢查者把支撐繩索放鬆至最大限長度，蓋上固定環的蓋子。

(B) 地上檢查者消除支撐繩索的纏繞糾結，將下部支持裝置依各種袋子種類收藏，或把引導繩安裝在下部支持裝置前端的鉤子。

(C) 上部檢查者與地上檢查者協力把袋本體拉上。（地上檢查者在開始拉上時，應拿著引導繩加以引導，以免袋本體卡到窗子或屋簷等障礙物。）

(D) 引導繩應依順序拉上去，打捆成直徑約二十五公分的圓圈。

B. 收藏之程序

(A) 把安裝具的台階折疊起來。

(B) 將入口零件拉進去折疊起來。

(C) 將袋本體從上部反覆折疊，收進安裝具使之能在使用時得以圓滑地伸張。

(D) 整理好之下部支持裝置和引導繩索，放在使用時容易取出之位置，將袋本體用皮帶栓緊。

(E) 把收藏箱安裝好。

C. 判定方法

各部分應無變形等，且應能順利地恢復原狀。

D. 注意事項

在檢查後之收藏，應成使用時無障礙之收藏狀態。

2. 直降式救助袋

除了斜降式的下部支持裝置及固定環之項目外，關於操作展開、下降、拉上及收藏，應比照斜降式之檢查方法、判定方法及應注意事項加以確認。而直降式之下部出口距基地面之高度，應依救助袋之種類，確認各別必要適當之距離。

7-11 100年避難系統考題精解

一、除避難指標外，其他標示設備之緊急電源與配線對標示設備能否有效作用，具有非常關鍵之地位，試詳述出口標示燈及避難方向指示燈之相關緊急電源與配線之規定為何？並述各該規定之用意。（25分）

解：

1. 依第155條規定，出口標示燈及避難方向指示燈之緊急電源應使用蓄電池設備，其容量應能使其有效動作二十分鐘以上。但設於下列場所之主要避難路徑者，該容量應在六十分鐘以上，並得採蓄電池設備及緊急發電機併設方式：
   一、總樓地板面積在五萬平方公尺以上。
   二、高層建築物，其總樓地板面積在三萬平方公尺以上。
   三、地下建築物，其總樓地板面積在一千平方公尺以上。
   前項之主要避難路徑，指符合下列規定者：
   一、通往戶外之出入口；設有排煙室者，為該室之出入口。
   二、通往直通樓梯之出入口；設有排煙室者，為該室之出入口。
   三、通往第一款出入口之走廊或通道。
   四、直通樓梯。
   又第156條規定，出口標示燈及避難方向指示燈之配線，依屋內線路裝置規則外，並應符合下列規定：
   A.蓄電池設備集中設置時，直接連接於分路配線，不得裝置插座或開關等。（內置蓄電池當拔除時會立即亮，使人察覺。但蓄池集中則無此功能）
   B.電源回路不得設開關。但以三線式配線使經常充電或燈具內置蓄電池設備者，不在此限。（此當正常電源消失時，由繼電器自動切換成蓄電池供應）
2. 建築物設置出口標示燈之用意，其一般裝於建築物各樓層通達安全梯及戶外或另一防火區之防火門上方，以作為火警發生時避難逃生出口之標示。此標示燈具備交直流自動切換裝置，平時以AC電源供電及進行備用電池自動充電，停電後則切換至備用電池，以維持標示功能。
   而避難方向指示燈設置於通往樓梯、屋外出入口及觀眾席位通路等之走廊或通道，及於樓梯口、走廊或通道之轉彎處。此指示燈具備交直流自動切換裝置，平時以AC電源供電及進行備用電池之自動充電，而停電後則切換至備用電池供電，以維持指示功能。典型的避難方向指示燈一般分為向左、向右及雙向三種方向指標，
   又較大規模場所發生火災時，緊急電源容量應在六十分鐘以上，並設於主要避難路徑上，因其逃生需要花費相當時間始能離開該建築空間，故其需亮至六十分鐘，以期確保內部使用人員能安全避難逃出。

二、出口標示燈與避難方向指示燈在那些條件下得予減光或消燈？並詳述其具體方式。（25分）

解：

1. 依第 146-7 條出口標示燈及避難方向指示燈，應保持不熄滅。

    出口標示燈及非設於樓梯或坡道之避難方向指示燈，與火警自動警報設備之探測器連動亮燈，且配合其設置場所使用型態採取適當亮燈方式，並符合下列規定之一者，得予減光或消燈。

    一、設置場所無人期間。

    二、設置位置可利用自然採光辨識出入口或避難方向期間。

    三、設置在因其使用型態而特別需要較暗處所，於使用上較暗期間。

    四、設置在主要供設置場所管理權人、其雇用之人或其他固定使用之人使用之處所。

    設於樓梯或坡道之避難方向指示燈，與火警自動警報設備之探測器連動亮燈，且配合其設置場所使用型態採取適當亮燈方式，並符合前項第一款或第二款規定者，得予減光或消燈。

    以設置場所『使用型態』決定是否使用『消燈』；所謂使用型態，如下說明：（2007 陳火炎）

    (1) 無人期間是指建築物之全部或一部分無人時，其無人部分之出口標示燈及避難方向指示燈可以消燈。而無人是指休業、休假或夜間等定期的持續反覆無人的狀態，此時即便留有保全人員或輪值人員也視同是無人。但消燈不可以個別行之，而必須一齊進行，因此其開關器（信號裝置）要設置在守衛室等經常有人之場所，必要時可以手動點燈，但火警自動警報設備動作時必需能自動連動點燈。

    (2) 設置位置可以利用自然採光辨識出入口或避難方向期間，是指因自然光可以辨識出入口或避難方向時，可以消燈沒關係。

    (3) 設置在因其使用型態而特別需要較暗處所，於使用上較暗期間，所謂使用型態而特別需要較暗處所是指為達影像視覺效果或演出效果之表演場所而言，戲院、電影院、歌廳、舞廳、夜總會等在上映或演出期間；集會堂當作電影或舞台表演期間；或是電影攝影場所、電視播送場所之上映或演出期間均可作本款之適用。

    ◎其消燈點燈之控制開關（信號裝置）應設於在守衛室或防災中心等經常有人之場所，當可以手動點燈，但火警自動警報設備動作時必需能自動連動點燈。

    (4) 設置在主要供設置場所管理權人、其雇用之人或其他固定使用之人使用之處所者，由於這些人使用之處所者，這些人經常在該場所進出，熟知其避難路線，因此平常可以消燈以節省能源，但火警自動警報設備動作時必需能自動連動點燈。

◎其消燈點燈之控制開關（信號裝置）應設於在守衛室或防災中心等經常有人之場所，亦可以手動點燈，但火警自動警報設備動作時必需能自動連動點燈。

三、特別安全梯在避難上稱為相對安全區，為使逃至此區之人員獲得安全，因此要求設置排煙設備，試繪特別安全梯之平面圖並詳述其自然排煙與機械排煙之相關規定。（25分）

解：

排煙室出入特別安全梯因設有進風口及出風口之機械排煙系統，出入需經防火門，在正常情況下是為一獨立不受火災煙侵入之相對安全區，假使機械排煙系統失敗情況，在防火門關閉下火災煙亦不侵入特別安全梯間。

圖1　排煙室出入特別安全梯

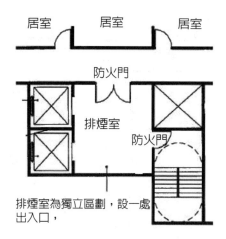

陽臺出入特別安全梯因設有戶外一陽臺，使避難人員仍有對外氧氣供應不至於受火災生成物之嚴重侵害，出入需經防火門，在防火門關閉下火災煙亦不侵入特別安全梯間。

圖2 陽臺出入特別安全梯

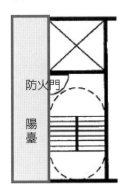

開向特別安全梯

　　建築技術規則設計施工篇第一百零七條規定梯間排煙室除開向特別安全梯外僅有一處出入口且不得直接連接居室自然排煙的基本作用,可利用排煙口排煙或利用向外的窗戶排煙。但無論是任何開口排煙或門窗,只要室外溫度低於室內,或室內壓力高於室外,煙氣就會向外排出,在同時室外較冷的空氣也會從室內的下方流進,根據質量守恆,排出的煙和進入的空氣相等。又由於氣流的連續性,所以排出的煙氣和進入的外氣一定相等(因阻礙而不相等時,著火房間就可能因缺氧而趨於熄滅)和形成局部對流。

　　自然排煙的優點:自然排煙是由屋內外溫差、空氣密度差而產生的浮力,自然向外排煙,它的設備單純,完全不需機械、不要動力,除了設計時必須考慮建築的高度、風向、開口或窗戶的位置和保持開口面積不少於屋內總樓地板面積的 2% 以外,可以說相當簡單,所以費用低,維護容易,火災時,一般也有一定的效果,尤其排煙口平時即是通風口,優點最多。

　　機械排煙:

　　利用排風機排除著火房間的煙氣,以防止漫延減少災害,並保障走廊及樓梯間,以至避難室等處逃生與救火行動的安全。系統的構成,一般均包括排煙機或送風機、排煙口、送風口相應的自動控制設備在高層大樓還包括排煙豎井和送風豎井等設施,所以安裝與維護、運轉費用也都很高。

1. 一個排煙系統,包括的範圍不要過大,最多以五百平方公尺為限。
2. 儘量縮短水平煙道。
3. 重要的走廊、樓梯間和前室等疏散通道,必須做為一個獨立的排煙系統。
4. 使用豎井在著火時僅有著火層排煙口開啟,比較容易形成有效負壓。
5. 同一系統中各防排煙分區的面積,儘量相等。
6. 使用自然排煙時,其法規之單一動作,為一有效開口連動,例如若二百平方公尺有 4 扇窗時,需 4 扇窗同時動作,若能自動感應連動更佳,因自動感應連動

能於非目視行為時動作。

於各類場所消防安全設備設置標準第一百八十九條規定，特別安全梯或緊急升降機間排煙室之排煙設備，依下列規定選擇設置：

一、設置直接面向戶外之窗戶時，應符合下列規定：

（一）在排煙時窗戶與煙接觸部分使用不燃材料。

（二）窗戶有效開口面積位於天花板高度二分之一以上之範圍內。

（三）窗戶之有效開口面積在二平方公尺以上。但特別安全梯排煙室與緊急升降機間兼用時（以下簡稱兼用），應在三平方公尺以上。

（四）前目平時關閉之窗戶設手動開關裝置，其操作部分設於距離樓地板面八十公分以上一百五十公分以下之牆面，並標示簡易之操作方式。

二、設置排煙、進風風管時，應符合下列規定：

（一）排煙設備之排煙口、排煙風管、進風口、進風風管及其他與煙接觸部分應使用不燃材料。

（二）排煙、進風風管貫穿防火區劃時，應在貫穿處設防火閘門；該風管與貫穿部位合成之構造應具所貫穿構造之防火時效；其跨樓層設置時，立管應置於防火區劃之管道間。但設置之風管具防火性能並經中央主管機關認可，該風管與貫穿部位合成之構造具所貫穿構造之防火時效者，不在此限。

（三）排煙口位於天花板高度二分之一以上之範圍內，與直接連通戶外之排煙風管連接，該風管並連接排煙機。進風口位於天花板高度二分之一以下之範圍內；其直接面向戶外，開口面積在一平方公尺（兼用時，為一點五平方公尺）以上；或與直接連通戶外之進風風管連接，該風管並連接進風機。

（四）排煙機、進風機之排煙量、進風量在每秒四立方公尺（兼用時，每秒六立方公尺）以上，且可隨排煙口、進風口開啟而自動啟動。

（五）進風口、排煙口依前款第四目設手動開關裝置及探測器連動自動開關裝置；除以該等裝置或遠隔操作開關裝置開啟外，平時保持關閉狀態，開口葉片之構造應不受開啟時所生氣流之影響而關閉。

（六）排煙口、進風口、排煙機及進風機連接緊急電源，其供電容量應供其有效動作三十分鐘以上。

四、依金屬製避難梯認可基準之規定，避難梯有那些分類？而依各類場所消防安全設備設置標準之規定其相關之設置要求為何？並請說明此設置要求之理由。（25分）

解：

1. 避難梯分類如下：

(1) 固定型梯：係指固定於建築物，隨時可供使用者，包含可收納式（指橫桿可

收納於梯柱內，使用時將其拉出成可使用狀態，或梯子下部有可折疊、伸縮等構造者）。

(2) 倚靠型梯：係指將梯子倚靠於建築物，供緊急避難用者。

(3) 懸吊型梯：係指以折疊、伸縮、捲收等方式收納，使用時，將掛勾等吊掛用金屬構件搭掛在建築物上，放下梯身掛置使用；或打開設置於建築物懸吊梯箱（已設置懸吊型梯於其中），將其垂下，呈可使用狀態，供作緊急避難用者。

2. 第 171 條避難梯依下列規定設置：

一、固定梯及固定式不銹鋼爬梯（直接嵌於建築物牆、柱等構造，不可移動或收納者）應符合下列規定：

　　（一）裝置在使用場所之柱、地板、樑或其他構造上較堅固或加強部分。

　　（二）以螺栓、埋入、熔接或其他堅固方法裝置。

　　（三）橫桿與使用場所牆面保持十公分以上之距離。

二、第四層以上之樓層設避難梯時，應設固定梯，並合於下列規定：

　　（一）設於陽臺等具安全且容易避難逃生構造處，其樓地板面積至少二平方公尺，並附設能內接直徑六十公分以上之逃生孔。

　　（二）固定梯之逃生孔應上下層交錯配置，不得在同一直線上。

三、懸吊型梯應符合下列規定：

　　（一）懸吊型梯固定架設在使用場所之柱、地板、樑或其他構造上較堅固及容易裝設處所。但懸吊型固定梯能直接懸掛於堅固之窗臺等處所時，得免設固定架。

　　（二）懸吊型梯橫桿在使用時，與使用場所牆面保持十公分以上之距離。

　　（三）設置要求理由係第四層以上之樓層設避難梯時，應設固定梯於陽臺且其樓地板面積至少二平方公尺，並附設能內接直徑六十公分以上之逃生孔。此為四層以上有一定高度，並從附設逃生孔進行逃生，在可能單人或多人逃生之情況下，避免推擠或立足之人員安全考量。又固定梯之逃生孔應上下層交錯配置，不得在同一直線上。避免人員從高處直接墜落至地面，且避免火煙竄出形成垂直線，使該區避難器具受火煙侵擾，致人員無法使用。

Note

第8章
消防設備士避難系統歷屆考題詳解

（本書作者至美國德州DFW火場訓練，2008）

8-1 110年避難系統考題詳解

等別：普通考試

類科：消防設備士

科目：警報與避難系統消防安全設備概要（摘取避難系統部分）

考試時間：1 小時 30 分

※ 注意：

1) 禁止使用電子計算器。

2) 不必抄題，作答時請將試題題號及答案依照順序寫在試卷上，於本試題上作答者，不予計分。

3) 請以黑色鋼筆或原子筆在申論試卷上作答。

4) 本科目除專門名詞或數理公式外，應使用本國文字作答。

(D)　1. 建築物有某一樓層樓地板面積 900 平方公尺且設置之避難方向指示燈均為 C 級，該樓層最有可能為下列何種用途？

  (A) 室內停車場　 (B) 候船室

  (C) 產後護理機構　 (D) KTV

  解析：

  出口標示燈及非設於樓梯或坡道之避難方向指示燈，設於下列場所時，應使用 A 級或 B 級

類別	目別	應設排煙設備場所	總樓地板面積 (m²)
甲	1	電影片映演場所（戲院、電影院）、歌廳、舞廳、夜總會、俱樂部、理容院（觀光理髮、視聽理容等）、指壓按摩場所、錄影節目帶播映場所（MTV 等）、視聽歌唱場所（KTV 等）、酒家、酒吧、酒店（廊）	≥ 1000 應設
	2	保齡球館、撞球場、集會堂、健身休閒中心（含提供指壓、三溫暖等設施之美容瘦身場所）、室內螢幕式高爾夫練習場、遊藝場所、電子遊戲場、資訊休閒場所。	
	3	觀光旅館、飯店、旅館、招待所（限有寢室客房者）	
	4	商場、市場、百貨商場、超級市場、零售市場、展覽場	
	5	餐廳、飲食店、咖啡廳、茶藝館	

類別	目別	應設排煙設備場所	總樓地板面積（m²）
	6	醫院、療養院、榮譽國民之家、長期照顧服務機構（限機構住宿式、社區式之建築物使用類組非屬 H-2 之日間照顧、團體家屋及小規模多機能）、老人福利機構（限長期照護型、養護型、失智照顧型之長期照顧機構、安養機構）、兒童及少年福利機構（限托嬰中心、早期療育機構、有收容未滿二歲兒童之安置及教養機構）、護理機構（限一般護理之家、精神護理之家、產後護理機構）、身心障礙福利機構（限供住宿養護、日間服務、臨時及短期照顧者）、身心障礙者職業訓練機構（限提供住宿或使用特殊機具者）、啟明、啟智、啟聰等特殊學校。	≥ 0 應設 出口標示燈並應採具閃滅功能，或兼具音聲引導功能者
	7	三溫暖、公共浴室	≥ 1000 應設
乙	1	車站、飛機場大廈、候船室	≥ 0 應設
	2	期貨經紀業、證券交易所、金融機構	
	3	學校教室、兒童課後照顧服務中心、補習班、訓練班、K 書中心、前款第六目以外兒童及少 福利機構（限安置及教養機構）及身心障礙者職業訓練機構	
	4	圖書館、博物館、美術館、陳列館、史蹟資料館、紀念館及其他類似場所	
	5	寺廟、宗祠、教堂、供存放骨灰（骸）之納骨堂（塔）及其他類似場所	
	6	辦公室、靶場、診所、長期照顧服務機構（限社區式之建築物使用類組屬 H-2 之日間照顧、團體家屋及小規模多機能）、日間型精神復健機構、兒童及少年心理輔導或家庭諮詢機構、身心障礙者就業服務機構、老人文康機構、前款第六目以外之老人福利機構及身心障礙福利機構	
	7	集合住宅、寄宿舍、住宿型精神復健機構	
	8	體育館、活動中心	
	9	室內溜冰場、室內游泳池	
	10	電影攝影場、電視播送場	
	11	倉庫、傢俱展示販售場	
	12	幼兒園	
丙	1	電信機器室	
	2	汽車修護廠、飛機修理廠、飛機庫	
	3	室內停車場、建築物依法附設之室內停車空間	≥ 0 應設

類別	目別	應設排煙設備場所	總樓地板面積 (m²)
丁	1	高度危險工作場所	
	2	中度危險工作場所	
	3	低度危險工作場所	
戊	1	複合用途建築物中,有供甲類用途者	
	2	前目以外供乙至丁類用途之複合用途建築物	
	3	地下建築物	≥ 0m2 應設

(C) 2. 避難方向指示燈之認可作業中,其引導燈具不包括下列何種附加功能?
(A) 減光　　　(B) 消燈　　　(C) 閃滅　　　(D) 複合顯示
解析:

【引導燈具區分】

依用途區分	按照大小分類			附加功能
	分級		標示面光度 (cd)	標示面長邊與短邊比
出口標示燈	A 級	A	50 以上	1:1 ~ 5:1	減光 消燈 閃滅 音聲引導 複合顯示
	B 級	BH	20 以上		
		BL	10 以上		
	C 級	C	1.5 以上		
避難方向指示燈(非地面嵌入型)	A 級	A	60 以上		減光 消燈 複合顯示
	B 級	BH	25 以上		
		BL	13 以上		
	C 級	C	5 以上		
避難方向指示燈(地面嵌入型)	B 級	BH	25 以上	2:1 ~ 3:1	
		BL	13 以上		
	C 級	C	5 以上		

火焰型探測器	*動作試驗	以適合探測器之試驗器,照射紅外線或紫外線,測定至探測器動作為止之時間。	探測器之動作時間應在下表所示之值以內。			
			動作時間 探測器	探測器種類		
				室內型	室外型	道路型
			火焰型探測器	30 秒	30 秒	30 秒

（B）　3. 特別安全梯間與緊急昇降機間兼用之排煙室，如設置排煙管道及進風管道，下列何者在綜合試驗中應判定合格？
(A) 排煙口開口面積 5 平方公尺
(B) 進風口開口面積 2 平方公尺
(C) 排煙管道內部斷面積 8 平方公尺
(D) 進風管道內部斷面積 2 平方公尺
解析：進風口位於天花板高度二分之一以下之範圍內；其直接面向戶外，
　　　開口面積在一平方公尺（兼用時，為一點五平方公尺）以上

（A）　4. 建築物之避難器具設置緩降機時，對其開口部進行外觀檢查之判定，下列何者合格？
(A) 高 95 公分寬 50 公分，且由地板面至開口部下端之高度 145 公分
(B) 高 60 公分寬 60 公分，且由地板面至開口部下端之高度 135 公分
(C) 高 100 公分寬 40 公分，且由地板面至開口部下端之高度 135 公分
(D) 高 85 公分寬 45 公分，且由地板面至開口部下端之高度 145 公分
解析：

避難器具種類	開口面積
救助袋	高 60cm 以上。 寬 60cm 以上。
緩降機、避難梯 避難繩索、滑杆	高 80cm 以上，寬 50cm 以上 或高 100cm 以上，寬 45cm 以上

（C）　5. 下列那二種避難器具在性能檢查時，均須對其下降空地附近之支持或固定裝置進行判定？
(A) 斜降式救助袋及直降式救助袋
(B) 滑台及直降式救助袋
(C) 滑杆及斜降式救助袋
(D) 固定收藏型避難梯及滑台
解析：下部支持裝置（限斜降式救助袋）；滑杆上端與下端應能固定。

（D）　6. 下列避難器具架設完成後，進行綜合檢查時，何者應判定不合格？
(A) 懸吊型避難梯突起向牆壁方向，牆壁與橫桿之間隔在 15 公分
(B) 緩降機下降距離及下降時間分別測量為 1800 公分及 20 秒
(C) 斜降式救助袋本體下部出口離地面 95 公分
(D) 避難繩下端距離地面 60 公分
解析：避難繩下端距離地面 50 公分

（D）　7. 對於設置在地下建築物、地下層及地上層三者之居室的緊急照明燈進行性能檢查，依照消防安全設備及必要檢修項目檢修基準之規定，使用低照度測定用光電管照度計測試，在地面之水平面照度應分別達多少勒克斯（lux）以上？

(A) 10、10、10 （B) 10、10、2
(C) 10、2、2 （D) 2、2、2

解析：本題是指居室，第 178 條緊急照明燈在地面之水平面照度，使用低
照度測定用光電管照度計測得之值，在地下建築物之地下通道，其
地板面應在十勒克司（Lux）以上，其他場所應在二勒克司（Lux）
以上。但在走廊曲折點處，應增設緊急照明燈。

(C) 8. 有關辦公大樓排煙設備之啓動裝置在消防安全設備及必要檢修項目檢修基
準之性能及綜合檢查的檢查及判定方法，下列敘述何者錯誤？
(A) 性能檢查時，須針對自動及手動啓動裝置進行檢查及判定
(B) 探測器動作後，能連動排煙機啓動
(C) 綜合檢查時，勿切換成緊急電源之狀態
(D) 綜合檢查時，須記錄運轉電流

解析：綜合檢查時，切換成緊急電源之狀態

(A) 9. 對於單相交流 110V 之緊急電源插座進行外觀及性能檢查時，下列何者與消
防安全設備及必要檢修項目檢修基準之規定不同？
(A) 其回轉相位應量測爲右向回轉
(B) 額定電流應爲 15A
(C) 其爲接地型插座
(D) 其爲三孔之插座

解析：連接額定電壓 220V 之三相交流緊急電源插座，如與電動機連接時，
應以相位計確認右向回轉。但單相交流 110V 沒有測回轉相位。

(A) 10. 依緊急廣播設備之揚聲器設置規定，廣播區域超過 100 平方公尺時，距揚
聲器 1 公尺處所測得之音壓應爲多少分貝以上？
(A) 92 （B) 87 （C) 84 （D) 80

解析：

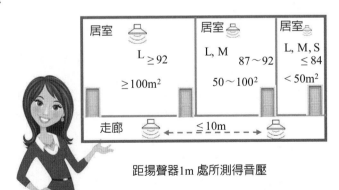

距揚聲器1m 處所測得音壓

(D) 11. 下列有關得免設緊急照明設備之處所，何者錯誤？
(A) 具有效採光，且直接面向室外之通道或走廊
(B) 集合住宅之居室
(C) 洗手間、浴室、盥洗室、儲藏室或機械室
(D) 幼兒園內之教室

解析：

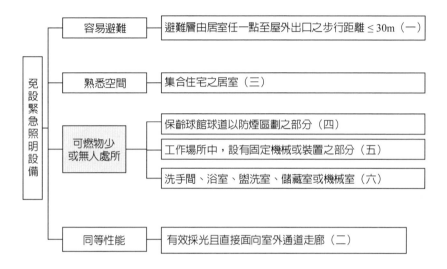

(A) 12. 緩降機在進行綜合檢查之下降試驗時，以測量下降距離及下降時間計算出下降速度，平均下降速度何者正確？
(A) 每秒 80 公分～100 公分　　(B) 每秒 50 公分～100 公分
(C) 每秒 80 公分～150 公分　　(D) 每秒 100 公分～150 公分

解析：

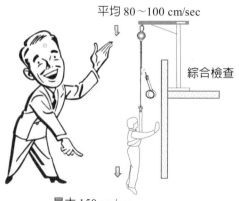

平均 80～100 cm/sec

綜合檢查

最大 150 cm/sec

（B）13. 依消防安全設備及必要檢修項目檢修基準，救助袋進行開口部外觀檢查時，開口部面積之限制，下列何者正確？
(A) 高 80 公分以上，寬 50 公分以上
(B) 高 60 公分以上，寬 60 公分以上
(C) 高 80 公分以上，寬為救助袋最大寬度以上
(D) 高 180 公分以上，寬為救助袋最大寬度以上
解析：

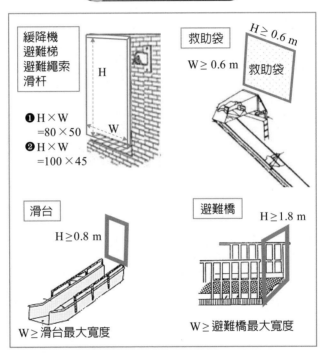

避難器具必要開口面積

緩降機
避難梯
避難繩索
滑杆

❶ H×W
　=80×50
❷ H×W
　=100×45

救助袋　H≥0.6 m　W≥0.6 m　救助袋

滑台　H≥0.8 m　W≥滑台最大寬度

避難橋　H≥1.8 m　W≥避難橋最大寬度

（C）14. 某場所第五層需設置排煙設備，樓地板面積為 1200 平方公尺並區分為 450、400 及 350 平方公尺等三個防煙區劃，試問該層排煙機之排煙量最少應為每分鐘多少立方公尺？
(A) 450　　　　(B) 850　　　　(C) 900　　　　(D) 1200
解析：在二區以上之防煙區劃時，在最大防煙區劃面積每平方公尺每分鐘二立方公尺以上，450×2 = 900

（D）15. 依各類場所消防安全設備設置標準規定，避難指標設於走廊或通道時，自走廊或通道任一點至指標之步行距離在多少公尺以下？
(A) 20　　　　(B) 15　　　　(C) 10　　　　(D) 7.5
解析：

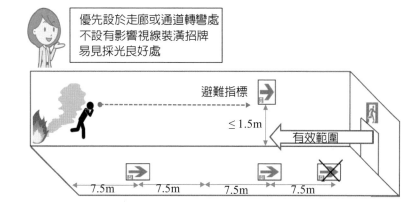

優先設於走廊或通道轉彎處
不設有影響視線裝潢招牌
易見採光良好處

避難指標

≤ 1.5m

有效範圍

7.5m　7.5m　7.5m　7.5m

(D) 16. 下列有關緊急電源插座之設置,何者錯誤?
(A) 緊急電源插座裝設於樓梯間或緊急昇降機間等消防人員易於施行救火處
(B) 緊急電源插座為接地型,裝設高度距離樓地板 1 公尺以上 1.5 公尺以下
(C) 應從主配電盤設專用回路,各層至少設 2 回路以上之供電線路
(D) 各插座設容量 110 伏特、15 安培以上之漏電斷路器
解析:各插座設容量 110 伏特、15 安培以上之無熔絲斷路器

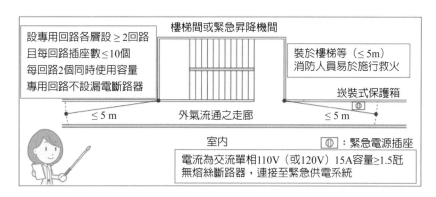

設專用回路各層設 ≥ 2 回路
且每回路插座數 ≤ 10 個
每回路2個同時使用容量
專用回路不設漏電斷路器

樓梯間或緊急昇降機間

裝於樓梯等(≤5m)
消防人員易於施行救火

崁裝式保護箱

≤ 5 m　外氣流通之走廊　≤ 5 m

室內　　⏀:緊急電源插座

電流為交流單相110V(或120V)15A容量≥1.5瓩
無熔絲斷路器,連接至緊急供電系統

(A) 17. 特別安全梯排煙室設置直接面向戶外之窗戶時,窗戶之有效開口面積應在
多少平方公尺以上?
(A) 2　　　　　(B) 4　　　　　(C) 3　　　　　(D) 6
解析:窗戶之有效開口面積在二平方公尺以上。但特別安全梯排煙室與緊
急昇降機間兼用時(以下簡稱兼用),應在三平方公尺以上。

(B) 18. 避難器具之裝設規定,下列何者正確?
(A) 儘量接近安全梯等避難逃生設施
(B) 避難器具平時裝設於開口部或必要時能迅即裝設於該開口部

(C) 設置避難器具之開口部，上下層應儘量落於同一垂直線上，以方便維護

(D) 供避難器具使用之開口部，需上鎖具有保全之構造

解析：第 161 條避難器具，依下列規定裝設：

1. 設在避難時易於接近處。

2. 與安全梯等避難逃生設施保持適當距離。

3. 供避難器具使用之開口部，具有安全之構造。

4. 避難器具平時裝設於開口部或必要時能迅即裝設於該開口部。

5. 設置避難器具（滑杆、避難繩索及避難橋除外）之開口部，上下層應交錯配置，不得在同一垂直線上。但在避難上無障礙者不在此限。

8-2 109年避難系統考題詳解

等別：普通考試
類科：消防設備士
科目：警報與避難系統消防安全設備概要（摘取避難系統部分）
考試時間：1 小時 30 分
※ 注意：
1) 禁止使用電子計算器。
2) 不必抄題，作答時請將試題題號及答案依照順序寫在試卷上，於本試題上作答者，不予計分。
3) 請以黑色鋼筆或原子筆在申論試卷上作答。
4) 本科目除專門名詞或數理公式外，應使用本國文字作答。

甲、申論題部分

一、緊急廣播設備是火災發生時傳遞火災訊息的重要設備，請試述下列相關問題：
    （一）其配線若因大樓營業中，某層樓施工而造成該層揚聲器配線斷線時，請依據「各類場所消防安全設備設置標準」說明對緊急廣播設備的影響。（10 分）
    （二）依據「緊急廣播設備檢修及申報作業基準」，對緊急廣播設備啟動裝置性能檢查之檢查方法與判定方法為何？（15 分）

解：

依第 139 條
緊急廣播設備之配線，除依屋內線路裝置規則外，依下列規定設置：

一、導線間及導線對大地間之絕緣電阻值，以直流二百五十伏特額定之絕緣電阻計測定，對地電壓在一百五十伏特以下者，在零點一M Ω 以上，對地電壓超過一百五十伏特者，在零點二M Ω 以上。
二、不得與其他電線共用管槽。但電線管槽內之電線用於六十伏特以下之弱電回路者，不在此限。
三、任一層之揚聲器或配線有短路或斷線時，不得影響其他樓層之廣播。
四、設有音量調整器時，應為三線式配線。

緊急廣播設備啓動裝置性能檢查之檢查方法與判定方法

1. 檢查方法
   (1) 手動按鈕開關：操作手動按鈕開關，確認是否動作。
   (2) 火警自動警報設備之手動報警機。
      A. 操作火警自動警報設備之手動報警機，確認廣播設備是否確實啓動，自動進行火災廣播。
      B. 操作緊急電話（分機），於操作部（主機）呼出鳴動之同時，確認能否相互通話。
      C. 操作二具以上之緊急電話（分機），確認於操作部是否可任意選擇通話，且此時被遮斷之緊急電話是否能聽到講話音。
   (3) 與火警自動警報設備之連動：使火警自動警報設備動作，確認是否能確實連動。
2. 判定方法
   (1) 手動按鈕開關：在操作部應發出音響警報及火災音響信號。
   (2) 火警自動警報設備之手動報警機
      A. 應能自動地進行火災廣播。
      B. 操作部（主機）呼出鳴動，且應能明確相互通話。
      C. 應能任意選擇通話，且此時被遮斷之緊急電話亦應能聽到講話音。
   (3) 與火警自動警報設備之連動
      A. 於受信火災信號後，自動地啓動廣播設備，其火災音響信號或音響裝置應鳴動。
      B. 起火層表示燈應亮燈。
      C. 起火層表示燈至火災信號復舊前，應保持亮燈。

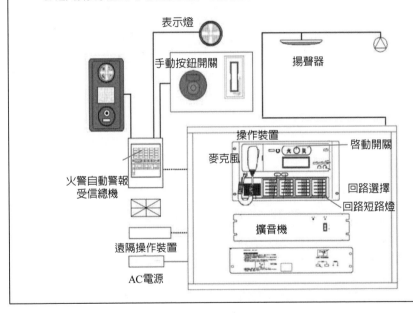

表示燈

手動按鈕開關

揚聲器

操作裝置

啓動開關

麥克風

火警自動警報
受信總機

回路選擇

回路短路燈

擴音機

遠隔操作裝置

AC電源

解：

　　一般於線路間電流狀態於正常狀態 $I = 24V/10k\Omega = 2.4mA$；斷線狀態 $I = 24V /$ 無限大 $\Omega < 0A$；火警狀態 $I = 24V/0 \Omega > 2.4mA$

二、某國際機場候機室面積為 500 平方公尺，其一面牆有對外流通之窗戶，依「各
類場所消防安全設備設置標準」規定設立自然排煙窗設備，在天花板下方 80
公分範圍內共有 20 扇外推窗，請試述下列相關問題：（109 年消防設備士）
（一）該自然排煙窗設備的排煙口設置規定為何？（15 分）
（二）若是該排煙窗採正向由上往外推可達 90°，其每一扇窗面積多大才符合
法規？（10 分）

解：

一、自然排煙窗設備的排煙口設置規定：第 188 條第二十八條第一項第一款至第四
款排煙設備，依下列規定設置：
（一）每層樓地板面積每五百平方公尺內，以防煙壁區劃。
（二）防煙區劃範圍內，任一位置至排煙口之水平距離在三十公尺以下，排煙
口設於天花板或其下方八十公分範圍內，除直接面向戶外，應與排煙風
管連接。但排煙口設在天花板下方，防煙壁下垂高度未達八十公分時，
排煙口應設在該防煙壁之下垂高度內。
（三）排煙設備之排煙口、風管及其他與煙接觸部分應使用不燃材料。
（四）排煙風管貫穿防火區劃時，應在貫穿處設防火閘門；該風管與貫穿部位
合成之構造應具所貫穿構造之防火時效；其跨樓層設置時，立管應置於
防火區劃之管道間。但設置之風管具防火性能並經中央主管機關審核認
可，該風管與貫穿部位合成之構造具所貫穿構造之防火時效者，不在此
限。
（五）排煙口設手動開關裝置及探測器連動自動開關裝置；以該等裝置或遠
隔操作開關裝置開啟，平時保持關閉狀態，開口葉片之構造應不受開啟
時所生氣流之影響而關閉。手動開關裝置用手操作部分應設於距離樓地
板面八十公分以上一百五十公分以下之牆面，裝置於天花板時，應設操
作垂鍊或垂桿在距離樓地板一百八十公分之位置，並標示簡易之操作方
式。
（六）排煙口之開口面積在防煙區劃面積之
百分之二以上，且以自然方式直接排
至戶外。
前項之防煙壁，指以不燃材料建造，
自天花板下垂五十公分以上之垂壁或
具有同等以上阻止煙流動構造者。但
地下建築物之地下通道，防煙壁應自
天花板下垂八十公分以上。

二、防煙壁區劃 500 m^2×2% = 10 m^2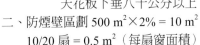
10/20 扇 = 0.5 m^2（每扇窗面積）

乙、測驗題部分（50分）

(C) 1. 緊急照明燈在地面之水平面照度，使用低照度測定用光電管照度計測得之值，在地下建築物之地下通道，其地板面應在 X 勒克司（Lux）以上，其他場所應在 Y 勒克司（Lux）以上。其中 X，Y 值為何？
(A) X = 5，Y = 2　　　　　　(B) X = 5，Y = 0.2
(C) X = 10，Y = 2　　　　　 (D) X = 10，Y = 0.2

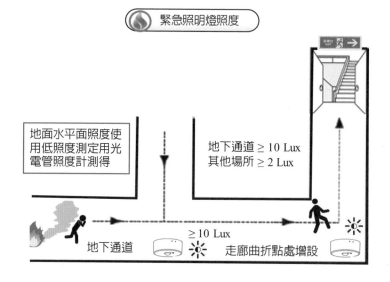

(C) 2. 有關避難方向指示燈裝設之敘述，下列何者錯誤？
(A) 可設於地板面，但應具不因荷重而破壞之強度
(B) 應裝設於設置場所之走廊、樓梯及通道
(C) 轉彎處可以免設
(D) 設於可能遭受雨淋之處所者，應具防水構造

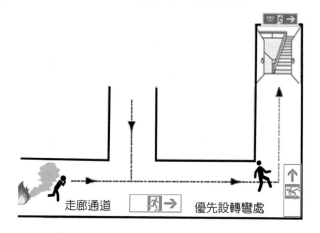

（ B ）　3. 緩降機之設置應保有必要操作面積（不含避難器具所占面積），其相關規定下列何者正確？
(A) 面積 0.5 平方公尺以上，且邊長為 40 公分以上
(B) 面積 0.5 平方公尺以上，且邊長為 60 公分以上
(C) 寬 150 公分以上，長 150 公分以上
(D) 寬 150 公分以上，長 60 公分以上

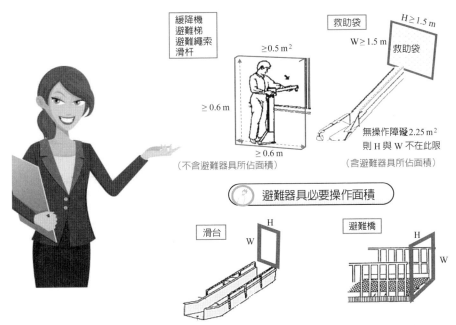

滑台與避難橋之 H、W 依避難器具大小及形狀留置之

（ B ）　4. 避難器具設置數量需衡酌場所之收容人數，依各類場所消防安全設備設置標準規定，百貨商場供飲食或休息用場所之收容人數計算，應以該部分樓地板面積除多少？
(A) 2 平方公尺　　　　　　　　(B) 3 平方公尺
(C) 4 平方公尺　　　　　　　　(D) 6 平方公尺

編號	各類場所	收容人員計算方式 （從業員工數簡寫從，樓地板面積簡寫樓）		
1	電影、戲、集、體、活	從 + 連續席 $\dfrac{座椅寬度}{0.4m}$（< 1 不計）+ 立位 $\dfrac{樓}{0.2m^2}$ + $\dfrac{樓}{0.5m^2}$		
2	遊藝、電、資	從 + 遊樂機供遊樂人數 + 固定席 + 連續席位 $\dfrac{座椅寬度}{0.5m}$（< 1 不計）		

編號	各類場所	收容人員計算方式 （從業員工數簡寫從，樓地板面積簡寫樓）
3	舞廳、酒、保、室、三、餐	$從 + 固定席 + 連續席位\dfrac{座椅寬度}{0.5m}（< 1 不計）+ 麥克風數 + \dfrac{樓}{3m^2}$
4	商場、市、百、超、展	$從 + 供飲息休息\dfrac{樓}{3m^2} + \dfrac{樓}{4m^2}$
5	觀光飯店、旅、招	$從 + 西式床數 + 日式\dfrac{樓}{6m^2}\left(團體\dfrac{樓}{3m^2}\right) + 固定席 + 連續席位\dfrac{座椅寬度}{0.5m}（< 1 不計）+ \dfrac{樓}{3m^2}$
6	集合住宅、寄	每戶 3 人計
7	醫療機構、醫、療	$從 + 病床數 + 育嬰床 + 候診室\dfrac{樓}{3m^2}$
8	長照機構、幼、護	從 + 其他需保護數合計
9	學校、訓、安	從 + 學生數合計之
10	圖書館、博、美	$從 + \dfrac{樓}{3m^2}$
11	三溫暖、公	$從 + \dfrac{樓}{3m^2}$
12	寺廟、教	$從 + \dfrac{樓}{3m^2}$
13	車站、室、倉	從
14	其他場所	$從 + \dfrac{樓}{3m^2}$

(A) 5. 有關緊急電源插座之設置規定，下列敘述何者正確？

(A) 裝設高度距離樓地板 1 公尺以上 1.5 公尺以下

(B) 各層至少設 1 回路以上之供電線路

(C) 每一回路之連接插座數在 5 個以下

(D) 緊急電源插座專用回路應設漏電斷路器避免漏電

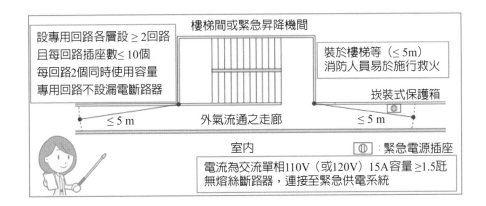

（ B ） 6. 無線電通信輔助設備設置之規定，下列敘述何者錯誤？

(A) 洩波同軸電纜經耐燃處理

(B) 增輻器應使用蓄電池設備為緊急電源，其容量能使其有效動作 10 分鐘以上

(C) 無線電之接頭設於距樓地板面或基地地面高度 0.8 公尺至 1.5 公尺間

(D) 洩波同軸電纜之標稱阻抗為 50 歐姆

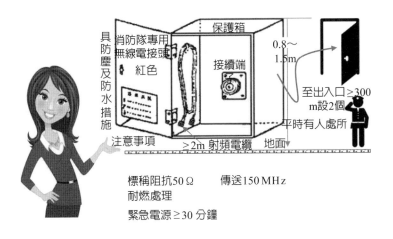

解析：

第 192 條　無線電通信輔助設備，依下列規定設置：

一、無線電通信輔助設備使用洩波同軸電纜，該電纜適合傳送或輻射一百五十百萬赫（MHz）或中央主管機關指定之周波數。

二、洩波同軸電纜之標稱阻抗為五十歐姆。

三、洩波同軸電纜經耐燃處理。

四、分配器、混合器、分波器及其他類似器具，應使用介入衰耗少，且接

頭部分有適當防水措施者。

五、設增輻器時,該增輻器之緊急電源,應使用蓄電池設備,其能量能使其有效動作三十分鐘以上。

六、無線電之接頭應符合下列規定:

(一)設於地面消防人員便於取用處及值日室等平時有人之處所。

(二)前目設於地面之接頭數量,在任一出入口與其他出入口之步行距離大於三百公尺時,設置二個以上。

(三)設於距樓地板面或基地地面高度零點八公尺至一點五公尺間。

(四)裝設於保護箱內,箱內設長度二公尺以上之射頻電纜,保護箱應構造堅固,有防水及防塵措施,其箱面應漆紅色,並標明消防隊專用無線電接頭字樣。

(B) 7. 某百貨商場之 5 樓樓地板面積為 2,100 平方公尺,依各類場所消防安全設備設置標準規定,該層樓至少應設置幾個防煙區劃?

(A) 7　　　　(B) 5　　　　(C) 3　　　　(D) 2

解析:2100/500 = 4.2(取 5 個)

第 188 條　第二十八條第一項第一款至第四款排煙設備,依下列規定設置:每層樓地板面積每五百平方公尺內,以防煙壁區劃。但戲院、電影院、歌廳、集會堂等場所觀眾席,及工廠等類似建築物,其天花板高度在五公尺以上,且天花板及室內牆面以耐燃一級材料裝修者,不在此限。

(C) 8. 有關排煙設備之設置規定,下列敘述何者錯誤?

(A)排煙設備之排煙口、風管及其他與煙接觸部分應使用不燃材料

(B)排煙風管貫穿防火區劃時,風管與貫穿部位合成之構造應具所貫穿構造之防火時效

(C)排煙口開關裝置可就手動開關或探測器連動自動開關擇一設置

(D)手動開關裝置用手操作部分應設於距離樓地板面 80 公分以上 150 公分以下之牆面

解析:排煙口設手動開關裝置及探測器連動自動開關裝置;以該等裝置或遠隔操作開關裝置開啓,平時保持關閉狀態,開口葉片之構造應不受開啓時所生氣流之影響而關閉。手動開關裝置用手操作部分應設於距離樓地板面八十公分以上一百五十公分以下之牆面,裝置於天花板時,應設操作垂錬或垂桿在距離樓地板一百八十公分之位置,並標示簡易之操作方式。

(B) 9. 防煙壁為自天花板下垂 X 公分以上之垂壁,但地下建築物之地下通道,防煙壁應自天花板下垂 Y 公分以上,其中 X、Y 分別為:

(A) X = 50、Y = 100　　　　(B) X = 50、Y = 80

(C) X = 60、Y = 100　　　　(D) X = 60、Y = 80

(D) 10. 具閃滅或音聲引導功能之出口標示燈設置規定，下列敘述何者正確？
(A) 設於走廊、轉彎處
(B) 由出入口往避難方向所設探測器動作時，該出入口之出口標示燈應立即開始閃滅及音聲引導
(C) 不需與火警自動警報設備連動
(D) 醫院、療養院主要出入口之出口標示燈應採具閃滅功能或兼具音聲引導功能

乙1丙3戊3
甲1-5甲7戊1 ≥ 1000 m²
甲6（閃滅或音聲引導）

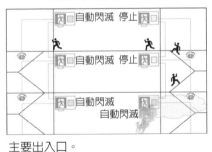

A/B 出口 標示 燈 ≥ 20 cd
A/B 避難 方向 指示燈 ≥ 25 cd

主要出入口。
與火警連動。
探測器動作應停止閃滅及引導

(D) 11. B 級出口標示燈且有顯示避難方向符號者，其有效距離係指步行至該燈多少公尺之距離？
(A) 60　　　　(B) 40　　　　(C) 30　　　　(D) 20

		區分	步行距離（m）
	B 級	未顯示避難方向符號	30
		顯示避難方向符號	20
	C 級		15
避難方向指示燈	A 級		20
	B 級		15
	C 級		10

（ A ）12. 有關地下建築物總樓地板面積在幾平方公尺以上應設置無線電通信輔助設
備，下列何者與各類場所消防安全設備設置標準之規定相同？
(A) 1,000　　　(B) 500　　　(C) 300　　　(D) 100

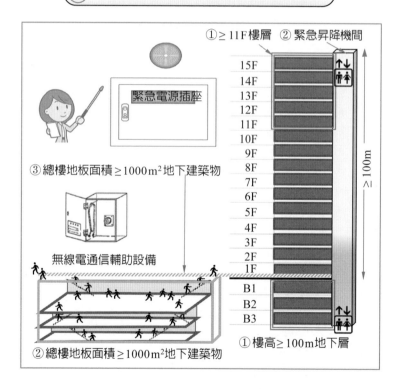

應設緊急電源插座與無線電通信輔助設備場所

（ B ）13. 有關標示設備設在避難出口避難指標之外觀試驗判定要領，下列何者與消
防安全設備測試報告書測試方法及判定要領之規定不同？

(A) 設於出入口時，裝設高度應距樓地板面 1.5 公尺以下

(B) 標示面之大小，長邊應在 30 公分以上，短邊應在 10 公分以上

(C) 應設於易見且採光良好處

(D) 應正常且牢固地安裝

設在避難出口	外形尺寸	以目視確認機器之狀況。	標示面之大小，長邊應在 36cm 以上，短邊應在 12cm 以上。
	標示面	以目視確認機器之狀況。	a. 標示面之底色應為綠色。 b. 標示面之圖形、符號及文字顏色應為白色，且易於識別。

(B) 14. 有關緊急廣播設備配線之設置，除依屋內線路裝置規則外，下列何者與各類場所消防安全設備設置標準之規定不同？

(A) 設有音量調整器時，應為三線式配線

(B) 導線間及導線對大地間之絕緣電阻值，對地電壓超過 150 伏特者，在 0.1MΩ 以上

(C) 任一層之揚聲器或配線有短路或斷線時，不得影響其他樓層之廣播

(D) 不得與其他電線共用管槽。但電線管槽內之電線用於 60 伏特以下之弱電回路者，不在此限

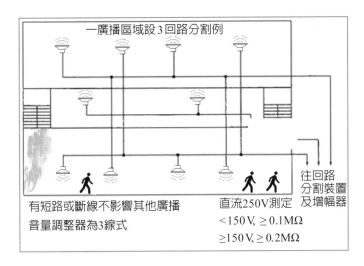

(B) 15. 有關緊急廣播設備啟動裝置與緊急電話設置場所之外觀試驗判定要領，下列何者與消防安全設備測試報告書測試方法及判定要領之規定不同？

(A) 應設置在明顯易見，且操作容易之場所。如設於有可燃性氣體、可燃性粉塵等滯留之虞的場所，應使用具防爆構造者

(B) 應設置在各樓層，從各樓層任一點之啟動裝置之步行距離應在 60 公尺以下

(C) 如設於有受雨水、腐蝕性氣體等影響之虞的場所，應採取適當之防護措施

(D) 應設在距離樓地板面 0.8 公尺以上 1.5 公尺以下範圍內，且無妨礙操作之障礙物

解析：應設置在各樓層，從各樓層任一點之啟動裝置之步行距離應在 50 公尺以下

(B) 16. 有關緩降機支固器具之裝置，下列何者與各類場所消防安全設備設置標準之規定不同？

(A) 設在使用場所之地板　　　(B) 設在使用場所之牆

(C) 設在使用場所之柱　　　　(D) 設在使用場所之樑

(B) 17. 有關緊急廣播設備啟動裝置與緊急電話設置場所之外觀試驗判定要領，下列何者與消防安全設備測試報告書測試方法及判定要領之規定不同？

(A) 應設置在明顯易見，且操作容易之場所。如設於有可燃性氣體、可燃性粉塵等滯留之虞的場所，應使用具防爆構造者

(B) 應設置在各樓層，從各樓層任一點之啟動裝置之步行距離應在 60 公尺以下

(C) 如設於有受雨水、腐蝕性氣體等影響之虞的場所，應採取適當之防護措施

(D) 應設在距離樓地板面 0.8 公尺以上 1.5 公尺以下範圍內，且無妨礙操作之障礙物

解析：應設置在各樓層，從各樓層任一點之啟動裝置之步行距離應在 50 公尺以下

(C) 18. 有關緊急廣播設備標示燈外觀檢查之判定方法，下列何者與各類場所消防安全設備檢修及申報作業基準規定相同？

(A) 標示燈與裝置面成 10 度角，在 15 公尺距離內應均能明顯易見

(B) 標示燈與裝置面成 15 度角，在 15 公尺距離內應均能明顯易見

(C) 標示燈與裝置面成 15 度角，在 10 公尺距離內應均能明顯易見

(D) 標示燈與裝置面成 10 度角，在 10 公尺距離內應均能明顯易見

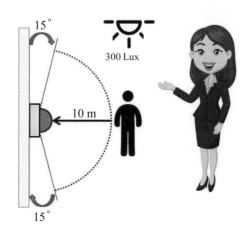

（D）19. 有關緊急照明設備性能檢查之判定方法與注意事項，下列何者與各類場所消防安全設備檢修及申報作業基準之規定不同？
(A) 照度於地下建築物之地下通道，緊急照明燈在地面之水平面照度應達 10 勒克斯（lux）以上
(B) 緊急電源應無不亮燈或閃爍之情形
(C) 緊急電源容量應能持續 30 分鐘以上
(D) 建築物總樓地板面積 6,000 平方公尺以下，檢查緊急電源容量能否持續 30 分鐘之檢查數量為 20 個以上

緊急電源容量持續 30 分鐘					
樓地板面積（m²）	≦ 1000	≦ 3000	≦ 6000	≦ 10000	≧ 10000
檢查數量	≧ 5	≧ 10	≧ 15	≧ 20	每增 5000 m² 20 再加 5 個

（A）20. 有關無線電通信輔助設備保護箱標示之外觀檢查的判定方法，下列何者與各類場所消防安全設備檢修及申報作業基準之規定不同？
(A) 保護箱箱面標示有「消防隊專用無線電通信輔助設備」字樣
(B) 保護箱箱內明顯易見之位置，應標示有最大容許輸入、可使用之頻率域帶及注意事項
(C) 標示應無污損、模糊不清之部分
(D) 面板應無剝落之現象

消防隊專用
無線電接頭

（C）21. 有關緊急電源插座外觀檢查之判定方法，下列何者與各類場所消防安全設備檢修及申報作業基準之規定不同？

(A) 保護箱周圍狀況應無檢查上及使用上之障礙物
(B) 保護箱外形應無變形、損傷、顯著腐蝕
(C) 表示燈應無變形、損傷、脫落、燈泡故障等，且無正常亮燈
(D) 開關器應無變形、損傷等，且開關位置應正常
解析：且正常亮燈

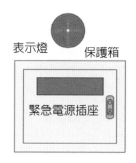

表示燈　保護箱

護鉤　開關器

插座

緊急電源插座

(B) 22. 有關排煙設備綜合檢查之判定方法與注意事項，下列何者與各類場所消防安全設備檢修及申報作業基準之規定不同？
(A) 吸煙口及排煙閘門打開後，能連動自動排煙機啟動
(B) 醫院等場所，一定要使用緊急電源進行檢查
(C) 排煙機在運轉中應無異常聲音及振動，風道應無異常振動
(D) 排煙機回轉葉片的回轉方向應正常
解析：醫院等場所，不要使用緊急電源進行檢查

(B) 23. 有關避難器具開口部周圍狀況外觀檢查之判定方法，下列何者與各類場所消防安全設備檢修及申報作業基準之規定不同？
(A) 由地板面至開口部下端之高度應在 150 公分以下
(B) 避難橋開口部之大小為高 200 公分以上，寬為避難橋最大寬度以上
(C) 開口部太高可能形成避難上之障礙時，應設有固定式或半固定式之踏台
(D) 救助袋開口部之大小為高 60 公分以上，寬 60 公分以上
解析：開口部
　　　(1) 檢查方法：確認安裝器具之開口部，能否容易且安全地打開，及是否確保必要之開口面積。
　　　(2) 判定方法
　　　　　A. 開口部應無加設固定板、木條等。
　　　　　B. 制動器、門軸轆等應無生鏽，且開口部應能容易開、關。
　　　　　C. 打開門、蓋後，其制動器應能確實動作，不會因振動、衝擊等而鬆開。
　　　　　D. 開口部附近應無書架、展示台等堵塞開口部。

E. 由地板面至開口部下端之高度應在 150cm 以下。

F. 開口部太高可能形成避難上之障礙時，應設固定式或半固定式之踏台。

G. 踏台等應保持能用之狀態。

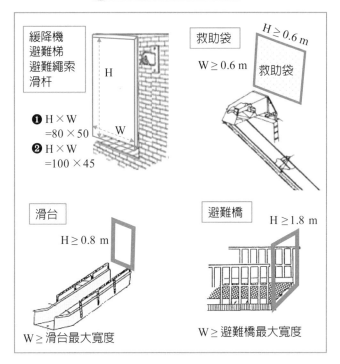

（C）24. 有關緊急照明設備之外觀試驗判定要領，下列何者與消防安全設備測試報告書測試方法及判定要領之規定不同？

(A) 光源應能正常亮燈，且無熄燈或閃爍之現象

(B) 常用電源應為專用回路，且電源容量應適當正常

(C) 緊急電源應為蓄電池設備，其容量應能使其持續動作 20 分鐘以上

(D) 表示面應無變形、損傷、脫落或顯著污損之情形，且於正常之裝置狀態

解析：緊急電源應為蓄電池設備，其容量應能使其持續動作 30 分鐘以上

8-3 108年避難系統考題詳解

等別：普通考試

類科：消防設備士

科目：警報與避難系統消防安全設備概要（摘取避難系統部分）

考試時間：1 小時 30 分

※ 注意：

1) 禁止使用電子計算器。

2) 不必抄題，作答時請將試題題號及答案依照順序寫在試卷上，於本試題上作答者，不予計分。

3) 請以黑色鋼筆或原子筆在申論試卷上作答。

4) 本科目除專門名詞或數理公式外，應使用本國文字作答。

甲、申論題部分

一、高層建築物之緊急升降機間為消防人員搶救時重要路徑之一，不得遭受到濃煙的危害。機間內設置排煙室若採用機械排煙設備，請說明其主要組成構件並繪出其升位圖例。依據「各類場所消防安全設備設置標準」規定，請試述在煙控設計原則及排煙機檢修作業中「性能檢查」之檢查方法、判定方法與注意事項。（25 分）

解：

一) 主要組成構件並繪出其升位圖例

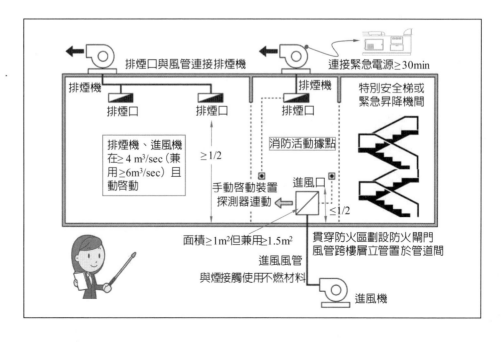

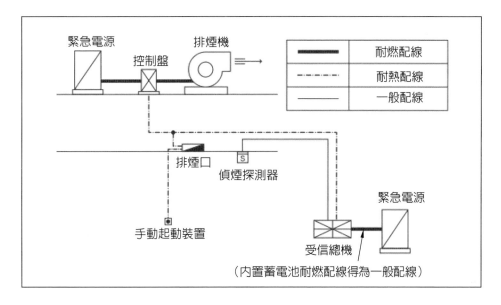

二) 煙控設計原則

1. 每層樓地板面積每五百平方公尺內，以防煙壁區劃。
2. 任一位置至排煙口之水平距離在三十公尺以下。
3. 排煙設備之排煙口、風管及其他與煙接觸部分應使用不燃材料。
4. 排煙風管貫穿防火區劃時，應在貫穿處設防火閘門。
5. 排煙口設手動開關裝置及探測器連動自動開關裝置。
6. 排煙口之開口面積在防煙區劃面積之百分之二以上，且以自然方式直接排至戶外。排煙口無法以自然方式直接排至戶外時，應設排煙機。
7. 排煙機之排煙量在每分鐘一百二十立方公尺以上。
8. 連接緊急電源，其供電容量應供其有效動作三十分鐘以上。

三) 排煙機性能檢查之檢查方法、判定方法與注意事項

1. 電動機
(1)檢查方法
　A. 回轉軸：以手轉動確認是否圓滑轉動。
　B. 軸承部：確認潤滑油有無汙損、變質及達到必要量。
　C. 動力傳達裝置：確認有無變形、損傷，皮帶輪及 v 型皮帶的性能是否正常。
　D. 本體：操作啓動裝置，確認性能動作是否正常。
(2)判定方法
　A. 回轉軸：回轉軸應能圓滑轉動。
　B. 軸承部：潤滑油應無汙損、變質、異物混入等，並達必要量。

C. 動力傳動裝置：

(A) 皮帶軸及回轉軸應無鬆動，且應無變形、損傷、腐蝕等。

(B) V型皮帶傳動時應無障礙，及應無鬆動、損傷、耗損、油脂附著等。

D. 本體：應無顯著發熱、異常震動、不規則及不連續雜音，且回轉方向正常。

(3)注意事項

A. 進行測試時，注意對所連動之空調機械所造成之影響。

B. 除了進行運轉的性能檢查外，必須將電源切斷。

2. 回轉葉片

(1)檢查方法

A. 回轉軸：確認電動機、排煙機的回轉狀態是否正常。

B. 軸承部：確認潤滑油有無汙損、變質、並達到必要量。

(2)判定方法

A. 回轉軸：回轉葉片之回轉應能圓滑並向正常方向回轉，且應無異常振動及雜音。

B. 軸承部：潤滑油應無汙損、變質、並達到必要量。

乙、測驗題部分

（ A ） 1. 特別安全梯的安全梯與緊急升降機兼用時，其排煙機、進風機之排煙量、進風量需在每秒多少立方公尺以上？

(A) 6 　　　　　(B) 4 　　　　　(C) 360 　　　　　(D) 240

（ D ） 2. 用途為補習班，居室樓地板面積 300 平方公尺，採用有效通風方式檢討，其排煙口設於天花板下方 80 公分內，試問有效通風面積最少需要多少平方公尺以上方可符合規定？

(A) 2 　　　　　(B) 3 　　　　　(C) 5 　　　　　(D) 6

（ B ） 3. 有關無線電通信輔助設備設置規定，下列何者正確？

(A) 洩波同軸電纜之標稱阻抗為 50 歐姆，並經耐熱處理

(B) 無線電之接頭設於地面之接頭數量，在任一出入口與其他出入口之步行距離大於 300 公尺時，設置 2 個以上

(C) 無線電之接頭需裝設於保護箱內，箱內設長度 1.5 公尺以上之射頻電纜

(D) 設增輻器時，該增輻器之緊急電源，應使用蓄電池設備，其能量能使其有效動作 20 分鐘以上

（ A ） 4. 緩降機固定架或支固器具使用錨定螺栓固定時，選用螺紋標稱為 M12×1.75 之螺栓，試問其螺栓埋入混凝土內不含灰漿部分之深度（mm）及轉矩值需為多少（kgf-cm）？

(A) 埋入深度 60（mm）以上，轉矩值 300～450（kgf-cm）

(B) 埋入深度 45（mm）以上，轉矩值 150～250（kgf-cm）

(C) 埋入深度 70（mm）以上，轉矩值 600～850（kgf-cm）

(D) 埋入深度 50（mm）以上，轉矩值 195～300（kgf-cm）

(B) 5. 有關依各類場所消防安全設備設置標準規定設置之耐燃保護、耐熱保護措施，室內消防栓、室外消防栓、自動撒水、水霧、泡沫、乾粉、二氧化碳滅火設備、連結送水管設備等之配管，於實施施工、加壓試驗及配合建築物樓地板、樑、柱、牆施工需預埋消防管線時，消防專技人員何人應一併拍照建檔存證以供消防機關查核，消防機關並得視需要隨時派員前往查驗？

(A) 消防安全設備設計人　　　(B) 消防安全設備監造人

(C) 消防安全設備裝置人　　　(D) 消防安全設備檢修人

(D) 6. 有關避難器具之外觀試驗，下列何者不屬於外觀試驗？

(A) 裝置器具檢查　　　　　　(B) 固定部材料檢查

(C) 構造、性能檢查　　　　　(D) 拉拔強度試驗

(A) 7. 緊急照明設備性能試驗之水平面照度測試，切換為緊急電源狀態亮燈，經過 A 分鐘後，使用 B 測試，確認緊急照明燈之照度有無達到法規所規定之值。請問前述 A、B 為何？

(A) A：30、B：低照度測定用光電管照度計　　(B) A：30、B：減光罩

(C) A：20、B：低照度測定用光電管照度計　　(D) A：20、B：減光罩

(A) 8. 依建築技術規則對緊急用升降機之相關規定，下列何者正確？

(A) 超過 10 層樓之各層樓地板面積之和未達 500 平方公尺者無需設置緊急用升降機

(B) 整座電梯無需連接至緊急電源

(C) 升降速度每分鐘不得小於 70 公尺

(D) 每座升降機間之樓地板面積不得小於 15 平方公尺

(D) 9. 某商場有一樓層，以防煙垂壁區劃為四區，各區劃樓地板面積分別為 100 平方公尺、300 平方公尺、250 平方公尺、200 平方公尺，採用機械排煙方式，四區劃僅設置 1 台排煙風機，試問該排煙風機之排煙量每分鐘不得小於多少立方公尺？

(A) 120　　　(B) 400　　　(C) 500　　　(D) 600

(A) 10. 應設排煙設備場所之樑為裸露式者，交錯之樑形成之各防煙區劃皆應設置排煙口。但其樓地板面積每 500 平方公尺防煙區劃內，防煙壁及排煙口之設置，符合各類場所消防安全設備設置標準第 188 條第 1 項第 3 款規定，並符合下列何者，不在此限？〔A：大樑深度（cm）；B：中樑深度（cm）；X：大樑下加設之垂壁高度（cm），其值得為 0；A＋X：防煙壁下垂高度（cm）。〕

(A) A＋X ≧ 50，(A＋X)－B ≧ 30　　(B) A＋X ≧ 60，(A＋X)－B ≧ 30

(C) A＋X ≧ 50，(A＋X)－B ≧ 20　　(D) A＋X ≧ 60，(A＋X)－B ≧ 20

(D) 11. 依各類場所消防安全設備設置標準對於出口標示燈設置之相關規定，下列何者正確？
　　　(A) 車站的出口標示燈應使用 A 級或 B 級且標示面光度應在 20 燭光（cd）以上或具閃滅或音聲引導功能者
　　　(B) 飯店的出口標示燈應使用 A 級或 B 級且標示面光度應在 20 燭光（cd）以上或具閃滅或音聲引導功能者
　　　(C) 室內停車場的出口標示燈應使用 A 級或 B 級且標示面光度應在 20 燭光（cd）以上或具閃滅或音聲引導功能者
　　　(D) 長期照顧機構的出口標示燈應使用 A 級或 B 級且標示面光度應在 20 燭光（cd）以上並應採具閃滅或兼具音聲引導功能者

(C) 12. 下列出口標示燈及避難方向指示燈之緊急電源描述何者正確？
　　　(A) 出口標示燈使用蓄電池設備，其容量應能使其有效動作 10 分鐘以上
　　　(B) 地下建築物，其總樓地板面積在 500 平方公尺以上者，通往直通樓梯之出入口的出口標示燈其容量應能使其有效動作 10 分鐘以上
　　　(C) 總樓地板面積在 3 萬平方公尺以上的高層建築物，通往排煙室之出入口的出口標示燈其容量應能使其有效動作 60 分鐘以上
　　　(D) 總樓地板面積在 5 萬平方公尺以上的建築物，居室通往走廊之出入口的出口標示燈其容量應能使其有效動作 30 分鐘以上

(D) 13. 有關 B 級出口標示燈（顯示避難方向符號者）及 B 級避難方向指示燈有效範圍的規定，下列何者正確？
　　　(A) B 級出口標示燈（顯示避難方向符號者）步行距離為 30 公尺
　　　(B) B 級避難方向指示燈步行距離為 20 公尺
　　　(C) 有不易看清或識別該燈情形者，避難方向指示燈有效範圍為 15 公尺
　　　(D) 有不易看清或識別該燈情形者，出口標示燈有效範圍為 10 公尺

(C) 14. 依各類場所消防安全設備設置標準之規定，下列何種避難器具的開口面積應為高 60 公分以上，寬 60 公分以上？
　　　(A) 緩降機　　　(B) 避難梯　　　(C) 救助袋　　　(D) 滑臺

(C) 15. 依各類場所消防安全設備設置標準規定，在應設排煙設備之場所，有關其排煙設備設置之描述，下列何者錯誤？
　　　(A) 防煙區劃之範圍內，任一位置至排煙口之水平距離在 30 公尺以下
　　　(B) 地下建築物之地下通道，其排煙機之總排煙量應在每分鐘 600 立方公尺以上
　　　(C) 室內排煙規定排煙機之排煙量應在每分鐘 300 立方公尺以上
　　　(D) 地下建築物之地下通道每 300 平方公尺應以防煙壁區劃

(D) 16. 依各類場所消防安全設備設置標準第 28 條應設置排煙設備之規定，下列何者錯誤？
　　　(A) 無開口樓層其樓地板面積 1,000 平方公尺以上者應設排煙設備
　　　(B) 餐廳樓地板面積 500 平方公尺以上者應設排煙設備

(C) 夜總會的舞臺部分之樓地板面積在 500 平方公尺以上者應設排煙設備

(D) 樓地板面積在 300 平方公尺以上之居室，其天花板下方 80 公分範圍內之有效通風面積未達該居室樓地板面積百分之二者，應設排煙設備

(A) 17. 某機場候機室樓地板面積 300 m^2，自然排煙設備其窗戶都在天花板或其下方 80 公分範圍內，共有 10 扇窗，採正向由上往外推可達 90°，請問每一扇窗面積多大才合格？

(A) 0.6 m^2　　(B) 0.5 m^2　　(C) 0.4 m^2　　(D) 0.3 m^2

(A) 18. 依各類場所消防安全設備設置標準規定，特別安全梯及緊急升降機間兼用排煙室時排煙閘門面積為 4 m^2，忽略溫度的影響，測試點量得的平均風速 V（m/sec）應為多少以上為合格？

(A) 1.5 m/sec　　(B) 1.4 m/sec　　(C) 1.3 m/sec　　(D) 1.0 m/sec

(A) 19. 依各類場所消防安全設備設置標準規定，下列何種場所不需設置緊急電源插座？

(A) 依建築技術規則應設置之特別安全梯間

(B) 11 層以上建築物之各樓層

(C) 依建築技術規則應設置之緊急升降機間

(D) 總樓地板面積在 1,000 平方公尺以上之地下建築物

(D) 20. 依各類場所消防安全設備設置標準規定，緊急供電系統之配線的保護下列何者錯誤？

(A) 排煙設備的緊急電源到排煙口的配線應採耐燃保護

(B) 無線電通信輔助設備的緊急電源到增幅器的配線應採耐燃保護

(C) 瓦斯漏氣火警自動警報設備的受信總機到檢知器的配線應採耐燃保護

(D) 火警自動警報設備的受信總機到定址式探測器的配線應採耐燃保護

8-4 107年避難系統考題詳解

甲、申論題部分

> 一、請依據「各類場所消防安全設備檢修及申報作業基準」，試述各類避難器具
> 外觀檢查開口部時之檢查方法、判定方法及注意事項？（25分）

解：
1. 檢查方法
   確認安裝器具之開口部，能否容易且安全地打開，及是否確保必要之開口面積。
2. 判定方法
   (1) 開口部應無加設固定板、木條等。
   (2) 制動器、門軸轆等應無生鏽，且開口部應能容易開、關。
   (3) 打開門、蓋後，其制動器應能確實動作，不會因振動、衝擊等而鬆開。
   (4) 開口部附近應無書架、展示台等堵塞開口部。
   (5) 由地板面至開口部下端之高度應在一百五十公分以下。
   (6) 開口部太高可能形成避難上之障礙時，應設有固定式或半固定式之踏台。
   (7) 踏臺等應保持能用之狀態。
   (8) 開口部應能符合下表1所示之大小。

表1 開口部之大小

避難器具種類	開口面積
救助袋	高 60cm 以上。 寬 60cm 以上。
緩降機 避難梯 避難繩索 滑杆	高 80cm 以上，寬 50cm 以上 或高 100cm 以上，寬 45cm 以上
滑臺	高 80cm 以上； 寬為滑臺最大寬度以上。
避難橋	高 180cm 以上。 寬為避難橋最大寬度以上。

3. 注意事項
   開口部之大小未符合表1時，應參照原核准圖說，確認是否與設置時之狀態相同。

乙、測驗題部分

（ A ）　1. 依各類場所消防安全設備設置標準第 23 條規定，各類場所均應設置避難指
標。但設有以下那一個設備時，在其有效範圍內，得免設置避難指標？
(A) 避難方向指示燈　　(B) 緊急照明設備
(C) 觀眾席引導燈　　　(D) 自動照明燈

（ A ）　2. 避難器具之設置數量與場所之收容人數有很大的關係，依各類場所消防安
全設備設置標準規定，有關醫療機構（醫院、診所）候診室之收容人數之
計算，應以各候診室之樓地板面積和除多少平方公尺所得之數，做爲候診
室之收容人數？
(A) 3 平方公尺　　　　(B) 4 平方公尺
(C) 5 平方公尺　　　　(D) 6 平方公尺

（ D ）　3. 供緩降機或救助袋使用之支固器具及供懸吊型梯、滑杆或避難繩索使用之
固定架，若使用螺栓固定時，下列何者錯誤？
(A) 使用錨定螺栓
(B) 當螺紋標稱爲 M10×1.5 時，螺栓埋入混凝土內不含灰漿部分之深度應
爲 45 mm 以上
(C) 當螺紋標稱爲 M10×1.5 時，螺栓埋入混凝土內不含灰漿部分之轉矩值
應爲 150-250 kgf-cm 以上
(D) 當螺紋標稱爲 M12×1.75 時，螺栓埋入混凝土內不含灰漿部分之深度應
爲 70 mm 以上

（ C ）　4. 在設置避難器具時，皆必須考慮其開口部保有必要開口面積、無操作障礙
之面積、下降空間及下降空地等因素，試問於設置避難器具爲緩降機時，
下列敘述何者錯誤？
(A) 開口面積爲高 80 公分以上，寬 50 公分以上或高 100 公分以上，寬 45
公分以上
(B) 無操作障礙之面積爲 0.5 平方公尺以上（不含避難器具所占面積），但
邊長應爲 60 公分以上
(C) 下降空間爲以器具中心半徑 0.5 公尺圓柱形範圍內。但突出物在 30 公
分以內，且無避難障礙者，或超過 30 公分時，能採取不損繩索措施
者，該突出物得在下降空間範圍內
(D) 下降空地爲下降空間之投影面積

（ D ）　5. 自居室任一點易於觀察識別其主要出入口，且與主要出入口之步行距離符
合規定者，得免設出口標示燈、避難方向指示燈或避難指標，試問下列何
者不得免設？
(A) 該步行距離在避難層爲 20 公尺以下，在避難層以外之樓層爲 10 公尺以
下者

(B) 該步行距離在避難層爲 40 公尺以下，在避難層以外之樓層爲 30 公尺以下者

(C) 該步行距離在 30 公尺以下者

(D) 無開口樓層者

(B) 6. 有一飯店，其三樓之樓地板面積爲 1200 平方公尺，依各類場所消防安全設備設置標準規定，於設置出口標示燈時，除應使用 A 級或 B 級外，出口標示燈標示面光度應在多少燭光（cd）以上？
(A) 15 燭光（cd）　　　　　　(B) 20 燭光（cd）
(C) 25 燭光（cd）　　　　　　(D) 30 燭光（cd）

(B) 7. 依各類場所消防安全設備設置標準規定，有關標示設備之敘述，何者正確？
(A) 無開口樓層之居室，自居室任一點易於觀察識別其主要出入口，且與主要出入口之步行距離在 30 公尺以下者，得免設避難指標
(B) 供集合住宅使用之居室，得免設出口標示燈、避難方向指示燈或避難指標
(C) 通往主要出入口之走廊或通道之出入口，設有探測器連動自動關閉裝置之防火門，並設有避難指標及緊急照明設備確保該指標明顯易見者，得免設避難方向指示燈
(D) 樓梯或坡道，設有緊急照明設備及供確認避難方向之樓層標示者，得免設出口標示燈

(D) 8. 依各類場所消防安全設備設置標準規定，下列何者非屬消防搶救上之必要設備種類？
(A) 排煙設備　　　　　　　　(B) 緊急電源插座
(C) 無線電通信輔助設備　　　(D) 緊急照明設備

(C) 9. 依各類場所消防安全設備檢修及申報作業基準規定，緊急照明設備在建築物總樓地板面積爲 5000 平方公尺時，檢查緊急電源容量能否持續 30 分鐘之檢查數量應在多少個以上？
(A) 5 個　　　　(B) 10 個　　　　(C) 15 個　　　　(D) 20 個

(D) 10. 依各類場所消防安全設備設置標準規定，下列處所何者不得免設緊急照明設備？
(A) 在避難層，由居室任一點至通往屋外出口之步行距離在 30 公尺以下之居室
(B) 具有效採光，且直接面向室外之通道或走廊
(C) 集合住宅之居室
(D) 工作場所中，未設有固定機械或裝置之部分

(C) 11. 設置避難器具時，標示其設置位置、使用方法並設置指標，下列規定何者錯誤？
(A) 設置位置之標示尺寸長 36 公分以上、寬 12 公分以上

(B) 設置位置之標示方法字樣為「避難器具」，每字 5 平方公分以上

(C) 使用方法之標示尺寸長 36 公分以上、寬 12 公分以上

(D) 使用方法之標示方法為標示易懂之使用方法，每字 1 平方公分以上

(C) 12. 依各類場所消防安全設備設置標準規定，緊急廣播設備之啓動裝置應符合 CNS 10522 之規定，且設在距樓地板高度 X 公尺以上 Y 公尺以下範圍內，下列何者正確？

(A) X + Y = 1.9

(B) X + Y = 2.1

(C) X + Y = 2.3

(D) X + Y = 2.5

(C) 13. 依各類場所消防安全設備檢修及申報作業基準規定，緩降機應以測量下降距離及下降時間，計算出下降速度，最大下降速度應在每秒多少公分以內？

(A) 100　　　(B) 120　　　(C) 150　　　(D) 180

（公寓大廈避難於每戶陽台上設置隔板，一旦火災時即可打破穿越，水平避難至另一空間，攝於日本大阪2019/08）

8-5 106年避難系統考題精解

甲、申論題部分

> 二、醫療院所重症病房空間，依法應設何種避難器具？有何可減免設置的作法建議，試申論之。（25分）

解：

依法應設何種避難器具：

設置場所應設數量	地下層	第二層	第三層、第四層或第五層	第六層以上之樓層
第二層以上之樓層或地下層供第十二條第一款第六目，其收容人員在二十人（其下面樓層供第十二條第一款第一目至第五目、第七目、第二款第二目、第六目、第七目、第三款第三目或第四款所列場所使用，應爲十人）以上一百人以下設一具，超過一百人每增加（含未滿）增設一具。	避難梯	避難梯、避難橋、緩降機、救助袋、滑臺	避難橋、救助袋、滑臺	避難橋、救助袋、滑臺

減免設置的作法建議：

各類場所之各樓層，其應設避難器具得分別依下列規定減設之：

一、符合下列規定者，其設置場所應設數量欄所列收容人員一百人、二百人及三百人，得分別以其加倍數值，重新核算其應設避難器具數：

  （一）建築物主要構造爲防火構造者。

  （二）設有二座以上不同避難方向之安全梯者。但剪刀式樓梯視爲一座。

二、設有避難橋之屋頂平臺，其直下層設有二座以上安全梯可通達，且屋頂平臺合於下列規定時，其直下層每一座避難橋可減設二具：

  （一）屋頂平臺淨空間面積在一百平方公尺以上。

  （二）臨屋頂平臺出入口設具半小時以上防火時效之防火門窗，且無避難逃生障礙。

  （三）通往避難橋必須經過之出入口，具容易開關之構造。

三、設有架空走廊之樓層，其架空走廊合於下列規定者，該樓層每一座架空走廊可減設二具：

  （一）爲防火構造。

  （二）架空走廊二側出入口設有能自動關閉之具一小時以上防火時效之防火門（不含防火鐵捲門）。

  （三）不得供避難、通行及搬運以外之用途使用。

第 159 條　各類場所之各樓層符合下列規定之一者，其應設之避難器具得免設：

一、主要構造為防火構造，居室面向戶外部分，設有陽臺等有效避難設施，且該陽臺等設施設有可通往地面之樓梯或通往他棟建築物之設施。

二、主要構造為防火構造，由居室或住戶可直接通往直通樓梯，且該居室或住戶所面向之直通樓梯，設有隨時可自動關閉之甲種防火門（不含防火鐵捲門），且收容人員未滿三十人。

三、供第十二條第二款第六目、第十目或第四款所列場所使用之樓層，符合下列規定者：

（一）主要構造為防火構造。

（二）設有二座以上安全梯，且該樓層各部分均有二個以上不同避難逃生路徑能通達安全梯。

四、供第十二條第二款第一目、第二目、第五目、第八目或第九目所列場所使用之樓層，除符合前款規定外，且設有自動撒水設備或內部裝修符合建築技術規則建築設計施工篇第八十八條規定者。

又重症病患於本身生命的脆弱度是無法比照一般人員，如遇到火災或其他緊急事故時，通常視其情況，採取就地避難或水平避難模式來進行避難疏散作為，最後才考慮垂直避難，因錯誤避難行為其會徒增傷亡之機會。所以相對安全區或防火區劃之緊急升機是可建議之作法，但必要考量許多重要的實際因素，如實施就地避難的條件、醫療維生設備提供的不間斷、二次避難的可行性等問題。

乙、測驗題部分

(C)　1. 如設置救助袋做為避難器具，下列敘述何者錯誤？

(A) 位於建築物第七樓層之養老院可採用救助袋作為避難器具

(B) 救助袋之長度應無避難上之障礙，且保持一定之安全下滑速度

(C) 斜降式救助袋最下端起 1.5 公尺及中心線左右 0.5 公尺以上所圍區域作為下降空間下方必要下降空地

(D) 裝置在使用場所之柱、地板、樑或其他構造上堅固或加強部分

解析：斜降式救助袋最下端起二點五公尺及中心線左右一公尺以上所圍區域作為下降空間下方必要下降空地。

(A)　2. 緩降機設置周圍為避免有操作障礙，因此限制必要操作面積為 M 平方公尺以上（不含避難器具所占面積），但邊長應為 N 公分以上。下列何者正確？

(A) M：0.5，N：60　　　　　　(B) M：0.75，N：50

(C) M：1，N：50　　　　　　　(D) M：1.5，N：60

(B)　3. 依據緊急照明燈認可基準進行充電試驗時，蓄電池電壓降達額定電壓多少

以內時，需能自動充電？

(A) 15%　　　(B) 20%　　　(C) 25%　　　(D) 30%

(B)　4. 集合住宅計算收容人數以設置避難器具時，每戶收容人數以多少人計算？

(A) 2 人　　　　　　(B) 3 人　　　　　　(C) 4 人　　　　　　(D) 5 人

(B)　5. 檢查緩降機性能時，有關常溫下降試驗之判定中，緩降機最大下降速度應在多少以內？

(A) 100 公分 / 秒　　　　　　(B) 150 公分 / 秒

(C) 175 公分 / 秒　　　　　　(D) 200 公分 / 秒

(B)　6. 一居室設置於地上層，該樓層亦非為無開口樓層，自內部任一點易於識別主要出入口，主要出入口之步行距離在多少以下者，得免設避難方向指示燈？

(A) 避難層為 30 公尺以下，避難層以外之樓層為 20 公尺以下

(B) 避難層為 40 公尺以下，避難層以外之樓層為 30 公尺以下

(C) 避難層為 30 公尺以下，避難層以外之樓層為 40 公尺以下

(D) 避難層為 50 公尺以下，避難層以外之樓層為 30 公尺以下

(C)　7. 依出口標示燈及避難方向指示燈認可基準規定，燈具附有起動器者，應在多少時間內點燈？

(A) 5 秒　　　(B) 10 秒　　　(C) 15 秒　　　(D) 20 秒

(B)　8. 一大樓內部某樓層設有不得供避難、通行及搬運以外用途之防火構造架空走廊一座，該樓層可依法減設多少具避難器具？

(A) 1 具　　　(B) 2 具　　　(C) 3 具　　　(D) 4 具

(C)　9. 依各類場所消防安全設備設置標準規定，特別安全梯或緊急升降機間排煙室之排煙設備設置排煙、進風風管時，下列何者有誤？

(A) 排煙口、排煙風管、進風口、進風風管及其他與煙接觸部分應使用不燃材料

(B) 排煙口位於天花板高度二分之一以上之範圍內，與直接連通戶外之排煙風管連接，該風管並連接排煙機

(C) 排煙口與進風口需設置於同一側，且排煙口位置應優先設置於排煙室入口處

(D) 進風口位於天花板高度二分之一以下之範圍內

(A)　10. 依緊急照明燈認可基準規定，內置電池型緊急電源供電照明時間應維持 1.5 小時以上（供緊急照明燈總數）後，其蓄電池電壓不得小於蓄電池額定電壓多少百分比？

(A) 87.5%　　　(B) 90%　　　(C) 92.5%　　　(D) 95%

(C)　11. 依各類場所消防安全設備設置標準規定，避難指標設於出入口裝設應距樓地板面的高度要求為多少？

(A) 1.8 公尺以上　　　　　　(B) 1.5 公尺以上

(C) 1.5 公尺以下　　　　　　(D) 1.2 公尺以下

(C) 12. 具有效採光，且直接面向室外之通道或走廊居室得免設緊急照明；所謂有效採光面積應達該居室樓地板面積多少比率方得免設？

(A) 2%　　　　　(B) 3%　　　　　(C) 5%　　　　　(D) 6%

(D) 13. 有關出口標示燈具閃滅或音聲引導功能者，依規定下列何者錯誤？

(A) 設於主要出入口

(B) 與火警自動警報設備連動

(C) 由主要出入口往避難方向所設探測器動作時，該出入口之出口標示燈應停止閃滅及音聲引導

(D) 未達設置火警自動警報設備之規模時，得免與探測器連動

解析：出口標示燈具閃滅或音聲引導功能者，應符合下列規定：

　　一、設於主要出入口。

　　二、與火警自動警報設備連動。

　　三、由主要出入口往避難方向所設探測器動作時，該出入口之出口標示燈應停止閃滅及音聲引導。

（於寺廟等文化財場所，設置地下式防火用水槽：為日本法定消防用設備，攝於日本大阪2019/08）

8-6 105年避難系統考題精解

甲、申論題部分

> 一、請依據「各類場所消防安全設備設置標準」，試述標示設備光度與照度的規定？並依據「出口標示燈及避難方向指示燈認可基準」，試述平均亮度與亮度比的規定？（25分）

解：

一) 標示設備光度：

第 146-1 條

出口標示燈及非設於樓梯或坡道之避難方向指示燈，其標示面光度依等級區分如下：

區分		標示面光度（cd）
出口標示燈	A 級	50 以上
	B 級	10 以上
	C 級	1.5 以上
避難方向指示燈	A 級	60 以上
	B 級	13 以上
	C 級	5 以上

第 146-5 條

出口標示燈及非設於樓梯或坡道之避難方向指示燈，設於下列場所時，應使用A級或B級；出口標示燈標示面光度應在二十燭光（cd）以上，或具閃滅功能；避難方向指示燈標示面光度應在二十五燭光（cd）以上。

二) 標示設備照度：

第 146-5 條

避難方向指示燈設於樓梯或坡道者，在樓梯級面或坡道表面之照度，應在一勒克司（lx）以上。

第 146-6 條

觀眾席引導燈之照度，在觀眾席通道地面之水平面上測得之值，在零點二勒克司（lx）以上。

第 178 條

緊急照明燈在地面之水平面照度，使用低照度測定用光電管照度計測得之值，

在地下建築物之地下通道，其地板面應在十勒克司（Lux）以上，其他場所應在二勒克司（Lux）以上。但在走廊曲折點處，應增設緊急照明燈。

三) 平均亮度

平均亮度：燈具標示面之平均亮度應符合表規定。具有調光性能之器具，則測定其必須作調光之各階段的平均亮度。

種　類	平均亮度（cd/m^2）	
	常用電源	緊急電源
出口標示燈	150 以上	100 以上 400 未滿
避難方向指示燈	150 以上	100 以上 400 未滿

平均亮度試驗

（一）使用 CNS 5119〔照度計〕中 AA 級者照度計測試平均亮度。

（二）測試環境：測試時環境之照度在 0.05 lux 以下之暗房。

（三）測試面：整個標示面。

（四）測試步驟：標示板與受光器之距離為標示面長邊之 4 倍以上，量測其平均照度 E_θ，平均亮度 L_θ 計算式如下：

$$平均亮度\ L_\theta = \frac{K_1 \times E_\theta \times S^2}{A\cos\theta}$$

其中 L_θ：角度 θ 之平均亮度（單位：cd/m^2）

K_1：基準光束 / 試驗使用燈管之全光束（一般 K_1 趨近於 1）

E_θ：角度 θ 之平均照度測定值（單位：lx）

S：標示面板量測點與照度計間之距離（單位：m）

A：標示面之面積（單位：m^2）

θ：照度計與標示面量測點法線方向之角度（單位：°）

基準光束：標準燈管之全光束（單位：流明 lm）

（五）測試時間：常用電源之測試於試驗品施以額定電源並使燈管經枯化點燈一百小時後測試。

（六）緊急電源試驗，於執行常用電源之測試後，再依產品標示額定充電時間完成後即予斷電，並於斷電後四十五分鐘即實施試驗，並於十分鐘內測試完畢。（外置型引導燈具僅針對額定緊急電源電壓施予測試）

四) 亮度比試驗

亮度比係就標示面之綠色部分、白色部分分別逐點加以測定，求出其最大亮度（cd/m^2）與最小亮度。逐點測定係分別測定 3 處以上。正方型引導燈具標示面之亮度比係在常時電源時所規定之測定點之最大亮度與最小亮度之比，應符合表之值。本項測試使用之輝度計，應符合 CNS 5064 之規定。

標示面之亮度比

	綠色部分	白色部分
避難出口標示燈	9以下	7以下
避難方向指示燈	7以下	9以下

如係標示面為長方形之引導燈具,其最小輝度與平均亮度之比,應在1/7以上。

$$亮度比 = Lmax/Lmin$$

式中,Lmax:在白色部分或綠色部分之最大亮度
　　　Lmin:在白色部分或綠色部分之最小亮度

乙、測驗題部分

(A) 1. 某一地下建築物總樓地板面積超過 500 平方公尺未達 1,000 平方公尺,不符合免設條件,依據各類場所消防安全設備設置標準,下列那一種消防安全設備依法應設置?
(A) 排煙設備　　　　　　　　　(B) 緊急電源插座
(C) 無線電通信輔助設備　　　　(D) 瓦斯漏氣火警自動警報設備

(B) 2. 依據各類場所消防安全設備設置標準,出口標示燈應設於下列出入口上方或其緊鄰之有效引導避難處,下列敘述何者錯誤?
(A) 通往戶外之出入口;設有排煙室者,為該室之出入口
(B) 通往第一款及第二款出入口,走廊或通道上所設跨防火區劃之出入口
(C) 通往直通樓梯之出入口;設有排煙室者,為該室之出入口
(D) 通往前二款出入口,由室內往走廊或通道之出入口

(D) 3. 依據各類場所消防安全設備設置標準,下列那一場所使用之樓層,主要構造為防火構造且設有二座以上安全梯,且該樓層各部分均有二個以上不同避難逃生路徑能通達安全梯,符合避難器具免設之規定?
(A) 金融機構　　　　　　　　　(B) 活動中心
(C) 室內溜冰場　　　　　　　　(D) 電影攝影場

(B) 4. 依據各類場所消防安全設備設置標準,有關緩降機設置及其支固器具之裝置規定,下列敘述何者錯誤?
(A) 緩降機之設置,在下降時,所使用繩子應避免與使用場所牆面或突出物接觸
(B) 支固器具設在使用場所之磚牆或其他構造上較堅固及容易裝設場所
(C) 緩降機所使用繩子之長度,以其裝置位置至地面或其他下降地點之等距離長度為準

(D) 支固器具以螺栓、熔接或其他堅固方法裝置

(C) 5. 依據各類場所消防安全設備設置標準，有關緊急照明燈之構造規定，下列敘述何者錯誤？
(A) 白熾燈為雙重繞燈絲燈泡，其燈座為瓷製或與瓷質同等以上之耐熱絕緣材料製成者
(B) 日光燈為瞬時起動型，其燈座為耐熱絕緣樹脂製成者
(C) 放電燈之安定器，裝設於一般性外箱
(D) 水銀燈為高壓瞬時點燈型，其燈座為瓷製或與瓷質同等以上之耐熱絕緣材料製成者

(D) 6. 依據各類場所消防安全設備設置標準，特別安全梯或緊急升降機間排煙室之排煙設備設置於直接面向戶外之窗戶時，下列規定及敘述何者錯誤？
(A) 在排煙時窗戶與煙接觸部分使用不燃材料
(B) 窗戶有效開口面積位於天花板高度二分之一以上之範圍內
(C) 窗戶之有效開口面積在 2 平方公尺以上。但特別安全梯排煙室與緊急升降機間兼用時，應在 3 平方公尺以上
(D) 平時關閉之窗戶設手動開關裝置，其操作部分設於距離樓地板 180 公分之位置，並標示簡易之操作方式

(D) 7. 依據排煙設備檢修及申報作業基準，有關綜合檢查之判定方法的規定，下列敘述何者錯誤？
(A) 運轉電流在所規定的範圍內
(B) 排煙機在運轉中應無異常聲音及振動，風道應無異常振動
(C) 排煙機回轉葉片的回轉方向應正常
(D) 排煙口及吸煙閘門打開後，能連動自動排煙機啓動

(B) 8. 依據避難器具檢修及申報作業基準，有關外觀檢查之判定方法的規定，下列敘述何者錯誤？
(A) 在操作面積內，除了輕量而容易移動之物品外，不得放置會妨礙之大型椅子、桌子、書架及其他物品等
(B) 由地板面至開口部下端之高度應在 80 cm 以下
(C) 下降空地應有寬 1 公尺以上之避難上有效通路，通往廣場、道路等
(D) 有電線時，應距離下降空間 1.2 m 以上

(A) 9. 依據避難器具測試報告書測試方法及判定要領，有關避難器具設置場所等外觀試驗之判定要領的規定，下列敘述何者錯誤？
(A) 應設置在容易接近，且無妨礙避難器具使用之空間，有安全構造之操作部
(B) 應與設置在其他樓層之避難器具間相互無妨礙
(C) 關於樓梯、出入口或其他相關避難設施之關連，應在適當之位置
(D) 至樓地板面或其他著地點之下降空間，應無妨礙避難之障礙物

(B) 10. 若一緊急升降機間（未兼用）之排煙設備排煙閘門面積為 6 m²，請問機械

排煙時風速應為多少，方能符合法令規定？

(A) 20 m/min　　(B) 40 m/min　　(C) 60 m/min　　(D) 80 m/min

(B) 11. 某一場所第六層需設置排煙設備，並區分為三個排煙區劃，面積各自為 450 m²、400 m²、400 m²，試問其排煙風量應至少為多少 m³/min？

(A) 800　　　　(B) 900　　　　(C) 1000　　　　(D) 1200

(D) 12. 某飯店其第五層之收容人數合計為 650 人，則該層在未有符合減設或免設條件時，其應設避難器具多少具？

(A) 4　　　　　(B) 5　　　　　(C) 6　　　　　(D) 7

(C) 13. 依據各類場所消防安全設備設置標準，出口標示燈及避難方向指示燈，應保持不熄滅，但出口標示燈及非設於樓梯或坡道之避難方向指示燈，與火警自動警報設備之探測器連動亮燈，且配合其設置場所使用型態採取適當亮燈方式，符合規定之一者，得予減光或消燈，有關減光或消燈的規定，下列敘述何者錯誤？

(A) 設置場所無人期間

(B) 設置在因其使用型態而特別需要較暗處所，於使用上較暗期間

(C) 設置位置可利用燈具辨識出入口或避難方向期間

(D) 設置在主要供設置場所管理權人、其雇用之人或其他固定使用之人使用之處所

(C) 14. 各類場所中有關體育館收容人數之計算，於觀眾席部分如為連續式席位，應為該座椅正面寬度除多少公尺所得之數？

(A) 0.2　　　　(B) 0.3　　　　(C) 0.4　　　　(D) 0.5

(C) 15. 避難梯之規定，下列何者錯誤？

(A) 懸吊梯橫桿在使用時，應與使用場所牆面保持 10 公分以上之距離

(B) 第四層以上之樓層設置避難梯時，應設固定梯

(C) 固定梯設於陽台處，其樓地板面積至少 3 平方公尺

(D) 固定梯設於陽台處，應附設能內接直徑 60 公分以上之逃生孔

(C) 16. 有關應設置無線電通信輔助設備之場所，依規定為何？

(A) 樓高在 31 公尺以上建築物之各樓層，或樓地板面積在 1,000 平方公尺以上之建築物

(B) 樓高在 31 公尺以上建築物之各樓層，或樓地板面積在 2,000 平方公尺以上之建築物

(C) 樓高在 100 公尺以上建築物之地下層，或總樓地板面積在 1,000 平方公尺以上之地下建築物

(D) 樓高在 100 公尺以上建築物之各樓層，或總樓地板面積在 2,000 平方公尺以上之建築物

(A) 17. 設置避難橋之屋頂平台，其直下層減設避難器具條件之一為屋頂平台之淨空間面積需為多少平方公尺以上？

(A) 100　　　　(B) 200　　　　(C) 300　　　　(D) 400

（ D ）18. 居室空間設置排煙設備時，排煙機風量之規定何者錯誤？

(A) 排煙機應能隨任一排煙口之開啓而動作，其排煙量不得小於 120 m³/min

(B) 在一防煙區劃時，其排煙量不得小於該防煙區劃面積每平方公尺每分鐘 1 立方公尺

(C) 在二區以上之防煙區劃時，其排煙量應不得小於最大防煙區劃面積每平方公尺每分鐘 2 立方公尺

(D) 地下建築物之地下通道，其總排煙量不得小於 500 m³/min

（ A ）19. 某一醫療機構病房內有 150 床病床、有 50 名從業員工，各候診室之樓地板面積合計為 1,200 平方公尺，則其避難收容人數為何？

(A) 600 人　　　 (B) 700 人　　　 (C) 800 人　　　 (D) 900 人

（人行道上地下式消防栓，日本機車甚少，自行車多，為了安全亦騎於寬敞之人行道，另電信、瓦斯等維生管線皆設於人行道上，為利於維修設密度很密之人孔蓋。因此，無需像台灣有挖馬路現象，攝於日本大阪 2019/08）

8-7 104年避難系統考題精解

甲、申論題部分

> 二、地下建築物或地下層因其特殊之建築環境，在避難逃生設備設置有其特殊之
> 處，請依「各類場所消防安全設備設置標準」，試回答地下建築物或地下層
> 避難逃生設備設置之特殊規定：出口標示燈及避難方向指示燈之有效範圍？
> 出口標示燈及避難方向指示燈之緊急電源應使用蓄電池設備之容量？避難器
> 具選擇？收容人數？避難器具於開口部保有必要開口面積？避難器具於開口
> 部與地面之間保有下降空間？避難器具標示尺寸、顏色？緊急照明燈在地面
> 之水平面照度？（25分）

解：

一) 出口標示燈及避難方向指示燈之有效範圍

供第十二條第二款第一目、第三款第三目或第五款第三目使用者，其出口標
示燈及非設於樓梯或坡道之避難方向指示燈，設於下列場所時，應使用 A 級
或 B 級；出口標示燈標示面光度應在二十燭光（cd）以上，或具閃滅功能；避
難方向指示燈標示面光度應在二十五燭光（cd）以上。

二) 出口標示燈及避難方向指示燈之緊急電源應使用蓄電池設備之容量

地下建築物，其總樓地板面積在一千平方公尺以上，其出口標示燈及避難方向
指示燈之緊急電源應使用蓄電池設備，其容量應能使其有效動作二十分鐘以
上。但設於下列場所之主要避難路徑者，該容量應在六十分鐘以上，並得採蓄
電池設備及緊急發電機併設方式。

三) 避難器具選擇

避難器具選擇僅有避難梯。

四) 收容人數

其他場所如地下建築物收容人數為從業員工數與供從業員以外者所使用部分之
樓地板面積和除三平方公尺所得之數，合計之。

五) 避難器具於開口部保有必要開口面積

避難梯於開口部保有必要開口面積為高八十公分以上，寬五十公分以上或高
一百公分以上，寬四十五公分以上。

六) 避難器具於開口部與地面之間保有下降空間

避難梯於開口部與地面之間保有下降空間，自避難梯二側豎桿中心線向外二十
公分以上及其前方六十五公分以上之範圍內。

七) 避難器具標示尺寸、顏色

避難梯標示尺寸為長三十六公分以上、寬十二公分以上；而顏色為白底黑字。

八) 緊急照明燈在地面之水平面照度

緊急照明燈在地面之水平面照度依第一百七十八條，使用低照度測定用光電管照度計測得之值，在地下建築物之地下通道，其地板面應在十勒克司（Lux）以上。但在走廊曲折點處，應增設緊急照明燈。

乙、測驗題部

(D)　1. 某體育館規劃提供 820 平方公尺搖滾區（即在觀眾席設立位部分）供流行音樂演唱會使用，為計算裝設避難器具數量，該區域收容人數以多少計算？

(A) 1,640 人　　(B) 2,460 人　　(C) 3,280 人　　(D) 4,100 人

(A)　2. 為確保避難器具緊急狀況時之有效性，有關緩降機、避難梯、避難繩索，於開口部保有必要開口面積之規定，下列何者正確？

(A) 高 80 公分以上，寬 50 公分以上或高 100 公分以上，寬 45 公分以上
(B) 高 60 公分以上，寬 50 公分以上或高 80 公分以上，寬 45 公分以上
(C) 高 80 公分以上，寬 45 公分以上或高 120 公分以上，寬 40 公分以上
(D) 高 60 公分以上，寬 50 公分以上或高 100 公分以上，寬 40 公分以上

(B)　3. 依規定，第四層以上之樓層設固定避難梯，設於陽臺等具安全且容易避難逃生構造處，裝設時應確認其樓地板面積最小必須多少平方公尺，以確保該避難器具之有效性？

(A) 1 平方公尺　　　　　(B) 2 平方公尺
(C) 3 平方公尺　　　　　(D) 4 平方公尺

(D)　4. 醫院之第四樓層不適合設置下列何種避難器具？

(A) 避難橋　　　　　　　(B) 救助袋
(C) 滑臺　　　　　　　　(D) 緩降機

(B)　5. 某醫院在面臨室外空地病房裝設救助袋，除病床所需空間外，依相關規定最少還要預留多少操作淨空間？

(A) 2 m^2　　(B) 2.25 m^2　　(C) 4 m^2　　(D) 4.25 m^2

(B)　6. 有關倚靠型梯的敘述，依金屬製避難梯認可基準規定，下列何者錯誤？

(A) 在上方支撐點處，應裝設防止打滑及跌倒之安全裝置
(B) 下端支撐點，應設置防止跌倒裝置
(C) 如為可伸縮構造者，應裝設能防止使用時自動縮梯之安全裝置
(D) 如為可折疊構造者，應裝設能防止使用時自動折疊之安全裝置

(D)　7. 下列何者不是緊急電源插座檢查基準有關外觀檢查之檢查對象？

(A) 表示燈　　(B) 插座　　(C) 開關器　　(D) 端子電壓

(B)　8. 緊急電源插座檢查基準中，有關保護箱外觀檢查之判定方法，下列何者錯誤？

(A) 應無檢查上及使用上之障礙物

(B) 保護箱面應有「緊急電源」之字樣，且字體應無汙損、不鮮明部分

(C) 應無變形、損傷、顯著腐蝕

(D) 箱門可確實正常開、關

(C)　9. 依特別安全梯或緊急升降機間排煙風量測試之綜合試驗，其判定要領，下列何者錯誤？

(A) 在排煙時窗戶與煙接觸部分應使用不燃材料

(B) 窗戶之有效開口面積不得小於 2 平方公尺

(C) 平時開啟之窗戶應設手動開關裝置，設於距離樓地板面 80 公分以上 150 公分以下之牆面

(D) 窗戶有效開口面積應位於天花板高度二分之一以上之範圍內

(C) 10. 有關排煙設備之手動啟動裝置動作性能試驗，下列何者不是判定要領所敘述之項目？

(A) 應依手動操作確實動作

(B) 排煙機應與排煙口之開放連動而自動動作

(C) 探測器之動作應確實

(D) 應依遠隔操作確實動作

(D) 11. 風管外觀試驗的判定要領中，下列何者錯誤？

(A) 閘門應以不燃材料製成

(B) 應以不燃材料製成，接續部應確實地固定

(C) 貫穿防火構造牆壁或地板之處所，應以不燃材料確實填塞

(D) 應設置在火災時無延燒之虞的位置，且未接觸不燃材料

(D) 12. 依出口標示燈及避難方向指示燈認可基準規定，內藏蓄電池作為緊急電源之引導燈具，緊急電源時間應維持幾分鐘以上？

(A) 15　　　　　(B) 30　　　　　(C) 60　　　　　(D) 90

(D) 13. 某一場所應設置出口標示燈與避難方向指示燈，而其步行距離之有效範圍，下列何者錯誤？

(A) 有不易看清或識別該燈情形者，該有效範圍為 10 公尺

(B) C 級出口標示燈，該有效範圍為 15 公尺

(C) A 級避難方向指示燈，該有效範圍為 20 公尺

(D) B 級避難方向指示燈，該有效範圍為 10 公尺

(A) 14. 出口標示燈及非設於樓梯或坡道之避難方向指示燈，其光度（cd）依等級區分，下列何者錯誤？

(A) A 級避難方向指示燈在 50 cd 以上

(B) B 級出口標示燈在 10 cd 以上

(C) A 級出口標示燈在 50 cd 以上

(D) C 級避難方向指示燈在 5 cd 以上

(B) 15. 各類場所均應設置避難指標，但設有避難方向指示燈或出口標示燈時，在其有效範圍內，得免設置避難指標。有關避難指標的設置方式，下列何者

錯誤？

(A) 設於出入口時，裝設高度距樓地板面 1.5 公尺以下

(B) 設於走廊或通道時，自走廊或通道任一點至指標之步行距離在 5 公尺以下

(C) 周圍不得設有影響視線之裝潢及廣告招牌

(D) 設於易見且採光良好處

(C) 16. 下列何者不是免設緊急照明設備處所？

(A) 集合住宅之居室　　(B) 工作場所中，設有固定機械或裝置之部分

(C) 保齡球館球道　　　(D) 洗手間、浴室、盥洗室、儲藏室或機械室

(D) 17. 依各類場所消防安全設備設置標準，對於裝設出口標示燈具閃滅或音響引導功能，下列何者錯誤？

(A) 護理之家機構及身心障礙福利機構必須強制裝設

(B) 設於排煙室或進入直通樓梯防火門處

(C) 與火警自動警報設備連動

(D) 接到來自信號裝置之動作信號，立即自動閃滅動作

8-8 103年避難系統考題精解

(D)　1. 緊急照明燈在地面之水平面照度，使用低照度測定用光電管照度計測得之值，在地下建築物之地下通道，其地板面應在 M 勒克司（Lux）以上，其他場所應在 N 勒克司（Lux）以上。則 M、N 值，下列何者正確？
　　　　(A) M = 30 N = 15　　　(B) M = 20 N = 10
　　　　(C) M = 10 N = 5　　　(D) M = 10 N = 2

(C)　2. 有關緊急電源插座之設置，下列敘述何者錯誤？
　　　　(A) 緊急電源插座之電流供應容量為交流單相 110 伏特（或 120 伏特）15 安培，其容量約為 1.5 瓩以上
　　　　(B) 緊急電源插座為接地型，裝設高度距離樓地板應在 1 公尺以上 1.5 公尺以下
　　　　(C) 緊急電源插座之保護箱蓋應標示緊急電源插座字樣，每字在 5 平方公分以上
　　　　(D) 每一層任何一處至插座之水平距離應在 50 公尺以下

(B)　3. 設置避難器具時，需標示其設置位置、使用方法及設置指標，下列何者錯誤？
　　　　(A)「避難器具」字樣大小為每字 5 平方公分以上
　　　　(B) 設置指標所使用之顏色為白底綠字
　　　　(C) 使用方法標示，其尺寸為長 60 公分以上、寬 30 公分以上
　　　　(D) 使用方法標示字大小，其尺寸為每字 1 平方公分以上

(D)　4. 避難器具開口部開口面積大小，下列何者錯誤？
　　　　(A) 緩降機高 80 公分以上，寬 50 公分以上或高 100 公分以上，寬 45 公分以上
　　　　(B) 滑臺高 80 公分以上，寬為滑臺最大寬度以上
　　　　(C) 救助袋高 60 公分以上，寬 60 公分以上
　　　　(D) 避難橋高 160 公分以上，寬為避難橋最大寬度以上

(B)　5. 緊急照明設備性能檢查檢修判定，下列敘述何者錯誤？
　　　　(A) 緊急電源使用蓄電池設備時，確認其容量應能持續動作 30 分鐘以上
　　　　(B) 採蓄電池設備與緊急發電機併設方式時，其容量應能使其持續動作分別為 20 分鐘及 30 分鐘以上
　　　　(C) 在地下建築物之地下通道，其地板面水平面照度應在 10 勒克司（Lux）以上
　　　　(D) 建築物總樓地板面積在 1000 平方公尺以下，緊急電源容量能否持續動作 30 分鐘之檢查數量為 5 個以上

(A)　6. 避難器具之固定架使用螺栓固定時，若使用螺栓之螺紋標稱為 M10×1.5，其規定之栓緊強度轉矩值（kgf-cm）為多少？

（A) 150 至 250　　　　　　　（B) 300 至 450
（C) 450 至 600　　　　　　　（D) 600 至 850

（ B ）　7. 某三溫暖每天 24 小時經營，員工分日班、夜班、大夜班 3 班上班。每班員
工人數最多 50 名，扣除走廊、樓梯及廁所面積，樓地板面積為 1500 平方
公尺，則其收容人數下列何者正確？
（A) 450　　　　（B) 550　　　　（C) 650　　　　（D) 700

（ B ）　8. 建築物總樓地板面積在 3000 平方公尺以下，對於檢查緊急照明設備緊急電
源容量能否持續動作 30 分鐘之檢查數量應為：
（A) 5 個以上　　（B) 10 個以上　　（C) 15 個以上　　（D) 20 個以上

（ B ）　9. 於緩降機之綜合檢查時，測量下降距離及下降時間，計算出下降速度，其
平均的降　速度範圍為 M 及最大下降速度為 N。M、N 應在每秒多少公分範
圍內？
（A) 80 至 160，160　　　　　（B) 80 至 100，150
（C) 60 至 160，160　　　　　（D) 60 至 100，100

（ C ）　10. 避難指標設於出入口時，裝設高度距樓地板面幾公尺以下？
（A) 0.5　　　　（B) 1　　　　　（C) 1.5　　　　（D) 2

（ B ）　11. 觀眾席引導燈之照度，在觀眾席通道地面之水平面上測得之值，在多少勒
克司（Lux）以上？
（A) 0.1　　　　（B) 0.2　　　　（C) 1　　　　　（D) 2

（ C ）　12. 建築物 11 層以上之樓層，具可內切直徑 50 公分以上圓孔之開口，合計面
積未達該樓地板面積多少以上者，稱為無開口樓層？
（A) 1/10　　　　（B) 1/20　　　　（C) 1/30　　　　（D) 1/40

（ C ）　13. 防煙區劃之範圍內，任一位置至排煙口之水平距離應在多少公尺以下？
（A) 10　　　　　（B) 20　　　　　（C) 30　　　　　（D) 40

（ D ）　14. 依消防機關辦理建築物消防安全設備審查及查驗作業基準，救助袋載重大
小之性能測試為多少公斤以上？
（A) 100　　　　（B) 195　　　　（C) 250　　　　（D) 300

（ A ）　15. 固定架或支固器具使用螺栓固定時，如使用扭力扳手作為測定拉拔荷重之
器具時，鎖緊扭力和試驗荷重之關係為以下何者？
（A) 鎖緊扭力（kgf・cm）＝ 0.24 試驗荷重（kgf）× 螺栓直徑（cm）
（B) 鎖緊扭力（kgf・cm）＝ 0.36 試驗荷重（kgf）× 螺栓直徑（cm）
（C) 鎖緊扭力（kgf・cm）＝ 24 試驗荷重（kgf）× 螺栓直徑（cm）
（D) 鎖緊扭力（kgf・cm）＝ 36 試驗荷重（kgf）× 螺栓直徑（cm）

（ B ）　16. 建物內任何地點至 B 級避難方向指示燈之有效範圍，係指至該燈之步行距
離為幾公尺？
（A) 10　　　　　（B) 15　　　　　（C) 20　　　　　（D) 30

8-9 102年避難系統考題精解

甲、申論題部分

> 二、依據「各類場所消防安全設備設置標準」規定，某棟設有特別安全梯之建築物，其居室及排煙室均設有機械式排煙設備，試問該居室及排煙室之排煙設備，各自風量規定為何？（10分）上述建築物如由機械排煙改為自然排煙，請問應符合規定為何？（15分）

解：

一) 風量規定

    1. 居室排煙機應隨任一排煙口之開啓而動作。排煙機之排煙量在每分鐘一百二十立方公尺以上；且在一防煙區劃時，在該防煙區劃面積每平方公尺每分鐘一立方公尺以上；在二區以上之防煙區劃時，在最大防煙區劃面積每平方公尺每分鐘二立方公尺以上。但地下建築物之地下通道，其總排煙量應在每分鐘六百立方公尺以上。

    2. 特別安全梯或緊急升降機間排煙室之排煙設備，排煙機、進風機之排煙量、進風量在每秒四立方公尺（兼用時，每秒六立方公尺）以上，且可隨排煙口、進風口開啓而自動啓動。

二) 自然排煙規定

    1. 居室自然排煙口設手動開關裝置及探測器連動自動開關裝置；以該等裝置或遠隔操作開關裝置開啓，平時保持關閉狀態，開口葉片之構造應不受開啓時所生氣流之影響而關閉。手動開關裝置用手操作部分應設於距離樓地板面八十公分以上一百五十公分以下之牆面，裝置於天花板時，應設操作垂鍊或垂桿在距離樓地板一百八十公分之位置，並標示簡易之操作方式。

    排煙口之開口面積在防煙區劃面積之百分之二以上，且以自然方式直接排至戶外。

    2. 特別安全梯或緊急升降機間排煙室之自然排煙設備，依下列規定選擇設置：

    設置直接面向戶外之窗戶時，應符合下列規定：

    (1)在排煙時窗戶與煙接觸部分使用不燃材料。

    (2)窗戶有效開口面積位於天花板高度二分之一以上之範圍內。

    (3)窗戶之有效開口面積在二平方公尺以上。但特別安全梯排煙室與緊急升降機間兼用時（以下簡稱兼用），應在三平方公尺以上。

    (4)前目平時關閉之窗戶設手動開關裝置，其操作部分設於距離樓地板面八十公分以上一百五十公分以下之牆面，並標示簡易之操作方式。

乙、測驗題部分

(D) 1. 有關緊急電源插座之規定，下列敘述何者不正確？
(A) 每一樓層任一處至插座水平距離應在 50 公尺以下
(B) 緊急電源插座為接地型，裝設高度距離樓地板 1 公尺以上 1.5 公尺以下
(C) 緊急電源插座在保護箱上方設紅色表示燈
(D) 保護箱長邊及短邊分別為 20 公分及 15 公分以上

(C) 2. 某位於避難層的居室，其任一點皆能容易觀察識別其主要出入口，且與主要出入口最大步行距離為 35 公尺，依照各類場所消防安全設備設置標準之規定，得以免設的標示設備之種類為何？
(A) 出口標示燈 　　　　　　(B) 避難指標
(C) 避難方向指示燈 　　　　(D) 均不能免設標示設備

(C) 3. 依照各類場所消防安全設備設置標準之規定，A 級的避難方向指示燈，標示面之縱向尺度應在 X 公尺（m）以上，標示面光度應在 Y 燭光（cd）以上，請問前述 X，Y 為何？
(A) X = 0.2，Y = 10 　　　　(B) X = 0.3，Y = 13
(C) X = 0.35，Y = 50 　　　(D) X = 0.4，Y = 60

(A) 4. 依照各類場所消防安全設備設置標準，有關標示設備之設置規定，下列敘述何者不正確？
(A) 車站的出口標示燈，應為 A 級或 B 級，標示面光度應在 15 燭光（cd）以上或具閃滅功能
(B) 地下建築物的避難方向指示燈，應為 A 級或 B 級，標示面光度應在 25 燭光（cd）以上
(C) 出口標示燈具閃滅或音聲引導功能者，應設於主要出入口
(D) 觀眾席引導燈之照度，在通道地面之水平面上測得之值，在 0.2 勒克司（lx）以上

(C) 5. 依各類場所消防安全設備設置標準第 155 條規定，下列何場所之主要避難路徑，出口標示燈及避難方向指示燈之緊急電源容量應在六十分鐘以上，並得採蓄電池設備及緊急發電機併設方式？
(A) 總樓地板面積在三萬平方公尺以上
(B) 觀光旅館總樓地板面積在一萬平方公尺以上
(C) 高層建築物，其總樓地板面積在三萬平方公尺以上
(D) 地下建築物，其總樓地板面積在五百平方公尺以上

(D) 6. 某療養院位於 8 樓，依照各類場所消防安全設備設置標準之規定，選擇該場所適用的避難器具，下列何者為正確？
(A) 緩降機 　　　(B) 避難梯 　　　(C) 滑杆 　　　(D) 救助袋

(B) 7. 某療養院有五十名從業員工、病房內有二百床病床、各候診室之樓地板面

積合計為一千二百平方公尺,則其收容人數為何?

(A)五百五十　　　(B)六百五十　　(C)七百　　　　(D)九百五十

(B) 8. 避難梯竣工測試時,其下降空間應在避難梯二側豎桿中心線向外 X 公分以上,避難梯前方 Y 公分以上之範圍內,方能符合規定,請問前述 X,Y 為何?

(A) X = 15,Y = 50　　(B) X = 20,Y = 65
(C) X = 25,Y = 80　　(D) X = 30,Y = 95

(A) 9. 有關避難梯設置之規定,下列敘述何者不正確?

(A) 4 樓以上樓層應設固定梯,設於陽臺等具安全且容易避難逃生構造處,其樓地板面積至少 4 平方公尺以上

(B) 固定梯的橫桿與使用場所牆面保持 10 公分以上之距離

(C) 固定梯設於陽臺時,應附設能內接直徑 60 公分以上之逃生孔

(D) 固定梯之逃生孔應上下層交錯配置,不得在同一直線上

(D) 10. 依各類場所消防安全設備設置標準第 188 條之規定,地下建築物之地下通道每多少平方公尺應以防煙壁區劃?

(A)一千　　　　(B) 五百　　　　(C) 四百　　　　(D) 三百

(A) 11. 依各類場所消防安全設備設置標準第 179 條之規定,下列何處所不得免設緊急照明設備?

(A) 在避難層,由居室任一點至通往屋外出口之步行距離在四十公尺以下之居室

(B) 集合住宅之居室

(C) 儲藏室

(D) 機械室

(C) 12. 依各類場所消防安全設備設置標準第 190 條之規定,下列處所何者不得免設排煙設備?

(A) 設有二氧化碳或乾粉等自動滅火設備之場所

(B) 集合住宅、學校教室、學校活動中心、體育館、室內 冰場、室內游泳池

(C) 建築物在第十層以下之地下層,其非居室部分,樓地板面積每一百平方公尺以下,以防煙壁區劃者

(D) 機器製造工廠、儲放不燃性物品倉庫及其他類似用途建築物,且主要構造為不燃材料建造者

(A) 13. 依各類場所消防安全設備設置標準有關緊急電源插座設置之規定,下列敘述何者有誤?

(A) 總樓地板面積在五百平方公尺以上之地下建築物應設置緊急電源插座

(B) 每回路電線容量在二個插座同時使用之容量以上

(C) 緊急電源插座為接地型,裝設高度距離樓地板一公尺以上一點五公尺以下

(D) 各插座設容量一百一十伏特、十五安培以上之無熔絲斷路器

(D) 14. 依各類場所消防安全設備設置標準有關無線電通信輔助設備之規定，無線電之接頭設於地面之接頭數量，在任一出入口與其他出入口之步行距離大於 X 公尺時，設置二個以上。其裝設於保護箱內，箱內應設長度Y公尺以上之射頻電纜，試問 X、Y 分別為何？
(A) X = 100、Y = 1
(B) X = 150、Y = 1
(C) X = 250、Y = 2
(D) X = 300、Y = 2

(C) 15. 有關出口標示燈及避難方向指示燈的構造與機能之規定，下列敘述何者不正確？
(A) 常用電源時，出口標示燈標示面平均亮度（cd/m2）每平方公尺應在 150 燭光以上
(B) 緊急電源時，避難方向指示燈標示面平均亮度（cd/m2），每平方公尺應在 100 燭光以上，300 燭光未滿
(C) 燈具附有啟動器者，應在 20 秒內點燈
(D) 以直流 500 伏特（V）高阻計，測量帶電部與不帶電金屬間之絕緣電阻，均應為 5 百萬歐姆（MΩ）以上

(C) 16. 有關緊急照明燈的緊急電源之規定，下列敘述何者不正確？
(A) 使用蓄電池設備時，其容量應能使其持續動作 30 分鐘以上
(B) 採蓄電池設備與緊急發電機併設方式時，其容量應能使其持續動作分別為 10 分鐘及 30 分鐘以上
(C) 天花板及底材使用不燃材料者，緊急電源供電系統之配線，得採一般配線
(D) 緊急照明燈內置蓄電池者，緊急電源供電系統之配線，得採一般配線

(D) 17. 有關緩降機的構造與機能之規定，下列敘述何者不正確？
(A) 緩降機之最大使用載重，應在最大使用人數乘以 1,000 nt 所得數值以上
(B) 緩降機常溫試驗時，下降速度（m/s(C)c）應在每秒 16 公分以上 150 公分以下之範圍內
(C) 緩降機繩索芯線直徑應在 0.3 公分以上
(D) 移動式緩降機的調速器之重量在 12 公斤以下

8-10 101年避難系統考題精解

甲、申論題部分

> 二、「各類場所消防安全設備設置標準」為強化老人長期照顧機構,以及避難弱者場所之安全,在101年有何修正重點?(25分)

解:

將「長期照護機構、養護機構」修正為長期照顧機構,並分為長期照護型、養護型、失智照顧型三種類;另將「身心障礙福利服務機構」修正為「身心障礙福利機構」。

1. 增訂長期照顧等機構達一定樓地板面積以上應設自動撒水設備。(修正條文第十七條)
2. 增訂長期照顧等機構不論樓地板面積大小應設火警自動警報設備。(修正條文第十九條)
3. 修正避難器具收容人數。(修正條文第一百五十七條)

乙、測驗題部分

(C) 1. 某醫療院所有一百名從業員工、三百床病床、樓地板面積為一千五百平方公尺,則其收容人數下列何者正確?
(A) 七百　　　(B) 八百　　　(C) 九百　　　(D) 一千

(C) 2. 下列有關緩降機之規定何者有誤?
(A) 操作面積為零點五平方公尺以上(不含避難器具所占面積),但邊長應為六十公分以上
(B) 開口面積為高八十公分以上,寬五十公分以上或高一百公分以上,寬四十五公分以上
(C) 必要下降空間為下方及側面,在上端二十五度,下端三十五度方向所圍範圍內。但沿牆面使用時,牆面側不在此限
(D) 必要下降空地為下降空間之投影面積

(D) 3. 洗手間、浴室、盥洗室、儲藏室或機械室緊急照明設備之規定,下列何者正確?
(A) 地板面照度應在十勒克司(Lux)以上,其他面應在二勒克司(Lux)以上
(B) 地板面照度應在二勒克司(Lux)以上,其他面應在二十勒克司(Lux)以上

　　　(C) 地板面照度應在二十勒克司（Lux）以上，其他面應在十勒克司（Lux）
　　　　以上
　　　(D) 不需設置
（ D ）　4. 某樓高 10 層之百貨商場大樓，其戶外安全梯或特別安全梯所通達之屋頂避
　　　難平臺規定不包含下列何項？
　　　(A) 屋頂避難平臺之樓地板防火時效
　　　(B) 與屋頂避難平臺連接之外牆防火時效
　　　(C) 屋頂避難平臺面積
　　　(D) 通達特別安全梯之最大寬度
（ A ）　5. 設置避難器具時，需標示其設置位置、使用方法並設置指標，其所使用之
　　　顏色為何？
　　　(A) 白底黑字　　　　　　(B) 黑底白字
　　　(C) 綠底白字　　　　　　(D) 白底綠字
（ C ）　6. 下列何項不符合避難器具固定架或支固器具使用螺栓固定時之規定？
　　　(A) 使用錨定螺栓　　　　(B) 螺栓埋入深度
　　　(C) 混凝土強度　　　　　(D) 轉矩值
（ B ）　7. 建築物於第四層以上之樓層設避難梯時，應設固定梯，並設於陽臺等具安
　　　全且容易避難逃生構造處；則其樓地板面積及附設逃生孔之規定為何？
　　　(A) 樓地板面積至少一平方公尺，並附設能內接直徑三十公分以上之逃生孔
　　　(B) 樓地板面積至少二平方公尺，並附設能內接直徑六十公分以上之逃生孔
　　　(C) 樓地板面積至少一平方公尺，並附設能內接直徑六十公分以上之逃生孔
　　　(D) 樓地板面積至少二平方公尺，並附設能內接直徑三十公分以上之逃生孔
（ B ）　8. BH 級避難方向指示燈（非地面嵌入型）之標示面光度應達多少以上？
　　　(A) 50 cd　　　　(B) 25 cd　　　　(C) 20 cd　　　　(D) 5 cd
（ A ）　9. 下列何種燈源目前非屬我國法規標準所認可之緊急照明燈使用燈源？
　　　(A) 鈉氣燈　　　(B) 白熾燈　　　(C) LED 燈　　　(D) 螢光燈
（ B ） 10. 排煙設備排煙機設置之規定，下列敘述何者為錯誤？
　　　(A) 排煙機應能隨任一排煙口之開啟而動作，其排煙量不得小於 120 m^3/min
　　　(B) 地下建築物之地下通道，其總排煙量不得小於 500 m^3/min
　　　(C) 在任一防煙區劃時，其排煙量不得小於該防煙區劃面積乘以 1 m^3/min.m^2
　　　　所得數值
　　　(D) 在二區以上之防煙區劃時，其風機排煙量應不得小於最大防煙區劃面積
　　　　2 m^3/min.m^2
（ A ） 11. 各類場所中如有不易看清或識別出口標示燈環境情形者，則該出口標示燈
　　　之有效範圍為何？
　　　(A) 10 m　　　　(B) 15 m　　　　(C) 20 m　　　　(D) 40 m
（ D ） 12. 機械式排煙設備風管若貫穿防火區劃牆壁時，風管外部除防火填塞處理
　　　外，風管內部應設置以下何種閘門？

  (A)排煙閘門   (B) 防煙閘門

  (C) 防火排煙閘門 (D) 防火閘門

(D) 13. 有關避難器具緩降機構造性能檢查時，目視及操作確認有無損傷，下列敘述何者為不正確？

  (A)調速器外觀有異常，但動作部分仍能順暢動作時，應判定為有使內部發生異常原因

  (B) 調速器連結部應無明顯損傷及生鏽

  (C) 繩索無法行走順暢，且有不穩定之阻力感時應判定性能及強度上有缺陷

  (D) 應有符合最少使用者人數之安全帶緊結在繩索末端

(C) 14. 檢查具有閃滅裝置及音聲引導裝置之出口標示燈構造性能正常與否，下列敘述何者不正確？

  (A)閃滅裝置及音聲引導裝置電源得與主燈具電源共用

  (B) 內置型緊急電源時間應維持 90 分鐘以上

  (C) 音聲引導裝置之警報聲應採人為語音及內容「緊急出口在這 ！」

  (D) 接到信號裝置信號後應於 3 秒鐘內自動閃滅動作開始

(D) 15. 有關無線電通信輔助設備之竣工查驗作業規定，下列敘述何者正確？

  (A)洩波同軸電纜應使用耐熱電纜

  (B) 洩波同軸電纜標稱阻抗應為 60 歐姆

  (C) 無線電接頭設於保護箱中，箱內設有長度 3 公尺以上之射頻電纜

  (D) 在使用頻率帶內，電壓駐波比測定應在 1.5 以下

(B) 16. 進行有關緊急電源插座竣工查驗作業時，各項構件機能的需求，下列何者不正確？

  (A)專用幹線應可供給單相交流 110V，15A 以上之電力

  (B) 在專用幹線之電源側電路應設置漏電斷路器

  (C) 主配電盤設專用回路，各樓層至少設 2 回路以上之供電線路

  (D) 專用回路每一回路之緊急電源插座數量 10 個以下

(D) 17. 日光燈型緊急照明燈，在地下建築物地下通道其地板面，以光電照度計測量值應在 M 勒克司（Lux）以上，其他場所應在 N 勒克司（Lux）以上。此 M，N 為下列何者？

  (A)5，1   (B) 8，2   (C)10，1   (D) 10，2

✚ 知識補充站

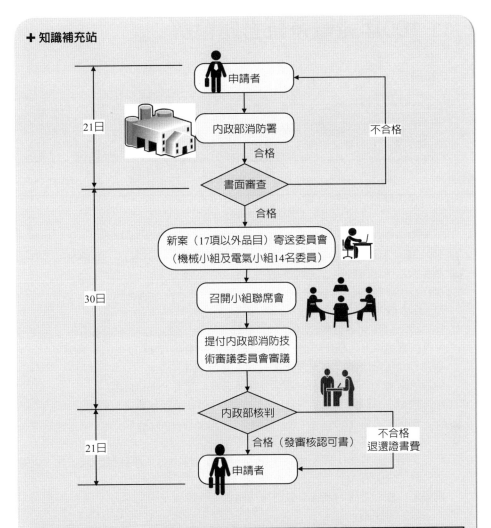

國內消防機具器材及設備檢測機構	
經濟部標準檢驗局	財團法人精密機械研究發展中心
內政部建築研究所	財團法人塑膠工業技術發展中心
國防部軍備局中山科學研究院	財團法人工業技術研究院心
財團法人臺灣大電力研究試驗中心	中央警察大學
中華電信股份有限公司電信研究院驗證中	國立臺北科技大學
財團法人臺灣電子檢驗中心	財團法人紡織產業綜合研究所
財團法人金屬工業研究發展中心	財團法人消防安全中心基金會
財團法人中華民國消防技術顧問基金會	

8-11 100年避難系統考題精解

甲、申論題部分

> 一、試依「各類場所消防安全設備設置標準」規定，說明出口標示燈之設置處所
> 為何？又設置具有閃滅或音聲引導功能之出口標示燈時，其動作及停止時機
> 為何？試詳述之。（25分）

解：

一)出口標示燈之設置處所

第23條

下列場所應設置標示設備：供第十二條第一款、第二款第十二目、第五款第一
目、第三目使用之場所，或地下層、無開口樓層、十一層以上之樓層供同條其
他各款目所列場所使用，應設置出口標示燈。

二)動作及停止時機

第146-5條

出口標示燈及非設於樓梯或坡道之避難方向指示燈，設於下列場所時，應使用
A級或B級；出口標示燈標示面光度應在二十燭光（cd）以上，或具閃滅功能；
避難方向指示燈標示面光度應在二十五燭光（cd）以上。

但設於走廊，其有效範圍內各部分容易識別該燈者，不在此限：

一、供第十二條第二款第一目、第三款第三目或第五款第三目使用者。

二、供第十二條第一款第一目至第五目、第七目或第五款第一目使用，該層樓
地板面積在一千平方公尺以上者。

三、供第十二條第一款第六目使用者。其出口標示燈並應採具閃滅功能，或兼
具音聲引導功能者。

前項出口標示燈具閃滅或音聲引導功能者，應符合下列規定：

一、設於主要出入口。

二、與火警自動警報設備連動。

三、由主要出入口往避難方向所設探測器動作時，該出入口之出口標示燈應停
止閃滅及音聲引導。

乙、測驗題部分

(C) 1. 下列何者不是無線電通信輔助設備的組成元件？
(A) 洩波同軸電纜 (B) 無線電接頭之射頻電纜
(C) 訊號並排器 (D) 訊號增輻器

（ A ） 2. 有一酒吧二樓設有避難梯，依各類消防安全設備設置標準第一百六十二條規定，其開口面積下列何者合格？
(A) 高 90 公分，寬 50 公分　　(B) 高 60 公分，寬 60 公分
(C) 高 100 公分，寬 40 公分　(D) 高 70 公分，寬 60 公分

（ B ） 3. 百貨公司內的排煙設備採機械排煙，某層樓防煙區劃內任何一點至其天花板排煙口的水平距離為何？
(A) 二十公尺　　　　　(B) 三十公尺
(C) 四十公尺　　　　　(D) 五十公尺

（ D ） 4. 出口標示燈及避難方向指示燈之有效範圍，指至該燈之步行距離，在有不易看清或識別該燈情形者，該有效範圍為幾公尺？
(A) 三十公尺　　　　　(B) 二十公尺
(C) 十五公尺　　　　　(D) 十公尺

（ A ） 5. 依各類消防安全設備設置標準第一百六十條規定，有位於二樓的酒吧場所之條件：①從業員工十人 ②固定吧檯個人座位二十個 ③固定連續式沙發座位長五公尺的四座 ④其他未設座位部分面積三十平方公尺。試問收容人數為何？
(A) 80 人　　(B) 70 人　　(C) 60 人　　(D) 50 人

（ D ） 6. 有一設於無開口樓層之飲食店，當其面積達多少平方公尺時，該樓層要設置火警自動警報設備？
(A) 三百平方公尺　　　(B) 五百平方公尺
(C) 一百五十平方公尺　(D) 一百平方公尺

（ B ） 7. 下列有關各類消防安全設備設置標準第二百三十八條規定，防災中心的設置敘述何者錯誤？
(A) 冷暖、換氣等空調系統為專用
(B) 出入口至屋外任一出入口之步行距離在五十公尺以下
(C) 監控或操作緊急發電機
(D) 監控或操作常開式防火門之偵煙式探測器

（ D ） 8. 依建築技術規則建築設計施工編第 97 條有關安全梯之規定，下列何者正確？
(A) 室內安全梯：出入口應裝設符合甲種防火門或鑲嵌鐵絲網玻璃之乙種防火門，並設置門檻
(B) 戶外安全梯：以室外走廊連接安全梯者，其出入口需裝設符合甲種防火門或鑲嵌鐵絲網玻璃之乙種防火門規定之安全門
(C) 戶外安全梯：對外開口面積（非屬開設窗戶部分）應在 3 平方公尺以上
(D) 特別安全梯：自室內至安全梯，應經由陽台或排煙室，始得進入

（ D ） 9. 自居室任一點易於觀察識別該居室出入口，下列何種用途與樓地板面積之居室，免設出口標示燈、避難方向指示燈或避難指標？
(A) 觀光飯店之居室，150 平方公尺

(B) 餐廳之居室，250 平方公尺

(C) 醫院之居室，450 平方公尺

(D) 供集合住宅使用之居室，550 平方公尺

(B) 10. 依各類場所消防安全設備檢修及申報作業基準，緩降機之收藏狀況判定方法，下列何者錯誤？

(A) 保管箱應放在所定之位置

(B) 繩子應以未扭曲狀態，直線排列在保管箱收藏

(C) 保管箱應無明顯變形、破損等，及內部應無灰塵、溼氣等

(D) 支固器具應以使用時無障礙之狀態收藏

(B) 11. 依各類場所消防安全設備檢修及申報作業基準，下列何者無進行性能檢查？

(A) 出口標示燈   (B) 避難指標

(C) 避難方向指示燈   (D) 緊急照明燈

(D) 12. 某高層建築物，其總樓地板面積在三萬平方公尺以上。其主要避難路徑上之出口標示燈及避難方向指示燈之緊急電源容量，應能使其有效動作多少分鐘以上？

(A) 10   (B) 20   (C) 40   (D) 60

(C) 13. 有關於緊急電源插座的設置，下列何者錯誤？

(A) 設於樓梯間或緊急升降機間等

(B) 每一層任何一處至插座之水平距離在五十公尺以下

(C) 為接地型，裝設高度距離樓地板零點八公尺以上一點五公尺以下

(D) 每一回路之連接插座數在十個以下

(A) 14. 無線電通信輔助設備，下列何者錯誤？

(A) 洩波同軸電纜之標稱阻抗為 100 歐姆

(B) 洩波同軸電纜經耐燃處理

(C) 設增輻器時，該增輻器之緊急電源，應使用蓄電池設備

(D) 分配器、混合器、分波器，應使用介入衰耗少，且接頭部分有適當防水措施者

(B) 15. 避難梯之設置規定，下列何者錯誤？

(A) 固定梯之橫桿與使用場所牆面保持 10 公分以上之距離

(B) 第三層以上之樓層設避難梯時，應設固定梯

(C) 懸吊型固定梯能直接懸掛於堅固之窗臺等處所時，得免設固定架

(D) 懸吊型梯之橫桿在使用時，與使用場所牆面保持 10 公分以上之距離

(C) 16. 緊急電源插座之設置規定，下列何者正確？

(A) 每一層任何一處至插座之水平距離在 25 公尺以下

(B) 緊急電源插座之電流供應容量為直流 110 伏特（或 120 伏特）、15 安培

(C) 緊急電源插座在保護箱上方設紅色表示燈

(D) 緊急用電源插座不得連接至緊急供電系統

參考文獻

1. 盧守謙，火災學（二版），五南圖書出版，2019 年 7 月。
2. 盧守謙，圖解消防工程（二版），五南圖書出版，2019 年 4 月。
3. 盧守謙，圖解消防危險物品（二版），五南圖書出版，2019 年 11 月。
4. 盧守謙，圖解消防安全設備設置標準（二版），五南圖書出版，2019 年 5 月。
5. 盧守謙與陳永隆，防火防爆，五南圖書出版，2017 年 2 月。
6. 盧守謙與陳永隆，消防設備師士：消防法規，五南圖書出版，2017 年 4 月。
7. 盧守謙與陳永隆，水與化學系統消防安全設備，五南圖書出版，2017 年 4 月。
8. 盧守謙與陳永隆，警報與避難系統消防安全設備，五南圖書出版，2017 年 4 月。
9. 陳火炎，各類場所消防安全設備設置標準解說（五版），鼎茂圖書出版，2009 年 3 月。
10. 張裕忠與陳仕榕，消防危險物器法令解說（四版），鼎茂圖書出版，2011 年 3 月。
11. 林文興與林坤層，警報與避難系統消防安全設備總整理（一版），鼎茂圖書出版，2012 年 6 月。
12. 內政部消防法令函釋及公告，內政部消防署消防法令查詢系統，http://law.nfa.gov.tw/GNFA/fint/，民國 106 年 8 月。
13. 消防設備士資格研究會，第 5 類與第 6 類消防設備士，新星出版社，平成 22 年。
14. 日本消防檢定協會，消防用設備等，平成 28 年。
15. 日本危險物設施基準指南，平成 7 年。
16. 日本總務省消防廳，高發泡泡沫滅火設備，平成 29 年。
17. 明石市消防局，明石市消防用設備等技術基準，平成 31 年。
18. 埼玉市消防局，埼玉市消防用設備等審查基準，平成 28 年。
19. 浜松市役所，浜松市消防用設備等審查基準，平成 28 年
20. 福岡市消防局，福岡市消防用設備等技術基準，平成 26 年。
21. 神戶市消防局，神戶市消防用設備等技術基準，平成 25 年
22. 橫濱市消防局，橫濱市危險物規制事務審查基準，平成 27 年。
23. 大津市消防局，大津市危險物規制事務審查基準，平成 26 年。
24. 堺市消防局，堺市危險物規制審查基準，平成 28 年。
25. 東京防災設備保守協會，消防用設備等，平成 28 年。
26. Chikata 株式會社，消火設備，平成 28 年。。
27. Nohmi Bosai 株式會社，消防用設備，平成 29 年。
28. Nippon Dry-Chemical 株式會社，消防用設備等，平成 28 年。
29. Morita Miyata 株式會社，消防用設備等，平成 28 年。
30. 日本消防檢定協會網頁，http://www.jfeii.or.jp/，平成 31 年
31. 日本總務省消防廳網頁，http://www.fdma.go.jp/，平成 31 年。

32. 東京消防庁網頁，http://www.tfd.metro.tokyo.jp/，平成 31 年。
33. 日本 SINKO 株式會社，排煙兼用空調機，SINKO ATMOS CO.LTD, 2018.
34. 日本消防設備安全中心，運用加壓防排煙設備設計‧審查指南，平成 24 年。
35. 日本消防設備安全中心網頁，http://www.fesc.or.jp/index.html，平成 31 年。
36. 財團法人消防試驗研究中心網頁，http://www.shoubo-shiken.or.jp/，平成 31 年。
37. NFPA 11, Standard for Low, Medium, and High-Expansion Foam, Foam Fatale, 2017.

國家圖書館出版品預行編目資料

圖解避難系統消防安全設備／盧守謙，陳承聖
作. －－二版. －－臺北市：五南圖書出版
股份有限公司，2022.04
面；　公分
ISBN 978-626-317-698-0（平裝）

1.CST: 消防設施　2.CST: 消防安全

575.875　　　　　　　　111003002

5T47

圖解避難系統消防安全設備

作　　　者 ― 盧守謙（481）

協同作者 ― 陳承聖

發 行 人 ― 楊榮川

總 經 理 ― 楊士清

總 編 輯 ― 楊秀麗

副總編輯 ― 王正華

責任編輯 ― 金明芬

封面設計 ― 姚孝慈

出 版 者 ― 五南圖書出版股份有限公司

地　　　址：106台北市大安區和平東路二段339號4樓

電　　　話：(02)2705-5066　　傳　真：(02)2706-6100

網　　　址：https://www.wunan.com.tw

電子郵件：wunan@wunan.com.tw

劃撥帳號：01068953

戶　　　名：五南圖書出版股份有限公司

法律顧問　林勝安律師事務所　林勝安律師

出版日期　2020年2月初版一刷
　　　　　2022年4月二版一刷

定　　　價　新臺幣550元

經典永恆・名著常在

五十週年的獻禮——經典名著文庫

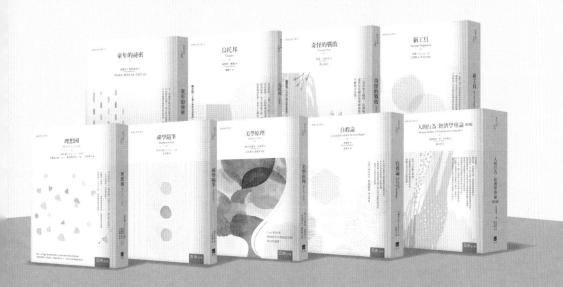

五南，五十年了，半個世紀，人生旅程的一大半，走過來了。

思索著，邁向百年的未來歷程，能為知識界、文化學術界作些什麼？

在速食文化的生態下，有什麼值得讓人雋永品味的？

歷代經典・當今名著，經過時間的洗禮，千錘百鍊，流傳至今，光芒耀人；

不僅使我們能領悟前人的智慧，同時也增深加廣我們思考的深度與視野。

我們決心投入巨資，有計畫的系統梳選，成立「經典名著文庫」，

希望收入古今中外思想性的、充滿睿智與獨見的經典、名著。

這是一項理想性的、永續性的巨大出版工程。

不在意讀者的眾寡，只考慮它的學術價值，力求完整展現先哲思想的軌跡；

為知識界開啟一片智慧之窗，營造一座百花綻放的世界文明公園，

任君遨遊、取菁吸蜜、嘉惠學子！